*Weltoktober*

1. Auflage Februar 2007



Lektorat: Dr. Renate Oettinger
Umschlaggestaltung: ZERO Werbeagentur, München
Satz und Layout: Agentur Pegasus, Zella-Mehlis
Druck und Bindung: GGP Media GmbH, Pößneck

ISBN: 978-3-938516-40-9

*Gerne senden wir Ihnen unser Verlagsverzeichnis*
Kopp Verlag
Pfeiferstraße 52
D-72108 Rottenburg
E-Mail: info@kopp-verlag.de
Tel.: (0 74 72) 98 06-0
Fax: (0 74 72) 98 06-11

*Unser Buchprogramm finden Sie auch im Internet unter:*
www.kopp-verlag.de

Torsten Mann

# Weltoktober

## Wer plant die sozialistische Weltregierung?

JOCHEN KOPP VERLAG

# Inhaltsverzeichnis

# Vorwort

Der durchschnittliche westliche Bürger bezieht sein Weltbild und seine politische Meinung über die Berichterstattung der Massenmedien. Gegenwärtig wird er dazu erzogen zu glauben, die frühere Konfrontation zwischen West und Ost, die dem Gegensatz zwischen konservativ und »progressiv« entsprach, gehöre mit dem Untergang des Ostblocks der Vergangenheit an. Der Westen habe politisch gegen den Osten gesiegt, heißt es. Heute steht der Kampf zwischen den zivilisierten Staaten und einer terroristischen Religion auf der Tagesordnung der Weltpolitik. War der Kampf gegen die Religion früher nur für kommunistische Systeme charakteristisch, so solidarisieren sich heute Ost und West im Kampf gegen den Islam(ismus). Die revolutionäre Linke ist als Feindbild des Westens hingegen vollständig verschwunden.

Vergleicht man jedoch die gesellschaftlichen Verhältnisse zu Beginn der Konfrontation zwischen Ost und West mit den heutigen Umständen, dann fällt auf, daß die konservative westliche Gesellschaftsordnung der 1950er Jahre als klerikal, reaktionär, als repressiv, als patriarchal gilt, während wir uns heute gesellschaftlich als »befreit« betrachten. Verlieh der sogenannte Kapitalismus dem Westen in den 1950er Jahren ein sprichwörtliches Wirtschaftswunder, gesunde Familien und hohe Geburtenzahlen, so steht dieser Kapitalismus heute zunehmend öffentlich in der Kritik.

Ist es angesichts dieses Wertewandels nicht merkwürdig, wie sehr die gegenwärtige Sichtweise über die 1950er Jahre der damaligen sowjetischen Propaganda ähnelt, vor allem angesichts der Tatsache, daß der revolutionäre Ostblock den politischen Kampf gegen den konservativen Westen ja angeblich verloren hat und er zu Beginn der 1990er Jahre untergegangen sein soll? Ist es nicht merkwürdig, daß zusammen mit der öffentlichen Meinung in Westeuropa auch die Politik der Europäischen Union immer sozialistischere Formen annimmt und daß auch in der Hochburg der bürgerlichen Gesellschaftsordnung, in den USA, zu Beginn der 1990er Jahre mit Bill Clinton eine Regierung an die Macht kam, der man stark linkslastige Züge nicht absprechen kann? Wenn dann auf die Rückkehr des Konservativismus, mit dem Amtsantritt von George Bush jun., die internationale politische Isolierung der USA folgt, ist es dann übertrieben, von einer weltweiten

Verschiebung des politischen Spektrums nach links und vielleicht sogar von einer stillschweigenden weltweiten Sowjetisierung zu sprechen? Es stellt sich die Frage, ob die linke Ideologie mit dem Zusammenbruch der Sowjetunion wirklich der Vergangenheit angehört oder ob es nicht vielmehr so ist, daß der Marxismus im Verborgenen weiterarbeitet und weltweit sogar auf dem Vormarsch ist. Wird die Krise, in der sich der Westen gegenwärtig befindet, letztlich zu einem offenen Wiedererstarken der linken Ideologie führen, gefolgt von einer neuen Oktober-Revolution?

Das vorliegende Buch wird diese Frage beantworten und aufzeigen, daß der Westen einer tödlichen Gefahr ausgeliefert ist, die nicht von radikalen Religionen ausgeht, sondern von jener materialistischen Ideologie, die seit 1917 unablässig die Weltrevolution, den Weltoktober, angestrebt hat.

Daß der Kommunismus in den Jahren 1989 bis 1991 nicht untergegangen ist, wie heute allgemein geglaubt wird, kann jedoch nur schlüssig nachgewiesen werden, wenn man jene strategischen Weichenstellungen betrachtet, welche die Führer der kommunistischen Bewegung bereits in den 1950er Jahren getroffen haben. Jede kurzfristigere Betrachtung der kommunistischen Politik führt zwangsläufig in die Irre. Deshalb ist es nötig, sehr weit in der Geschichte zurückzugehen, um zu verstehen, was die Terroranschläge Osama Bin Ladens mit der sich gegenwärtig abzeichnenden Weltwirtschaftskrise oder mit der Neuausrichtung der Europäischen Union nach Osten zu tun haben. Nur so fügen sich nahezu alle aktuellen weltpolitischen Ereignisse in ein Gesamtbild, dessen Form erahnen läßt, daß die verborgene marxistische Strategie kurz vor ihrer unheilvollen Vollendung steht, kurz vor der Errichtung einer Neuen Weltordnung unter dem Diktat einer sozialistischen Weltregierung auf dem Gerüst der Vereinten Nationen.

Jene Leser, denen es zu ausführlich erscheint, erst die Entwicklung der kommunistischen Strategie seit den 1950er Jahren nachzuvollziehen, bevor ihre Konsequenzen für die gegenwärtige Weltlage erklärt werden, mögen es vielleicht vorziehen, mit der Lektüre dieses Buches ab der »Phase 4« zu beginnen. Um ein umfassendes Bild der Situation zu erhalten, wird es jedoch unumgänglich sein, sich wenigstens anschließend auch mit den jahrzehntelangen Vorbereitungen bis zum Beginn dieser »Phase 4« vertraut zu machen.

# Einleitung

Wollte man in einem westlich geprägten Land auf direkte, offene Art und Weise den Sozialismus bzw. den Kommunismus errichten, und würde man bei intakter Gesellschaft mit klassenkämpferischen Phrasen auf Stimmenfang gehen, so wäre dieses Unternehmen zweifellos von vornherein zum Scheitern verurteilt, was nicht zuletzt deutlich an den mageren Wahlergebnissen kommunistischer Parteien in Westeuropa und Nordamerika abzulesen ist. Der Grund dafür ist, daß gesellschaftliche Konzepte wie der Kommunismus und alle seine marxistischen Vorstufen und Abarten in der Praxis nicht funktionieren können, da sie schlicht der menschlichen Natur zuwiderlaufen und eine Perversion jeder natürlichen Ordnung darstellen, sie folglich nur gewaltsam herbeigeführt und aufrechterhalten werden können. Den Führungsspitzen der kommunistischen Bewegung war dieser Sachverhalt von Anfang an klar. Eine kommunistische Gesellschaftsordnung würde sich nie auf natürliche und direkte Weise ergeben, ihre Grundlage müßte künstlich geschaffen werden, durch die langfristige Zersetzung des natürlichen, bürgerlichen Lebens. Unserer westlichen, von demokratischer und marktwirtschaftlicher Oberflächlichkeit und Schnelllebigkeit geprägten Mentalität mag eine Denkweise fremd sein, die über Jahrzehnte hinweg plant und bewußt Umwege und Rückschläge in Kauf nimmt, um damit langfristig ein festgeschriebenes Ziel zu erreichen. Jedoch ist genau eine solche Denkweise charakteristisch für die kommunistische Ideologie, die auf dem Weg zu ihrer angestrebten Gesellschaftsform auch vor Massenmorden nicht zurückschreckt.

Im Jahr 1997 erschien die erste Ausgabe des *Schwarzbuch des Kommunismus,* und erstmals wurden darin auf fast 1000 Seiten die bisherigen Verbrechen der kommunistischen Ideologie zusammengefaßt, deren Ausmaße bis heute nicht ausreichend ins öffentliche Bewußtsein gedrungen sind. Auf das Konto des Kommunismus, der vorgibt, den Menschen aus der kapitalistischen Knechtschaft zu befreien und das humanistische Paradies auf Erden zu errichten, gehen weltweit etwa 100 Millionen Tote durch Krieg, Revolution, Terror und Unterdrückung.

Der weitaus größte Teil dieser Toten wurde Opfer der Willkür ihrer eigenen kommunistischen Regierungen, wie z. B. in der Sowjetunion und China, wo die »Befreiung des Proletariats« allein schon etwa 85 Millionen Menschenleben gekostet hat. Die übrigen Opfer kamen ums Leben, als ihrem jeweiligen Land die sozialistischen Segnungen von außen aufgezwungen wurden, wie z. B. während der sowjetischen Besetzung Afghanistans oder in zahllosen Kriegen in Asien und Afrika, die zur Errichtung des Weltkommunismus beitragen sollten.

Die Bilanz von 100 Millionen Toten ist dabei keineswegs die Folge einer Entartung der Ideologie, wie von manchen Kommunisten bisweilen angeführt wird, im Gegenteil: Terror, Gewalt und Blutvergießen wurden von den kommunistischen Rädelsführern von Anfang an offen als notwendige Mittel zur Erreichung ihrer Ziele erklärt. Das Bürgertum müsse gewaltsam entmachtet werden, heißt es nicht erst seit Lenin oder Stalin. Schon im *Kommunistischen Manifest* von Marx und Engels lesen wir: *»Die Kommunisten verschmähen es, ihre Ansichten und Absichten zu verheimlichen. Sie erklären es offen, daß ihre Zwecke nur erreicht werden können durch den gewaltsamen Umsturz aller bisherigen Gesellschaftsordnung.«*[1]

Getreu diesem Motto folgte auf jede Machtergreifung einer kommunistischen Partei ein Blutbad, dem der Mittelstand und die Vertreter der alten Ordnung zum Opfer fielen, und jedesmal ergaben sich daraus Mangel, Hunger und materielle sowie geistige Verelendung. Die Versprechen der russischen Bolschewisten vor ihrer Machtergreifung waren »Frieden, Brot und Land«. Aber anstelle von Frieden bekam die russische Bevölkerung einen jahrelangen Bürgerkrieg, anstelle von Brot folgte eine künstlich erzeugte Hungersnot, und anstelle einer Landvergabe kam es zur Beschlagnahmung und Kollektivierung allen Grundbesitzes.

Obwohl der Kommunismus von sich behauptet, er sei eine Bewegung der unterdrückten Massen und sein Sieg unvermeidbar, fand in keinem marktwirtschaftlichen Land jemals spontan ein kommunistischer Volksaufstand statt. Statt dessen gab es zahlreiche spontane Aufstände unterdrückter Völker gegen ihre kommunistischen Diktatoren, wie z. B. 1953 in der ehemaligen DDR, 1956 in Ungarn, 1968 in der Tschechoslowakei oder 1989 in Peking, die stets blutig niedergeschlagen wurden.

Angesichts solcher Massaker offenbart sich die wahre Natur der kommunistischen Ideologie. Es ging nie darum, die Völker aus einer vermeintlichen Unterdrückung zu befreien, sondern, im Gegenteil, durch die kommunistischen Forderungen der Enteignung allen Privatbesitzes[2] und die Einführung einer allgemeinverbindlichen Arbeitspflicht[3] wurde der Mensch erst in die totale Knechtschaft geführt. Und aus dieser Knechtschaft gab es dann kein Entrinnen mehr. In allen kommunistischen Diktaturen wurden keine Kosten gescheut, um das Volk daran zu hindern, aus dem sozialistischen Paradies zu entfliehen. Wenn nötig, geschah dies mit roher Gewalt, wie u. a. etwa 1000 am Todesstreifen der DDR-Grenze ermordete »Republikflüchtlinge« bezeugen.

Die sogenannte Diktatur des Proletariats ist in der Realität nichts anderes als die Diktatur über das Proletariat, ausgeübt von einer kleinen Minderheit kommunistischer Parteibonzen, der sogenannten Nomenklatura, die sich als die neue Führungsschicht während und nach jeder kommunistischen Revolution herausbildet und deren Willkür das Volk ausgeliefert ist. Denn auch wenn der Kommunismus von sich behauptet, die einzig demokratische Gesellschaftsform zu sein, sieht die Praxis dieser speziellen Demokratie so aus, daß ausschließlich zur Wahl steht, was von oben vorgegeben wird, ohne Alternative. Eine effektive Wahl wird z. B. dadurch ausgeschlossen, daß die Zahl der Mandate mit der Zahl der nominierten Kandidaten identisch ist. Gegenkandidaten fehlen, und Kampagnen gegen die offiziellen Kandidaten sind verboten und werden gegebenenfalls als Verstoß gegen die Parteidisziplin geahndet. Jede Wahl wird so zur Farce. Diese Vorgehensweise nennt sich »demokratischer Zentralismus« und war weltweit allen marxistisch-leninistischen Parteien zu eigen, die seit der Oktober-Revolution, international vernetzt, ihre Anweisungen sowie ihre Finanzmittel und ihre Ausbildung »demokratisch-zentralistisch« aus Moskau erhielten.

Selbst mit den 100 Millionen Menschenleben, die der Kommunismus gekostet hat, ist das Sündenregister dieser Ideologie noch nicht erschöpft. Bei dem Versuch, den Weltkommunismus zu errichten, wurde nicht nur im eigenen Herrschaftsbereich, sondern auch darüber hinaus mit allen Mitteln versucht, die gewachsene alte Gesellschaftsstruktur zu zerstören und durch den »sozialistischen Menschen« zu ersetzen, der aller Loyalitäten, außer der zu seiner Partei, entledigt ist. Auf der Strecke blieben familiäre Bindungen, religiöse Ideale und nationale Identitäten. An ihre Stelle trat ein rücksichtsloser Materialismus, der, getreu dem marxistisch-leninistischen Konzept, den Wert eines Menschen auf seine bloße Arbeitsfähigkeit reduziert und zur verbindlichen Basis des gesellschaftlichen Zusammenlebens wurde. Jene Individuen, die sich nicht umerziehen lassen wollten und an konservativen Idealen festhielten, wurden entweder sozial ausgegrenzt und isoliert oder gleich physisch vernichtet. Bemerkenswerterweise blieben jedoch in jenen Ländern, in denen der Kommunismus offen herrschte und dementsprechend der materielle Mangel größer war, zumindest familiäre Bindungen und nationale Identitäten eher erhalten als in den Ländern, in denen der Marxismus die Gesellschaft in Form der 68er-Bewegung subtil unterminiert hat. Und gerade hier ist der Schaden, den die kommunistische Ideologie bis in die Gegenwart anrichtet, zwar erst auf den zweiten Blick erkennbar, dafür aber umso tiefgreifender.

Fast neun Jahrzehnte nach der russischen Oktober-Revolution ist weder die Menschenverachtung der sozialistischen Realität noch das Ausmaß der kommunistischen Verbrechen im Bewußtsein des Westens präsent. Und schlimmer noch, diese Verbrechen wurden bis heute, abgesehen von wenigen symbolischen Ausnahmen in der Aufarbeitung der Ex-DDR, nicht gesühnt. Ein ehemaliger kommunistischer Apparatschik zu sein gilt bis heute weder als verwerflich noch schadet es einer weiteren politischen Karriere, selbst dann nicht, wenn das Individuum jegliche Reue vermissen läßt.

Im ganzen Ostblock hat es bis heute keine Aufarbeitung der kommunistischen Vergangenheit gegeben, von der Aufarbeitung der von den 68er-Marxisten durchgeführten Zersetzung im Westen ganz zu schweigen. Statt dessen sind im Osten nach wie vor dieselben kommunistischen Kader in den Regierungen wie zuvor, wenn auch – vorübergehend – mit neuen Namen und unter neuen Farben. In Westeuropa hat der 68er-Marxismus seinen Marsch durch die Institutionen und an die Macht sogar erst in den Jahren nach der sogenannten Wende erfolgreich vollendet.

Am offensichtlichsten ist die Wiederkehr der Genossen natürlich in Rußland, wo mit Wladimir Putin seit dem Jahreswechsel 1999/2000 das KGB den Posten des russischen Präsidenten bekleidet und wo auch lange nach dem vermeintlichen Ende des Kalten Krieges eine ununterbrochene, eindeutig gegen die westlichen Staaten gerichtete militärische Aufrüstung stattfindet, ohne daß dies bei uns zur Kenntnis genommen würde. Und auch in den meisten anderen Ländern der ehemaligen

Sowjetunion sitzt nach wie vor die Rote Garde an den Schalthebeln der Macht, genau wie in den übrigen Staaten des früheren Warschauer Pakts, von China und Nordkorea ganz zu schweigen. Präzise ausgedrückt handelt es sich nicht um eine Rückkehr der Roten Kader. Die Kommunisten waren nie verschwunden! In keinem Staat des ehemaligen Ostblocks, abgesehen von Polen und der DDR, hat es nach 1990 eine Regierung dauerhaft an die Macht gebracht, die nicht aus Mitgliedern der früheren kommunistischen Nomenklatura bestanden hätte, die den Marxismus-Leninismus schon mit der Muttermilch aufgesogen haben und nur durch ihre Treue zum kommunistischen System jahrzehntelang Karriere machen konnten. Selbst wenn diese Leute heute einstimmig vorgeben, sich über Nacht zu Demokraten gewandelt zu haben, so spricht die Realität ihrer Handlungen eine andere Sprache. Im ganzen Gebiet der ehemaligen Sowjetunion, die sich heute GUS nennt, stehen noch Statuen von Marx und Lenin, es erscheinen Briefmarken mit Stalins Konterfei, Zeitungen tragen den Titel *Sowjet-Rußland* oder *Sowjet-Sport*, und selbst sowjetische Reisepässe tauchen auf, die erst Mitte der 1990er Jahre ausgestellt wurden.[4]

Bei näherer Betrachtung der Situation in Osteuropa zeigt sich – abgesehen von den rein wirtschaftlichen Veränderungen, die Investitionen westlichen Kapitals anlocken sollen – eine merkwürdige Kontinuität zu früher. Solange aber kein tatsächlicher Bruch mit der Vergangenheit stattgefunden hat und solange die Kommunisten im Osten an der Macht sind, egal wie sie sich gegenüber der Öffentlichkeit bezeichnen mögen, ist die reale Gefahr einer bewaffneten Auseinandersetzung, eines Dritten Weltkrieges, keineswegs zurückgegangen, ungeachtet dessen, ob der Westen diese Gefahr anerkennen will oder nicht. Gemäß der kommunistischen Weltsicht ist diese Auseinandersetzung sogar zwangsläufig, war doch die Weltrevolution, der gewaltsame und endgültige Sturz der marktwirtschaftlichen Gesellschaftssysteme, seit den Tagen von Marx und Engels weltweit das erklärte Ziel der kommunistischen Bewegung. Für die Anhänger dieser Ideologie galt auch nach der sogenannten Wende der Krieg mit den USA als unvermeidlich, wie u. a. Stanislav Lunev und Kanatjan Alibekow, zwei russische Überläufer, von denen noch ausführlich die Rede sein wird, berichten.

Die Gefahr eines Weltkrieges hat in unseren Tagen im Vergleich zur Hochphase des Kalten Krieges nur scheinbar abgenommen. In Wahrheit stand die Welt in den 1990er Jahren mehr als ein Mal am Rande eines Atomkriegs, ohne daß dies westliche Entscheidungsträger angemessen zur Kenntnis genommen hätten.

Mehrere russische Offizielle, darunter Präsident Jelzin, drohten während der Krisen auf dem Balkan und im Irak mehrfach offensiv mit dem russischen Nukleararsenal, und in einigen Fällen wurden die russischen Raketentruppen sogar in Alarmbereitschaft versetzt. Ein weiterer Fall ereignete sich während des Kosovo-Krieges, als es beinahe zu einem Gefecht zwischen russischen Truppen und NATO-Einheiten gekommen wäre, während die Russen überraschend den Flughafen von Pristina besetzten. Nur durch die Befehlsverweigerung eines britischen Kommandeurs wurde die Konfrontation verhindert.

Regelmäßig üben auch heute noch Truppen des ehemaligen Ostblocks den atomaren Angriff gegen die USA; zuletzt fand im Mai 2004 in Rußland das größte Atomkriegsmanöver seit 20 Jahren statt.

Von einem Untergang des Kommunismus und von einem Ende des Kalten Krieges in den Jahren 1990/91 kann objektiv vor diesem Hintergrund nicht die Rede sein. Betrachtet man die Ereignisse, die Ende der 1980er und Anfang der 1990er Jahre auf der weltpolitischen Bühne stattgefunden haben, genauer, dann erkennt man, daß in diesen Jahren keine tatsächliche Abkehr vom alten System stattgefunden hat. Statt dessen sind diese Veränderungen nur Kosmetik und Teil einer großangelegten strategischen Täuschung, die bereits Mitte der 1950er Jahre unter Chruschtschow und Mao ihren Anfang genommen hat.

Erster Teil:

# Die Situation des Kommunismus nach dem Zweiten Weltkrieg

# [illegible] STAAT [illegible]

[illegible]

[illegible] Eigentum [illegible] Staat [illegible] den Fortschritt [illegible] Ideologie auf [illegible]

[illegible] Staat Verhalten [illegible] des Kommu- [illegible]

# 1. Stalin verpfuscht die Weltrevolution

Um die heutige Marschrichtung des Kommunismus verstehen zu können, muß man zurückgehen bis zum Ende der Regierungszeit Stalins. Die kommunistische Bewegung hatte schon unter Lenin einige schwere Niederlagen erleiden müssen, die größte davon war das Ausbleiben der Weltrevolution, die sich aus dem Ersten Weltkrieg heraus hätte ergeben sollen. Der imperialistische Krieg, hatte es in der kommunistischen Propaganda geheißen, werde sich zu einer weltweiten Revolution entwickeln, nach der ein Goldenes Zeitalter anbreche. Aber der Krieg war zu Ende gegangen, und die Revolution war ausgeblieben. Auch die weiteren, zwischen 1919 und 1923 erfolgten Versuche des Kreml, den kommunistischen Umsturz in Deutschland und Westeuropa zu entfachen, mißlangen. Die neu gegründete Sowjetunion war durch den Bürgerkrieg, der auf die Machtergreifung der Kommunisten gefolgt war, so geschwächt, daß Lenin das Programm der Neuen Wirtschaftspolitik (NEP) ins Leben rief, das erstmals eine Abkehr von der marxistischen Ideologie vortäuschte, um die internationale Isolierung der UdSSR, eine Folge des kommunistischen Terrors gegen die eigene Bevölkerung, zu überwinden und ausländische Investoren ins Land zu locken. Lenin starb 1924, sein Nachfolger wurde Josef Stalin, den Lenin selbst als Wunschkandidat auserwählt hatte und dem es bis 1928 gelungen war, die Macht in der Sowjetunion in seinen Händen zu konzentrieren.

*Josef Stalin*

Kein Mann hat der kommunistischen Bewegung in den folgenden Jahren so sehr geschadet wie Stalin, dessen Regierungszeit den Fortschritt der kommunistischen Ideologie auf dem Weg zur Weltrevolution auf Jahrzehnte zurückwerfen sollte. Wenn auch ungewollt, so ist es Stalins unbestreitbarer Verdienst, daß unter ihm das wahre Gesicht des Kommunismus offen zutage trat.

Lenin hatte 1923 noch angekündigt, erst werde man Osteuropa einnehmen, dann die Massen Asiens, dann werde man die USA einkreisen, die die letzte Bastion des Kapitalismus sein würde. Aber man würde nicht angreifen müssen. Die USA würden wie eine reife Frucht in die bolschewistischen Hände fallen.[5] Was Lenin subtil, mit List und Heimtücke, zu erreichen versucht hatte, ging Stalin mit roher Gewalt an. Indem er konsequent umsetzte, was Marx gefordert hatte – die rücksichtslose Ausrottung jeder Opposition, die der Errichtung des Kommunismus im Wege stand –, erreichte er, daß sich die freie Welt letztendlich der Gefahr bewußt wurde und sich ideologisch und militärisch zur Verteidigung rüstete. Stalin hat den Kommunismus nicht pervertiert, wie oft behauptet wird, er hat konsequent die dieser Ideologie von Beginn an innewohnende Gewaltbereitschaft offenbart und damit der Weltbevölkerung gezeigt, welches Schicksal sie erwartet, wenn sie es zuläßt, in eine kommunistische Diktatur zu geraten.

## Stalins Versagen während der Weltwirtschaftskrise

Stalins erster Fehler war die Beendigung der Neuen Wirtschaftspolitik (NEP), gefolgt von einer radikalen Zwangskollektivierung bäuerlicher Betriebe, die zu Ernteeinbrüchen und Hungersnot führte. Eine florierende Landwirtschaft wurde zerstört, 15 Millionen Menschen wurden obdachlos, eine Million wurde in Arbeitslager gesteckt, zwölf Millionen nach Sibirien deportiert. Die verheerenden Folgen für die sowjetische Landwirtschaft konnten erst Jahrzehnte später überwunden werden. Rußland, das unter den Zaren die Kornkammer Europas gewesen war, mußte jedes Jahr Getreide importieren, um seine Bevölkerung ernähren zu können. Erst im Jahr 2002 war die russische Landwirtschaft wieder in der Lage, den eigenen Bedarf zu decken.

Versuchte der Kreml während der NEP noch die Kirche für seine Zwecke zu manipulieren, wurden in Stalins großer Christenverfolgung bis zu 70 Prozent der Geistlichen umgebracht. Den Schauprozessen der stalinschen Säuberungen in den 1930er Jahren fielen auch alle Weggefährten Lenins, fast die gesamte ältere Generation der Bolschewisten, nahezu alle Sowjetbotschafter, 90 Prozent aller Marschälle und Generäle, etwa die Hälfte des gesamten Offizierskorps, die Chefs der politischen Polizei, 80 Prozent des 1934 gewählten Zentralkomitees und ca. eine Million Parteimitglieder zum Opfer.[6] Gerade die Säuberungen in den Rängen der Roten Armee sollten sich während des Zweiten Weltkrieges als folgenschwer erweisen.

Stalins zweiter großer Fehler war es, die sich dem Kommunismus bietende Gelegenheit der Weltwirtschaftskrise ungenutzt verstreichen zu lassen. Stalin selbst hatte in einer Rede, die er im Mai 1929 vor Mitgliedern der Kommunistischen Internationale gehalten hatte, die sich abzeichnende Depression in den USA als Gelegenheit genannt, aus der heraus sich eine vorrevolutionäre Situation entwickeln könnte.[7] Jedoch war die Sowjetführung so sehr mit der Kollektivierung und den internen Säuberungen beschäftigt, daß keine Zeit für eine internationale Strategie blieb, mit der die Unzufriedenheit der arbeitslosen Massen für die kommunistische Bewegung ausgenutzt werden konnte.

## Stalin verliert den Zweiten Weltkrieg

Einen weiteren schwerwiegenden Fehler beging Josef Stalin im Verlauf des Zweiten Weltkrieges, der beinahe zum Untergang der Sowjetunion und damit der ganzen kommunistischen Bewegung geführt hätte. Der russische Überläufer Viktor Suworow (Biografie im Anhang) stellte die These auf, daß die Rohstofflieferungen der Sowjetunion an Deutschland, die bis zum 22. Juni 1941, dem Tage des deutschen Angriffs auf die UdSSR, ununterbrochen erfolgt waren und Hitlers Feldzüge in Westeuropa überhaupt erst durchführbar machten, von Stalin kalkuliert eingesetzt wurden. Mit diesen Lieferungen sollte Hitler der Krieg im Westen offenbar ganz bewußt ermöglicht werden. Suworow nennt die Funktion Hitlers in Stalins Konzept die eines Eisbrechers. Die Wehrmacht sollte die Armeen Westeuropas niederkämpfen, dabei selbst schwere Verluste erleiden, und sobald die westeuropäischen Staaten ausreichend geschwächt wären, würde die Rote Armee überraschend von Osten her angreifen und ganz Europa »befreien«, ohne dabei auf nennenswerten Widerstand zu stoßen. Das Ergebnis wären ein sowjetisiertes Europa und ein kommunistisch dominierter Kontinent vom Atlantik bis zum Pazifik, ein entscheidender Schritt auf dem Weg zur Errichtung des Weltkommunismus. Tatsächlich sagte Stalin bereits 1927, daß der »Zweite Imperialistische Krieg« unvermeidbar sei: *»Wir* *sollen in den Krieg ziehen, aber wir sollen die letzten sein, die hineinziehen, um unser Gewicht in die Waagschale zu werfen und den Ausschlag zu geben.«*[8]

Suworow führt in den drei Büchern[9], die er zu diesem Thema verfaßt hat, eine große Menge von Indizien an, die alle darauf hindeuten, daß Stalin bereits seit Anfang der 1930er Jahre Vorbereitungen für diesen Krieg getroffen hat. Bereits im August 1939 gab er Anweisung für die erste Stufe der militärisch-industriellen Mobilmachung, die zweite Stufe der militärischen Mobilmachung sollte am Tag des Kriegsausbruchs erfolgen. Im Sommer 1941, so Suworow, sei Stalin zum Angriff nicht nur auf Deutschland, sondern auf ganz Westeuropa bereit gewesen. Die Rote Armee war entlang der sowjetischen Westgrenze in Angriffstellungen positioniert. Die sowjetische Luftwaffe war zusammen mit russischen Luftlandetruppen auf direkt an der Grenze liegenden Flugplätzen konzentriert, Panzer waren zum schnellen Vorstoß auf Transportzügen verladen und alle Hindernisse, die den reibungslosen Nachschub behindert hätten, demontiert worden. Erst die Angriffsaufstellung der Roten Armee direkt an der Grenze ermöglichte der Wehrmacht während ihrer »Operation Barbarossa«, d. h. bei ihrer Invasion in der Sowjetunion, den schnellen Vorstoß. Die sowjetische Luftwaffe wurde noch am Boden weitgehend zerstört, die Panzer auf den Transportzügen vernichtet, und eine große Anzahl zum Angriff, aber nicht zur Verteidigung vorbereiteter Rotarmisten ging in deutsche Gefangenschaft. Offenbar kam die Wehrmacht den Invasionsplänen der Roten Armee nur wenige Wochen zuvor – mit für Stalin fatalen Folgen. Zwar hatte die Sowjetunion bei Kriegsende die Länder Osteuropas und die Hälfte Deutschlands in ihren Besitz gebracht und begann dort auch sofort, alle konservativen und sozialdemokratischen Parteien und Kräfte auszuschalten und einen systematischen Terror in die Wege zu leiten, jedoch war die Sowjetisierung Westeuropas gescheitert. Statt dessen hatte das Wüten der Roten Armee und Stalins Geheimpolizei NKWD die freie Welt alarmiert. An eine weitere Ausbreitung der Ideologie mit friedlichen Mitteln war nicht mehr zu denken, und obwohl die amerikanische Truman-Regierung versuchte, die Allianz zwischen den USA und der Sowjetunion zu erhalten, beging Stalin einen weiteren Fehler: Er erklärte die USA offen zum Hauptfeind der kommunistischen Welt. Die Bedrohung durch Stalins aggressiven Kommunismus und der Beginn des Kalten Krieges vereinte die freie Welt in militärischen Bündnissen wie der 1949 gegründeten NATO. Der Ausgang des Zweiten Weltkriegs war eine Niederlage für die kommunistische Bewegung, die Revolution im Weltmaßstab war in weite Ferne gerückt, und der Ostblock war politisch isoliert.

## Wollte Stalin einen Dritten Weltkrieg?

Vor dem Hintergrund des sich abzeichnenden Kalten Krieges konnte eine Ausweitung des kommunistischen Machtbereichs nach Westen höchstens noch militärisch erreicht werden. Aber obwohl die Chancen für ein größeres militärisches Unternehmen schlecht standen, scheint Stalin die Option eines Angriffs auf Westeuropa weiter erwogen zu haben. Und so wurde die Rote Armee, im Gegensatz zu den Armeen der restlichen Alliierten, im Anschluß an das Kriegsende nicht demobilisiert. Der Kreml behielt weiterhin sechs Millionen Soldaten unter Waffen und übte zudem den uneingeschränkten Oberbefehl über alle Armeen der europäischen Ostblockstaaten aus.[10] Der russische Historiker Eduard Radzinski bringt nun Indizien dafür an, daß Stalin noch kurz vor seinem Tod den Dritten Weltkrieg plante. Die offizielle Version von Stalins Ende lautet bis heute auf natürlichen Tod durch Gehirnblutung, jedoch soll, Berichten zufolge, Stalins Vorhaben, den Dritten Weltkrieg loszubrechen, um Europa doch noch unter kommunistische Kontrolle zu bekommen, der Anlaß gewesen sein, daß er auf Befehl des damaligen KGB-Chefs Lavrenty Beria mittels einer Giftspritze ermordet wurde.[11]

Die kommunistische Führung rund um Stalin war sich dessen bewußt, daß ein Krieg gegen die USA zum damaligen Zeitpunkt nicht zu gewinnen war, denn auch wenn die Sowjetunion inzwischen bereits über Atomwaffen verfügte, war die sowjetische Wirtschaft nicht in der Lage, ein solches Unternehmen zu tragen. Studien des US-Militärs von 1953 ergaben, daß der wirtschaftliche und technologische Vorsprung, den die USA gegenüber der kommunistischen Welt hatten, der NATO den Sieg in einem neuen Krieg garantiert hätte, auch wenn dieser Krieg zehn Jahre gedauert und zehn Millionen Amerikanern das Leben gekostet hätte. Die Sowjetunion und China wären am Ende dieses Krieges genauso zerstört worden wie Deutschland und Japan am Ende des Zweiten Weltkrieges.[12]

## Stalins Vermächtnis

Die kommunistische Welt steckte von Anfang bis Mitte der 1950er Jahre in einer tiefen Krise. In der angeblich klassenlosen Gesellschaft hatte sich eine korrupte Nomenklatura herausgebildet, deren Privilegien und deren Lebensstandard in krassem Gegensatz zur Armut des Proletariats standen. Die schlechten Arbeitsbedingungen und der allgegenwärtige Mangel veranlaßten die ostdeutsche Bevölkerung am 17. Juni 1953 zu einer Revolte, die von der Roten Armee blutig niedergeschlagen wurde. Ähnliches wiederholte sich 1956 in Polen und Ungarn. Wäre der Westen den aufständischen Völkern damals zu Hilfe gekommen, hätte die geschwächte UdSSR, nach Einschätzung des KGB-Generals Ivan Serov, nicht angemessen darauf reagieren können, und das Ende des Kommunismus wäre sicher gewesen.[13]

Etwa 25 Jahre Stalinismus hatten dafür gesorgt, daß die kommunistische Ideologie selbst in bekanntermaßen stark linkslastigen Intellektuellenkreisen international diskreditiert war. Hingegen feierte der Antikommunismus in der freien Welt einen Siegeszug, federführend waren hier der Katholizismus und in der arabischen Welt der Islam sowie in den Vereinigten Staaten ganz besonders der konservative Senator Joseph McCarthy, von dem noch eingehender die Rede sein wird. Das Schicksal der Sozialdemokratie in Osteuropa, wo die sozialdemokratischen Parteien mit den Kommunisten zwangsvereint wurden, bewog die Sozialdemokraten Westeuropas, Koalitionen mit den konservativen Parteien einzugehen und sich vehement von den einheimischen kommunistischen Parteien, den trojanischen Pferden Moskaus, abzugrenzen. Auf Stalins Tod folgte ein Kampf um die Macht im Kreml, den Nikita Chruschtschow erst in den folgenden Jahren endgültig für sich entscheiden konnte. Das damit einhergehende Machtvakuum hatte die kommunistische Weltbewegung gespalten und gelähmt, und erst 1956 war die Sowjetführung in der Lage, den Schaden, den der Stalinismus angerichtet hatte, zu überblicken und eine neue Strategie für die Zukunft festzulegen.

Das war die Geburtsstunde der großangelegten sowjetischen Langzeitstrategie, die die Politik der kommunistischen Weltbewegung bis zum heutigen Tag bestimmt und die nach wie vor die weltweite Revolution zum Ziel hat, den Weltoktober.

# McCarthy und der Westen in den 1950er Jahren

Bevor wir uns im nächsten Kapitel dem Kernthema dieses Buches zuwenden, der neuen kommunistischen Strategie und ihren langfristigen Auswirkungen, lohnt es sich, einen kurzen Blick auf den Zustand der westlichen Gesellschaften in den 1950er Jahren zu werfen.

Wenn auch die öffentliche Meinung wenig kommunistenfreundlich war, hatte Moskau bis zum Ende des Zweiten Weltkrieges eine Anzahl verdeckter Agenten und Sympathisanten in einflußreichen Positionen der westlichen Welt untergebracht, vor allem in den USA. Erleichtert wurde diese Durchdringung durch die kriegsbedingte Allianz zwischen der Sowjetunion und den restlichen Allierten, als die Angst vor dem nationalsozialistischen Deutschland die Wachsamkeit gegenüber einer kommunistischen Unterwanderung überwog.

*US-Senator Joseph McCarthy*

Der Westen war sich zwar der Schrecken des Stalinismus, jedoch nicht der Gefahr einer schleichenden Subversion bewußt, bis der US-Senator Joseph McCarthy gemeinsam mit dem *House on Un-American Activities Commitee* (HUAC) gegen Ende der 1940er Jahre eine langfristige Untersuchung über kommunistische Sympathisanten innerhalb der US-Regierung und der amerikanischen Gesellschaft anstellte. McCarthy kam u. a. zu dem Ergebnis, daß im Mai 1946 allein im Auswärtigen Amt nicht weniger als 20 kommunistische Agenten, 13 Kommunisten, 14 kommunistische Mitläufer und 77 Verdächtige tätig waren. Drei Jahre später war infolge einer übermäßigen Toleranz der Roosevelt-Regierung gegenüber linken Umtrieben und trotz fortgesetzter Überprüfungen der amerikanischen Bundespolizei FBI immer noch eine Anzahl dieser Agenten im Auswärtigen Amt beschäftigt. Einer davon war der Roosevelt-Berater Alger Hiss, der eine bedeutende Rolle im Aufbau der Vereinten Nationen gespielt hatte und 1950 zu fünf Jahren Zuchthaus verurteilt wurde. Er hatte u. a. versucht, den Schwerpunkt der Außenpolitik der USA auf die

Vereinten Nationen zu übertragen, anstatt einer auf die nationalen Interessen der USA ausgerichteten Politik. Über die Rolle der Vereinten Nationen im kommunistischen Konzept wird an späterer Stelle noch ausführlich einzugehen sein.

McCarthy alarmierte die Öffentlichkeit und bewirkte in den folgenden Jahren ein zunehmendes Bewußtsein und einen wachsenden öffentlichen Druck gegen die kommunistische Unterwanderung.

Seine Gegner unter Leitung der CPUSA, der Kommunistischen Partei der USA, antworteten prompt mit einer gegen ihn gerichteten Verleumdungskampagne, ohne jedoch damit verhindern zu können, daß die subtile linke Zersetzung Amerikas einen schweren Rückschlag erlebte.

Die antikommunistische Stimmung in der amerikanischen Bevölkerung wurde durch McCarthys unermüdliche Aufklärungsarbeit soweit geschärft, daß es erkannten Kommunisten, darunter einigen Hollywoodproduzenten, unmöglich wurde, die bereits vor dem Krieg begonnene stille Sowjetisierung der amerikanischen Öffentlichkeit fortzusetzen. Mehrere prominente Kommunisten verließen daraufhin die Vereinigten Staaten, darunter Mitglieder der sogenannten »Frankfurter Schule«, die ihr zersetzendes Werk an der Frankfurter Universität fortsetzten, wo sie Jahre später die 68er-Bewegung ins Leben riefen, und auch Berthold Brecht, dem die Einreise in der Westzone Deutschlands von den alliierten Behörden verweigert wurde und der daraufhin nach Ostberlin ging. (Siehe hierzu das Buch *Rot-grüne Lebenslügen – Wie die 68er Deutschland an die Wand gefahren haben* vom selben Autor.)

In den 1950er Jahren herrschte in der westlichen Welt, im Gegensatz zum Ostblock, der Wohlstand. Sogar im vom Krieg zerstörten Westdeutschland sprach man bald von einem Wirtschaftswunder. Die abschreckende Wirkung des Stalinismus in Kombination mit der Aufklärungsarbeit McCarthys verdrängte den kommunistischen Einfluß auf die amerikanische Öffentlichkeit während der 1940er und 1950er Jahre vollständig. Als Folge davon war die Moral im amerikanischen Volk und in der ganzen westlichen Welt auf ihrem Höhepunkt, die Gesellschaft war gesund. Patrick J. Buchanan äußerte sich dazu wie folgt: *»Es begann das, was die Soziologen als das ›goldene Zeitalter der Ehe‹ bezeichnen. Damals sank das durchschnittliche Heiratsalter auf ein Rekordtief, und die Anzahl der Erwachsenen, die in den Ehestand traten, erreichte die astronomische Höhe von 95 Prozent. Das*

*Amerika Eisenhowers und Kennedys war eine vibrierende, dynamische Nation.«*[14]

Zweiter Teil:

# Der strategische Plan

# 3. Der strategische Plan

## Eine neue Strategie

### Sun Tsu erreicht Moskau

*»Der Krieg ist ein Weg der Täuschung. Auch wenn du etwas durchführen kannst, tue dem Feind gegenüber, als ob du es nicht könntest; wenn du irgend etwas benutzest, tue ihm gegenüber, als ob du es nicht benutzest; bist du nahe, tue, als ob du ferne seiest; bist du ferne, tue, als ob du nahe seiest; locke den Gegner durch einen Vorteil an; trage Verwirrung in seine Reihen und packe ihn; besitzt er alles in ausreichendem Maße, sei gerüstet; ist er stärker als du, weiche ihm aus; ist der Feind in Wut geraten, so bringe ihn in Verwirrung; stellst du dich ergeben, dann rufst du bei ihm Selbstzufriedenheit hervor; verfügt der Gegner über frische Kräfte, ermüde ihn; sind seine Kräfte einig, so zersetze sie; überfalle ihn, wenn er nicht in Bereitschaft ist; erscheine dort, wo er es nicht erwartet.«*[15]
— Sun Tsu, chinesischer Stratege und Philosoph, 5. Jh. v. Chr.

Mitte der 1950er Jahre war der Ostblock dem Westen in jeder Hinsicht unterlegen. Weder wirtschaftlich noch militärisch konnte Moskau mit der NATO konkurieren, ein militärischer Sieg über den Hauptfeind USA war ausgeschlossen. Die unter dem stalinistischen Joch leidenden Völker Osteuropas waren zum Aufstand bereit, und das Ziel der Sowjetführung, die Errichtung eines weltweiten Einheitsstaates unter dem Diktat einer kommunistischen Weltregierung, war in weite Ferne gerückt. Die Rückkehr zum stalinistischen Prinzip des Massenterrors war unmöglich, die traditionelle Taktik zur Aufwiegelung der Revolution galt als aussichtslos. Man erkannte im Kreml, daß zuerst die internen Schwächen des Ostblocks und das schlechte Image der Ideologie beseitigt werden mußten, bevor man an eine weitere Ausbreitung des Kommunismus denken konnte.

Eine grundsätzlich neue Gangart mußte festgelegt werden, und dazu erinnerte man sich – vielleicht auf Veranlassung von Mao Tse Tung – eines alten chinesischen Strategen namens Sun Tsu, dessen Werke in den 1950er Jahren durch Oberstleutnant J. I. Sidorenko ins Russische übersetzt worden waren. Sun Tsu hatte schon im fünften Jahrhundert vor Christus zu schleichender Zersetzung und strategischer Täuschung als Alternative zum offenen Kampf geraten. Die indirekte Strategie der Lüge und des Betrugs sei der direkten Strategie des offenen Kampfes und des verlustreichen Einsatzes der Streitkräfte vorzuziehen. Jede Kriegsführung basiere auf Täuschung, schrieb Sun Tsu, und es sei besser, den gegnerischen Staat erst innerlich zu zersetzen, und dann, wenn der Gegner innerlich ausreichend geschwächt ist, komme die Armee zum Zug, um das feindliche Land ohne große Kampfhandlungen zu erobern. Den Feind ohne Kampf zu unterwerfen, das sei, so Sun Tsu, die höchste Form der Kriegskunst: *»Die größte Kunst besteht darin, den Widerstand des Feindes ohne Kampf zu brechen: Zersetzt alles, was im Landes des Gegners gut ist; verwickelt die Vertreter der herrschenden Schichten in verbrecherische Unternehmungen; unterhöhlt auch sonst ihre Stellung und ihr Ansehen; gebt sie der öffentlichen Schande ihrer Mitbürger preis; nutzt die Arbeit der niedrigsten und abscheulichsten Menschen; stört mit allen Mitteln die Tätigkeit der Regierungen; verbreitet Uneinigkeit und Streit unter den Bürgern des feindlichen Landes; hetzt die Jungen gegen die Alten; zerstört mit allen Mitteln die Ausrüstung, die Versorgung, die Ordnung der feindlichen Streitkräfte; entwertet alte Überlieferungen und Götter; seid großzügig mit Angeboten und Geschenken und Nachrichten, um Komplizen zu kaufen; bringt überall geheime Kundschafter unter.«*[16]

Albert A. Stahel, Professor an der Universität Zürich, faßt die Konzeption Sun Tsus wie folgt zusammen: *»In der ersten Phase wird gegen den gegnerischen Fürsten und seinen Staat die Indirekte Strategie eingesetzt. Mit Hilfe der Propaganda, der Subversion, Falschmeldungen, Spione, Agenten und der Täuschung wird die gegnerische Gesellschaft ausgehöhlt und geschwächt. Unter Umständen führt diese Indirekte Strategie bereits zum gewünschten Erfolg. Der feindliche Staat bricht zusammen und kann ohne Krieg erobert werden. (...) Nur wenn es nicht anders geht, erfolgt für den Zusammenbruch des gegnerischen Zusammenhaltes aus dem Hinterhalt ein Angriff. Ist das Heer des Feindes zerschlagen oder hat es kapituliert, dann steht der feindliche Staat für die Eroberung offen.«*[17]

Sun Tsus Thesen unterschieden sich nicht grundsätzlich von den Vorgaben Lenins, der seine Gefolgsleute stets ermahnt hatte, unter Zuhilfenahme jeder Art von List und Täuschung ihre Ziele zu erreichen.[18] Auf dem *Comintern*-Kongreß vom Juli 1921 hatte Lenin gleichlautend gefordert: *»Im Moment ist es unsere einzige Strategie, stärker zu werden und, folglich, klüger, vernünftiger, opportunistischer. Je opportunistischer wir werden, umso früher werdet ihr wieder die Massen um euch versammeln. Wenn wir die Massen mit unserem vernünftigen Ansatz für uns gewonnen haben, werden wir offensive Taktiken anwenden, im wahrsten Sinne des Wortes.«*[19]

Und so wurden Sun Tsus Taktiken der schleichenden Zersetzung zu Kernbestandteilen der marxistisch-leninistischen Strategie, mit der die gewachsene Gesellschaftsordnung der bürgerlichen Staaten erst von innen heraus zerstört werden müßte, bevor die Nationen schließlich abgeschafft und die kommunistische Weltrevolution erreicht werden könnte. Ob dazu letztendlich die Anwendung militärischer Gewalt nötig sein wird, wird sich erweisen; eingeplant war eine solche Option jedenfalls von Beginn an, wie ein von dem tschechoslowakischen Überläufer Jan Sejna (Biografie im Anhang) überliefertes Zitat Breschnews aus dem Februar 1968 beweist: *»Wenn wir gewinnen wollen, können wir unsere Ziele nicht ohne starke militärische Kräfte erreichen. Haben wir jemals behauptet, daß wir nicht Gewalt anwenden würden, wenn es nötig wäre, progressive* (kommunistische, Anm. d. Autors) *Bewegungen in, zum Beispiel, Frankreich, Großbritannien, Schweden zu unterstützen? ... Das ist die heilige Pflicht unserer Streitkräfte – progressive Bewegungen zu beschützen und zu unterstützen.«*[20]

## Konsolidierung im Ostblock

Das Kontrollzentrum und die leitende Kraft der neuen Strategie sollten in den Händen der Moskauer Führung liegen, deren Aufgabe es war, im Einklang mit den Moskau-treuen internationalen kommunistischen Parteien, einschließlich der Partei Chinas, die Planung auszuarbeiten und umzusetzen. Voraussetzung hierfür war, die Differenzen, die der Stalinismus innerhalb der kommunistischen Welt verursacht hatte, zu überwinden, was von Chruschtschow und Mao während einer Konferenz der Ostblockparteien im November 1957 erreicht wurde.[21]

Die Durchführung einer blockweiten Langzeitstrategie erforderte eine langfristige Koordination, wie sie in einem demokratischen Gesellschaftssystem niemals möglich wäre. Während die Regierungen im Westen alle paar Jahre wechseln und dementsprechend der Planungshorizont einer jeden Regierung auch nur bis zur nächsten Wahl reicht, und, als Nebeneffekt, die Politik auch zumeist nur an der eigenen Wiederwahl orientiert ist anstatt am Wohl des Volkes, ist in einem totalitären System, in dem es über Jahrzehnte hinweg keinen wirklichen Wechsel an der Führung gibt, vom Austausch einzelner Kader abgesehen, eine akribische Planung über Jahrzehnte hinweg möglich. Hatte es in der Vergangenheit nach dem Tod von Lenin und Stalin einen erbitterten Machtkampf um die Führung der KPdSU (Kommunistische Partei der Sowjetunion) gegeben, wurde dieses Problem durch die Einführung eines kollektiven Führungsstils gelöst. Von nun an wurden bedeutende Enscheidungen nicht mehr allein vom Generalsekretär der KPdSU getroffen, sondern kollektiv vom Verteidigungsrat innerhalb des Politbüros. Dadurch konnten Funktionäre bis zu 20 Jahre im voraus für leitende Positionen im kommunistischen Gefüge eingeplant werden.[22] So stand Breschnew als neuer Generalsekretär der KPdSU bereits lange vor dem Ausscheiden Chruschtschows fest, und es gab dementsprechend nach Breschnews Machtübernahme keine destabilisierenden parteiinternen Säuberungen mehr wie unter Stalin. Für die Kontinuität der Politführung im kommunistischen Block steht beispielsweise Andrej Gromyko, der mit einer Amtszeit von 1957 bis 1985, also von Chruschtschow bis Gorbatschow, dienstälteste Außenminister der Welt, dessen gesamte Karriere im kommunistischen Staatsapparat noch wesentlich länger andauerte als seine 28jährige Dienstzeit als Außenminister.

Um die Mitte der 1950er Jahre wurde im Ostblock so die grundlegende Basis für die Ausarbeitung einer Jahrzehnte in die Zukunft reichenden Strategie geschaffen, deren Ziele zwar festgelegt waren, die aber dennoch flexibel genug war, um sich an veränderte Umstände anpassen zu können. Falls sich im Verlauf der Jahre Möglichkeiten ergaben, mit denen ein anvisiertes Ziel schneller erreicht werden könnte als geplant, sollten diese Möglichkeiten ausgenutzt werden; ergaben sich Rückschläge, so konnte die Planung auch daran angepaßt werden. Aber was auch geschah, das letztendliche Ziel blieb stets dasselbe wie in Artikel 28[23] der sowjetischen Verfassung festgeschrieben: Die Errichtung des Weltkommunismus, unter Zuhilfenahme buchstäblich aller Mittel, die dazu nötig seien, getreu Lenins Forderung, daß alles moralisch gerechtfertigt sei, was der Revolution Vorschub leistet.

## Das Konzept der neuen Strategie

Die beiden Hauptziele der Strategie waren einerseits die Stärkung der kommunistischen Welt und andererseits die Schwächung der westlichen Gesellschaften von innen heraus.

Der Ostblock mußte wirtschaftlich und militärisch nicht nur konkurrenzfähig gemacht werden, sondern dem Westen vor allem militärisch überlegen sein, bevor offensive Maßnahmen zur Ausbreitung des Kommunismus, wie von Lenin beschrieben, angewendet werden konnten. Deshalb wurde höchste Priorität auf einen funktionsfähigen militärisch-industriellen Komplex gelegt, der seit den 1960er Jahren durch Spionage und Wirtschaftshilfe aus dem Westen aufgebaut wurde. Stand während des Kalten Krieges die Spionage als maßgeblicher Faktor beim Aufbau der russischen und chinesischen Schlagkraft im Vordergrund, so verlagerte sich das Verhältnis in den 1990er Jahren, schwerpunktmäßig aber nicht ausschließlich, auf die westliche Wirtschafts- und Finanzhilfe, die den Ländern des Ostblocks als sogenannte Demokratisierungs- und Entwicklungshilfen oder zum Zwecke des Umweltschutzes zur Verfügung gestellt wurden. Getreu den Vorgaben Sun Tsus sollten die Kapazität der kommunistischen Rüstungsindustrie sowie die Ausrüstung und Schlagkraft der Streitkräfte dem Westen unter allen Umständen verborgen bleiben. Zu diesem Zweck sah der Plan den Abschluß von Abrüstungsverträgen vor, die jedoch vom Ostblock nicht eingehalten werden, sondern nur zur einseitigen Abrüstung des Westens und somit zum Erreichen eines strategischen Vorteils dienen sollten.

Zur Aushöhlung und Zersetzung der westlichen Gesellschaften installierte Moskau sogenannte Beeinflussungsagenten in allen bedeutenden Bereichen des öffentlichen Lebens, so z. B. in den Bildungseinrichtungen, den Medien, der Politik, in der Literatur und der Kunst, die unter konstanter Führung der lokalen kommunistischen Parteien das psychologische Klima und die öffentliche Meinung in allen westlichen Staaten immer weiter nach links dirigierten und auf diese Weise u. a. die 68er-Bewegung mit all ihren zersetzenden Folgeerscheinungen, wie z. B. dem Feminismus, ins Leben riefen. (Siehe hierzu *Rot-Grüne Lebenslügen – Wie die 68er Deutschland an die Wand gefahren haben* vom selben Autor.) Zum selben Zweck erfolgte zeitgleich der Aufbau des internationalen Terrornetzwerks und des internationalen Rauschgifthandels. Diese beiden letztgenannten Kampagnen waren von Beginn an ausschließlich gegen den Westen gerichtet und zeigten dabei auffallende Parallelen zur 68er-Bewegung. Nicht nur war Rauschgiftkonsum ein Kernthema der 68er-Unkultur, auch sorgten herausragende Personen dieser Bewegung später als Terroristen oder deren Sympathisanten für Schlagzeilen. Die in Deutschland bekanntesten Beispiele hierfür sind Personen aus dem Umfeld der Bader-Meinhof-Bande, die Jahrzehnte später noch Karriere in der bundesdeutschen Politik machen sollten.

Aufgeteilt wurde die Langzeitstrategie in vier aufeinanderfolgende Phasen, die, wie von General Jan Sejna beschrieben, folgende Zeitabschnitte umfaßten:

- Phase 1, »Die Periode der Vorbereitung zur friedlichen Koexistenz«, 1956–1959
- Phase 2, »Der friedliche Koexistenz-Kampf«, 1960–1972
- Phase 3, »Die Periode des dynamischen sozialen Wandels«, 1973–1995
- Phase 4, »Die Ära weltweiten demokratischen Friedens«, ab 1995[24]

Die angegebenen Jahreszahlen spiegeln den Stand der Planungen von 1968 wider, über die Jahrzehnte ergaben sich jedoch zahlreiche Rückschläge, die den Ablauf der Strategie zurückwarfen, so daß sich der Beginn der Phasen 3 und 4 verzögerte. Phase 3 begann etwa mit dem Amtsantritt Gorbatschows 1985, der allmähliche Übergang zur Phase 4 dürfte mit Putins Auftreten verbunden sein.

## Ziele während Phase 1, der »Periode zur Vorbereitung der friedlichen Koexistenz«

Das Hauptziel in Phase 1 war es, im gesamten Ostblock die Infrastruktur für die Durchführung der Strategie zu schaffen, die anfallenden Aufgaben zu verteilen, die Einzelziele herauszuarbeiten und in aller Deutlichkeit eine Abkehr vom Stalinismus zu signalisieren, womit der Westen veranlaßt werden sollte, die Isolierung des Ostblocks zu lokkern. Der Kalte Krieg zwischen Ost und West, der eine ständige Gefahr zur Eskalation in sich barg, sollte dem Konzept der friedlichen Koexistenz weichen, die als einzige Alternative zum atomaren Krieg dargestellt wurde. Im kommunistischen Verständnis sollte die friedliche Koexistenz *»dem Fortschritt der sozialistischen Revolution und dem Klassenkampf mit den industrialisierten Nationen durch alle Maßnahmen außer einem größeren Krieg«* dienen.[25] Die militärische Konfrontation sollte zu einem wirtschaftlichen Wettstreit werden, der durch Handel und Wirtschaftshilfe vor allem der schwachen kommunistischen Wirtschaft Nutzen bringen sollte.

In dieser Phase sollten auch alle Vorbereitungen für die nachfolgenden Desinformationskampagnen getroffen werden, mit deren Hilfe dem Westen ein in sich gespaltener Ostblock vorgetäuscht werden konnte, anstatt des starken monolitischen Blocks, den der Westen bisher gefürchtet hatte. Der Zusammenhalt der westlichen Staaten sollte so geschwächt werden. Hatte der Stalinismus verschiedenste Interessengruppen, wie z. B. Sozialdemokraten und Konservative, im Westen geeint, so sollte der Wegfall der stalinistischen Bedrohung diese Allianzen wieder aufbrechen.

Als Hauptgegner der sowjetischen Strategie wurden die USA, Großbritannien, Frankreich, Westdeutschland, Japan und alle NATO-Mitgliedsländer genannt.

## Ziele während Phase 2, der »Phase des friedlichen Koexistenz-Kampfes«

Diente die Phase 1 noch allein der Vorbereitung, so ging man 1960 mit dem Beginn der Phase 2 zur praktischen Durchführung über. Auf der Basis der inzwischen realisierten friedlichen Koexistenz galten die internen Interessen der Sowjetführung der Stärkung der Wirtschaft in allen Ostblockstaaten mit dem Ziel, in den späten 1980er Jahren die blockweite Selbstversorgung zu ermöglichen.[26] Bis dahin sollte dank ausgedehnter Spionage und westlicher Wirtschaftshilfe das immense Technologiedefizit überwunden sein, was vor allem der Rüstungsindustrie zugute kommen sollte, um bis Mitte der 1980er Jahre die militärische Überlegenheit gegenüber der NATO zu realisieren. Die Rüstungsindustrie wurde der Konsumgüterindustrie in jeder Hinsicht übergeordnet, und die wenigen produzierten Konsumgüter wurden in erster Linie nicht dem eigenen Volk zur Verfügung gestellt, sondern gingen in den Export, um einerseits Devisen zu beschaffen und andererseits der westlichen Wirtschaft Schaden zuzufügen, indem westliche Erzeugnisse vor allem in der Dritten Welt vom Markt verdrängt wurden.[27]

Um das Ziel der militärischen Überlegenheit schneller erreichen zu können, wollte man zuerst Verträge zur Rüstungsbegrenzung und später zur Abrüstung aushandeln, die explizit so angelegt wurden, daß dadurch die Schwächen des sowjetischen Militärarsenals ausgeglichen werden konnten. War der Westen in einem bestimmten Gebiet militärisch überlegen, galt es, genau diese Überlegenheit vertraglich zu beschneiden oder idealerweise sogar zu eliminieren. Beispielsweise erstrebte man die internationale Ächtung von Atomwaffen und traf gleichzeitig Vorkehrungen, diesen Mangel einseitig durch einen erhöhten Bestand chemischer Waffen zu ersetzen.

Innenpolitisch hatte die Vergangenheit gezeigt, daß die unzufriedenen Massen im Krisenfall zum Aufstand bereit waren. Diesem Umstand sollte auf drei Arten begegnet werden: Zum einen sollte die mit der Zeit wachsende Wirtschaftskraft den allgemeinen Lebensstandard erhöhen, zum anderen mußte jede echte Opposition im Volk eliminiert werden, und gleichzeitig, als Vorbereitung zur Phase 3, sollte eine kontrollierte Opposition aufgebaut werden, deren Protagonisten Kremltreue Kommunisten sein sollten. Die so erschaffene künstliche Opposition sollte alle Reste von Unzufriedenheit und Rebellion im Volk um sich scharen und die Massen dadurch kontrollierbar halten. Da man an der Loyalität der Völker Osteuropas zum Kommunismus grundsätzlich zweifelte, wurden Notfallpläne ausgearbeitet, die im Eventualfall eines Konfliktes während Phase 2 die Besetzung aller größeren Städte vorsahen. Man rechnete mit Unruhen und Aufständen im Fall eines Krieges gegen die NATO.[28]

Als außenpolitische Ziele während Phase 2 machte man sich an die Zersetzung der bürgerlichen Gesellschaftsordnung in allen Staaten Westeuropas und Nordamerikas und versuchte gleichzeitig den Kommunismus in die Dritte Welt zu exportieren.

Zur Subversion des Westens sollten, wie Jan Sejna berichtet, einerseits ein internationaler Rauschgifthandel und ein internationales Terrornetzwerk ins Leben gerufen sowie die Unterwanderung und Vernetzung bereits bestehender Verbrechersyndikate organisiert werden. Ziel des Drogenhandels war es, den Westen zu schwächen, indem die Gesundheit und die Moral der Jugend und ganz besonders der künftigen Eliten und der Armee ruiniert werden sollte. Ziel des Terrorismus war die Störung der öffentlichen Ordnung bis hin zum Ausbruch von Chaos und Anarchie, was die Destabilisierung der Regierungen zur Folge haben würde und eine vorrevolutionäre Situation erzeugen sollte. Als Ergänzung dazu wollte man ein internationales Sabotagenetzwerk errichten, das am Vorabend eines Krieges für zusätzliche Unruhe im Westen sorgen sollte.[29] Da sowohl die Drogenschwemme als auch der Terrorismus als Sabotageaktionen eingestuft wurden, fielen beide in die Zuständigkeit des sowjetischen Militärgeheimdienstes GRU. Die Unterwanderung des organisierten Verbrechens hatte die Kompromittierung westlicher Polit- und Wirtschaftskreise zum Ziel und gehörte als zivile Operation in den Zuständigkeitsbereich des KGB.[30]

Andererseits wollte man Agenten unter Führung der örtlichen kommunistischen Parteien in Schlüsselpositionen des öffentlichen Lebens, in den Bildungseinrichtungen, den Medien, der Religion, der Politik, in der Literatur und der Kunst mit der Aufgabe betrauen, alle Werte und Ideale zu zersetzen, die die westlichen Gesellschaften innerlich zusammenhielten. Gleichzeitig setzte man auf die Unterwanderung und Instrumentalisierung von Gewerkschaften und besonders von Studentenorganisationen, was schließlich zum Erscheinen der sogenannten 68er-Bewegung führte, aus deren Umfeld sich in den folgenden Jahrzehnten die Friedensbewegung, der Feminismus und letztlich die Partei der Grünen rekrutierten. Damit sollte, im Stile von Sun Tsu, der Großangriff auf die Seele der westlichen Völker beginnen.

In der Dritten Welt wollte man das politische Vakuum, das auf den Abzug der Kolonialmächte folgte, ausnutzen und sogenannte nationale Befreiungsbewegungen initiieren, die, ausgebildet und unterstützt von der Sowjetunion und China, die ehemaligen Kolonien in den kommunistischen Einflußbereich führen sollten. Da das Konzept der friedlichen Koexistenz auf das Verhältnis zum Westen beschränkt war, wurde in der Dritten Welt auch der Einsatz von militärischer Gewalt nicht ausgeschlossen. Der Westen sollte jedoch mit allen Mitteln von einer Intervention in diesen Ländern abgehalten werden.

Ein weiterer entscheidender Schritt in Phase 2 war die Durchführung koordinierter Desinformationskampagnen. Neben den Operationen, die Differenzen im kommunistischen Staatengefüge vortäuschen sollten, wie z. B. den angeblichen Kämpfen an der chinesisch-sowjetischen Grenze, von denen der Überläufer Anatoliy Golitsyn (siehe Anhang) berichtet, wurde in Phase 2 eine eigene Abteilung für Desinformation in allen Warschauer-Pakt-Staaten gegründet. Ihre Aufgabe war es, Verleumdungskampagnen aller Art durchzuführen, die meist westlichen Medien oder Medien in der Dritten Welt zugespielt wurden und die entweder antikommunistische Einzelpersonen oder ganze Staaten, zumeist Deutschland oder die USA, diskreditieren sollten. Im Fall von Deutschland setzte man z. B. auf die nationalsozialistische Vergangenheit sowie die britische und französische Angst vor einem Wiedererstarken Deutschlands, um damit innereuropäische Differenzen zu erzeugen. Speziell der Austritt Frankreichs aus der NATO war ein erklärtes Ziel.[31] Der Hauptfeind USA wurde besonders in der Dritten Welt zum Opfer von Verleumdungskampagnen, durch die die dortigen Staaten dem westlichen Einfluß entzogen und für kommunistische Annäherungsversuche empfänglich gemacht werden sollten. Aber auch in Westeuropa wurden die USA durch solche Lügenkampagnen vorsätzlich diskreditiert, denn Moskau sah die moralische und politische Isolierung der USA als Vorstufe zu ihrer militärischen Isolierung. Die sowjetischen Planer rechneten damit, daß sogar hochentwickelte westeuropäische Staaten den sowjetischen Streitkräften ohne direkte amerikanische Hilfe weder einzeln noch vereint Widerstand zu leisten vermochten.[32]

## Ziele während Phase 3, der »Periode des dynamischen sozialen Wandels«

Hauptziel in Phase 3 war es, so zitiert Jan Sejna wörtlich aus den sowjetischen Direktiven, *»die Hoffnung auf falsche Demokratie zu zerschlagen«* und den Westen vollständig zu demoralisieren.[33]

In dieser Phase würde, wie Anatoliy Golitsyn in seinem 1984 erschienenen Buch ankündigt, die Sowjetunion in Anlehnung an Lenins NEP zwar spektakuläre, aber vorübergehende Liberalisierungen einführen, eine Abkehr vom Kommunismus und der Alleinherrschaft der KPdSU vortäuschen und den eigenen politischen und vor allem militärischen Zustand schlechter darstellen, als er tatsächlich wäre.

Jetzt würde die während Phase 2 aufgebaute kontrollierte Opposition zum Zug kommen und aktiv an der sich sozialdemokratisch gebenden Regierung einer neuen Sowjetunion teilnehmen. Während in der Wirtschaft marktwirtschaftliche Elemente im kleineren Rahmen zugelassen würden, übernähmen Nomenklaturisten und treue Parteimitglieder in einer Art Pseudoprivatisierung all jene bedeutenden Industriebetriebe, die sie schon zuvor im Autrag der Partei verwaltet hatten.[34] Die Veränderungen wären nicht auf die Sowjetunion beschränkt, sondern würden alle Ostblockstaaten einschließen. Um den Bruch mit der Vergangenheit glaubhaft werden zu lassen, schreibt Golitsyn, wäre in dieser Periode sogar mit dem Fall der Berliner Mauer zu rechnen.[35] Anschließend sollte sich die Entspannungspolitik der Phase 2 in eine vorgetäuschte Partnerschaft wandeln, die dem Ostblock die größtmögliche wirtschaftliche und technologische Hilfe aus der kapitalistischen Welt sichern würde, die wie zuvor jedoch nur dem weiteren Ausbau des kommunistischen Militärapparates zugute käme.[36] Gleichzeitig wurde, wie Jan Sejna in seinem 1982 veröffentlichten Buch vorwegnimmt, auch explizit die Auflösung des Warschauer Paktes geplant, die jedoch für die militärische Schlagkraft des Ostblocks ohne Bedeutung bliebe, da bereits im Voraus ein Netz bilateraler Verteidigungsabkommen zwischen allen Staaten des Bündnisses bestand, das von geheimen Komitees innerhalb des RGW (Rat für Gegenseitige Wirtschaftshilfe; auch COMECON genannt) koordiniert würde. In der Folge strebte man die Auflösung aller westlichen Verteidigungsbündnisse, vor allem der NATO, an, die als Reaktion auf die stalinistische Bedrohung gegründet worden waren und nun obsolet wären. Damit einhergehend wollte man den Abzug aller in Übersee stationierten amerikanischen Truppen erreichen und das Ende der amerikanischen Bereitschaft, seine Verbündeten in Europa, Japan und Südkorea im Konfliktfall zu verteidigen. Die Ostblockstaaten würden nun unter dem Gedanken eines »Europa vom Atlantik bis zum Ural« versuchen, sich anstelle der USA zum neuen Partner Europas zu machen, um damit die Isolierung der USA zu perfektionieren und unumkehrbar werden zu lassen.[37] Eine möglichst sozialistisch dominierte Europäische Union unter Teilnahme der Staaten Osteuropas wurde zum erklärten Ziel.[38] Amerika wäre damit seiner ehemaligen Verbündeten entledigt und international isoliert. Hätte man die amerikanische Präsenz in Europa erst vollständig eliminiert, wurde sogar die Möglichkeit der Entfachung regionaler Kriege in Betracht gezogen, um damit Moskau-freundlichen Bewegungen an die Macht zu verhelfen.[39]

Man rechnete während dieser Phase auch mit dem Beginn eines wirtschaftlichen Zusammenbruchs, der, flankiert von der Agitation, die die fünfte Kolonne Moskaus in Form der Friedensbewegung und anderer linker Gruppen betreiben würde, zu einer erheblichen Reduzierung der westlichen Militärausgaben führen sollte. Die allgemein schlechte wirtschaftliche Situation und der scheinbare Wegfall der kommunistischen Bedrohung sollten die ideologische Grundlage konservativer Bewegungen erodieren und die Bevölkerung der kapitalistischen Staaten für linke Ideologien zugänglich machen, womit das allgemeine politische Klima möglichst nicht nur in Europa, sondern auch in den USA nach links verschoben werden sollte. Golitsyn warnt in diesem Zusammenhang vor der Verächtlichmachung und aktiven Verdrängung konservativen Gedankenguts und antikommunistischer Elemente in der westlichen Gesellschaft.[40] Unter dem Begriff der Konvergenz der beiden ehemals gegensätzlichen Systeme sollten so die Unterschiede zwischen West und Ost verschwimmen, wobei die Annäherung des Westens an den Osten authentisch und dauerhaft, die des Ostens an den Westen jedoch kalkuliert und nur temporärer Natur sein sollte. Während all dieser Veränderungen sollten die KPdSU und ihre Schwesterparteien im Ostblock im Verborgenen stets die Kontrolle über ihre Staaten behalten und dafür sorgen, daß der Kommunismus genauso schnell wieder etabliert werden kann, wie er zuvor scheinbar verschwunden war, diesmal jedoch im weltweiten Maßstab.[41] Um die Worte der sowjetischen Direktive an dieser Stelle zu wiederholen, sollten während dieser Phase international der Glaube an Marktwirtschaft und Demokratie nach westlichem Vorbild zerstört und der ideologische Widerstand des Westen vollständig zerstört werden.[42]

## Ziele während Phase 4, der »Ära des globalen demokratischen Friedens«

Nach den Ereignissen der vorangegangenen Phase wären die USA das letzte bedeutende Hindernis auf dem Weg zum Sieg des Weltkommunismus. Jetzt wollten die Kreml-Strategen den Zugang der USA zu den Rohstoffvorkommen in der Dritten Welt unterbinden und, so berichtet Sejna, sogenannte »externe wirtschaftliche Waffen« anwenden, um die USA zu unterminieren und damit die sozialen und wirtschaftlichen Grundlagen dafür zu schaffen, daß Moskau-freundliche Gruppen zum innenpolitischen Machtfaktor werden konnten.[43]

Die amerikanische Gesellschaft wurde vom Kreml als besonders volatil eingeschätzt, die öffentliche Meinung könnte schnell vom einen ins andere Extrem umschlagen, und dabei kam der Sabotage der Wirtschaft eine entscheidende Bedeutung zu. Golitsyn deutet in dieser Phase sogar einen möglichen atomaren Terroranschlag an, den man nicht mit den Sowjets in Verbindung bringen würde, der jedoch mit Sicherheit katastrophale Folgen für die Weltwirtschaft hätte.[44] Den Zusammenbruch des amerikanischen Wohlstands hätten, so erklärte ein Mitglied des sowjetischen Zentralkomitees gegenüber tschechoslowakischen Offiziellen im September 1967, vor allem die Unter- und die Mittelschicht zu tragen, die dann gegen die marktwirtschaftliche Gesellschaft rebellieren würden.[45] Zahllose längst in Position gebrachte Beeinflussungsagenten würden in diesem Fall dafür sorgen, daß sich der Volkszorn in eine für den Kreml günstige Richtung entladen würde und eine linke und friedensbewegte Regierung an die Macht käme.

Zu diesem Zeitpunkt sah der Plan ein neues Wettrüsten vor, dem Amerika wirtschaftlich nicht gewachsen wäre, was zur militärischen Überlegenheit des Ostblocks führen sollte, der sich die USA ergeben müßten.[46] Golitsyn kündigt an, daß der Westen dabei mehr oder weniger offen erpreßt werden sollte. Entweder aus dem traditionell konservativ und marktwirtschaftlich orientierten Amerika würde freiwillig eine sozialistische Gesellschaft nach sowjetischem Muster, womit die Konvergenz zwischen Ost und West zu den Konditionen des Ostblocks vollzogen wäre, worauf wiederum im nächsten Schritt die Errichtung einer kommunistischen Weltregierung auf dem Gerüst der Vereinten Nationen (UN) folgen sollte, oder die Konsequenz wären Krieg und atomare Zerstörung der westlichen Hemisphäre.[47] Auch in dem Fall, daß die westlichen Regierungen der Erpressung nachgeben und kooperieren würden, könnte dies ein Blutvergießen nicht verhindern. Für die Vertreter der konservativen Gesellschaftsschichten in Westeuropa und den USA war in der letzten Phase der Konvergenz, so Golitsyn, die Errichtung von Umerziehungslagern geplant.[48] Aktive Antikommunisten würden ebenso liquidiert wie Vertreter aus Politik und Militär sowie Unternehmer und kirchliche Würdenträger.[49] Der Klassenkampf, schreibt Golitsyn, werde sein blutiges Schlachtfest bekommen, und der Sozialismus mit menschlichem Antlitz werde sich wieder in jenen brutalen Stalinismus wandeln, der aus den 1930er und 1940er Jahren bekannt war und dem damals schon Millionen Menschen zum Opfer gefallen waren.[50] Was während und nach der Oktober-Revolution von 1917 in der Sowjetunion 20 Millionen Menschenleben gefordert hatte, würde sich im Zuge der Konvergenz zwischen Ost und West nun im Weltmaßstab wiederholen. Das Ergebnis des Weltoktobers sollte das unwiederbringliche Ende jeder konservativen Ordnung sein und die Abschaffung aller Nationen unter dem Diktat einer kommunistischen Weltregierung.

## Ziele in Nahost und der Dritten Welt

Um die Staaten der Dritten Welt in den Einflußbereich der Sowjetunion zu bringen, setzte die Kreml-Führung seit Phase 2 auf die Organisation und Unterstützung sogenannter »nationaler Befreiungsbewegungen«, die man präziser schlicht als Terroristen, Separatisten oder Marodeure bezeichnen könnte. Diese sollten in den Staaten der Dritten Welt, wo die Supermächte sich nicht direkt gegenüberstanden, das Machtvakuum, das die abziehenden Kolonialmächte hinterlassen hatten, nutzen und kommunistische oder zumindest Moskau-freundliche Regime installieren. Damit sollte zum einen erreicht werden, daß sich das Verhältnis zwischen Kommunismus und freier Welt bei den Vereinten Nationen zugunsten des Ostblocks verschob, und zum anderen sollte dadurch der westliche Zugriff auf die Rohstoffvorkommen der Dritten Welt, die zum Teil von erheblicher strategischer Bedeutung waren, unterbunden werden. Während die Sowjetunion reich an Bodenschätzen ist, war der Westen seit jeher auf deren Import angewiesen. Eine Unterbrechung der Lieferungen träfe die westliche Wirtschaft hart, während der Ostblock davon kaum betroffen wäre. Durch die Kontrolle wichtiger Rohstoffproduzenten in der Dritten Welt sollte die Grundlage für die in Phase 4 vorgesehene Anwendung »externer wirtschaftlicher Waffen« geschaffen werden. Würde es der Sowjetunion darüber hinaus gelingen, die Nationen Mittelamerikas unter ihre Kontrolle zu bekommen und direkt vor der Haustür der Vereinigten Staaten Truppen zu stationieren, dann bedeutete dies eine erhebliche Verschiebung des strategischen Gleichgewichts zuungunsten des Westens. Die USA könnten zur Sicherung der eigenen Grenzen sogar gezwungen sein, ihre Streitkräfte aus Europa abzuziehen – ein entscheidender Schritt auf dem Weg zur Isolierung des nordamerikanischen Festlandes.

Noch wichtiger für die westliche Wirtschaft und die westliche Verteidigungsfähigkeit war und ist natürlich das Erdöl aus dem Nahen und Mittleren Osten. Daher war es mit Beginn der sowjetischen Kampagne ein erklärtes Ziel, die westliche Position in der islamischen Welt zu untergraben.

Die Anfänge der Strategie für den Nahen Osten unter besonderer Berücksichtigung des Erdöls gingen auf den sogenannten »Lokomotiven-Bericht« zurück, den die für wirtschaftliche und strategische Ressourcen zuständige 10. Verwaltung der GRU 1954 angefertigt hatte. Um die »Lokomotive des Kapitalismus« lahmzulegen, hieß es darin, brauche man nicht ihr gesamtes Triebwerk zu zerstören, sondern es genüge, ihr ein unverzichtbares Element, das Erdöl, zu nehmen.[51]

Nach Ausarbeitung der speziellen Vorgehensweise in Nahost, die sich laut Sejna noch bis 1965 hinzog, war vorgesehen, sozialistische Kräfte in Syrien, Algerien und im Irak zu unterstützen, mit denen die konservative Basis in anderen Staaten der Region unterminiert werden sollte. Vor allem die Monarchien in Jordanien, Saudi-Arabien und Kuwait wurden zum erklärten Gegner.[52] Sollte der Sturz der Scheichtümer nicht gelingen, galt als Alternative die Sabotage der Ölfelder. Dazu sollten terroristische Zellen in Kuwait und den angrenzenden erdölfördernden Ländern, besonders in Qatar, Bahrain und Oman, gegründet werden, deren Mitglieder man nach dem Vorbild der nationalen Befreiungsbewegungen durch das Angebot von Stipendien und Guerillaausbildung in der Sowjetunion anwerben wollte.[53] Für die Subversion Irans war, wie Sejna berichtet, eine Spezialoperation vorgesehen, die im Zusammenhang mit der späteren islamischen Revolution stehen dürfte.[54] Die explosive Situation rund um Israel, das mehrere Kriege gegen seine islamischen Nachbarn geführt hatte, gab dem Kreml Gelegenheit, seinen Einfluß auf Ägypten und die Palästinenser auszuweiten.

Ziel der Operationen in Nahost war es, bis zur Mitte der 1980er Jahre Moskau-freundliche Regime in der Region zu installieren, was mit der Verstaatlichung der regionalen Erdölvorkommen einhergehen sollte.

Mit der Erdölwaffe sollte im fortgeschrittenen Stadium der Langzeitkampagne die westliche Wirtschaft zum Einsturz gebracht werden, aber auch im Fall eines bevorstehenden Krieges war die Sabotage der Energieversorgung durch die Sprengung arabischer Erdölpipelines geplant.[55]

## Das historische Vorbild, Lenins Neue Wirtschaftspolitik (NEP)

Die in den 1950er Jahren neu entwickelte Strategie des Kremls mit der vorgetäuschten Abkehr vom Kommunismus beruht auf einem historischen Vorbild, das Lenin in den Jahren nach dem Sieg der Bolschewiken ins Leben gerufen hatte, genannt die Neue Wirtschaftspolitik oder NEP (Nowaja Ekonomitscheskaja Politika). Nach vier Jahren Bürgerkrieg war die Sowjetunion 1921 ähnlich geschwächt wie später noch einmal am Ende der Regierungszeit Stalins. Die Folgen der Revolution hatten neun bis zehn Millionen Menschenleben gefordert, die gebildete Oberschicht war ermordet worden oder vor den Greueln der Kommunisten ins Ausland geflüchtet, die Industrieproduktion betrug nur noch ca. 14 Prozent des Standes von 1912, und durch den Rückgang der landwirtschaftlichen Produktion, die der vorangegangene »Kriegskommunismus« bewirkt hatte, drohte die größte Hungsnot seit Jahrhunderten.

*Wladimir I. Lenin*

Nachdem sich gezeigt hatte, daß der Terror und die Verfolgung sogenannter »Volksfeinde« allein nicht ausreichten, um das kommunistische Regime zu stabilisieren, ließ Lenin im Frühjahr 1921 jene marktwirtschaftlichen Elemente zeitweise wieder zu, die gerade ein Jahr zuvor noch mit Gewalt unterdrückt worden waren. Damit sollte zum einen den Bauern ein Anreiz gegeben werden, wieder mehr zu produzieren, als sie selbst verbrauchten, da der Überschuß auf lokalen Märkten verkauft werden durfte, zum anderen wurden Industriebetriebe, die zuvor enteignet worden waren, unter Kontrolle der Partei wieder reprivatisiert, was ausländische Investitionen ins Land locken und die am Boden liegende Industrie wiederbeleben sollte. Sowohl Sowjetbürgern als auch Ausländern wurde es erlaubt, private Unternehmen zu gründen, die zum Zweck des eigenen Profits wirtschaften durften. Die Reisebeschränkungen für Sowjetbürger wurden so weit gelockert, daß ausreisewillige Sowjets das Land verlassen durften, während bereits im Ausland lebende Emigranten ermutigt wurden, wieder in ihre Heimat zurückzukehren. An all diesen Entwicklungen war die Geheimpolizei GPU, der Vorläufer des KGB, aktiv beteiligt. Sie überwachte die aufkeimende Marktwirtschaft und unterwanderte und instrumentalisierte alle Oppositionsbewegungen, bis hin zur vollständigen Kontrolle. Aus der echten Opposition, die eine Gefahr für das kommunistische Regime darstellte, wurde so ein kontrolliertes Sprachrohr, das die westlichen Eliten vom Zusammenbruch der aggressiven Ideologie überzeugte. Walter Krivitsky, ein übergelaufener Mitarbeiter des militärischen Geheimdienstes GRU, berichtete, daß 50 bis 60 Prozent aller westlichen Geschäftsleute, die zur damaligen Zeit in der UdSSR Investitionen tätigten, vom sowjetischen Geheimdienst teilweise unter Zwang angeworben worden waren, um auf diese Weise die Entwicklung der Privatwirtschaft unter Kontrolle zu behalten.[56]

Außenpolitisch setzte man, genau wie Jahrzehnte später, auf die »friedliche Koexistenz«, und obwohl Lenin wiederholt klargestellt hatte, daß es keine dauerhafte Koexistenz zwischen Kommunisten und Nichtkommunisten geben könne, hieß die Parole von nun an, daß die Kapitalisten mithelfen würden, den Kommunismus aufzubauen. Tatsächlich erholte sich in den folgenden Jahren sowohl die landwirtschaftliche als auch die industrielle Produktion, was den Kommunisten Gelegenheit bot, die Sowjetunion zu befrieden und ihre Macht sicherzustellen.

Die Phase der marktwirtschaftlichen Konsolidierung dauerte gerade mal acht Jahre, und 1929 kehrte die Sowjetregierung unter Stalin mit der Kollektivierung der Landwirtschaft und der Verstaatlichung der privaten Industrie unter der Devise einer *»sozialistischen Offensive an allen Fronten«* zurück zur Planwirtschaft. Der freie Markt, der zeitweise erlaubt worden war, verschwand und mit ihm der geringe Wohlstand, der sich in der Zwischenzeit eingestellt hatte. Bauern und Unternehmer, die sich dem Moskauer Diktat widersetzten, ihren Besitz nicht enteignen lassen und in großen Kooperativen arbeiten wollten, wurden ermordet oder nach Sibirien deportiert. Mit der kommunistischen Ideologie kamen Terror, Hunger und Elend zurück. Gleichzeitig wurde die rüstungsorientierte Schwerindustrie ausgebaut, und die Propaganda in Kunst, Literatur und Bildung arbeitete konzentrierter denn je an der Errichtung der kommunistischen Gesellschaft.

Die Kalkulation, kontrolliert einen Schritt zurückzutreten, um daraufhin zwei Schritte nach vorn gehen zu können, hatte sich für den Kreml ausgezahlt, denn auch wenn weder dem sowjetischen Volk noch den westlichen Investoren ein dauerhafter Nutzen aus der NEP geblieben war, galt sie für die Sowjetführung als voller Erfolg, hatte sie doch die Sowjetunion sowohl innen- als auch außenpolitisch durch die internationale Anerkennung, durch den wachsenden Außenhandel, durch Technologietransfers und Investitionen stabilisiert und damit die Basis für die weitere Ausbreitung des Kommunismus geschaffen. Die Erfahrungen von Lenins NEP und die anschließenden Jahre zeigen, daß der Kreml zur Erlangung seiner Ziele bereits einmal erfolgreich den eigenen Untergang inszenierte und daraus langfristig Kapital schlagen konnte. Die Entwicklungen der Gegenwart demonstrieren, daß der Westen ein zweites Mal willig bereit ist, den marxistisch-leninistischen Lügen zu glauben, den Zusammenbruch des Kommunismus wiederholt für bare Münze zu nehmen und die Wiederauferstehung der roten Ideologie durch Technologie- und Demokratisierungshilfen erneut aktiv zu fördern.

## Phase 1, die »Vorbereitung der friedlichen Koexistenz«, 1956–1960

### Chruschtschows Entstalinisierung des Ostblocks

Die erste Phase der neuen Strategie begann mit der öffentlich zelebrierten Abkehr vom Stalinismus während des 20. Parteitags der KPdSU im Februar 1956. Chruschtschow hielt eine Rede, seine sogenannte »Geheimrede«, in der er mit Stalin und dessen Politik abrechnete, die anwesenden Delegierten mit Zahlen über das Vernichtungswerk des Diktators gegenüber Partei, Armee und Volk konfrontierte und gleichzeitig tiefgreifende Änderungen im kommunistischen System forderte. Doch auch wenn die Rede Chruschtschows zur Steigerung des allgemeinen Interesses als geheim eingestuft war, war sie in Wahrheit von Anfang an eine reine Propagandaaktion.

Nicht nur wurden nach dem Parteitag Tausende von Kopien der Rede in Kreisen der Partei verteilt, auch wurde sie von den Sowjets offenbar ganz bewußt der CIA zugespielt, die sie wiederum an die *New York Times* zur Veröffentlichung weitergab, und damit erreichte die

*Nikita Chruschtschow*

Rede schließlich ihr eigentliches Zielpublikum, die westlichen Eliten. Auch ihr Inhalt war zum Zeitpunkt der Veröffentlichung im Februar 1956 nicht wirklich neu. Jan Sejna, der als offizieller tschechoslowakischer Delegierter an diesem Parteitag teilnahm, berichtet, daß ihr wesentlicher Inhalt, die neue Politik der friedlichen Koexistenz, von Chruschtschow bereits im Juni des Jahres 1954 vor tschechoslowakischen Offiziellen vorgestellt worden war. Chruschtschow hatte damals klargestellt, daß Stalins Politik die Sowjetunion und den Prozeß der Weltrevolution empfindlich zurückgeworfen hatte. Um diese Situation zu überwinden, war der Zugang zu westlicher Technologie und Wirtschaftshilfe entscheidend, und um diesen zu erreichen, müsse man eine Politik der friedlichen Koexistenz anstreben. Ein Mitglied des tschechoslowakischen Zentralkomitees wollte Chruschtschow daraufhin seine Gratulation dafür aussprechen, daß damit eine Ära des Weltfriedens anbrechen würde, woraufhin Chruschtschow jedoch scharf entgegnete, daß die friedliche Koexistenz keinesfalls ein pazifistisches Konzept sei, sondern daß diese ausschließlich dazu dienen sollte, den *»Imperialismus zu zerstören und die Sowjetunion und ihre Verbündeten zur stärksten wirtschaftlichen und militärischen Macht der Welt«* werden zu lassen.[57] Er fuhr fort, daß die Angst vor dem Stalinismus die Chance auf Hilfe aus dem Westen zunichte gemacht hätte. Der einzige Weg, dies zu ändern, sei, das Image des Kommunismus zu verbessern, indem man den Westen glauben lasse, daß sich der Ostblock von innen heraus reformierte, und dazu sei es nötig, *»die Schuld für die Verbrechen der Vergangenheit auf die Schultern der einzigen Person zu laden, die stark genug ist, diese Last zu tragen«*, womit kein Geringerer als Josef Stalin gemeint war.[58]

Auch wenn die von Chruschtschow initiierte und im Anschluß an den 20. Parteitag im gesamten Ostblock nach und nach durchgeführte Entstalinisierung eine deutliche Kehrtwende im Ostblock und ganz besonders im Verhältnis der Sowjetunion zum Westen darstellte, war damit keine wirkliche Aufarbeitung der verbrecherischen Vergangenheit verbunden. Das wird schon allein aus der Tatsache deutlich, daß Chruschtschow in der Zeit der Stalinschen Massenmorde in der Ukraine selbst einer der ergebensten Komplizen Stalins gewesen war und sich damals bei verschiedenen Gelegenheiten als *»Freund und Waffenbruder Stalins ..., vertrautester Schüler und Waffenbruder Stalins ..., stalinistischer Führer der ukrainischen Bolschewiken ..., vertrautester Waffenbruder des großen Stalin«*[59] bezeichnet hatte. Ungeachtet dessen funktionierte die neue Taktik. Im September des Jahres 1959 besuchte Chruschtschow die USA und konnte dort durch joviales Auftreten und durch die freundliche Atmosphäre der Begegnung eine erste Annäherung erzielen, was zur Folge hatte, daß den Staaten des Warschauer Pakts in den folgenden Jahren durch den zunehmenden Handel eine deutliche Wirtschaftshilfe aus dem Westen zuteil wurde und sich der Kreml erfolgreich mit einem Anschein von Friedfertigkeit umgeben konnte. Hatte es bis zur Mitte der 1950er Jahre buchstäblich keinerlei wissenschaftlichen oder technologischen Austausch zwischen der Sowjetunion und den USA gegeben, so wurde 1958 das »Bilateral Exchanges Agreement« geschlossen, das es Wissenschaftlern ermöglichte, mehrere Monate an Forschungsprojekten der jeweils anderen Seite teilzunehmen, was fast ausschließlich für die technologisch rückständige Sowjetunion Nutzen bringen konnte. Zeitgleich erfolgten von sowjetischer Seite zahlreiche Initiativen zur Aufnahme von Krediten aus dem Westen und zur Ausweitung des internationalen Handels und der Rüstungsbegrenzung, darunter u. a. eine Welthandelskonferenz und ein Atomteststopp. Zu Beginn der Phase 2 ließ Chruschtschow, wie Sejna berichtet, verlauten, daß es gelungen sei, die Weltöffentlichkeit von den pazifistischen Ambitionen des Kommunismus zu überzeugen. Die Tore stünden nun offen, und die Zeit sei gekommen, sagte er, die westlichen Medien zu unterwandern und den Feind auf diese Weise dazu zu bringen, in die kommunistische Richtung zu marschieren.[60]

## Strategische Koordinierung des Ostblocks

In den Jahren 1956 bis 1957 wurde eine Kommission, angeleitet von Chruschtschows Stellvertreter und späterem Nachfolger Leonid Breschnew, mit der Aufgabe betraut, den Strategiewechsel, basierend auf den

Erfahrungen der NEP, auszuarbeiten. Weitere Mitarbeiter waren u. a. der Parteiideologe Michail Suslov, der Militärstratege Marschall Wassilij Sokolowskij, Rüstungsexperte Dimitry Ustinov, der Experte für auswärtige Beziehungen Boris Ponomarev und KGB-General Nikolai Mironow.[61]

*Planer der kommunistischen Strategie:*
*Breschnew (oben links), Suslov (oben rechts), Ustinov (unten links) und Ponomarev (unten rechts)*

Nachdem die Diktatur Stalins zu zahlreichen Differenzen im kommunistischen Staatengefüge geführt hatte, die von taktischen Meinungsverschiedenheiten bis hin zur geplanten Ermordung des jugoslawischen Staatschefs Josip Tito reichten[62], setzte Chruschtschow mit Übernahme der neuen Gangart auf die Einheit aller kommunistischen Parteien und Staaten und deren strategische Synchronisierung. So wurde in den Jahren der Phase 1 neben der vor allem für propagandistische Zwecke durchgeführten Entstalinisierung die innenpolitische Einigung aller Ostblockstaaten sowie der gesamten kommunistischen Weltbewegung angestrebt und sichergestellt. Dazu begann in der zweiten Hälfte der 1950er Jahre unter Führung Moskaus ein intensiver Austausch innerhalb der kommunistischen Weltbewegung, der zur Wiederherstellung der Einigkeit führen sollte. Ihren Höhepunkt erreichten diese Konsultationen zwischen 1957 und 1960 in zwei Konferenzen, an denen die regierenden Parteien des Ostblocks, einschließlich der Partei Chinas, sowie die kommunistischen Parteien anderer Länder teilnahmen und die zur Verabschiedung eines Manifests führten, das von allen kommunistischen Parteien mit Ausnahme der Partei Jugoslawiens unterzeichnet wurde.[63]

Auch wenn es sich bei der neuen Strategie um eine koordinierte, blockweite Kampagne handelte, an der auch die im westlichen Ausland ansässigen, Moskau-treuen Parteien beteiligt waren, wurde die Anzahl der kommunistischen Funktionäre, die ein umfassendes Bild der Gesamtstrategie hatten, durch strenge Spezialisierung und strikte Hierarchie relativ gering gehalten. Die Verantwortung für die Durchführung der vereinten kommunistischen Politik wurde in Form eines kollektiven Führungsstils dem Moskauer Politbüro unter Vorsitz des Generalsekretärs übertragen, das aus der Führung von Partei, KGB und Armee zusammengesetzt war. Die höchste Entscheidungsgewalt hinsichtlich der Umsetzung der Strategie hatte jedoch der sowjetische Verteidigungsrat, der eine Instanz innerhalb des Politbüros darstellte, somit ausschließlich aus Politbüromitgliedern bestand, und dessen Arbeit, im Gegensatz zu der des Politbüros, stets der Geheimhaltung unterlag.[64]

Alle anderen Ostblockstaaten hatten analog dazu einen eigenen nationalen Verteidigungsrat zu bilden, der dem sowjetischen Machtapparat hierarchisch untergeordnet war. Jan Sejna gibt einige Beispiele dafür an, über welche Fragen der nationale Verteidigungsrat der Tschechoslowakei während regelmäßiger Sitzungen zu entscheiden hatte, darunter der Fortschritt der friedlichen Koexistenz, Maßnahmen zur politischen und psychologischen Kriegführung im Fall eines Kriegsausbruchs in Europa und die Kapazitäten der tschechoslowakischen Rüstungsindustrie für die Ausrüstung der Warschauer Pakt-Streitkräfte. Ein wichtiges Thema war darüber hinaus die Ausbildung und Ausrüstung von Terroristengruppen und sogenannter nationaler Befreiungsbewegungen in der Dritten Welt, worüber zwei- bis viermal jährlich beraten wurde.[65]

## Umstrukturierung der Geheimdienste

Der Breschnew-Ausschuß, der in den Jahren 1956/57 den Strategiewechsel ausarbeitete, erkannte parallel zur politischen Koordinierung des Ostblocks auch die Notwendigkeit einer Umstrukturierung der Geheimdienste, allen voran natürlich des sowjetischen KGB, um damit den organisatorischen Bedürfnissen der neuen Strategie gerecht werden zu können. In Anlehnung an Lenins OGPU der NEP-Zeit sollte das stalinistische KGB von einem Apparat zur reinen Unterdrückung der heimischen Bevölkerung in ein aktives und flexibles Instrument der Staatspolitik umgewandelt werden.[66]

Federführend waren hier Nikolai Mironov und Alexander Schelepin, der die Führung des KGB von 1958 bis 1961 innehatte und die notwendigen Umstrukturierungen durchführte, weshalb die neue sowjetische Strategie von manchen Autoren auch als »Schelepin-Plan« bezeichnet wird.[67]

*KGB-Chef Alexander Schelepin*

Ein wichtiger Teil der Neustrukturierung unter Schelepin war, wie Anatoliy Golitsyn berichtet, die Aufteilung des KGB in einen inneren und einen äußeren Dienst. In den Aufgabenbereich des kleineren, aber hochgeheimen inneren KGB, der direkt dem Politbüro unterstellt war, fielen alle strategischen Belange, die mit dem Fortschritt der Weltrevolution zu tun hatten, während der äußere KGB mit taktischen, weniger bedeutenden und eher alltäglichen Aufgaben betraut war. Die meisten übergelaufenen KGB-Agenten, besonders jene, die im Ausland eingesetzt wurden, gehörten zum äußeren KGB und hatten daher keinerlei Kenntnis über die Existenz einer Langzeitplanung.[68]

Alexander Schelepin legte darüber hinaus besonderen Wert darauf, das neue KGB mit Mitarbeitern höherer Bildung zu besetzen, die eine akademische Ausbildung genossen hatten und sich sicher und selbstbewußt auf gesellschaftlichem Parkett im Ausland bewegen konnten. Was zur Folge hatte, daß in den Jahren 1958 bis 1961 eine neue, intelligente Generation von Sowjetagenten auftauchte, die sich durch ihr elegantes Auftreten und ihre größere Individualität von den bisher eher plumpen KGB-Mitarbeitern und auch vom normalen sowjetischen Botschaftspersonal abhob.[69]

Dem Umbau des KGB folgend, wurden auch die Geheimdienste der anderen Ostblockstaaten den Anforderungen der neuen Strategie angepaßt. Vor allem wurden die Ressourcen der verbündeten Geheimdienste direkt dem KGB unterstellt, denn auch wenn sie formell ihren eigenen Regierungen verpflichtet waren, hatte das neue KGB doch effektive Befehlsgewalt und völlige Kontrolle über die fremden Dienste.[70] Dieses Verhältnis ging so weit, daß sowjetische Berater an der Planung und Auswertung aller wichtigen Operationen beteiligt waren, während die Regierung des jeweiligen Landes diese Operationen zwar finanzieren mußte, jedoch keinen eigenen Einfluß auf deren Ziele oder Verlauf hatte. Die Regierungen der nichtsowjetischen Ostblockstaaten wurden so zu Verwaltungshelfern der aus Moskau eintreffenden Anweisungen, ohne jemals eine unabhängige Innen- oder Außenpolitik verfolgen zu können, und wie die späteren Ereignisse des Prager Frühlings und der sogenannten Wende in Osteuropa während der Jahre 1989/90 zeigten, wurden sie wohl auch weitgehend im Unklaren darüber gehalten, was hinter den Kulissen tatsächlich gespielt wurde. Die Kontrolle der Sowjetunion über die ausländischen Dienste wurde zum einen durch die ständige Anwesenheit der sowjetischen Berater, zum anderen dadurch sichergestellt, daß jeder Geheimdienstmitarbeiter eines Ostblocklandes eine vom eigenen Staat finanzierte ein- bis zweijährige Ausbildung und Indoktrination in Moskau über sich ergehen lassen mußte, bei der nicht auf fachliche Qualifikation geprüft wurde, sondern bei der es um stereotype Antworten und die bloße Wiedergabe auswendig gelernter Inhalte ging. Antworten, die eigenständiges Denken erkennen ließen, brachten den Betreffenden in den Verdacht, ein politisch unzuverlässiger Abweichler zu sein.[71] Dank dieser Praxis verfügte das KGB in den folgenden Jahren über ein zuverlässiges Netzwerk auch nichtrussischer Agenten, die durch ihre Abstammung und Zugehörigkeit zu einem anderen Land bisweilen besseren Zugang zu westlichen Geheimnissen hatten bzw. über bessere Möglichkeiten verfügten, Einfluß auf westliche Personen oder Gruppierungen auszuüben. In Südamerika und in der Manipulation der Hippie-Bewegung zahlten sich besonders die im Dienste Moskaus stehenden Kubaner aus. Als Beispiel hierfür sei an die 68er-Ikone Che Guevara erinnert, dessen Konterfei bis heute die T-Shirts zahlloser politisch nicht aufgeklärter Jugendlicher ziert.

Der erfolgreiche Umbau des sowjetischen KGB wurde von Alexander Schelepin während einer Rede vor dem 22. Parteikongreß 1961 mit den Worten bestätigt, daß die Staatssicherheitsorgane neu organisiert, substantiell reduziert und von unnötigen Aufgaben befreit worden seien. Weiter sagte er, daß die Partei eine große Anzahl von Parteimitgliedern und Komsomolzen in den Reihen des KGB plaziert habe, weshalb das neue KGB der Partei völlig ergeben sei und die gesamten Aktivitäten der Staatssicherheitsorgane unter der vollen Oberaufsicht von Partei und Regierung stünden. Damit befinde sich die Arbeit der Sicherheitsorgane wieder in der wahren Tradition Lenins.[72] Die organisatorische Struktur des KGB war umstrukturiert worden, sein gefürchtetes Wesen jedoch blieb unverändert, auch in der Führung hatte es personell keine wesentlichen Änderungen gegeben, denn selbst zwei Jahrzehnte später, am Ende der Ära Breschnew, hatten zehn von 14 der ranghöchsten Führer des KGB ihre geheimdienstliche Laufbahn noch unter Stalin begonnen.[73]

Im gesamten Ostblock sorgte das neue KGB von nun an dafür, daß zuverlässige Kommunisten in höhere Positionen aufstiegen, während die Karriere unzuverlässiger Kandidaten beendet wurde. Und so behielt das Moskauer Politbüro stets die Kontrolle über den Fortschritt der Weltrevolution.

### Abteilung D und Desinformation

Beginnend in Phase 1 wurde ein Schwerpunkt der Arbeit des reformierten KGB auf die strategische Täuschung und die vielschichtige, passive und aktive Desinformation gelegt, zu der es im Politikverständnis westlicher Demokratien kein Gegenstück gab. Die sowjetische *»Maskirowka«*, schreibt der Überläufer Viktor Suworow (Biografie im Anhang), *»umfaßt alles, was mit dem Schutz von Geheimnissen und der Täuschung des Gegners über Pläne und Absichten des sowjetischen Oberkommandos zusammenhängt«*[74]. Das reicht von der grundlegenden Vernebelung der militärischen Schlagkraft des Ostblocks, der Verheimlichung kommunistischer Operationen, ihrer Absichten und Ziele bis hin zur Plazierung einer Unzahl falscher Informationen in westlichen Medien zum Zwecke der Irreführung gegnerischer Regierungen und vor allem der Manipulation der westlichen Bevölkerungen. Anatoliy Golitsyn berichtet, daß es in Übereinstimmung mit den Thesen des alten chinesischen Strategen Sun Tsu eine Hauptaufgabe des KGB war, die Existenz eines vereinten kommunistischen Blocks mit einer gemeinsamen Langzeitstrategie unter allen Umständen zu verheimlichen. Statt dessen sollte dem Westen eine in sich gespaltene kommunistische Welt vorgetäuscht werden, mit Differenzen zwischen Kommunisten sowjetischer, chinesischer oder kubanischer Prägung, zwischen Leninisten, Stalinisten, Maoisten oder Trotzkisten, zwischen Hardlinern und Reformern usw., ohne daß das Vorhandensein einer alle diese Gruppen koordinierenden Führungsspitze bekannt werden durfte. Für die vorgetäuschte Spaltung zwischen Hardlinern und Reformern sollte das KGB, basierend auf den Erfahrungen der NEP, den Aufbau einer kontrollierten Oppositionsbewegung in der Sowjetunion und in anderen Staaten des Ostblocks vorbereiten, weshalb vor allem sowjetische Intellektuelle und Wissenschaftler der Sowjetischen Akademie der Wissenschaften angeworben wurden, die im Ansehen ihrer westlichen Kollegen standen und auf diese Einfluß ausüben sollten. Schließlich galt gerade die »intellektuelle Mittelklasse« des Westens als propagandistisches Hauptziel der neuen Strategie.[75] Ihr sollte nach erfolgter Entstalinisierung die friedliche Koexistenz, d. h. die Zusammenarbeit mit der Sowjetunion und die Abrüstung als einzige Alternative zum atomaren Krieg, plausibel gemacht werden. Parallel dazu wurde unter Alexander Schelepin in den Jahren der Phase 1 die Abteilung D innerhalb des KGB gegründet, die flankierend zu den internen Desinformationskampagnen unablässig Lügengeschichten über zu diskreditierende Personen, Institutionen oder ganze Staaten im Westen fabrizierte, die ausländischen Medien zugespielt wurden, um damit Einfluß auf die öffentliche Meinung im Westen oder in der Dritten Welt auszuüben.

Später bekamen auch die Geheimdienste anderer Ostblockstaaten ihre eigenen Abteilungen D, die nach dem bekannten Muster direkt dem großen Bruder in Moskau unterstellt waren. Die Leitung der sowjetischen Abteilung D hatte der später zum General beförderte Oberst Iwan Agajanz inne, der seinen Mitarbeitern 1968 folgende, für die Arbeitsweise dieser Behörde typische Weisung gab: *»Wir müssen westliche Journalisten ständig ermuntern, exakt das Gegenteil von dem zu schreiben, was wir in Wirklichkeit vorhaben. Jeder, der über unsere wahren Pläne genau oder unparteiisch, in der westlichen Auffassung dieser Worte, schreibt oder spricht, muß rasch als Rechter oder Faschist abqualifiziert oder der Lächerlichkeit ausgesetzt werden.«*[76]

Um den Fortschritt der zersetzenden Auswirkungen dieser und weiterer Aktionen auf die westliche Öffentlichkeit zu verfolgen, wurde bereits in den Jahren der Phase 1 ein eigenes Institut gegründet, das unter Leitung von Georgiy Arbatov die Entwicklung der westlichen Gesellschaft u. a. in Sachen Politik, Medien und sogar betreffend des Einflusses religiöser Vereinigungen überwachen sollte.[77]

## Ein scheinbar gespaltener Ostblock

Für die vorgetäuschte innere Aufspaltung der kommunistischen Welt gab es mehrere Gründe. Wie bereits geschildert, waren sich die westlichen Staaten gegen Ende der Stalin-Ära der erdrückenden Übermacht des im Osten aufziehenden kommunistischen Monolithen bewußt und hatten erkannt, daß nur eine Politik der Stärke diese Gefahr aufhalten konnte. Die gemeinsame Bedrohung einte den Westen und führte so zur Eindämmung der kommunistischen Ideologie. Mit dem Wegfall des übermächtig erscheinenden Ostblocks, so spekulierte man in Moskau, würde auch die Einheit des Westens zerfallen, was den Druck auf die Sowjetunion und ihre Verbündeten reduzieren würde. Wenn es den, im westlichen Untergrund oder in der Opposition arbeitenden, kommunistischen Parteien vor dem Hintergrund eines gespaltenen Ostblocks dann gelingen würde, zu verschleiern, daß sie nur dank der finanziellen Unterstützung aus dem Osten überleben konnten und daß die Ausrichtung ihrer Politik vollständig im Einklang mit den Zielen des Kreml war, daß sie somit nichts weiter als Marionetten des Moskauer Politbüros waren, dann würde ihnen das mehr Möglichkeiten der Einflußnahme auf ihre Gesellschaften einräumen, die ideologische Wachsamkeit des kapitalistischen Gegners schwächen und die Weltrevolution voranbringen. Diese Überlegung führte zum Auftreten des sogenannten Eurokommunismus, als sich die kommunistischen Parteien Frankreichs, Spaniens und Italiens mit dem Anschein der Unabhängigkeit umgaben, jedoch stets unter der Oberaufsicht ihrer sowjetischen Führung blieben.[78]

Darüber hinaus erhoffte sich der Kreml, leichter Zugang zu ausländischem Know-how und fremder Technologie zu bekommen, wenn man, wie im Fall von Rumänien, die westlichen Regierungen glauben ließ, sie könnten durch verstärkten bilateralen Handel die Loslösung einzelner Staaten aus dem östlichen Verbund erreichen.

Ein weiterer Grund für die offen zur Schau gestellten Differenzen zwischen Moskau und Peking war, daß die Sowjetunion ihre militärische Aufrüstung als Gegengewicht zur chinesischen Bedrohung deklarieren konnte, ohne daß die USA die Notwendigkeit einer starken Militärmacht erkannte, wenn man im Kriegsfall mit den vereinten Streitkräften Chinas und der Sowjetunion rechnen müßte.

Nachdem der Schein einer in sich zerrissenen kommunistischen Welt also nur von strategischem Vorteil sein konnte, begannen die neu strukturierten Geheimdienste in den Jahren 1957 bis 1960 mit entsprechenden Kampagnen, die von den unterzeichnenden Parteien des Manifests vom November-Kongreß 1960 mitgetragen wurden. Diese Operationen standen in direkter Tradition Lenins, der die Arbeitsweise der kommunistischen Parteien schon früher mit einem *»großen Orchester«* mit verteilten Rollen verglichen hatte. Die einen sollten darin eine sentimentale Violine spielen, andere einen schrecklichen Kontrabaß, während ein Dritter den Dirigentenstab führen würde.[79] Daran angelehnt bekamen alle Staaten der kommunistischen Welt ihre Rolle und ihre spezielle ideologische Prägung, von der völligen Ergebenheit der Tschechoslowakei oder Bulgariens zur Sowjetunion über die vorgetäuschte Unabhängigkeit Rumäniens oder Kubas bis hin zu den Gefechten an der Grenze zwischen China und der UdSSR an Amur und Ussuri.

Die Operationen zur innerkommunistischen Spaltung liefen auf höchster Geheimhaltungsebene und werden, zumindest was die Konflikte zwischen China und der UdSSR angeht, auch nur von einem Überläufer, nämlich Anatoliy Golitsyn, berichtet. Selbst General Jan Sejna, der in seiner Position großen Einblick in die Strategie hatte, weiß nichts über eine inszenierte Spaltung zwischen diesen beiden Staaten. Allerdings wird die vorgetäuschte Unabhängigkeit Rumäniens von einem weiteren Überläufer, von Ion Mihai Pacepa (Biografie im Anhang), bestätigt. Diese Operation lief unter dem Decknamen »Horizont«. Tatsächlich gelang es Rumänien dank der vorgetäuschten Unabhängigkeit in den 1960er und 1970er Jahren, stärkere kommerzielle, wirtschaftliche und politische Verbindungen in den Westen aufzubauen als jedem anderen Ostblockstaat. Jedoch profitierte nicht nur Rumänien von diesen Beziehungen, sondern die gesamte kommunistische Welt. Pacepa berichtet in seinem Buch *Red Horizons* von zahlreichen Aktionen, mit denen es Ceausescu gelang, die wirtschaftliche Position des Ostblocks zu stärken, politischen Einfluß auf westliche Entscheidungen auszuüben und militärische Spionage zu betreiben.

Trotz größter Geheimhaltung und zahlreicher Ablenkungsmanöver blieb die Zusammenarbeit im Ostblock über die Jahre aufmerksamen westlichen Beobachtern nicht verborgen. Nicht nur Reinhard Gehlen, der Begründer des BND, durchschaute die innerkommunistischen Spaltungen als Täuschungsmanöver und bezeichnete den Eurokommunismus als fünfte Kolonne Moskaus, auch der Chef der US-Spionageabwehr James Jesus Angleton erklärte, daß die CIA und ihre verbündeten Dienste ausreichend Beweise für eine Koordination zwischen den Geheimdiensten der Ostblockstaaten gefunden hätten, um damit selbst Skeptiker zu überzeugen.[80] Jedoch stieß er mit seinen Ausführungen in Washington auf taube Ohren. (Siehe hierzu im Anhang die Biografie Golitsyns.)

## Eine neue Militärdoktrin

Ein weiteres Ergebnis der Strategierevision des Breschnew-Ausschusses der Jahre 1956/57 war die Notwendigkeit einer neuen offensiven Militärdoktrin, deren detaillierte Ausarbeitung sich bis in die ersten Jahre der Phase 2 hinzog. Erstmals wurde die größte Bedeutung den Nuklearwaffen und besonders den strategischen Raketentruppen beigemessen. Joseph D. Douglass erkennt in der Ausarbeitung der neuen sowjetischen Militärdoktrin zwei Phasen: *»In der ersten Phase (1954 bis 1957) wurde das Arbeitsprogramm der Generalstabsakademie radikal geändert. Die Nuklearwaffen waren nun das Studienobjekt, Pläne für ihren Einsatz sollten entwickelt werden. Bis 1957 war eine Studie* *über moderne Kriege und die sich daraus ergebenden militärwissenschaftlichen Konsequenzen erstellt worden, die man dem Chef des sowjetischen Generalstabs, Marschall V. D. Sokolovskiy, vorlegte. Die zweite Phase (1957 bis 1960) ist charakterisiert durch Produktion und Dislozierung von Langstrecken-Lenkwaffen sowie durch eine wachsende Zahl von Studien über den Einsatz von Kernwaffen. 1958 begann im Generalstab eine Seminardiskussion über die Probleme der Kriegskunst und eines künftigen Krieges. Sämtliche Offiziere vom Armeebefehlshaber aufwärts sowie Vertreter aller Waffengattungen nahmen daran teil. Diese Seminare waren geheim, das Ergebnis der Untersuchungen und Diskussionen durfte Außenstehenden nicht mitgeteilt werden. Der Krieg der Zukunft und der Stand der sowjetischen Kriegskunst waren die Grundfragen, die zur Debatte standen.*

*Bis 1959 waren sich die ›besten Köpfe‹ des Generalstabs darüber einig, daß die sowjetische Militärdoktrin einer Überarbeitung bedurfte. Die künftige Strategie mußte in erster Linie auf der Grundlage der Verfügbarkeit von Kernwaffen und Flugkörpern entwickelt werden.*

*Im Dezember 1959 wurde die Strategische Flugkörpertruppe als eigener Teil der Streitkräfte geschaffen. Im darauffolgenden Monat gab der Kreml ihre Aufstellung zugleich mit der neu erarbeiteten Nukleardoktrin bekannt. Dieses Ereignis gilt in der UdSSR als Meilenstein der sowjetischen militärischen Entwicklung und als Beginn der modernen Ära in der sowjetischen Militärwissenschaft, deren ... wesentlicher Inhalt die Anerkennung der Kernwaffen als hauptsächliches Kampfmittel ist.«*[81]

Während die Atomwaffe im Westen ein Mittel der Abschreckung war, erkannte die Sowjetunion in ihr eine Waffe, deren Vorteile erst durch ihren Einsatz im Krieg zum Zuge kamen: *»Ein weiterer Vergleich der Auswirkungen von Kernwaffen auf die sowjetische und die amerikanische Einstellung zum Krieg ergibt, daß ihre Einführung in der Sowjetunion den Mechanismus der Kriegführung änderte, während sie in den Vereinigten Staaten mehr die Ansichten über die Möglichkeit oder ›Nützlichkeit‹ in einem Kriege beeinflußte. Der Nuklearkrieg wurde hier ›undenkbar‹. Ziel der Politik wie der Streitkräfte wurde für den Westen die Abschreckung, für die Sowjets die Fähigkeit, einen Krieg ausfechten und gewinnen zu können.«*[82]

Die neue Militärdoktrin hatte darüber hinaus eine psychologische Komponente. Die ständige nukleare Bedrohung durch die Sowjetunion sollte die westlichen Gesellschaften gemeinsam mit der friedensbewegten kommunistischen Agitation und anderer flankierender Maßnahmen moralisch aufweichen und sie zu einer für den Ostblock vorteilhaften Abrüstung bewegen. Wäre der Westen erst ausreichend demoralisiert und geschwächt, dann, sagte Chruschtschow im Sommer 1963 zum damaligen sowjetischen Verteidigungsminister Marschall Rodion Malinovski, wie Sejna berichtet, käme die nächste strategische Waffe zum Zug – die sowjetischen Panzer.[83]

## Phase 2, die »Phase des friedlichen Koexistenz-Kampfes«, 1960–1985

### Die neue Strategie wird umgesetzt

Waren die Jahre der Phase 1 noch ganz der Ausarbeitung und Vorbereitung der neuen Strategie und der Erschaffung der zu ihrer Umsetzung nötigen Infrastruktur gewidmet, so begannen etwa 1960/61, nachdem das Ausland erfolgreich getäuscht worden war und an die redlichen Absichten der Sowjetführung zu friedlicher Koexistenz glaubte, die Phase 2 und damit der Großangriff auf den inneren Zusammenhalt der westlichen Gesellschaften, die blutige Ausweitung des sowjetischen Einflußbereichs in der Dritten Welt und der Aufbau der militärischen Überlegenheit des Ostblocks.

Der Übergang von Chruschtschow zu Breschnew als Generalsekretär der KPdSU im Oktober des Jahres 1964 ging, im Gegensatz zu früheren Machtwechseln an der Spitze der Führung der UdSSR, völlig reibungslos vonstatten – so, wie es geplant worden war. Auch wenn die »friedliche Koexistenz« jetzt den Namen »Entspannung« erhielt, so änderte das an der Zielsetzung der sowjetischen Politik überhaupt nichts. Chruschtschows Gefolgsleute wie Schelepin und Malinovski blieben auch unter Breschnew auf ihren Posten und wurden später zum Teil sogar noch befördert. Jedoch wurde die »Entspannung« so glaubhaft zur Schau gestellt, daß selbst viele nichteingeweihte Kommunisten an ihre Authentizität glaubten und dementsprechend enttäuscht waren, weil sie glaubten, daß Moskau den Klassenkampf gegen den kapitalistischen Feind aufgegeben hätte. Breschnew, der acht Jahre zuvor die Ausarbeitung der neuen Strategie geleitet hatte, wird von Sejna, der ihn

1966 in Moskau zu einer Unterredung getroffen hatte, hierzu wie folgt zitiert: *»Einige linke Extremisten mißverstehen die Entspannung. Sie glauben, wir ergeben uns den Kapitalisten. Sie verstehen nicht, daß sie uns freie Hand gibt – freie Hand über fast alle kommunistischen Bewegungen in der Welt, und das ist das wichtigste.«*[84] Ein Jahr später hielt Breschnew während einer Konferenz europäischer kommunistischer Parteien in der Tschechoslowakei eine Rede, die den Zweck der Entspannung erneut klar darstellte: *»In Zeiten internationaler Spannungen werden in den bürgerlichen Ländern die reaktionären Elemente aktiv, die Militärs heben ihre Köpfe, anti-demokratische* (= antisowjetische, Anm. d. Autors) *und anti-kommunistische Tendenzen werden gestärkt. Umgekehrt haben die letzten Jahre ziemlich deutlich gezeigt, daß in Zeiten nachlassender internationaler Spannungen der Zeiger des politischen Barometers nach links ausschlägt.«*[85] Sehr deutlich klingt die Zielsetzung der Entspannungspolitik in Phase 2 auch in den Worten des Ministeriums für Staatssicherheit der DDR, heute besser unter dem Kürzel »Stasi« bekannt, an: *»Unterwanderung der nach dem Zerfall des imperialistischen Kolonialsystems entstandenen jungen Nationen in Afrika und Asien, Installierung marxistischer Systeme in ausgewählten Ländern, Schürung innenpolitischer Differenzen im Westen, Untergrundarbeit der westeuropäischen Kommunisten, Einflußnahme auf Protestbewegungen, Verschärfung der letztlich doch antagonistischen Gegensätze zwischen den einzelnen kapitalistischen Ländern, Plazierung wichtiger Einflußagenten, um nur einiges aus dem umfangreichen Katalog zu nennen.«*[86]

Obwohl also die Programme der kommunistischen Parteien und viele hochrangige kommunistische Ideologen nie einen Zweifel daran gelassen haben, daß die Entspannung ein marxistisch-leninistisches Konzept des Klassenkampfes ist, das mit dem bürgerlichen Pazifismus – also mit der totalen Ablehnung von Krieg und Gewalt – nichts gemein habe, erkennt die westliche Politik die neue sowjetische Gangart nicht als das, was sie ist, nämlich ein Werkzeug, das dem Sowjetblock langfristig mit allen zur Verfügung stehenden Mitteln, außer einem Nuklearkrieg, die Überlegenheit sichern sollte. Statt dessen nahm der Westen die friedliche Koexistenz für bare Münze, was in besonderem Maße Henry Kissinger und der von ihm so schlecht beratene US-Präsident Richard Nixon zu verantworten haben. (Nachdem die Überläufer Golitsyn und Sejna in den Westen geflohen waren und dort über den sowjetischen Langzeitplan berichtet hatten, verfaßte Kissinger 1969 eine Analyse für die Nixon-Regierung, die die Existenz einer irgendwie gearteten sowjetischen Langzeitstrategie kategorisch leugnete, siehe hierzu Golitsyn-Biographie im Anhang.)

Während im Westen selbst noch unter Präsident Carter die Illusion des anbrechenden Weltfriedens wuchs, wurden im Kreml unter Vermeidung einer direkten Konfrontation der Supermächte die Weichenstellungen für die große kommunistische Weltrevolution vorgenommen. Die in Phase 1 vorbereitete neue Militärdoktrin wurde praktisch umgesetzt, was zu einer Umstrukturierung der Streitkräfte und zur Entwicklung und Indienststellung neuer Waffensysteme führte, deren Technologie größtenteils entweder durch Spionage im Westen gestohlen worden war oder durch die nun umfangreicheren Wirtschaftsbeziehungen aus dem Westen importiert wurde. Zusammen mit zahlreichen sowjetischen Initiativen zur Rüstungskontrolle und Abrüstung plante man so die militärische Überlegenheit des Ostblocks ab den 1980er Jahren erreichen zu können. Dieses Vorhaben gelang zwar kurzfristig, wurde jedoch durch den Amtsantritt Ronald Reagans, die von ihm initiierte Politik der starken Hand gegenüber der Sowjetunion und die während seiner Amtszeit durchgeführte Nachrüstung des US-Militärs empfindlich gestört.

Innenpolitisch begann im Ostblock der Aufbau einer kontrollierten und im Kern ihres Wesens stets marxistischen Opposition, bei gleichzeitiger Ausschaltung aller tatsächlichen Gegner des Sowjetsystems. Weitere außenpolitische Operationen während Phase 2 waren die Bildung »nationaler Befreiungsbewegungen« in der Dritten Welt, der Aufbau des internationalen Terrornetzwerks und des internationalen Rauschgiftschmuggels und damit verbunden die ideologische und moralische Destabilisierung der westlichen Staaten von innen heraus.

## Die neue Militärdoktrin

Entgegen den propagandistisch vorgetragenen Schalmeienklängen von friedlicher Koexistenz und Entspannung stellte die sich wissenschaftlich gebende marxistisch-leninistische Theorie stets klar, daß es für entgegengesetzte Systeme keine friedliche Koexistenz geben könne, statt dessen müßte der gegensätzliche Charakter zweier Seiten notwendigerweise zur Konkurrenz führen. Das Alte und das Neue müßten in

Widerspruch zueinander geraten und zwingend zusammenprallen.[87] Diesen Zusammenprall sollte eine neue offensive sowjetische Militärstrategie vorbereiten.

Obwohl ein neuer Krieg in Mitteleuropa offensichtlich schon in Stalins Absicht lag und die NATO zu jener Zeit ständig mit einem Angriff aus dem Osten rechnete, existierte in den 1950er Jahren bis in die 1960er Jahre hinein kein offensiver Operationsplan zur Einnahme Westeuropas. Die Rote Armee wäre zu einem solchen Unternehmen organisatorisch schlicht nicht in der Lage gewesen. Daher konzentrierte sich das Training der Warschauer-Pakt-Streitkräfte unter Führung des sowjetischen Generalstabs bis zum Beginn der 1960er Jahre auf die Verteidigung. General Jan Sejna beschreibt in einem 1971 geführten Interview die Lage wie folgt: *»Die atomare Überlegenheit Amerikas war überwältigend. Die westliche Strategie der ›flexiblen Antwort‹* (NATO-Bezeichung Flexible Response, abgekürzt FR, Anm. d. Autors) *hatte die Doktrin der ›massiven Vergeltung‹* (NATO-Bezeichnung Massive Retaliation, Anm. d. Autors) *noch nicht ersetzt. Ein Krieg hätte alles oder gar nichts bedeutet. Die UdSSR war damals einfach noch nicht vorbereitet. Sie war erst dabei, ihre Flotte aufzubauen. Sie hatte sich am Mittelmeer und im Nahen Osten noch nicht nachhaltig festgesetzt. Ihre strategischen Streitkräfte (Flugzeuge, ballistische Raketen, Eliteeinheiten etc.) waren noch nicht so mächtig wie heute. Vor 1963, um Ihnen ein Beispiel zu geben, taugten nur 20 Prozent der Truppen des Warschauer Pakts zur Offensive, während 80 Prozent für defensive Zwecke vorgesehen waren. Ich habe selbst an diesen Plänen mitgearbeitet. Ich weiß daher, wovon ich spreche.«*[88]

Diese Situation änderte sich während einer in Prag im Jahr 1963 stattfindenden Konferenz grundlegend, als der sowjetische Verteidigungsminister Marschall Malinovski den anwesenden Repräsentanten des Generalstabs die neue Militärstrategie verkündete. Malinovski wird von Sejna mit den Worten zitiert: *»Unsere Strategie hat sich geändert. Ich habe ein spezielles Oberkommando für die strategischen Kräfte geschaffen. Im Kriegsfall müssen wir letztlich drei Situationen ins Gesicht schauen. Die erste: Der Westen greift uns mit allen ihm zur Verfügung stehenden Mitteln in einem Überraschungsschlag an – wir haben die Pflicht, dies unmöglich zu machen. Um das verhindern zu können, müssen wir unsere Anstrengungen auf dem Gebiet der Spionage verstärken. Die zweite: Wir greifen als erste an – diese Lösung ist für* *unsere Seite langfristig am vorteilhaftesten. Drittens: Wir beginnen beide zugleich, und dies ist eine Notlösung.«*[89] Die sowjetische Militärstrategie konzentrierte ihre Vorbereitungen von nun an nicht mehr auf die Verteidigung, sondern auf einen überraschenden atomaren Erstschlag gegen die NATO.[90] Das heißt, die sowjetischen Nuklearstreitkräfte würden zeitgleich mit dem strategischen Raketenangriff auf Nordamerika den europäischen Kriegschauplatz mit Atombomben belegen und so Breschen in die Reihen der NATO-Verteidigung schlagen, welche von den Panzerarmeen des Warschauer Pakts für den schnellen Vorstoß an die Atlantikküste genutzt werden sollten. Im Gegensatz zur NATO standen die Truppen des Warschauer Pakts in immerwährender Kampfbereitschaft und sollten jederzeit innerhalb von nur zehn Minuten in Marsch gesetzt werden können.[91] Ein im März 1964 in einer sowjetischen Zeitschrift erschienener Artikel gibt die ideologischen Grundlagen dafür wieder: *»Wenn wir den militärischen Kampf analysieren, dachte Lenin, würde die entscheidende Rolle dem Angriff zufallen. Der Angriff muß aktiv vorgetragen werden, bis der Feind komplett vernichtet ist. Die Schläge müssen schnell und entscheidend erfolgen, und die Truppen müssen den geeignetsten Moment ausnutzen, um die wichtigsten Ziele anzugreifen. Militärstrategisch ist der Angriff das wichtigste Element, und diesen Sachverhalt nicht zu erkennen ist schlimmer noch als Idiotie, es ist kriminell.«*[92]

Die neue Militärdoktrin erforderte eine Anpassung der Streitkräftestruktur und ein neues Training der Armeen. Großer Wert wurde auf die Fähigkeit gelegt, schnell umfangreiche Mengen an Fallschirmtruppen hinter den westlichen Linien absetzen zu können, die beispielsweise wichtige Verkehrsknotenpunkte oder anderweitig strategisch bedeutende Positionen besetzen sollten. Ebenso großer Wert wurde auf den Einsatz von Massenvernichtungswaffen gelegt, in erster Linie Atomwaffen. Aber auch der offensive Nutzen chemischer und biologischer Kampfstoffe wurde betont. Man spekulierte sogar darauf, chemische und biologische Waffen könnten die strategische Bedeutung atomarer Waffen ersetzen, falls es durch den zeitgleich eingeleiteten Abrüstungsprozeß zu einer Einschränkung der Verfügbarkeit nuklearer Waffen kommen sollte. Aber selbst die schwerpunktmäßige Verlagerung hin zu B- und C-Waffen würde in solch einem Fall nicht bedeuten, daß die Sowjets gewillt waren, ihre nuklearen Waffensysteme zu verschrotten. Diese sollten im Fall einer internationalen Ächtung atomarer Waffen nur besser versteckt und für den Tag ihres Einsatzes eingemottet werden.[93]

Die strategische Betonung von Massenvernichtungswaffen spiegelt sich in der Ausrüstung der Warschauer-Pakt-Streitkräfte wider, die wesentlich besser auf den Einsatz dieser Mittel vorbereitet waren als ihre Gegner im Westen. So wurden alle sowjetischen Kampffahrzeuge vom einfachen Lastwagen bis zum Kampfpanzer standardmäßig mit einer Schutzausrüstung gegen die Wirkung von ABC-Waffen ausgestattet, und die Ausbildung der Soldaten und selbst der Zivilbevölkerung auf diesem Gebiet war entschieden besser als in den NATO-Staaten.

In den Jahren 1956 bis 1964 verdoppelten sich die Militärausgaben der UdSSR dementsprechend, während die Anzahl der Soldaten reduziert wurde, was einerseits auf die Einführung neuer Waffensysteme zurückzuführen ist, die höhere Anforderungen an das Personal stellten, und andererseits durch die geringen Geburtenraten im Zweiten Weltkrieg bedingt ist, so daß die Anzahl der 18jährigen männlichen Sowjetbürger in den Jahren 1957 bis 1963 von über zwei Millionen auf unter eine Million jährlich fiel.[94] Als in der Mitte der 1960er Jahre der Personalmangel überwunden war, begannen die Sowjets unverzüglich mit dem personellen und materiellen Ausbau ihrer Streitkräfte.[95] Ein Fragment des 1964 neu eingeführten Offensivplans, das den Titel *Aufgaben der tschechoslowakischen Armee im Kriegsfall* trägt und den geplanten Vorstoß im süddeutschen Raum wiedergibt, wurde im Februar 2000 von einem Militärhistoriker im Prager Militärarchiv entdeckt und anschließend auf der Internetseite der Eidgenössischen Technischen Hochschule Zürich veröffentlicht.[96] Der Plan wurde seit den 1960er Jahren laufend aktualisiert und an die sich verändernden militärischen Kräfteverhältnisse angepaßt, blieb im wesentlichen aber unverändert. Im Gegensatz zur bisherigen Gewohnheit wurden in Manövern des Warschauer Pakts nun keine Verteidigungsoperationen mehr geübt, Angriffsoperationen jedoch umso mehr.

Allem Abrüstungsgeschwätz zum Trotz mußte in den 1970er Jahren selbst den naivsten Entspannungsjüngern unter Nixon und Carter klar werden, daß die Sowjetunion – basierend auf westlicher Technologie – eine großangelegte strategische Aufrüstung durchführte, die die militärische Vormachtstellung der USA bedrohte. Die Sowjetunion tat dies nicht, um mit den Vereinigten Staaten gleichzuziehen und damit ein

Gleichgewicht der Kräfte zu erreichen, von dem zum Beispiel Nixon immer wieder sprach, sondern um die NATO zu überholen.

Die nicht mehr zu übersehende Stationierung immer neuer Waffensysteme in immer größerer Anzahl wurde von einigen, mutmaßlich in Lohn und Sold des Kreml stehenden, »Experten« gar als Folge der Erfahrungen betrachtet, die die UdSSR im Zweiten Weltkrieg gemacht hatte, als die Rote Armee beinahe von der Deutschen Wehrmacht geschlagen worden war. Damit sollte wohl verschleiert werden, daß die Konzeption des sowjetischen Generalstabs rein offensive Zwecke im Sinn hatte, mit der direkten Option eines nuklearen Erstschlags, was dem Kreml die Möglichkeit gegeben hätte, den Westen politisch in die sozialistisch dominierte Konvergenz zu pressen.

Hatte es Anfang der 1960er Jahre noch keine ernstzunehmende sowjetische Kriegsflotte gegeben, so war die USA der UdSSR seit dem Anfang der 1970er Jahre auch auf dem Meer unterlegen. Berechnungen der *US Navy* zufolge schrumpfte ihre Chance, einen konventionellen Krieg gegen die Sowjetmarine zu gewinnen, zur damaligen Zeit von 55 auf 35 Prozent. Die UdSSR war zur internationalen militärischen Seemacht geworden.[97]

Anhand nicht-geheimer Statistiken wurde errechnet, daß im Jahr 1969 fast die Hälfte des sowjetischen Bruttosozialprodukts in die militärische Aufrüstung ging, während im Vergleich dazu der amerikanische Verteidigungshaushalt im selben Jahr nur neun Prozent des Bruttosozialprodukts ausmachte, und das, obwohl die USA zu dieser Zeit noch in Vietnam engagiert waren.[98] Auch in absoluten Zahlen waren die sowjetischen Rüstungsaufwendungen erheblich höher als die amerikanischen. Vergleicht man die offizielle Anzahl der 1980 in der Sowjetunion vorhandenen Startanlagen für Interkontinentalraketen mit denen in den USA, ergibt sich ein Verhältnis von 1398 (UdSSR) zu 1054 (USA). Die Sowjetunion verfügte über 950 Atomraketen auf Unterseebooten, während die USA nur 656 in ihrem Arsenal hatten. Im Vergleich der absoluten Sprengkraft ihrer Nuklearraketen kam die Sowjetunion auf 7835 Megatonnen, im Verhältnis zu 3253 Megatonnen auf amerikanischer Seite.[99]

Unter Breschnew hatte die UdSSR Ende der 1970er Jahre somit die militärische Überlegenheit gegenüber der NATO erreicht, und ein sowjetischer Erstschlag begann eine realistische Gefahr zu werden, woran auch die Aufstellung der neuen sowjetischen Mittelstreckenraketen vom Typ SS-20 nicht unbeteiligt war. Gab die SS-20 den Sowjets doch die Möglichkeit, ganz Europa zu bedrohen, was der sowjetische General Adrianna Danilevich mit den Worten kommentierte: *»Die SS-20 war ein Durchbruch, anders als alles, was die Amerikaner hatten. Wir waren sofort in der Lage, ganz Europa als Geisel zu halten.«*[100]

Treffend schreibt der Staatssekretär im US-Verteidigungsministerium, Fred C. Ikle, hierzu: *»Es ist ein verblüffendes Phänomen, daß die Sowjetunion öffentlich erklärt, die Aufstellung von SS-20-Raketen in Europa einzufrieren, um dieses Versprechen anschließend umgehend zu verletzten; daß die Sowjetunion es fertigbringt, ihre enorme offensive militärische Aufrüstung fortzusetzen – die umfassendste irgendeiner Nation in der Geschichte – und trotzdem eine überraschend erfolgreiche Kampagne mit dem Ziel durchführen kann, sich in der Weltmeinung als der Verfechter der Rüstungskontrolle und der Abrüstung sowie als Gegner des Wettrüstens darzustellen. Ich verwende ausdrücklich die Worte ›überraschend erfolgreich‹, weil der geringste Erfolg in einem solchen Scheinunternehmen als Überraschung bezeichnet werden sollte. Er ist klar zu erkennen, daß allgemeines Unwissen darüber, wie die Sowjets im militärischen Bereich wirklich denken, planen und handeln, das Fundament ist, auf dem die sowjetische Friedenspropaganda aufbaut.«*[101]

## Abrüstung als Mittel der Strategie

Wie Fred C. Ikle schrieb, gelang es dem Kreml in jener Phase seiner umfassenden militärisch-industriellen Aufrüstung, sich selbst als Vertreter von Rüstungskontrolle und Abrüstung darzustellen und damit vor der Weltöffentlichkeit die Rolle des Pazifisten einzunehmen, der im Höchstfall auf eine kapitalistische Bedrohung reagiert, selbst aber nur Friedliches im Sinn hat. Dabei könnte nichts weiter von der Wahrheit entfernt sein. Um dieses Trugbild aber aufrechterhalten zu können, bedurfte es einerseits eines entsprechenden Maßes an logistischer Koordination, die von einem 1960 neu eingerichteten Hauptdirektorat für strategische Täuschung (GUSM) innerhalb des sowjetischen Generalstabs übernommen wurde. Andererseits konnte der Kreml durch seine im Westen ansässigen Beeinflussungsagenten die Vorteile der freien Presse nutzen und die Meinung der westlichen Öffentlichkeit in eine für die Sowjetunion vorteilhafte Richtung lenken. In der Folge wurde wenig später die westliche Friedensbewegung zum willfährigen Erfüllungsgehilfen der sowjetischen Abrüstungsstrategie, die das ausschließliche Ziel hatte, die militärische Überlegenheit des kommunistischen Blocks gegenüber der NATO sicherzustellen, und zwar im Hinblick auf die spätere Phase 4, in der, wie Chruschtschow gegenüber Malinovski betonte, der Einsatz der sowjetischen Panzer vorgesehen war.[102] Der frühere polnische Botschafter in Japan, Zdzislaw Rurarz, der am 13. Dezember 1981, nach der Verhängung des Kriegsrechts in seiner Heimat, um politisches Asyl in den USA gebeten hatte, erkannte in den sowjetischen Abrüstungsinitiativen folgende Absichten: Zum einen sollte die strategische Überlegenheit über den westlichen Gegner bei minimalem Risiko für die sowjetische Militärmacht dadurch erreicht werden, daß die Verträge so formuliert wurden, daß nur der Gegner verpflichtet war, die Vereinbarungen einzuhalten. Zum anderen sollte auf diesem Weg so viel Information wie nur möglich über die Stärke des Gegners und die Umstände, unter denen er gewillt war, militärische Mittel einzusetzen, gesammelt werden, während er gleichzeitig verwirrt und seine Wachsamkeit mit allen Mitteln der Täuschung und Desinformation herabgesetzt werden sollte.[103] Ähnliches berichtet General Sejna von Marschall Andrej Gretschko, dem damaligen Oberbefehlshaber der Warschauer-Pakt-Truppen. Dieser habe im September 1966 vor einer Versammlung der Verteidigungsminister und Generalstabschefs des Ostblocks die folgenden Ziele der sowjetischen Abrüstungsinitiativen hervorgehoben: Erstens dürften Abrüstungsvereinbarungen die USA und die NATO niemals in die Lage versetzen, ein korrektes Bild der sowjetischen Militärtechnologien und Waffensysteme zu entwickeln. Zweitens müßte der sowjetische Druck hin zu allgemeiner Abrüstung gegen die Rüstungsindustrie in den USA und Westeuropa gerichtet werden, was bedeutet, daß die Entwicklung neuer Waffen im Westen behindert werden sollte. Drittens sollten die Verträge dabei helfen, die zivile Industrie im Westen für die sowjetische Sache zu gewinnen und einen

*Marschall Andrej Gretschko*

Keil zwischen die zivile Industrie einerseits und die militärische Industrie andererseits zu treiben. Viertens sollte die propagandistische Ausschlachtung der sowjetischen Abrüstungsinitiativen die Dritte Welt dahingehend beeinflussen, eine für den Ostblock freundliche Politik anzunehmen. Die Schuld am internationalen Wettrüsten sollte propagandistisch den »Kapitalisten« in die Schuhe geschoben werden, was auch das westliche Publikum dazu bringen sollte, öffentlichen Druck auf ihre eigenen Regierungen auszuüben.[104] Fünftens müßten die Abrüstungsverhandlungen das Wissen der Sowjetunion über westliche Rüstungsprojekte und Waffensysteme vergrößern und dadurch Informationen liefern, die sowjetische Waffenentwicklungen voranbringen könnten.[105]

Um den Einblick des Westens in das kommunistische Militärpotential maximal zu verschleiern, erließ der sowjetische Generalstab ostblockweite Richtlinien, die klar regelten, welche Waffensysteme während Manövern eingesetzt und somit zur Schau gestellt wurden, welche Waffensysteme in den Export gingen und welche Waffensysteme nie das Licht der Öffentlichkeit erblicken durften und stets geheim gehalten wurden. Darüber hinaus sollte selbst ein abgeschlossener Abrüstungsvertrag nicht zu einer tatsächlich Reduzierung der verhandelten Waffensysteme auf sowjetischer Seite führen, was kein Novum in der Tradition sowjetischer Abkommen und Verträge darstellte.[106] Eine Untersuchung des US-Senats kam im Jahr 1955 zu dem Ergebnis, daß die UdSSR gegenüber jedem Land, mit dem sie in ihrem bis dahin 38jährigen Bestehen ein Abkommen geschlossen hatte, vertragsbrüchig geworden war.[107] Kein Wunder, schließlich hatte schon Lenin behauptet, Verträge seien lediglich Papierfetzen, die zerrissen würden, wenn sich das Kräfteverhältnis erst zugunsten der Sowjets verschoben habe.

An der militärischen Überlegenheit, die die Sowjets unter Breschnew in Phase 2 erreichen konnten, hatten die zahlreichen sowjetischen Abrüstungsinitiativen einen erheblichen Anteil. Ohne sie wäre die geringe Leistungsfähigkeit der kommunistischen Wirtschaft nicht in der Lage gewesen, mit den westlichen Marktwirtschaften gleichzuziehen. Hätte es der Westen in den 1960er Jahren tatsächlich auf ein ungebremstes Wettrüsten ankommen lassen, so wäre allein die USA ohne Mithilfe der übrigen NATO-Staaten dazu fähig gewesen, 50 Atom-U-Boote und 50 000 Panzer jährlich zu produzieren und damit den ganzen Warschauer Pakt rüstungswirtschaftlich in den Schatten zu

*Gorbatschow und Reagan bei der Unterzeichnung des INF-Vertrags*

stellen, von der technologischen Überlegenheit ganz zu schweigen.[108] Statt dessen reduzierte sich die nukleare Streitmacht der Vereinigten Staaten in den 1960er Jahren um 50 Prozent, während die der Sowjets um 300 Prozent zunahm. Im selben Jahrzehnt wurden in den USA die Anzahl der *Polaris*-U-Boote auf 41 eingefroren und der Bau weiterer Raketen-U-Boote abgelehnt. Von 2710 strategischen Bombern wurden 1455 verschrottet, die ursprünglich geplante Zahl von 2000 *Minuteman*-Raketen wurde auf 1000 reduziert, und viele weitere neu entwikkelte Waffensysteme gingen nie in Dienst.[109] Selbst der beginnende Zivilschutz in den Vereinigten Staaten wurde von den Sowjets als Gefährdung ihrer Vormachtstellung betrachtet.[110] Die Abrüstungstrategie der UdSSR hatte sich Ende der 1970er Jahre vollumfänglich als erfolgreich erwiesen.

## Wirtschaftshilfen für den Ostblock

Der Aufstieg der UdSSR zu einer internationalen militärischen Weltmacht während Phase 2 wäre ohne die Zufuhr westlicher Technologie niemals möglich gewesen. Es liegt in der Natur der Sache, daß eine kommunistische Planwirtschaft zu einem solchen Unternehmen schlicht ungeeignet ist. Jedes staatlich verordnete planwirtschaftliche Regelwerk bedeutet den Tod von Individualität und Kreativität, und an ihre Stelle treten Bürokratie und Korruption, was über kurz oder lang

Innovationen unmöglich werden läßt und das Ende jeder wirtschaftlichen Produktivität und Konkurrenzfähigkeit bedeutet. Allein durch gewaltsamen Zwang lassen sich in einer kommunistischen Wirtschaft Produktionszahlen erreichen; gerade deshalb war der Ostblock auf die Zwangarbeitslager, die Gulags, angewiesen, die häufig mit politischen Sträflingen gefüllt waren, deren Wert nicht besonders hoch geschätzt wurde. Menschliche Arbeitskraft gilt im Kommunismus als leicht zu ersetzende Ressource. Und trotz der nahezu unbegrenzten Verfügbarkeit von menschlicher Arbeitskraft war die UdSSR aufgrund ihrer planwirtschaftlichen Inkompetenz nicht in der Lage, sich mit dem Nötigsten selbst zu versorgen. Seit der Oktober-Revolution war es Rußland nicht mehr möglich, den heimischen Getreidebedarf selbst zu decken, so daß Getreide vom kapitalistischen amerikanischen Klassenfeind importiert werden mußte. Interessanterweise erreichten bereits in den 1920er Jahren, als die Wirren der Revolution dem Land eine Hungersnot beschert hatten, Teile der amerikanischen Hilfslieferungen nicht das russische Volk, sondern wurden vom Kreml im Handumdrehen in den Export geschickt, zur Unterstützung kommunistischer Revolutionäre im Ausland.

Die Reduzierung von Exportbeschränkungen im Zuge der friedlichen Koexistenz ermöglichte es der Sowjetunion seit Beginn der 1960er Jahre, Technologie aus dem westlichen Ausland zu importieren, diese der kommunistischen Rüstungsindustrie zuzuführen und so den Rückstand vor allem auf den Gebieten der Computertechnologie, der Automation und der Petrochemie auszugleichen. Unter Henry Kissingers Einfluß setzte sich in westlichen Regierungskreisen zur damaligen Zeit der Irrglaube durch, durch friedlichen Handel ließe sich die sowjetische Führung sanft stimmen und von ihrem Vorhaben der Weltrevolution abbringen. Eine Annahme, die fern jeglicher Realität war und von hochrangigen Sowjetführern schon damals offen widerlegt wurde, zum Beispiel von Michail Suslov, dem langjährigen Parteiideologen, der in den Jahren 1956/57 an der Ausarbeitung der neuen Strategie beteiligt war. Er betonte 1972, daß die Entspannung eine vorübergehende Erscheinung sei, die für die Sowjetunion ein Zwischenspiel darstelle, während dem Kräfte gesammelt wurden für die nächste Runde im Kampf gegen die »imperialistische Aggression«.[111] Bereits KPdSU-Generalsekretär Chruschtschow hatte die Bedeutung der westlichen Technologie hervorgehoben, als er sagte, man müßte vom technischen und industriellen Fortschritt des Kapitalismus profitieren, anstatt die Augen davor zu verschließen, als ob er nicht existiere. Die westliche Technologie sei entscheidend auf dem Weg zur Errichtung des Sozialismus.[112]

Auch wenn es sich unglaublich anhören mag, weist der Wissenschaftler Antony C. Sutton vom Hoover-Institut an der Stanford-Universität für Krieg, Revolution und Frieden eindeutig nach, daß fast die gesamte sowjetische Schwerindustrie auf der Einfuhr westlichen Know-hows basierte und daß selbst ganze Fabriken, darunter komplette Stahl-, Chemie- und Automobilwerke, aus dem Westen importiert wurden, die das Fundament für die sowjetische Rüstungsindustrie bildeten.[113] Noch unglaublicher ist die Tatsache, daß diese Geschäfte allzu oft mit westlichen Krediten finanziert wurden, d. h. letztlich mit dem Geld westlicher Steuerzahler. Auch der Sowjetvasallenstaat Rumänien war in der Beschaffung westlicher Technologie vor dem Hintergrund der *Operation Horizont* sehr erfolgreich. Der Anschein von rumänischer Unabhängigkeit ermöglichte es manchem westlichen Geschäftsmann, über eventuell vorhandene Anflüge von Skrupel hinwegzusehen und mit dem Ceausescu-Regime Geschäfte zu machen. Ion Pacepa berichtet in seinem Buch *Red Horizons* u. a. darüber, wie es der rumänischen Führung Ende der 1970er Jahre gelang, mittels eines von Krediten finanzierten Scheingeschäfts hinter die Bauweise kanadischer Atomkraftwerke zu kommen, um diese schließlich als rumänische Technologie in die Dritte Welt zu exportieren.[114]

## Aufbau einer kontrollierten Opposition

Der Aufbau einer kontrollierten Dissidentenbewegung bei gleichzeitiger Ausrottung jeder echten antikommunistischen und für die Kreml-Strategen gefährlichen Opposition diente vor allem als Vorbereitung für die spätere Phase 3, die Phase des »dynamischen sozialen Wandels«, in der der Ostblock ein liberales, kapitalistisches Experiment wagen und dieses demonstrativ scheitern lassen wollte. Damit dieses gewagte Manöver nicht außer Kontrolle geraten konnte, mußte es von Beginn an mit verläßlichen Persönlichkeiten besetzt werden, deren zur Schau getragene Gegnerschaft des Sowjetregimes ihnen im In- und Ausland größere Glaubwürdigkeit und stärkeren Einfluß verleihen würde.

Golitsyn berichtet, daß das KGB Anfang der 1960er Jahre mit dem Aufbau einer Gruppe von Dissidenten begann, von denen Andrej Sacharow, der Vater der sowjetischen Wasserstoffbombe, wohl der bekannteste und einflußreichste sein dürfte. Zeitgleich wurde im sowjetischen Einflußgebiet die Praxis der politischen Psychiatrie eingeführt, für die, wie John Barron schreibt, vor allem die Fünfte Hauptverwaltung des KGB zuständig war.[115] Von ihr wurden beispielsweise alle wissenschaftlichen Institutionen von der Akademie der Wissenschaften an abwärts auf mögliche Abweichler hin überwacht. Fand sich in den Reihen der Intelligenz eine Person, die von der Parteilinie abwich oder ideologisch unzuverlässig war, dann reduzierte das ihre Möglichkeiten, Karriere zu machen, drastisch. Reichte diese Einschüchterung nicht aus, dann folgte nicht selten die »Zwangsbehandlung« in vom KGB geführten psychiatrischen Anstalten. Barron schreibt hierzu: *»Am 20. Januar 1972 meldete* Associated Press *aus Moskau, daß ›Hunderte von geistig gesunden Arbeitern, Studenten, Künstlern und Intellektuellen wegen Abweichung von der offiziellen Doktrin‹ in KGB-Anstalten eingewiesen worden seien. Wahrscheinlich kennt niemand im Westen die genaue Zahl der vom KGB festgehaltenen ›Patienten‹. Doch gibt es außer dem (...) Serbski-Institut noch besondere KGB-Anstalten in Leningrad, Kasan, Tschernjachowsk, Minsk, Dnjepropetrowsk, Orel, Poltawa und Kiew. Außerdem haben fünfzehn Nervenkrankenhäuser, die nach außen hin nicht vom KGB kontrolliert werden, eigene Abteilungen für ›politische‹ Patienten; das gleiche gilt auch für viele Gefängnislazarette.«*[116] Barron ergänzt, daß es diese Methode, für den Kreml gefährliche Oppositionelle in Irrenhäuser zu stecken und dort mit Psychopharmaka ruhigzustellen, was teilweise irreversible Gehirnschäden nach sich zog, sogar überflüssig machte, auch nur den Anschein eines legalen Strafverfahrens zu wahren. Schon Chruschtschow war schließlich darum bemüht zu versichern, daß es im sowjetischen Einflußbereich keine politischen Gefangenen mehr gäbe. Im Gegensatz zu Stalins Kritikern, die, ohne je eine Spur zu hinterlassen, im Gulag verschwanden oder einfach erschossen wurden, wurden politisch aktive Gegner des Kreml von nun an also in Psychiatrien weggesperrt und ruhiggestellt, während die Mitglieder der kontrollierten Opposition eine große Publizität bekamen, so daß sie mit ihren Forderungen an die Öffentlichkeit dringen konnten und die Aufmerksamkeit von Menschenrechtsgruppen auf sich lenkten.[117] Theatralisch inszenierte Gängeleien durch die sowjetischen Behörden, wie zum Beispiel Sacharows Exil in Gorki, erhöhten das öffentliche Interesse nur noch, behinderten sein Wirken aber nicht im mindesten. Denn auch wenn westliche Journalisten jetzt keinen direkten Zugang mehr zu ihm hatten, lief die Kommunikation über seine Frau, Jelena Bonner, weiter, die sich frei zwischen Gorki und Moskau bewegen konnte, wo sie Kontakt sowohl zu ihrem Mann als auch zu anderen »Dissidenten« und zu Journalisten hatte und auf diese Weise Sacharows Forderungen verbreiten konnte.[118]

Diese Forderungen sind gerade vor dem Hintergrund der sowjetischen Langzeitkampagne von höchstem Interesse. Ende der 1960er Jahre verfaßte Sacharow ein Manifest, das nicht zufällig in den Westen gelangte und in dem er die folgende Entwicklung forderte: Die leninistischen »Realisten« innerhalb der UdSSR, gemeint sind die Anhänger der kontrollierten Dissidentenbewegung, würden sich in den Jahren 1960 bis 1980 durchsetzen, was für den Sowjetblock wirtschaftliche Reformen und eine Erweiterung der Demokratie, konkret sogar die Einführung eines Mehrparteiensystems bringen würde. In der politischen Landschaft der USA würden in den Jahren 1972 bis 1985 einerseits durch den äußeren Druck der sozialistischen Staaten, andererseits durch die einheimische Arbeiterklasse linke Reformer die Oberhand gewinnen, einen Angriff auf »rassistische und militaristische« Kräfte in Amerika führen und die privatwirtschaftlichen Strukturen in den USA und anderen kapitalistischen Ländern hin zu mehr Sozialismus verändern. Daraufhin würden sich in den Jahren 1980 bis 2000 die Gesellschaften in West und Ost einander annähern, was schließlich zur Machtergreifung einer sozialistischen Weltregierung führen würde.[119]

Dieser Ablauf der Ereignisse, der selbst in den genannten Zeitabschnitten auf dem Stand der Planungen von 1968 so verdächtig mit den Absichten der Kreml-Strategen übereinstimmt, sei, so Sacharow, eine spontane Entwicklung und der bestmögliche Ablauf der Ereignisse, im Gegensatz zum sonst, so wird angedeutet, wohl unvermeidbaren atomaren Krieg. Der aufmerksame Leser wird den nur kaum versteckten erpresserischen Charakter dieser Anspielung nicht übersehen. Überdeutlich tritt zudem Sacharows offene marxistische Weltanschauung zutage. So fordert er nicht, wie man es von einer echten Opposition erwarten würde, das Ende des sowjetischen Kommunismus und eine Rückkehr zur konservativen Ordnung, sondern spricht ganz im marxistischen Verständnis von einer Art gesellschaftlicher Evolution, die wohlgemerkt das westliche Lager miteinschließt. Sacharows proklamierte Annäherung der beiden Blöcke zu marxistischen Konditionen und die Fusion unter einer sozialistischen Weltregierung stimmt exakt mit den bolschewistischen Zielen seit den Tagen Lenins überein. Trotz des offensichtlich marxistisch-leninistischen Rahmens, in dem sich Sacharows Thesen bewegen, hatte er entscheidenden Einfluß auf die westlichen Eliten und bekam für sein Wirken 1975 sogar den Friedensnobelpreis verliehen, der von seiner Frau entgegengenommen wurde.[120] Nun muß man wissen, daß man als normaler Sowjetbürger ohne die Erlaubnis des KGB nicht ins Ausland reisen durfte, was es Personen, die als politisch unzuverlässig galten, völlig unmöglich machte, das Land zu verlassen. Jene Sowjetbürger, die als sogenannte Dissidenten im Ausland auftraten und dort ihre politischen Forderungen verbreiteten, konnten dies nur mit Billigung des KGB tun.

Analog zu den sowjetischen Dissidenten hatten auch andere Staaten des Warschauer Pakts ihre eigene kontrollierte Opposition. Der übergelaufene Ceausescu-Mitarbeiter Ion Pacepa berichtet über einen im Pariser Exil lebenden rumänischen Schriftsteller mit dem Decknamen »Ovidiu«, der zwar offiziell vehement gegen das kommunistische Rumänien vorging und sich dadurch große Achtung in westlichen Intellektuellenkreisen verschaffen konnte, im Geheimen aber auf das engste mit dem rumänischen Geheimdienst zusammenarbeitete und an der Verbreitung der Lüge mitarbeitete, Rumänien befolge, gemäß der bereits zuvor beschriebenen »Operation Horizont«, eine von Moskau unabhängige Politik.[121] Auch der Umgang mit echten politischen Gegnern, sogenannten Feinden des Volkes, entsprach der sowjetischen Praxis: Getreu dem Motto, alle rumänischen Gefangenen seien gewöhnliche Verbrecher, wurden Oppositionelle unter zahllosen Vorwänden verhaftet und weggesperrt, ohne daß dies die Aufmerksamkeit des Westens erregte.[122]

Paul Klebnikow beschreibt die Unterdrückung regimefeindlicher Gruppen in der UdSSR bis zur sogenannten »Wende« in Phase 3 wie folgt: *»Bis ins Jahr 1991 mischte der KGB in der Wirtschaft, dem Transportwesen, der Telekommunikation, der Armee, der Polizei und dem Kulturbetrieb mit. Ebenfalls lange Tradition hatte die Unterwanderung oppositioneller Gruppen. Die Begriffe ›Agent provocateur‹ und ›Provokation‹ waren Alltagsrealität in der Sowjetunion (und überall* *dort, wohin der KGB seine Fühler ausstreckte). Zur klassischen Provokation gehörte die Unterwanderung der Oppositionsreihen, um den Feind über kurz oder lang in die Selbstvernichtung zu treiben. Spezialisiert auf solche Einsätze nistete sich die sowjetische Geheimpolizei verstohlen in potentiell bedrohlichen Organisationen wie monarchistischen Gesellschaften, Dissidentengruppen, Kirchen, zionistischen Vereinigungen, Künstlerkreisen und ethnischen Separatistengruppen ein.«*[123] Die Aktivitäten des KGB zur Kontrolle der eigenen Bevölkerung gingen so weit, daß es bald in jedem größeren Wohnblock einen Stamm von Spitzeln gab, der zusammen mit dem »Uprawdom«, dem Hausverwalter, für Ordnung im kommunistischen Verständnis sorgte. John Barron schreibt dazu: *»Der Uprawdom führt ein Register für die Miliz und den KGB, in dem alle Hausbewohner und jeder Besucher, der länger als zweiundsiebzig Stunden bleibt, verzeichnet sind. (...) Diese Überwachung des Bürgers, die mit der Geburt beginnt, endet erst mit dem Tod, denn der KGB begleitet die Menschen buchstäblich bis zum Grab. Seine Agenten mischen sich manchmal unter Trauergäste, um zu kontrollieren, ob gegen die Bestimmungen für religiöse Riten verstoßen wird, um die Teilnahme an christlichen Zeremonien zu identifizieren und um ideologische Ketzereien, die Trauernden entschlüpfen könnten, zu registrieren.«*[124] Die aus der DDR bekannte Praxis der Denunziation politisch unzuverlässiger Personen war im ganzen Ostblock verbreitet, wo alle Bürger aufgefordert waren, ihnen verdächtig erscheinende Handlungen und Gewohnheiten ihrer Nachbarn zu melden, die eine *»Verletzung der öffentlichen Ordnung und der Gesetze des sozialistischen Lebens«* darstellen konnten.[125] Die Zahl der Geheimdienstspitzel in der Bevölkerung wird in der Sowjetunion bis zum Ende der 1980er Jahre auf etwa zehn Prozent geschätzt. Der ehemalige KGB-Oberst Karpowitsch geht gar von 30 Prozent der erwachsenen Bevölkerung aus, die auf die eine oder andere Weise mit dem KGB zusammenarbeiteten.[126] Bis zum Beginn der Phase 3 zerschlug das KGB unter Zuhilfenahme dieser Maßnahmen alle unabhängigen oder oppositionellen Gruppen, die das Machtmonopol des Politbüros in Frage stellen konnten. Es gab zu diesem Zeitpunkt keine aktiven sozialdemokratischen oder nationalistischen Gruppierungen mehr in der Sowjetunion, statt dessen sorgten die etwa 20 Millionen Mitglieder starke KPdSU und die rund 50 Millionen Mitglieder umfassende kommunistische Jugendorganisation *Komsomol* dafür, daß nur noch Kreml-treue Bewegungen das öffentliche Leben prägten. Sollte es doch einmal zu spontanen und unkontrollierten Demonstrationen oder Aufständen kommen, sorgte das KGB zusammen mit den 180 000 Mann starken Truppen des Innenministeriums (MWD) stets mit äußerster Brutalität dafür, daß diese nicht von Erfolg gekrönt waren. Ein Beispiel für diese Vorgehensweise ist die gewaltsame Niederschlagung einer friedlichen Demonstration in Baku durch KGB-Kommandos im Januar 1990, bei der die »Herstellung der verfassungsmäßigen Ordnung« 134 Todesopfer und 700 Verletzte forderte, während zwölf weitere Demonstranten nie wieder auftauchten. Die Truppen schlugen mit Klappspaten und Gewehrkolben auf wehrlose Demonstranten ein, darunter Frauen und Kinder.[127] Weitere Aufgaben von KGB und MWD waren die Kontrolle jeder Person, die die Sowjetunion betrat oder verließ, an den Grenzen und auf den Flughäfen, die Aufrechterhaltung der Ordnung bei größeren Paraden oder Sportveranstaltungen sowie die Bewachung der Gulags, der sowjetischen Arbeitslager. Summa summarum ist es keinesfalls übertrieben, davon zu sprechen, daß während der Phase 2 die totale Kontrolle des KGB über die sowjetische Bevölkerung erreicht wurde.

## Export der Revolution in die Dritte Welt

Das Konzept der friedlichen Koexistenz und des zeitweisen Verzichts auf gewaltsame Mittel war auf das Verhältnis zwischen Erster und Zweiter Welt beschränkt. Für die Dritte Welt hingegen war keine friedliche Koexistenz vorgesehen, schließlich hätte sie der Sowjetunion dort auch keine strategischen Vorteile gebracht. Im Gegenteil, zeitgleich mit der Entspannung zwischen den Großmächten wurde der gewaltsame Export der Revolution in die Entwicklungsländer erheblich verstärkt. Die Kreml-treue Zeitung *Izvestia* schrieb 1973 hierzu: *»Krieg als Mittel zur Lösung internationaler Streitigkeiten kann und muß geächtet werden. Aber wir dürfen keine Bürgerkriege und nationalen Befreiungskriege ächten. Wir dürfen keine Aufstände ächten, und wir ächten keinesfalls revolutionäre Bewegungen, die das Ziel haben, den politischen und gesellschaftlichen Status quo zu verändern.«*[128]

Planmäßig nutzten die sowjetischen Strategen das Machtvakuum, das sich Ende der 1950er und Anfang der 1960er Jahre aus dem Abzug der ehemaligen Kolonialmächte in vielen Ländern der Dritten Welt ergeben hatte, um dort Moskau-treue Bewegungen an die Macht zu bringen, was häufig nicht ohne die Entfachung regionaler Bürgerkriege erreicht werden konnte. Die Anführer dieser Bewegungen erhielten ihre Ausbildung nicht selten in Osteuropa, weitgehend aufgrund von Regierungsstipendien, die Studenten aus Entwicklungsländern vorbehalten waren. Für deren Ausbildung wurden zu Beginn der Phase 2 spezielle Universitäten gegründet, wie zum Beispiel 1960 die Patrice-Lumumba-Universität in Moskau oder die »Universität des 17. November« in Prag.[129] Claire Sterling schreibt, an der Lumumba-Universität *»sollte ein größeres Kontingent von ›Intelligenz-Kadern‹ der Dritten Welt geschult werden. Die Universität, die vom KGB geleitet wird und an der vornehmlich KGB-Instruktoren lehren, hat die Ausbildung von ›Studenten aus unterentwickelten Ländern zur Aufgabe, die dann in ihre Heimatländer zurückkehren und zum Kern für sowjetfreundliche Aktivitäten werden können‹. Tausende von jungen Radikalen, die einer solchen Schulung unterzogen wurden, sind als solche Kern-Kader in Heimatländer zurückgekehrt, die vom Iran bis Chile reichen; Angola und Mosambik, der palästinensische Widerstand, die gesamte arabische Welt und ganz Lateinamerika zählen dazu.«*[130]

Viele ausländische Studenten wurden von den Ostblockgeheimdiensten während ihrer Studienzeit direkt für die Sowjetunion angeworben, und so kam das KGB zu einem weitreichenden Agentennetz in der politisch aktiven Oberschicht der Dritten Welt.[131] Der berüchtigte Terrorist Illyich Ramirez Sanchez, auch Carlos, der Schakal, genannt, studierte an der Lumumba-Universität und wurde dort KGB-Agent.[132]

Die Sowjetunion beschränkte sich allerdings nicht auf die intellektuelle Ausbildung politischer Führer, auch Trainingslager wurden im gesamten Ostblock sowie in Kuba eingerichtet, in denen unter der Oberaufsicht von KGB und GRU kommunistische Guerillabewegungen aus zahlreichen Ländern der Dritten Welt militärisch ausgebildet wurden. Und selbst nach Abschluß der Ausbildung hörte die Unterstützung aus dem Ostblock nicht auf. Erst durch die Lieferung von Waffen und Finanzmitteln konnten diese Bewegungen in ihren Heimatländern die Revolution voranbringen und verursachten dadurch zahllose Kriege, die in der Folge nicht selten zu Hungersnöten und Massensterben der Bevölkerung führten. In einigen Fällen kam es sogar zum Einsatz der Armeen mehrerer Ostblockstaaten, einschließlich der Sowjetunion, in Kriegen auf dem afrikanischen und asiatischen Kontinent, wie beispielsweise in Vietnam, wo sowjetische Militärberater anwesend waren, oder in Angola, wo u. a. die kubanischen Streitkräfte Krieg führten. Das sprichwörtliche Elend der Dritten Welt geht in überwiegendem Maße auf jene zahllosen Bürgerkriege zurück, die von kommunistischen Bewegungen mit direkter sowjetischer Unterstützung initiiert wurden.

Die Erfolge des sowjetischen Engagements in der Dritten Welt während Phase 2 sind unübersehbar. Erst fiel Kuba in den Einflußbereich des Kreml, dann folgte das amerikanische Desaster in Vietnam, Laos und Kambodscha, und schließlich fielen zahlreiche Staaten in Afrika und Lateinamerika in die Hände der Roten. Zuletzt wechselte mit dem Staat Südafrika eine lange Zeit bestehende antikommunistische Bastion auf dem afrikanischen Kontinent ins östliche Lager, was künftig vor allem im Hinblick auf den Reichtum an Bodenschätzen dieses Staates noch von strategischer Bedeutung sein wird.

## Zersetzung des Westens

Die sowjetische Planung wurde von zwei Methoden der Kriegsführung beherrscht. Einerseits war das die beschriebene militärische Auseinandersetzung, die vom Einsatz nuklearer Waffen dominiert wurde, zum anderen wurde großer Wert auf die psychologische Kriegsführung und die innere Zersetzung des Gegners gelegt, womit langfristig die Erzeugung einer vorrevolutionären Situation angestrebt wurde. Vom historischen Strategen Sun Tsu inspiriert, begann mit der Unterwanderung und Subversion der westlichen Gesellschaften mit Beginn der 1960er Jahre das für die Kultur der zivilisierten Staaten wohl folgenschwerste Manöver auf dem Weg zur kommunistischen Weltrevolution. In nie zuvor gesehenem Umfang begann der Kreml Agenten in alle Bereiche des kulturellen Lebens einzuschleusen, die meist unter Führung der lokalen kommunistischen Parteien die Kunst, die Bildung, die Wissenschaften, die Religion, die Presse und die Politik, hier vor allem die sozialdemokratischen Parteien, sowie jede andere nur erdenkliche Sparte öffentlichen Lebens unterwanderten, dort schleichend und subtil ihr marxistisches Gift verbreiteten und damit die öffentliche Meinung und die Entwicklung der westlichen Kultur in unverkennbar destruktiver Weise manipulierten. Der Schwerpunkt der zersetzenden Aktivitäten wurde auf die Gesellschaft der USA gelegt. Wie Sejna berichtet, galten die Vereinigten Staaten als das Haupthindernis auf dem Weg zur Weltrevolution. Würden die USA fallen, dann wäre in der ganzen Welt der Weg für den Kommunismus frei.[133] Aus den USA schwappten dann viele subversive Strömungen, die ihre wahre Ursache in der unterirdischen Arbeit marxistischer Agitatoren haben, in die Länder Westeuropas über, wo die Geheimdienste des Ostblocks schon Vorarbeit in Studenten- und Gewerkschaftskreisen geleistet hatten. War man marxistische Propaganda bisher nur aus Ostberlin oder Moskau gewohnt gewesen, von wo sie leicht als Maßnahmen psychologischer Kriegsführung zu erkennen war, so kamen die Attacken nun aus der eigenen Presse und den einheimischen Bildungseinrichtungen. An den Hochschulen, den Keimzellen der künftigen nationalen Eliten, wurde so vor allem die Jugend zum Opfer der marxistischen Zersetzung, was in der Folge zum Erscheinen der 68er-Bewegung führte. Der so entstandenen neuen Linken wurde zwar nicht zugetraut, aus sich heraus die Revolution durchführen zu können, jedoch war sie dem Kreml als destabilisierendes Element im Gefüge der kapitalistischen Staaten sehr willkommen.

Darauf aufbauend begannen die östlichen Geheimdienste mit der Erschaffung eines gegen den Westen gerichteten Terrornetzwerkes, das viele Gemeinsamkeiten mit den kommunistischen Guerillagruppen in der Dritten Welt zeigte. Bereits 1964 hatte das sowjetische Politbüro beschlossen, die Ausgaben im Bereich des Terrorismus im Ausland um 1000 Prozent zu erhöhen. Claire Sterling schreibt hierzu: *»Die Geheimdienste aller Staaten des kommunistischen Blocks beteiligten sich an der Anwerbung von Spionen und der Unterwanderung der entstehenden linken Terrorbewegungen in der ganzen Welt; spezielle Guerillaausbildungslager waren in der Tschechoslowakei, in Ostdeutschland und in Kuba für ›ausgewählte Terroristen aus der ganzen Welt‹ errichtet worden. Zwei Jahre später, im Januar 1966, wurde in Havanna eine Konferenz der drei Kontinente eröffnet; die 513 Delegierten vertraten 83 Gruppen aus der Dritten Welt. Etwas Ähnliches hatte es seit der Revolution der Bolschewiki 1917 nicht gegeben, und dieses Treffen sollte die Welt verändern. Die Generalerklärung erinnerte Proletarier allerorts an die Notwendigkeit eines engen Zusammenhalts zwischen den ›sozialistischen Ländern‹ (sowjetischer Couleur) und ›nationalen Befreiungsbewegungen‹, zu denen vorausschauenderweise auch ›demokratische Arbeiter- und Studentenbewegungen im kapitalistischen Europa und Nordamerika‹ gerechnet wurden.«*[134]

Hinzu kam der Aufbau des internationalen Rauschgifthandels, mit dessen Hilfe die Jugendlichen des Westens generell und besonders seine Militärdienstleistenden vergiftet werden sollten. Die gezielte Verbreitung von Rauschgiften wurde von den sowjetischen Strategen als eine Form der chemischen Kriegsführung betrachtet, mit deren Hilfe das Denken und Verhalten von Millionen Menschen beeinflußt werden kann und dadurch, so Sowjet-General Kalashnik, *»der Feind zerstört werden könne, bevor er uns zerstören kann«*[135].

Zwischen all jenen gesellschaftlichen Erscheinungen, die in den ersten Jahren der zweiten Phase der sowjetischen Strategie aufkamen, existieren so viele Parallelen und Gemeinsamkeiten, daß sie nicht immer klar voneinander getrennt werden können. So ist beispielsweise die 68er-Bewegung durch den von ihr betriebenen exzessiven Rauschgiftkonsum aufs engste mit der zunehmenden Zahl von Drogentoten verbunden, die mit Beginn der 1970er Jahre einen ersten Höhepunkt erreichte. Ebenso offensichtlich sind die Verbindungen der 68er-Bewegung mit der RAF (Rote Armee Fraktion) und anderen westeuropäischen Terrorbanden der 1970er und 1980er Jahre, die wiederum unlöslich mit den Guerillagruppen der Dritten Welt verstrickt waren, ganz besonders mit der PLO. Aus den 68ern gingen dann ebenfalls in den 1970er und 1980er Jahren die Friedensbewegung, der Feminismus, die Grünen usw. hervor, welche die innenpolitische Landschaft aller westlichen Staaten von nun an prägten und alle auf ihre Weise bewußt oder unbewußt die Ziele der Sowjetunion voranbrachten. Ist der hintergründige Zweck der Friedensbewegung noch klar ersichtlich, nämlich die Einschränkung der westlichen Verteidigungsfähigkeit, so hatte der Feminismus, dessen marxistisches Wesen von seinen Protagonisten aus dem Umfeld der CPUSA (*Communist Party USA*) nie verheimlicht wurde, die Auflösung der Familie zum Ziel, womit sich im kleinen das vollzieht, was auch für die Nationalstaaten geplant war: der Verlust von individueller und kollektiver Identität. Vor diesem Hintergrund ist es keinesfalls übertrieben, von einer Kulturrevolution zu sprechen, die mit der 68er-Bewegung ihren Anfang nahm. Auf einen gemeinsamen Nenner gebracht, verfolgten alle aus dieser Bewegung hervorgegangenen gesellschaftlichen Erscheinungen letztlich denselben Zweck, nämlich den moralischen und geistigen Verfall der westlichen Gesellschaften zu erreichen, ihre militärische sowie ideologische Verteidigungsfähigkeit zu schwächen und eine Plattform für weitere kommunistische Unterwanderungsmaßnahmen zu errichten. Betrachtet man heute die Folgen der 68er-Bewegung und vergleicht die gegenwärtigen gesellschaftlichen Zustände mit denen der 1950er Jahre, so kommt man nicht umhin einzugestehen, daß der Kreml in seinem Versuch, die westlichen Staaten von innen heraus zu zersetzen, äußerst erfolgreich gewesen ist.

## Manipulation der Sozialdemokratie und Finnlandisierung Westeuropas

Ein wichtiges langfristiges Ziel der sowjetischen Strategie war die Loslösung aller militärischen und wirtschaftlichen Verbindungen der westeuropäischen NATO-Mitglieder, mit Ausnahme Großbritanniens, zu den USA und damit die Isolierung der Vereinigten Staaten. Statt dessen sollte Europa stärker an die Sowjetunion gebunden werden, bis hin zur vollständigen Abhängigkeit, was aus Sicht des Kreml besonders auf dem Gebiet der Energieversorgung vielversprechend war. Schließlich war Europa nicht in der Lage, sich selbst mit Erdöl oder Erdgas zu versorgen, und auf den Import aus dem Nahen Osten oder eben alternativ aus Rußland angewiesen. Für die sowjetischen Bemühungen, die Abkopplung Europas von Nordamerika und die Anbindung an die UdSSR zu erreichen, wurde, in Anspielung auf das Verhältnis zwischen der Sowjetunion und Finnland, der Begriff »Finnlandisierung« geprägt. Zwischen den beiden Staaten bestand seit 1948 ein Freundschafts- und Beistandspakt, der zwar die gegenseitige Souveränität festhielt, jedoch darüber hinwegtäuschte, daß Finnland vollständig von der UdSSR abhängig war und im Kriegsfall mindestens passiv auf sowjetischer Seite gestanden hätte.

Der Kreml fokussierte seine Bemühungen für die Finnlandisierung Europas auf Deutschland, da es nicht nur zentral gelegen war, sondern über das größte wirtschaftliche Potential und, mit der Bundeswehr, über die diszipliniertеste und stärkste Armee Europas verfügte.[136] Da ja bekanntlich die konservativen Kräfte Europas traditionell eher mit den USA verbunden waren und erste Annäherungsversuche Chruschtschows an Adenauer bereits nicht den gewünschten Erfolg gebracht hatten, konnte eine Annäherung an die UdSSR höchstens von einer sozialdemokratischen Regierung erwartet werden. Allerdings hegte auch die SPD, von Einzelpersonen wie Herbert Wehner abgesehen, wenig Sympathien für Moskaus kommunistische Ideologie. Hier war die Sozialdemokratie vom Geist Kurt Schumachers geprägt, der jegliche Zusammenarbeit mit der KPD oder den kommunistischen Parteien im Ostblock abgelehnt und sich scharf vom Kommunismus distanziert hatte. Bevor das Unternehmen der Finnlandisierung Europas erfolgversprechend werden konnte, mußte daher zuerst die Sozialdemokratie, allen voran die SPD, unterwandert und gefügig gemacht werden.

Der damalige Plan für Deutschland umfaßte drei Abschnitte. Zuerst sollte in den Jahren 1968 bis 1973 das Verhältnis Moskaus zur SPD ausgebaut werden und Adenauers konservative Politik einer sozialdemokratisch getragenen friedlichen Koexistenz und Entspannung weichen. Darauf aufbauend sollte der Sozialismus bis zum Beginn der 1980er Jahre seine Macht in Deutschland ausbauen, und später, in einer Zeit, in der man bereits mit dem Ende der NATO gerechnet hatte, wollte man einer kommunistischen Regierung an die Macht verhelfen, für deren Machtergreifung die SPD die Vorarbeit geleistet hätte.[137] Wie die Geschichte gezeigt hat, gelang es den Sowjets nicht, diese Ziele wie vorgesehen zu erreichen. Daß jedoch die SPD zur damaligen Zeit bis in ihre Spitzen von kommunistischen Geheimdiensten durchdrungen worden war, stellte der Fall von Günter Guillaume, dem persönlichen Referenten des SPD-Bundeskanzlers Willi Brandt, eindrucksvoll unter Beweis. Sejna schreibt, daß die SPD nach erfolgreicher kommunistischer Unterwanderung zum Hauptwerkzeug für die sowjetische Strategie in Deutschland werden sollte.[138] Dementsprechend taten die Kreml-Strategen alles, um die SPD an die Macht zu bringen und sie an der Macht zu halten. Solange, bis eine kommunistische Regierung Deutschland übernehmen könnte, woraufhin der SPD das gleiche Schickal zugedacht war, wie es der Sozialdemokratie in ganz Osteuropa nach dem Zweiten Weltkrieg widerfahren war – ihre Zerschlagung. Die östlichen Geheimdienste scheuten bei diesem Unternehmen auch nicht davor zurück, die deutschen Christdemokraten, ganz besonders Franz Josef Strauß, mittels zahlreicher Desinformationskampagnen zu diskreditieren. Sejna betont, daß die Unterwanderung der westdeutschen Presselandschaft hierbei gute Dienste leistete.[139] Vorsätzlich oder zufällig revanchierte sich die SPD bei ihren Moskauer Freunden u. a. durch die von der Brandt-Regierung abgeschlossenen Ostverträge und die grundgesetzwidrige Legalisierung der verbotenen KPD unter dem neuen Namen DKP.[140]

In ganz Europa sollten, nach dem bundesdeutschen Vorbild, Moskau-freundliche Sozialdemokraten an die Macht kommen, die eine europaweite Annäherung an den Ostblock bei gleichzeitiger Distanzierung von den USA vollziehen sollten.[141] Der sowjetische Einflußbereich würde sich nach und nach bis zur Atlantik-Küste erstrecken, und die Auflösung der NATO wäre schließlich nur eine Frage der Zeit. Der Kreml ging jedoch davon aus, daß die Linke in der Bundesrepublik nicht ohne eine Auseinandersetzung mit den heimischen konservativen Kräften an die Macht gelangen konnte. Man rechnete gar mit einem Putschversuch konservativer Kräfte innerhalb der Bundeswehr. Für diesen Fall nahm sich der Kreml die Option eines Militäreinsatzes durch die Rote Armee vor, und tatsächlich existierten, so Sejna, Planungen für einen begrenzten Blitzkrieg gegen Deutschland, mit dessen Hilfe einer kommunistischen Regierung die Macht gesichert werden sollte.[142]

Anders als die restlichen europäischen Staaten sollte Großbritannien nicht an die UdSSR angenähert werden, vielmehr sollte es von Kontinentaleuropa isoliert werden. Als besonders wichtig wurde dabei erachtet, einen Beitritt Großbritanniens zur EG bzw. EU zu verhindern, was sich negativ auf die einheimische Wirtschaft auswirken würde, die in völlige Abhängigkeit vom Außenhandel mit den USA fallen würde. Gleichzeitig rechnete man mit einem Aufblühen der europäischen Wirtschaft, die dem Handel mit Osteuropa zugute kommen sollte.[143]

Obwohl mit einigem zeitlichen Abstand festgehalten werden kann, daß die Manipulation der europäischen Sozialdemokratie während der Phase 2 nicht so erfolgreich verlief, wie das im UdSSR-Politbüro ursprünglich geplant war, sind überdeutliche Versuche der Annäherung erkennbar, die in den bereits erwähnten deutschen Ostverträgen einen ersten Höhepunkt erreichten. Ein weiterer Höhepunkt war Anfang der 1980er Jahre der Bau einer sibirischen Gaspipeline nach Westeuropa, die die Abhängigkeit Europas vom guten Willen Moskaus vergrößerte und zusammen mit weiteren politischen und wirtschaftlichen Differenzen 1982 den Fortbestand der NATO gefährdete. Hätte es im deutschen Bundestag 1983 nicht den Machtwechsel zugunsten der CDU gegeben, dann wäre der NATO-Doppelbeschluß zur Stationierung der berühmten *Pershing-2*-Raketen vermutlich nicht ratifiziert worden, und vielleicht wäre die NATO damals tatsächlich auseinandergebrochen. In Frankreich hingegen waren die Sowjets wesentlich erfolgreicher, was

u. a. im veränderten Verhältnis des Staates zur NATO deutlich wird. Die NATO aufzulösen gelang der Sowjetunion trotz aller Anstrengung nicht, und auch die Isolierung der USA war mit der Machtübernahme konservativer Politiker wie Ronald Reagan in den USA, Margaret Thatcher in Großbritannien oder Helmut Kohl in Deutschland in weite Ferne gerückt.

## Rückschläge während Phase 2

Als schwerwiegendste Rückschläge, die die Kreml-Strategen während der zweiten Phase ihrer Langzeitstrategie verbuchen mußten, sind vor allem der mißglückte Prager Frühling im Jahr 1968 und der bereits erwähnte Amtsantritt konservativer Regierungen in Europa und den USA zu Beginn der 1980er Jahre zu nennen. Hinzu kommen einige mißlungene Operationen im Nahen Osten.

### *Der Prager Frühling*

Das Jahr 1968 schien für die Tschechoslowakei eine plötzliche Liberalisierung innerhalb des zuvor noch stalinistischen, Moskau-treuen Regimes zu bringen. Kommunistischen Quellen zufolge hatte es in der Führung der tschechoslowakischen KP einen intensiven Machtkampf zwischen liberalen Reformern rund um Alexander Dubcek und stalinistischen Hardlinern unter Führung des Generalsekretärs Antonin Novotny gegeben, den die liberale Gruppe im Januar 1968 für sich entscheiden konnte. In den nächsten Monaten folgte eine für ein kommunistisch regiertes Land sensationell zu nennende Entwicklung. Der neue Regierungschef Dubcek führte marktwirtschaftliche Elemente in die starre Planwirtschaft der ČSSR ein und selbst politische Reformen wurden durchgeführt, die soweit gingen, sogar die alte sozialdemokratische Partei wieder ins Leben zu rufen.[144] Die Zensur wurde abgeschafft, Intellektuelle bekamen die Möglichkeit, sich freier zu äußern als bisher und selbst Auslandsreisen waren nicht länger unmöglich. Dubceks Regierung klagte gar öffentlich den Machtmißbrauch der früheren Parteiführung an und brach mit dem Personenkult, den die Stalinisten betrieben hatten. Der Prager Frühling schien die verhärteten Fronten der kommunistischen Eiszeit aufzubrechen und den Weg zu bahnen für einen »Sozialismus mit menschlichem Antlitz«.

Im Westen wurde der Entwicklung größte Aufmerksamkeit geschenkt, glaubte man doch, daß die Entwicklung der Beginn einer internen Demokratisierung innerhalb der kommunistischen Welt werden könnte, man spekulierte auf ein Ende der kommunistischen Diktatur im Ostblock. Doch alles fand ein jähes Ende, als Truppen der umliegenden Warschauer-Pakt-Staaten unter Führung des sowjetischen Generalstabs in der Nacht des 20. August 1968 die tschechoslowakische Grenze überschritten und damit begannen, die wichtigsten strategischen Gebiete zu besetzen. Gleichzeitig nahmen sowjetische Luftlandeverbände den Prager Zivilflughafen ein, von wo aus sie in Richtung Stadtzentrum vorrückten und sämtliche politisch und militärisch wichtigen Punkte übernahmen. Da die Reformregierung Dubcek den tschechoslowakischen Streitkräften den Befehl gegeben hatte, keinen Widerstand gegen die Besetzung zu leisten, ging der Einmarsch schnell und weitgehend unblutig vonstatten. Nur bei der Einnahme des Senders *Radio Prag* gab es Kämpfe, welche die Opferbilanz der Niederschlagung des Prager Frühlings auf 50 Tote erhöhte. In den folgenden Wochen wurden die Reformer um Dubcek schrittweise entmachtet, die Liberalisierungen rückgängig gemacht, und sowjetische Truppen blieben dauerhaft in der ČSSR stationiert. Was war geschehen?

Zunächst muß festgehalten werden, daß es nach der blockweiten Übernahme der gemeinsamen Langzeitstrategie keine ernstzunehmenden Differenzen innerhalb der kommunistischen Führung mehr geben konnte. Die tschechoslowakische KP unter Antonin Novotny hatte in den Jahren 1959 bis 1968 jegliche echte Opposition innerhalb ihrer eigenen Reihen ausgelöscht und statt dessen mit dem Aufbau einer kontrollierten Opposition nach dem Vorbild der UdSSR begonnen.[145] Der theatralische Wechsel von Novotny zu Dubcek und die nachfolgenden Reformen waren in erster Linie für das Ausland inszeniert und stellten einen ersten Versuch des kontrollierten »Zusammenbruchs« des Kommunismus dar, wie er in der späteren Phase 3 für den ganzen Ostblock vorgesehen war. Der angebliche Machtkampf zwischen Dubcek und Novotny gehört daher ins Reich kommunistischer Desinformationskampagnen und sollte den Wandel hin zu einem »Sozialismus mit menschlichem Antlitz« authentischer erscheinen lassen, was ihn für die Sozialdemokratie des Westens attraktiver machen würde. Betrachtet man den Werdegang Alexander Dubceks, so zeigt er sich als das typische Produkt einer stalinistischen Parteimaschinerie. Obwohl in der Slowakei geboren, lebte er von 1922 bis 1938 in der UdSSR, 1939 wurde er in seiner Heimat Mitglied der kommunistischen Partei, in der er unaufhaltsam Karriere machte, bis er vermutlich aufgrund seiner russischen Vergangenheit und seiner Treue zum kommunistischen System als der Parteiführer auserwählt wurde, der die geplanten »Reformen« durchführen sollte.[146] Golitsyn schreibt, daß die Wahl zur Durchführung dieser speziellen Aufgabe schon etwa 1960 auf die Tschechoslowakei fiel, da der tschechoslowakische StB der verläßlichste und linientreueste Geheimdienst aller Satellitenstaaten war, und daß die Vorbereitungen dazu schon kurze Zeit später begonnen hatten. Dubcek war im Mai 1961 in die UdSSR gefahren und dort vom Parteiideologen Michail Suslov, der 1956/57 an der Formulierung der neuen Strategie mitgearbeitet hatte, empfangen worden.[147] Bemerkenswert ist darüber hinaus, daß die Reformen Dubceks zu keiner Zeit antikommunistische Züge annahmen, es wurde nie der Marxismus an sich in Frage gestellt, und auch von den unter Dubcek rehabilitierten Dissidenten waren keine Gegner des kommunistischen Systems, sondern lediglich marxistische Abweichler.[148] All dies unterschied den kontrollierten Prager Frühling von den ein Jahrzehnt zuvor ausgebrochenen tatsächlichen und antikommunistischen Volksaufständen in Ungarn, Polen und der DDR.

Was als kontrollierter, vorübergehender Richtungswechsel geplant und begonnen worden war, wurde jedoch plötzlich zum Selbstläufer, als das tschechoslowakische Volk, durch Dubceks Liberalisierungstheater ermutigt, tatsächliche Reformen forderte und der Wegfall der Zensur die Aufdeckung der kommunistischen Verbrechen mit sich brachte, woraufhin die Stimmung gegenüber den Vertretern des alten Systems immer feindseliger wurde. Ladislav Bittman beschrieb die Situation wie folgt: *»Tag für Tag brachten Presse, Radio und Fernsehen neue Fakten über die politischen Schauprozesse der fünfziger Jahre ans Licht, über die Brutalität der Untersuchungsbeamten, über die tragischen Schicksale der Opfer. Fast alle Staatssicherheitsfunktionäre, die damals an solchen Aktionen beteiligt gewesen waren, hatten immer noch ihre Stellungen inne. Die Öffentlichkeit verlangte restlose Aufdekkung der Verantwortlichen und Bestrafung der Schuldigen. Es war nicht ungewöhnlich, daß Sicherheitsfunktionäre Zeitungsausschnitte über jene Prozesse an ihrer Wohnungstür aufgeklebt vorfanden, mit dem Vermerk ›Hier wohnt ein Mörder‹. Das Innenministerium lebte in Angst.«*[149]

*»Im Frühling 1968 schlichen sich die Funktionäre des Prager In-*

*nenministeriums jeden Morgen wie Diebe zur Arbeit, spähten nach links und nach rechts, um beim Betreten des berüchtigten Gebäudes nicht gesehen zu werden. Zum Glück trugen sie Zivilkleidung. Es gab darunter auch Unschuldige. Aber nun war die Öffentlichkeit schon so weit, daß sie hier keine Unterschiede mehr machte. ›Was geschieht wohl morgen?‹ war die tägliche besorgte Frage. Der Apparat des Innenministeriums drohte stillzustehen. (…) General Vladimir Janko, Stellvertretender Minister für Nationale Verteidigung, erschoß sich am 14. März in seinem Dienstwagen. Josef Brestansky, Stellvertretender Vorsitzender des Obersten Gerichtshofes, verschwand unter mysteriösen Umständen aus Prag. Am 2. April wurde er in einem Wald in der Nähe von Prag aufgefunden – erhängt. Oberstleutnant Jiri Pocepicky, Chef der Prager Abteilung für Staatssicherheit, löste sein Problem am 25. April auf dieselbe Weise. Bösen Gerüchten zufolge, die in Prag kursierten, antwortete Verteidigungsminister General Lomsky, dessen Kopf die Öffentlichkeit forderte, am Telephon jeweils: ›Hallo – hier spricht der Selbstverteidigungsminister Lomsky.‹«*[150] Nachdem Stimmen laut geworden waren, die selbst die Existenzberechtigung des Geheimdienstes in der künftigen Tschechoslowakei in Frage stellten, wurde klar, daß die sich überschlagenden Ereignisse völlig außer Kontrolle zu geraten drohten, weshalb der nach wie vor Moskau-treue Geheimdienst ein Eingreifen der Roten Armee vorbereitete, das den Status quo wiederherstellen sollte.

Nach der Besetzung der Tschechoslowakei dauerte es nur wenige Monate, bis die »Konterrevolution« – wie es in der Propaganda hieß – rückgängig gemacht worden war und die alte kommunistische Garde wieder fest im Sattel saß. Dubcek wurde nach Moskau bestellt, um dort offiziell die »Kapitulationerklärung« seiner Reformbewegung zu unterzeichnen. Er konnte nach seiner Rückkehr in die Tschechoslowakei ein unbehelligtes Leben führen. Es war klar, daß man jede weitere kontrollierte »Liberalisierung« besser vorbereiten müsse, um ein ähnliches Debakel zukünftig zu verhindern. Die Niederlage für die Kreml-Strategen wurde noch dadurch verstärkt, daß in Folge der gewaltsamen Besetzung der Tschechoslowakei viele dortige Funktionäre in den Westen überliefen und dort ihr Wissen preisgaben – darunter befanden sich General Jan Sejna und Ladislav Bittman. Der dadurch angerichtete Schaden war so groß, daß vorübergehend die ganze Tätigkeit des StB stillgelegt werden mußte, verschiedene Agentennetze mußten neu aufgezogen werden.[151] Hätte der Westen Sejnas Berichte über die kommunistische Langzeitstrategie damals ernstgenommen, wäre der Schaden für das Moskauer Politbüro geradezu vernichtend gewesen; so jedoch wurde die Strategie durch den gescheiterten Prager Frühling nur um einige Jahre zurückgeworfen.

### *Ronald Reagan*

Noch verheerender für die Weltrevolutionsphantasien des Kreml als der gescheiterte Prager Frühling drohte die Amtszeit des inzwischen leider verstorbenen republikanischen US-Präsidenten Ronald Reagan zu werden. Mit Reagan übernahm 1981 ein Mann das mächtigste Amt der westlichen Welt, dessen kompromißlose Ablehnung des Kommunismus seit den 1950er Jahren allgemein bekannt war.

*US-Präsident Ronald Reagan*

Reagan hatte erkannt, daß die Abrüstungsbemühungen der UdSSR allein dem Ziel dienten, dem Ostblock die militärische Überlegenheit zu sichern, was er wiederholt in aller Deutlichkeit aussprach und gleichzeitig Gegenmaßnahmen forderte, um der Expansion der sowjetischen Macht weltweit Einhalt zu gebieten.[152] Zugleich versäumte er nicht anzuprangern, daß die sowjetische Aufrüstung nur dank des ausgeprägten West-Ost-Handels der Entspannungsjahre möglich gewesen war und forderte die Einstellung der wirtschaftlichen Unterstützung für die Sowjetunion. Statt dessen setzte er seit den 1960er Jahren auf eine massive Aufrüstung des US-Militärs, was die Sowjetunion über kurz oder lang intern in erhebliche wirtschaftliche Schwierigkeiten bringen mußte, solange sie ihren Anspruch auf militärische Überlegenheit nicht aufgab. Im Jahr 1976 hatte Reagan in einer Radiosendung erklärt, daß es an der Zeit sei einzusehen, daß der Kalte Krieg ein echter Krieg sei, bei dem das Überleben der freien Welt auf dem Spiel stehe.[153] Natürlich zogen solch scharfe Worte nicht nur die Aufmerksamkeit des heimischen Publikums, sondern auch die des KGB auf sich, was dazu führte, das bereits 1976 Desinformationskampagnen gegen Reagan gestartet wurden, die jedoch nicht den erwünschten Erfolg hatten, seine spätere Wahl zum Präsidenten zu verhindern. Nichtsdestotrotz schoß sich die linke Presse in ihrer typischen Art, das Opfer zum Täter zu machen, auf Reagan ein, stellte ihn als Militaristen dar, der persönlich für das Wettrüsten verantwortlich sei, und versuchte sein antikommunistisches Engagement in der Dritten Welt als verwerflich darzustellen. Als Reagan 1984 zur Wiederwahl antrat, unterstützte das KGB sogar den gegnerischen Kandidaten der Demokraten, Walter Mondale, der in seinem Wahlkampf die Behauptung übernahm, Reagan sei für das Wettrüsten verantwortlich. Jedoch hatten all diese Versuche, den Präsidenten zu diskreditieren, keinen Erfolg, und Reagan wurde wiedergewählt.[154]

Reagan hatte erkannt, daß die Sowjetunion nur eine Politik der Stärke respektierte, für Schwäche jedoch nur Verachtung übrighatte. Seine Aussagen sind legendär, so nannte er die Sowjetunion nicht nur das »Reich des Bösen«, sondern erklärte offen, daß es das Ziel der Kreml-Strategen war, die Weltrevolution voranzutreiben und einen weltweiten sozialistischen oder kommunistischen Staat zu errichten. Wörtlich sagte er: *»Die einzige Moral, die sie dabei anerkennen, ist, was ihre Sache voranbringt, und das heißt, daß sie sich das Recht einräumen, jedes Verbrechen zu begehen, zu lügen und zu betrügen, um ihr Ziel zu erreichen.«*[155] Noch nie zuvor hatte ein amerikanischer Präsident den Verstand und die Courage gehabt, die wahren Absichten der Sowjetunion zu durchschauen und diese beim Namen zu nennen, und das, obwohl Reagan offenbar keine detailierten Kenntnisse über die kommunistische Langzeitkampagne hatte, was einige Jahre später bei den Verhandlungen mit dem neuen KPdSU-Generalsekretär Michail Gorbatschow noch fatale Folgen haben sollte. Bis dahin jedoch blieben Reagans Entscheidungen richtig und bereiteten der sowjetischen Führung eine Anzahl bitterer Rückschläge und Niederlagen, angefangen von der Stärkung des US-Militärs, die der sowjetischen Überlegenheit gefährlich zu werden drohte, bis hin zur Eindämmung kommunistischer Revolutionsbewegungen in der Dritten Welt. Einen Höhepunkt im Kampf gegen die kommunistische Subversion stellte 1983 die militärische Befreiung der Karibik-Insel Grenada dar, die kurz zuvor von marxistischen Putschisten in den Einflußbereich des Ostblocks gebracht worden war.

Obwohl Reagan heftigster Angriffe seiner Gegner ausgesetzt war, kümmerte er sich weniger darum, als manche seiner Vorgänger im Präsidentenamt, und ließ sich auch durch interne Kritiker nicht von seinem antikommunistischen Kurs abbringen. Vielleicht ist gerade diese ihm eigene Konsequenz der Grund dafür, warum Reagan trotz aller Verleumdungen bis heute als der beliebteste US-Präsident der letzten Jahrzehnte gilt. Das amerikanische Programm zur Entwicklung eines Systems zur Abwehr von Interkontinentalraketen SDI (Strategic Defense Initiative) veranlaßte er im Alleingang und informierte seine Berater erst wenige Stunden vor der öffentlichen Bekanntgabe der Pläne.[156] Die Friedensbewegung, bekanntlich seit jeher eine Marionette Moskaus, reagierte darauf ähnlich hysterisch wie zuvor auf die Neutronenbombe, jedoch ließ sich Reagan, anders als Carter, davon nicht beeindrucken. Hätte SDI zum Bau und zur Indienststellung eines Systems zur Raketenabwehr geführt, dann hätte die Sowjetunion sowohl die Möglichkeit zur atomaren Erpressung eingebüßt als auch die Chance, einen plötzlichen Überraschungsangriff gegen den Westen erfolgreich durchführen zu können, was einen schweren Rückschlag für den weiteren Verlauf der ganzen Langzeitstrategie bedeutet hätte. Jedoch wurde SDI nie fertiggestellt und Jahre später unter Bill Clinton zugunsten des neuen, und im Fall eines massiven Angriffs mit Interkontinentalraketen völlig unwirksamen NMD-Systems (National Missile Defense) eingestellt.

Zu allem Überfluß blieb die Reagan-Regierung mit ihrer konservativ-antikommunistischen Haltung zu Beginn der 1980er Jahre nicht allein. Schon zwei Jahre vor seinem Amtsantritt hatte Großbritannien die »eiserne Lady« Margaret Thatcher zum neuen Premier gewählt, und bald darauf folgte auch in der Bundesrepublik Deutschland ein Machtwechsel auf Kosten der Sozialisten, als sich Helmut Kohls CDU 1983 nach dem sogenannten »Raketenwahlkampf«, dessen Kernthema die hitzige Debatte um die Aufstellung der neuen *Pershing-2*-Raketen war, die Mehrheit im Bundestag sichern konnte. Hatte der Kreml in seinen Planungen für die 1980er Jahre mit einem ideologisch aufgeweichten, sozialistisch dominierten Westen gerechnet, so war das in den 1970er Jahren etablierte linkslastige Klima unter Jimmy Carter in den USA und Willy Brandt in Deutschland plötzlich ins Gegenteil umgeschlagen, was den Übergang zu Phase 3 nach dem Rückschlag des Prager Frühlings nochmals um mehrere Jahre verzögerte. Hätte Washington jedoch schon in den 1960er Jahren eine vernünftige Politik nach dem Muster Ronald Reagans betrieben, dann wäre die Langzeitstrategie des Kreml wohl nur wenige Jahre später tatsächlich und vollständig zusammengebrochen.

## Phase 3, die »Periode des dynamischen sozialen Wandels«, 1985–1999

### Lenins NEP neu aufgelegt: Glasnost und Perestroika

Nach fast drei Jahrzehnten der Vorbereitung entfaltete die sowjetische Langzeitstrategie mit dem Eintritt in die Phase 3, beginnend Mitte der 1980er Jahre, ihre angestrebte Wirkung. Als Ergebnis der vorangegangenen Jahrzehnte besaß der vereinte kommunistische Block die militärische Überlegenheit über das gesellschaftlich gespaltene und im Vergleich zu den 1950er Jahren deutlich lockerer zusammenhängende westliche Lager. Die ersten vier Jahre der Amtszeit Ronald Reagans bedrohten die kommunistische Überlegenheit zwar, reichten jedoch nicht aus, um die Initiative zurückzugewinnen und die weltpolitische Situation zugunsten des Westens umzukehren. Innenpolitisch hatte das Moskauer Politbüro nach der Ausschaltung oder Unterwanderung aller Gruppierungen, die der kommunistischen Vorherrschaft im Ostblock gefährlich werden konnten, durch das KGB die uneingeschränkte Kontrolle über alle gesellschaftlich relevanten Vereinigungen. Allein die kommunistische Wirtschaft war trotz des beschränkten Zugriffs auf westliche Technologie noch nahezu genauso ineffizient wie zu Beginn der sowjetischen Kampagne. Rußland war nicht in der Lage, sich selbst zu ernähren, und mußte nach wie vor Getreide importieren. Dementsprechend lagen die Sympathien der eigenen Bevölkerung nicht auf Seiten der kommunistischen Mangelwirtschaft und ihrer Vertreter, statt dessen galt die westliche Lebensweise als attraktiv und erstrebenswert, und nicht wenige versuchten, ihrem kommunistischen Gefängnis zu entfliehen, was sie entlang der streng bewachten Grenzen des Ostblocks nicht selten mit ihrem Leben bezahlten.

Der zu Beginn der 1980er Jahre erfolgte Machtantritt mehrerer konservativer Parteien zeigte, daß das politische Pendel innerhalb der westlichen Staaten von links nun wieder nach rechts zu schwingen begann. Bevor dieser Stimmungsumschwung die strategischen Gewinne des kommunistischen Lagers zunichte machen konnte, mußte nun das Hauptwerkzeug angesetzt werden, das das Kräfteverhältnis nicht nur zwischen Ost und West, sondern innerhalb der westlichen Staaten auch zwischen rechts und links unumkehrbar zugunsten der Kommunisten verschieben würde. Es war Zeit für die Neuauflage von Lenins Neuer Wirtschaftspolitik (NEP) unter dem neuen Titel Perestroika (deutsch: Umgestaltung).

Da mit dem Übergang zur Phase 3 der wichtigste Abschnitt der sowjetischen Strategie begann, der an Bedeutung nur noch von der eigentlichen Weltrevolution in Phase 4 übertroffen wird, lohnt es sich zu rekapitulieren, welche Ereignisse die beiden wichtigsten Überläufer Golitsyn und Sejna für diesen Zeitabschnitt vorausgesagt haben.

Wie Jan Sejna in seinem 1982, also drei Jahre vor Beginn der Perestroika, erschienenen Buch schrieb, wurde während einer Tagung des Warschauer Paktes, die im Oktober 1966 in Moskau stattfand, erläutert, wie man in Phase 3 die Demokratie nach westlichem Vorbild international diskreditieren und den völligen moralischen Zusammenbruch des Westens erreichen wollte. Man plante, so wörtlich, jede »Hoffnung auf falsche Demokratie zu zerschlagen«, und dabei, so hieß es, sei das Verhältnis des Ostblocks zu den USA von größter Bedeutung. Durch die neu aufgebaute Fassade von Freundschaft und Kooperation wollte man die größtmögliche wirtschaftliche und technologische Hilfe aus dem Westen bekommen, den Westen in Sicherheit wiegen und ihm vortäuschen, daß kein weiterer Bedarf an den bisherigen Verteidigungsbündnissen mehr bestehe. Die in dieser Periode geplante Auflösung des Warschauer Pakts sollte die bereits begonnene Auflösung der NATO nach sich ziehen, was zum Abzug der US-Truppen aus Europa führen sollte. Anders als im Fall der NATO hätte die Auflösung des Warschauer Pakts jedoch keine Auswirkungen auf die militärische Schlagkraft des Ostblocks, da bereits ein Netzwerk bilateraler Verteidigungsabkommen bestand, das innerhalb des RGW (Rat für Gegenseitige Wirtschaftshilfe, englisch COMECON) organisiert war. In dieser Phase wurde darüber hinaus mit dem Beginn eines allgemeinen wirtschaftlichen Niedergangs gerechnet, der später, in Phase 4, noch zum völligen Kollaps der Marktwirtschaft führen würde, und der zusammen mit der Agitation der friedensbewegten fünften Kolonne zu Spar- und Abrüstungsmaßnahmen in den Staaten Europas und Nordamerikas führen sollte. Das von den USA losgelöste Europa würde, so Sejna, politisch stärker an den Osten gebunden werden.

Gemeinsam mit den europäischen Staaten wollte man nun aktiv gegen die USA intrigieren und dadurch Nordamerika vollständig isolieren.[157]

Wesentlich detaillierter noch als Sejna kündigte Golitsyn in seinem 1984, und damit ebenfalls noch vor Gorbatschows Amtsantritt, erschienen ersten Buch die in Phase 3 zu erwartenden Ereignisse an. Zudem verfaßte er im weiteren Verlauf dieser Periode fortlaufende Memoranden an die CIA, in denen er die laufenden Ereignisse aus Sicht der sowjetischen Strategie kommentierte. Diese Memoranden wurden vom amerikanischen Geheimdienst zwar ignoriert, aber 1995 in Buchform veröffentlicht, so daß sie jedem interessierten Leser zugänglich sind.

Bereits im Januar 1978, als die kontrollierte Dissidentenbewegung der Phase 2 in der Sowjetunion für Schlagzeilen sorgte und als Reformen im Ostblock noch vollkommen utopisch erschienen – Gorbatschow war damals noch nicht einmal Mitglied im Politbüro –, hatte Golitsyn eine vorgetäuschte und vom KGB gesteuerte Liberalisierung in der Sowjetunion angekündigt, entsprechend dem Muster des Prager Frühlings. Es sei mit dem Auftreten eines neuen, jungen Parteiführers zu rechnen, ähnlich dem tschechoslowakischen Dubcek, der wirtschaftliche Reformen und weitreichende politische Änderungen mit einem Bruch des Machtmonopols der KPdSU einführen werde. Die Umwälzungen würden sich auf den ganzen Ostblock ausweiten und möglicherweise zum Abbruch der Berliner Mauer führen, gefolgt von einer Wiedervereinigung der beiden deutschen Staaten. Die Liberalisierungen blieben jedoch stets vom KGB kontrolliert, der hinter den Kulissen die Fäden ziehe und darauf hinarbeite, die NATO aufzulösen und den konservativen Westen in die politische Defensive zu treiben.[158]

Als nach der kurzen Amtszeit Jurij Andropows im Jahr 1984 Konstantin Tschernenko an der Spitze der Sowjetunion stand und immer noch nicht an Reformen im kommunistischen Lager zu denken war, wenn auch Gorbatschow inzwischen schon im Politbüro saß, erweiterte Golitsyn seine Vorhersagen für den Beginn der nächsten Phase und betonte dabei nochmals, daß die zu erwartenden Änderungen auf den Erfahrungen von Lenins NEP basierten und bereits seit 1958 geplanter Bestandteil der kommunistischen Langzeitstrategie waren.

Zu erwarten seien unter anderem:

- Gerüchte über einen Machtkampf innerhalb der Parteiführung und das Auftreten »progressiver« und »liberaler« Führer

- eine Wiederauflage der Entstalinisierung
- die Rehabilitierung kontrollierter »Dissidenten« und anderer angeblich »politisch Verfolgter« und ihre Teilnahme an der neuen sowjetischen Regierung
- das Ende der Zensur und der Beginn einer kontroversen Diskussion in den Medien des Ostblocks über den richtigen politischen Kurs
- die Einführung marktwirtschaftlicher Freiheiten in der zuvor starren Planwirtschaft bis hin zur Legalisierung privater Unternehmen
- die Bildung KGB-kontrollierter nicht-kommunistischer Parteien und politischer Vereine und das vorgetäuschte Ende der Vorherrschaft der KPdSU
- eine angebliche Reform des KGB
- eine allgemeine Zunahme der Freiheiten für sowjetische Bürger, darunter auch das Recht auf Ausreise
- ähnliche Entwicklungen in allen anderen Staaten des Warschauer Pakts.[159]

Weiter sei damit zu rechnen, so Golitsyn, daß der Westen diese gesteuerten Liberalisierungen für bare Münze nehme, was durch den Wegfall des kommunistischen Feindbildes zu schweren politischen Verlusten für die konservativen Kräfte Westeuropas und Nordamerikas führen und den Einfluß der Linken erheblich vergrößern würde. Der Fall der Berliner Mauer und die Wiedervereinigung Deutschlands sollte zu einem neutralen Deutschland unter einer sozialistischen oder sozialdemokratischen Regierung führen, die einen Freundschaftspakt mit Rußland eingehen würde. In Italien und Frankreich würden die kommunistischen Parteien an der Regierung beteiligt werden und ihre Staaten, ähnlich wie Deutschland, an Rußland annähern. Großbritannien stünde vor der Wahl, entweder die Loyalität zu den USA aufrechtzuerhalten oder die Seite des neutralen, aber linkslastigen Europas einzunehmen. Genau wie Sejna erwartete auch Golitsyn die Auflösung des Warschauer Pakts, was zum Ende der NATO und zum Abzug der US-Truppen aus Europa führen würde. Golitsyn hob zudem bereits 1984 hervor, daß die EG kein Hindernis in diesem Prozeß darstellen würde, sondern daß es im Gegenteil im Interesse der Sowjetunion liegen würde, die EG mit dem RGW (englisch COMECON) zu vereinen, um daraus eine sozialistische Europäische Union zu machen, an der die Staaten Osteuropas und auch Rußland beteiligt wären. Das Ergebnis wäre, so wörtlich, ein »Europa vom Atlantik bis zum Ural«. Auf ähnliche Weise würden die USA auch aus Fernost und besonders Japan vertrieben und wären dadurch international isoliert.[160]

Auf der Tagesordnung der sowjetischen Strategen für die Periode des »dynamischen sozialen Wandels« stand also vor allem, das kommunistische Feindbild in aller Welt zusammenbrechen zu lassen und den Kapitalismus und seine Vertreter zu diskreditieren und zu demoralisieren. Letzter Punkt war gerade auch vor dem einheimischen Publikum von größter Bedeutung, denn, wie bereits erwähnt, das Politbüro hatte kein großes Vertrauen in die Loyalität der eigenen Völker zum kommunistischen System, weshalb im Fall eines Krieges zurecht mit großen inneren Unruhen und Rebellionen gerechnet wurde.[161]

Nach dem erfolgreichen »Zusammenbruch« des Kommunismus galt es im Westen den Eindruck zu erwecken, die Sowjetunion sei »ein Staat wie jeder andere«, auf den man unkritisch und in selbstverständlicher Weise die vertrauten Verhaltensweisen westlicher Demokratien anwenden könne. Ein ähnliches Image sollten auch die kommunistischen Parteien, nicht nur im Ostblock, erhalten: Sie seien schlicht Parteien wie alle anderen auch, von denen keine Gefahr für Marktwirtschaft und Demokratie mehr ausgehe. Tatsächlich wird heute ständig übersehen, daß alle politischen Parteien im Ostblock aus Kadern zusammengesetzt sind, die von klein auf marxistisch-leninistisch indoktriniert wurden und allzu häufig eine lange Karriere in der kommunistischen Nomenklatura hinter sich haben.

Der außenpolitische Berater Breschnews und Gorbatschows, Georgij Arbatov, brachte dieses Vorhaben auf den Punkt: *»Die UdSSR wird Euch das Schlimmste antun: Sie wird Euch den Feind wegnehmen.«*[162] Und so läutete der scheinbare Niedergang des Kommunismus Ende der 1980er Jahre das tatsächliche Ende der konservativen antikommunistischen Grundhaltung der westlichen Gesellschaften ein und ermöglichte den Siegeszug der Linken, die über die 1990er Jahre ungekannte Erfolge feiern konnten.

## Michail Gorbatschow

Mit dem Auftritt Michail Gorbatschows auf der weltpolitischen Bühne begann 1985 die Phase 3 des »dynamischen sozialen Wandels«. Er war der neue, junge Parteiführer, den Golitsyn angekündigt hatte, und er gilt als Vater der Perestroika, wenn auch die Bezeichnung Geburtshelfer treffender wäre – schließlich führte er nur aus, was bereits Jahrzehnte zuvor geplant worden war.

Gorbatschow gilt im Westen als der große liberale Reformpolitiker, der den Kommunismus abgeschafft hat und dem das Ende des Ost-West-Gegensatzes zu verdanken ist – jedoch könnte nichts weiter von der Wahrheit entfernt sein, und wenn Gorbatschow tatsächlich zum Ende des Gegensatzes zwischen Ost und West beigetragen hat, dann auf Kosten des Westens.

*Michail Gorbatschow mit Ronald Reagan auf dem Roten Platz*

Gorbatschows Auftreten an der Spitze des Politbüros war von langer Hand vorbereitet, seine politischen Ziehväter waren der Parteiideologe Michail Suslov, seit 1956 einer der Hauptplaner der sowjetischen Langzeitkampagne, und der langjährige KGB-Chef Jurij Andropow, der von Ende 1982 bis Anfang 1984 selbst das Amt des Generalsekretärs innehatte.[163] Während seiner Zeit als KGB-Chef von 1967 bis 1984 hatte Andropow bereits eine Schlüsselrolle in der Durchführung des außer Kontrolle geratenen Prager Frühlings von 1968 gespielt, und so ist es keineswegs Zufall, daß gerade er dem »Reformer« Gorbatschow zu dessen steiler Karriere verhalf, die ihn 1985 auf den Posten des Generalsekretärs beförderte.[164] Schon von Beginn an war Gorbatschows Karriere eng mit dem KGB verstrickt gewesen, seine praktische Ausbildung als Jurist absolvierte er nicht etwa, wie sonst üblich, bei Gericht oder bei der Staatsanwaltschaft, sondern beim Geheimdienst.[165] Im kommunistischen System war es, vor allem im Hinblick auf die Durchführung der Strategie, üblich, daß die Planung für die personelle Besetzung wichtiger Positionen bis zu 20 Jahre in die Zukunft reichte.[166] Allerdings war Gorbatschow in der Rolle des großen Reformers vermutlich nur eine Alternative, ursprünglich war geplant, wie Golitsyn vermutet, diesen Posten mit keinem Geringeren als Alexander Schelepin zu besetzen, dem KGB-Chef der Jahre 1958 bis 1961, der bereits von Beginn an eng mit der Strategie vertraut war. Jedoch war Schelepin durch mehrere Umstände international diskreditiert worden, darunter aufgrund der Tatsache, daß er von einem bundesdeutschen Gericht als verantwortlich für die Ermordung des ukrainischen Oppositionsführers Stefan Bandera befunden worden war.[167]

Nicht nur seine politische Laufbahn bezeugt Gorbatschows Hingabe an das kommunistische System, er selbst hat bei unzähligen Gelegenheiten wiederholt betont, daß er immer schon ein überzeugter Kommunist war und stets geblieben ist. In seinen Büchern verherrlicht er unablässig Lenin, seine Politik und die »große Oktober-Revolution«, die auch während und gerade durch die Perestroika unbeirrbar weitergeführt werde. Auszüge aus seinem Buch *Umgestaltung und neues Denken für unser Land und für die ganze Welt* lassen keinen Zweifel daran, daß der bekennende Leninist Gorbatschow nie vom Ziel des Weltkommunismus abgelassen hat. Darin heißt es u. a.: *»Das Wesen der Perestroika liegt ja gerade darin, daß in ihr Sozialismus und Demokratie zu einer Einheit verschmelzen, daß sie die Leninsche Konzeption zum Aufbau des Sozialismus in Theorie und Praxis wieder voll zum Tragen bringt.«*[168] An anderer Stelle feiert Gorbatschow die Oktober-Revolution von 1917: *»Die Oktober-Revolution war in der Tat eine Sternstunde der Menschheit, war deren Morgenröte. Bei der Oktober-Revolution handelte es sich um eine Revolution des Volkes und für das Volk, für den Menschen, für dessen Befreiung und Entwicklung.«*[169] Zum Aufbau der Sowjetunion nach der Oktober-Revolution findet Gorbatschow die folgenden Worte: *»Ja, das war eine wahrhaft große Leistung der Massen für die Zukunft ihrer Heimat, eine Tat, mit der das ganze Volk bewies, daß es fest zu der im Jahr 1917 frei getroffenen Entscheidung stand.«*[170] Auch über die zahllose Opfer fordernde Kollektivierung unter Stalin weiß Gorbatschow Gutes zu berichten: *»Die Kollektivierung war eine bedeutende historische Leistung, war der größte gesellschaftliche Umbruch seit 1917.«*[171] Diese Äußerungen lassen erahnen, welche Segnungen die zu erwartende Umstrukturierung für die westlichen Gesellschaften auf dem Weg zur geplanten sozialistischen Weltregierung bereithält. Entgegen allen Erwartungen des Westens war die Absicht der Perestroika nie die Beendigung des Kommunismus, genausowenig wie Lenins NEP das Ende des Kommunismus zum Ziel hatte, auch wenn der Westen dies in beiden Fällen geglaubt hatte. Weiter heißt es: *»Die Perestroika ist ein revolutionärer Prozeß, denn es handelt sich um einen Sprung nach vorn in der Entwicklung des Sozialismus, bei der Durchsetzung seiner Wesensmerkmale.«*[172] Es lohnt sich, diesen Satz mehrmals zu lesen, um die darin verborgene Bedeutung klar zu erfassen. Gorbatschow schreibt, die von ihm initiierte Perestroika sei ein Sprung nach vorn auf dem Weg zur Durchsetzung der kommunistischen Gesellschaftsordnung, und wenn man in seinem Buch ein paar Seiten weiter liest, dann wird angedeutet, in welchem Maßstab diese Durchsetzung der kommunistischen Gesellschaftordnung erfolgen soll: *»Vom Erfolg der Perestroika hängt das Schicksal des Sozialismus, hängt das Schicksal der Welt ab.«*[173]

Ein weiteres Zitat Gorbatschows sollte auch die letzten Zweifel an den politischen Absichten dieses Mannes ausräumen. Im Jahr 1987, anläßlich des 70. Jahrestages der Oktober-Revolution, sagte er: *»Im Oktober 1917 brachen wir aus der alten Welt aus, lehnten wir sie endgültig ab. Wir gehen einer neuen Welt entgegen, der Welt des Kommunismus. Von diesem Weg werden wir nie abweichen!«*[174]

Daß Gorbatschows vielgelobte Perestroika der 1980er Jahre auf dem Konzept von Lenins NEP der 1920er Jahre basierte, die damals schon die Stärkung des kommunistischen Lagers zum Ziel hatte, gefolgt von den inzwischen bekannten geschichtlichen Ereignissen, gab Gorbatschow selbst zu, als er bei derselben Gelegenheit erklärte: *»Wir wenden uns heute immer häufiger den letzten Schriften Lenins, seinen Ideen von der Neuen Ökonomischen Politik, zu und sind bemüht, aus diesen Erfahrungen alles zu übernehmen, was für uns heute wertvoll und notwendig ist.«*[175]

Daß diese neue Form der NEP nichts mit der Einführung wahrer Marktwirtschaft zu tun habe, wird von Gorbatschow ebenfalls mehrmals betont. Noch im Juli 1990 bekannte sich Gorbatschow ausdrücklich zur »sozialistischen Wahl« und lehnte die »Wiederherstellung kapitalistischer Praktiken« ab.[176] Bei anderer Gelegenheit hatte er gegenüber Befürwortern eines freien Unternehmertums auf der Grundlage von Privatbesitz erklärt: Er könne solche Vorstellungen nicht unterstützen, denn *»das sind unverantwortliche, einfach unverantwortliche Ideen«*[177].

Ungeachtet all dieser Fakten, die keinen Zweifel daran lassen, daß Gorbatschows Perestroika keineswegs eine Annäherung an eine marktwirtschaftliche oder im konservativen Sinne demokratische Gesellschaftsordnung darstellte, wurde er besonders in den westlichen Medien frenetisch gefeiert. Es kam zu einer regelrechten »Gorbi-Manie«, die den klaren Blick auf die Fakten jenseits des Eisernen Vorhangs verstellte, was ideale Möglichkeiten für den weiteren Verlauf der sowjetischen Langzeitkampagne eröffnete. Gorbatschow selbst hatte am 10. April 1990 auf dem *Komsomol*-Kongreß gesagt, daß der gegenwärtige Zeitabschnitt *»vielleicht die wichtigste Wasserscheide der Weltrevolution, ja der Weltgeschichte«* sei, diese Zeit verspreche *»ungeahnte Möglichkeiten«.*[178]

## Die »Liberalisierung« der Sowjetunion

*»Die Politische ›Liberalisierung‹ und ›Demokratisierung‹ würde sich am Vorbild der tschechoslowakischen Generalprobe von 1968 orientieren. Diese Generalprobe könnte genau die Sorte eines politischen Experiments gewesen sein, das Mironov* (KGB-General Nikolai Mironov, Anm. d. Autors) *schon 1960 im Sinn hatte. Die ›Liberalisierung‹ wäre spektakulär und beeindruckend. Es könnte sein, daß formelle Ankündigungen gemacht werden, die Rolle der Kommunistischen Partei zu reduzieren, ihr Monopol würde scheinbar gebrochen. Eine angebliche Aufteilung der Gewalten zwischen Legislative, Exekutive und Judikative könnte eingeführt werden. Der Oberste Sowjet bekäme offenbar größere Macht und der Präsident und die Abgeordneten eine größere Unabhängigkeit. Die Posten des Präsidenten der Sowjetunion und des Generalsekretärs der Partei würden möglicherweise geteilt. Der KGB würde ›reformiert‹. Dissidenten würden im Heimatland amnestiert, jenen im Exil würde erlaubt zurückzukehren, und einige von ihnen würden Führungspositionen in der Regierung einnehmen. (…) Aber, genau wie im Fall der Tschechoslowakei, bliebe die ›Liberalisierung‹ eine von oben durchgeführte kalkulierte und irreführende Täuschung.«*[179]
— Anatoliy Golitsyn in *New Lies For Old*, 1984

Von Gorbatschow ist überliefert, er habe kurz nach seinem Amtsantritt, als die Vorbereitungen für die Perestroika in vollem Gange waren, gesagt, die Genossen bräuchten sich keine Sorgen um all das Gerede über Glasnost und Perestroika in den nächsten Jahren zu machen, dies sei hauptsächlich für das Ausland gedacht. Es werde keine wesentlichen Änderungen innerhalb der Sowjetunion geben, außer für kosmetische Zwecke. Das Ziel sei, die USA zu entwaffnen und sie einzuschläfern.[180]

Dieses Ziel dürfte im Lauf der Amtszeit Gorbatschows zur Zufriedenheit des Politbüros voll und ganz erreicht worden sein. Stellvertretend für die öffentliche Meinung der westlichen Eliten meldete die *New York Times* im Juli 1991, der Kommunismus sei zusammengebrochen, allerdings hatte die Zeitung dieselbe Meldung schon einmal im Juli 1921 gebracht, nach der Einführung der NEP, und schon damals war sie falsch gewesen.[181] Sogar Ronald Reagan, der während seiner ersten Amtszeit eine so erfolgreiche antikommunistische Politik betrieben hatte, fiel nach seiner Wiederwahl auf Gorbatschows Perestroika herein, genau wie Margaret Thatcher, die gegenüber Christopher Story, dem Herausgeber des *Soviet Analyst*, im Juli 1991 wörtlich sagte, daß Gorbatschow kein Leninist mehr sei: *»Ich glaube nicht, daß wir getäuscht worden sind – zumindest hoffe ich das.«*[182]

Am Unvermögen der westlichen Regierungen, die Perestroika als Teil einer aggressiven kommunstischen Strategie zu erkennen, waren die früheren »Dissidenten«, darunter Andreij Sacharow, maßgeblich beteiligt. Genau wie Golitsyn vorhergesagt hatte, wurden die »Dissidenten«, die das KGB lange Jahre zuvor aufgebaut hatte, unter dem »Reformer« Gorbatschow rehabilitiert und bekamen Gelegenheit, ihre Ansichten über den staatlichen Rundfunk öffentlich zu verbreiten. Im Dezember 1986 wurde Sacharow von Gorbatschow aus der Verbannung, in die er unter Breschnew theatralisch und medienwirksam geschickt worden war, nach Moskau zurückgerufen und zu seinem Berater ernannt. Ein Jahr später schon saß Sacharow im Kongreß der Volksdeputierten, wo er sich für weitere »Reformen« einsetzte und mithalf, Gorbatschows Perestroika in aller Welt glaubhaft zu machen. Sacharow reiste dazu auch in den Westen, wo er u. a. Ronald Reagan und Margaret Thatcher traf und ihnen dazu riet, Gorbatschow und seine Reformen zu unterstützen, von der Entwicklung des Raketenabwehrsystems SDI abzusehen und den in der NATO-Doktrin verankerten

Vorbehalt zum Ersteinsatz atomarer Waffen im Konfliktfall aufzugeben.[183]

Ein bedeutender Teil von Gorbatschows Perestroika war, und auch das hatte Golitsyn korrekt vorhergesagt, die Entstehung politischer Parteien in Opposition zur KPdSU, die bisher das politische Monopol innerhalb der UdSSR besessen hatte. Diese Parteien bildeten sich rund um die früheren »Dissidenten« keineswegs zufällig, sondern unter stetiger Kontrolle des KGB. Paul Klebnikow beschreibt die Situation der neuen russischen »Demokratie« zu Beginn der 1990er Jahre wie folgt: *»In den historischen Wahlen von 1990 – den ersten freien, sowohl auf nationaler als auch auf regionaler Ebene stattfindenden Parlamentswahlen – hatte der KGB mehrere tausend Kandidaten ins Rennen geschickt, von denen die meisten auch gewählt wurden. Daneben förderte der KGB die Entstehung der ersten nichtkommunistischen politischen Partei – der absurderweise liberal-demokratisch genannten Partei von Wladimir Schirinowski. Schirinowskis Mission bestand darin, große Töne zu spucken und als Blitzableiter für nationalistische Stimmungen zu dienen, sich aber jeglicher radikaler Aktionen zu enthalten. Die nationalistische* Pamjat-*Gruppe, deren extremistische Rhetorik Ende der 80er Jahre im Westen besorgte Warnrufe laut werden ließ, war ebenfalls ein Werk des KGB. Einige KGB-Beamte übernahmen führende Rollen in der Demokratiebewegung; Wladimir Putin zum Beispiel wurde Top-Berater von einem der eloquentesten Verfechter von Freiheit und Demokratie, Anatoli Sobtschak.«*[184] Ähnlich beschreibt Alexander Rahr in seiner Biografie über Wladimir Putin die Aktivitäten des KGB zu jener Zeit. Der damalige, von Gorbatschow eingesetzte KGB-Chef Wladimir Krjutschkow legte damals *»seinen Männern nahe, sich in die neu entstehenden demokratischen Bewegungen einzuschleusen und sie unter KGB-Kontrolle zu bringen. Im Bedarfsfall wollte Krjutschkow dann die demokratischen Bewegungen von innen heraus diskreditieren. Krjutschkow befahl seinen Männern, die Uniformen auszuziehen und sich als einfache Intellektuelle den Demokraten anzuschließen. Der Plan des KGB sah vor, bei den Parlamentswahlen im Frühjahr 1990 so viele Agenten wie nur möglich, getarnt als Volksabgeordnete, in die neu zu wählenden Parlamente Rußlands und anderer Sowjetrepubliken zu infiltrieren. Die Führung des sowjetischen Geheimdienstes schuf ein spezielles ›Zentrum‹ für die Schulung von KGB-nahen Abgeordneten. Andere Geheimdienststrukturen halfen den Kandidaten im Wahlkampf* *vor Ort mit ›Informationen‹ und kompromittierendem Material gegen Konkurrenten. Der KGB besorgte auch entsprechende Finanzmittel, um die Wahl seiner Abgeordneten in die Parlamente sicherzustellen. Über diese KGB-Aktivitäten ist damals im Westen viel geschrieben worden. Das Forschungsinstitut von* Radio Freies Europa/Radio Liberty *in München veröffentlichte darüber mehrere interessante Studien. Viele westliche Experten attestierten Anfang der neunziger Jahre dem KGB eine führende Rolle in der Politik der Perestroika. (…) Im KGB überlegte man, wie die Kontrolle über die Demokratisierungsprozesse sichergestellt werden konnte. Neben anderen diversiven Maßnahmen, von denen eben die Rede war, entwickelte der KGB den wagemutigen Plan, eine eigene künstliche Ersatzopposition zu kreieren. (…) Eine dieser neu geschaffenen Parteien nannte sich die ›Liberal-Demokratische Partei‹ und wurde von einem bis dahin völlig unbekannten Mann names Wladimir Schirinowskij angeführt.«*[185] Alexander Rahr vermutet, daß das KGB auf diese Weise ein Gegengewicht zu echten Oppositionsbewegungen schaffen wollte, die seiner Ansicht nach während der Perestroika spontan entstanden waren und außerhalb der Kontrolle des Kreml standen. Golitsyn läßt jedoch keinen Zweifel daran, daß das KGB diese Reformbewegungen über die »kontrollierte Dissidentenbewegung« der Phase 2 von Grund auf alle selbst erschaffen und stets unter Kontrolle behalten hatte. Im März 1990 verfaßte er ein Memorandum an die CIA, in dem er schrieb, die KPdSU würde keine Schwierigkeiten damit haben, ein fiktives Mehrparteiensystem einzuführen und in der Praxis zu kontrollieren. Es sei mit einer Aufspaltung der Partei in verschiedene Gruppen von Reformern und orthodoxer Kommunisten zu rechnen, jedoch bliebe die totale Kontrolle stets erhalten.[186]

Weiter schrieb er, aus der Perspektive der kommunistischen Langzeitstrategie erkläre sich die Entstehung von Gruppen russischer Nationalisten, von Stalinisten und Antisemiten, wie z. B. der Bewegung *Pamjat* (»Gedächtnis«). Alle diese Bewegungen bildeten sich auf Veranlassung der Kreml-Führung innerhalb der KPdSU, die 1990 etwa 23 Millionen Mitglieder hatte und, neben der 40 Millionen Mitglieder starken Jugendorganisation *Komsomol*, die bestorganisierte Kraft in der UdSSR war. Geschickt eingesetzt, ließen sich mit ihrer Hilfe die Hoffnungen und Ängste des Westens manipulieren, um auf diese Weise größere finanzielle und politische Unterstützung für die »liberalen

Reformer« zu erhalten. Ungeachtet dessen, welche Partei offiziell die Politik in der umgestalteten Sowjetunion gerade dominiere, bliebe, so Golitsyn, das KGB, die KPdSU und das Politbüro hinter den Kulissen dennoch stets an den Schalthebeln der Macht.[187]

Tatsächlich setzten sich alle in jener Zeit entstandenen einflußreichen Gruppen von »Sozialdemokraten«, »Anti-Kommunisten« und »Nationalisten« aus langjährigen KPdSU-Anhängern und Mitgliedern der kommunistischen Nomenklatura zusammen, die vorgaben, sich quasi über Nacht zu Demokraten und marktwirtschaftlichen Reformern gewandelt zu haben. Nach der Jahrzehnte anhaltenden Verfolgung politisch Andersdenkender hatte es in der UdSSR auch keine anderen Kräfte mehr gegeben, die fähig gewesen wären, eine Massenbewegung auf die Beine zu stellen. Dazu waren nur die KPdSU, ihre Jugendorganisation *Komsomol* und das KGB in der Lage. In solch einem System stellen auch sogenannte »freie« Wahlen keine Gefahr für die kommunistischen Strategen dar, egal welcher Flügel der KPdSU gewählt wird und offiziell an die Macht kommt, die Strukturen dahinter bleiben von offiziellen Machtwechseln stets unberührt. Daß dieser Sachverhalt der Wirklichkeit entspricht, wurde sogar in der April-Ausgabe des offiziellen Organs der Kommunistischen Partei der USA (CPUSA) mit dem Titel *Political Affairs* bestätigt. Im Anschluß an den dritten Kongreß der Kommunistischen Partei Rußlands (nicht zu verwechseln mit der KPdSU) berichtete das Blatt, daß auch andere Komponenten der kommunistischen Bewegung Rußlands anwesend gewesen seien. Wörtlich: *»Die prominenteste darunter war die Kommunistische Partei der Sowjetunion, die als eine koordinierende Struktur der Parteien der frühereren UdSSR agiert.«*[188] Dieser Schachzug der Aufteilung der Partei in scheinbar oppositionelle Lager steht in Übereinstimmung mit Lenins Forderungen. In seiner Schrift *Der linke Radikalismus, die Kinderkrankheit im Kommunismus* sagte er, daß wahre Revolutionäre nicht davor zurückschrecken sollten, linke Phrasen aufzugeben und rechte Taktiken anzunehmen, um mit ihnen eine doch stets revolutionäre Politik auszuführen.

Und so war auch nach Gorbatschows leninistischen Umbaumaßnahmen in der Sowjetunion noch immer dieselbe Elite an der Macht wie 1984, dort hatte kein wahrer Wandel stattgefunden. Weder hatte es eine Aufarbeitung der verbrecherischen Vergangenheit mit Bestrafung der Verantwortlichen gegeben, wie es zum Beispiel während der Entnazifizierung nach dem Zweiten Weltkrieg in Deutschland der Fall war, noch war das KGB, der politische Arm der Partei, abgeschafft oder in seiner Macht eingeschränkt worden. Nach wie vor gab es Zwangsarbeitslager mit politischen Gefangenen, nach wie vor wurde Zwangspsychiatrie betrieben.[189] Und fand doch einmal ein echter Volksaufstand statt, der nicht von der Partei oder dem Geheimdienst selbst inszeniert worden war, wie im April 1989 in Tiflis, im Januar 1990 in Baku und selbst noch im Januar 1991 in Vilnius, dann wurde dieser gewaltsam mit Panzern niedergeschlagen. Für die blutige Niederschlagung des Aufstands in Baku wurde Gorbatschow persönlich als Verantwortlicher genannt. In Aserbaidschan wurden in den 1990er Jahren Stimmen laut, die ihn wegen Völkermords vor Gericht bringen wollten, jedoch kam es aus formellen Gründen natürlich nie zu einer Verhandlung.[190]

## Der Umbau Osteuropas

*»Die ›Liberalisierung‹ Osteuropas würde in der Tschechoslowakei möglicherweise die Rückkehr Dubceks und seiner Gefolgsleute an die Macht beinhalten. Falls sie auf Ostdeutschland ausgeweitet wird, könnte sogar der Fall der Berliner Mauer erwogen werden.«*[191]
— Anatoliy Golitsyn 1984

Zeitgleich zur sowjetischen Perestroika wurden auch die umliegenden Ostblockstaaten von den einheimischen Geheimdiensten unter Anleitung des KGB umgestaltet. Die Ähnlichkeiten zum gescheiterten Prager Frühling sind keineswegs zufällig, und die Beteiligung des KGB an der »Wende« in ganz Osteuropa wurde bald sogar von den westlichen Massenmedien, u. a. der BBC, erkannt und berichtet, jedoch ohne daraus die richtigen Schlüsse zu ziehen. Der Bundestagsabgeordnete Hans Graf Huyn zog in seinem 1991 erschienenen Buch *Die Deutsche Karte* die richtigen Schlüsse: *»Bereits in der Zeit zwischen Sommer 1986 und Sommer 1987 haben verschiedene Koordinationstreffen führender KGB-Offiziere stattgefunden, in erster Linie jener des XI. Direktorats, die für die Überwachung der Apparate und Geheimdienste der Satellitenstaaten Mittel- und Osteuropas zuständig sind. Hier wurde beschlossen, zur Vorbereitung und Manipulierung der bevorstehenden Unruhen und Umwälzungen im Bereich der Satellitenstaaten geheime*

*Zellen außerhalb der gewöhnlichen Kader zu bilden, wie auch in den Strukturen der kommunistischen Parteien. Sobald diese handlungsfähig waren, sollten sie ihre Männer und Frauen in die verschiedenen Bürgerrechtsbewegungen und oppositionellen Gruppen einschleusen, ganz gleich, ob diese reformkommunistisch oder antikommunistisch eingestellt waren. Ihre Aufgabe war nicht, Repression und Denunziation durchzuführen, sondern im Gegenteil sich als ›Reformisten‹ zu gebärden und eine ausreichende Glaubwürdigkeit zu erlangen, um möglichst hohe Schlüsselpositionen in diesen Bewegungen einzunehmen.«*[192]

Sogar der tschechoslowakische Dissident Jan Ruml, der Mitglied der Bewegung *Charta 77* war und später stellvertretender Innenminister der CSFR wurde, bestätigt, daß Moskau schon im Jahr 1988 einen Plan zur Ablösung der damaligen Regierungsmannschaften in der Tschechoslowakei, in Bulgarien und Rumänien durch kommunistische »Reformer« vorbereitet hatte.[193]

Der darauf folgende »Umbruch« in Osteuropa war nichts weiter als ein medienwirksam inszenierter Machtwechsel von der alten Riege der stalinistischen Gefolgsleute Breschnews zur neuen Riege kommunistischer Gefolgsleute Gorbatschows. Die neuen Führungsmannschaften der Ostblockstaaten setzten sich, genau wie in der Sowjetunion, aus lange zuvor herangezüchteten »Dissidenten« und wundersam gewendeten Mitgliedern der alten kommunistischen Nomenklatura zusammen. Mit Ausnahme Rumäniens geschah dieser Machtwechsel in atemberaubendem Tempo und völlig unblutig, was vor allem darauf zurückzuführen ist, daß das KGB seit der Phase 1 der sowjetischen Strategie eine striktere Kontrolle über die Geheimdienste der Satellitenstaaten hatte als die jeweils eigene Regierung. Jeder Geheimdienst des Warschauer Pakts war zunächst dem Innenminister und Regierungschef des eigenen Landes unterstellt, die zweite Kommandokette führte zum Zentralkomitee der Partei, und die dritte und wichtigste Hierarchielinie verlief zum KGB-Hauptquartier in Moskau. Alle Befehle aus Moskau hatten Vorrang vor den Weisungen der eigenen Regierung, und so konnte das KGB zusammen mit den einheimischen Geheimdiensten aktiv gegen ihre eigenen Regierungen intrigieren und ihre Auswechslung vorbereiten.[194] Auch nach der sogenannten Wende blieb Moskau somit in der Position, die Geheimdienste der Satellitenstaaten kontrollieren zu können. Und wenn es auch immer wieder Meldungen gab, jene Teile der östlichen Geheimdienste, die die Bespitzelung der eigenen Bevölkerung zur Aufgabe hatten, seien aufgelöst worden, so gilt das nicht für die vom KGB koordinierte Auslandsspionage, die weiterhin vor allem auf dem westlichen Technologiesektor, in der Politik und der Verteidigung im Auftrag des großen Bruders Spionage betrieb.[195] Die Kontrolle Moskaus über die Satellitenstaaten wurde zudem durch deren Abhängigkeit von russischen Öl-, Gas- und Stromlieferungen auch langfristig sichergestellt. Wagte es ein Land, sich der russischen Dominanz zu widersetzen, dann wurde schlicht die Energieversorgung eingeschränkt, wie es im Fall des ehemaligen Sowjetstaats Georgien lange Zeit an der Tagesordnung war. Auch die Ereignisse rund um die Präsidentschaftswahl in der Ukraine im Herbst 2004 zeigen, daß der Kreml das Ausscheren eines Staates aus dem sowjetischen Verbund nicht zuläßt.

Hans Graf Huyn faßt eine Analyse der polnischen Soziologieprofessorin Jadwiga Staniszkis über den Umbruch in Osteuropa wie folgt zusammen: *»Die jetzt* (während der Wende, Anm. d. Autors) *in sämtlichen Staaten Osteuropas mit Ausnahme von Rumänien ziemlich übereinstimmend in Gang gekommene Welle der radikalen Veränderungen werde in Moskau von einer zentralen Operationsgruppe, einem ›Stab‹ gesteuert, der seinen Sitz beim sowjetischen Geheimdienst KGB und damit bei der Gruppe der ›Globalisten‹ innerhalb der sowjetischen Führungsspitze habe. (…) Vordringlichstes Ziel dieser Prozesse sei es, die staatlichen Strukturen der östlichen Wirtschaft durch weitgehende private Besitzverhältnisse zu lösen. Denn nur so könne das entscheidende Hindernis für das Einströmen von westlichem Kapital und westlicher Technologie beiseitegeräumt werden.«*[196] Die hier genannten Globalisten sind natürlich identisch mit den kommunistischen Strategen, die seit 1956 hinter den Kulissen der offiziellen sowjetischen Politik die Fäden ziehen. Huyn zitiert eine weitere Analyse der Ereignisse in Osteuropa zu jener Zeit, diesmal von der französischen Sowjetologin Françoise Thom, die zudem ein entscheidendes Strategieziel der Perestroika in Osteuropa anspricht: *»In Osteuropa war es der Plan Gorbatschows, die korrupten, auf Breschnew eingeschworenen Bürokraten durch Männer mit ›perestrojkischem‹ Profil zu ersetzen, die in Ergebenheit gegenüber Moskau eine Reform nach sowjetischem Modell auf den Weg bringen und ihre kommunistische Partei als sozialdemokratisch tarnen sollten, um die Integration eines sozialistischen Europas zu beschleunigen.«*[197] Françoise Thom nennt damit ein Hauptziel der Phase 3: die Loslösung der Allianzen Westeuropas von den USA bei gleichzeitiger Annäherung an die Sowjetunion und letztlich die kommunistische Übernahme der EG bzw. der EU, was bei Beteiligung der nach wie vor kommunistisch geführten osteuropäischen Staaten auf eine Europäische Union der Sozialistischen Sowjetrepubliken (EUdSSR) hinausläuft.

Abgesehen von Rumänien, dessen Diktator Nikolae Ceausescu erschossen wurde (vermutlich weil er sich der von Moskau angeordneten Umstrukturierung widersetzt hat), hatte die alte Riege der kommunistischen Führer auch nach ihrer Absetzung nichts zu befürchten. Die ihnen nachfolgenden »Reformer« sorgten, anders als es im Fall eines echten politischen Umbruchs zu erwarten wäre, dafür, daß die verdienten Genossen zumeist einen durch staatliche Pensionen versüßten Lebensabend verbringen konnten, ohne für ihre Verbrechen zur Rechenschaft gezogen zu werden. Eine Ausnahme mag hier Ramiz Alia sein, der letzte albanische Generalsekretär, der als einziger eine Haftstrafe antreten mußte. Die meisten von ihnen lebten jedoch auch lange nach der Wende durchaus luxuriös, einige von ihnen als Millionäre. Siegfried Kogelfranz, der sich 1996 auf die Spur der »roten Renter« begab, bezeugt ihr Leben *»in ansehnlichen Reetdachvillen, auch schon mal im herrschaftlichen Stadtschlößchen, auf grünen Hügeln, an Privatseen, in gesunden Kurorten, jedenfalls gemeinhin weit weg von den Niederungen der Plattensiedlungen des Volkes«.*[198]

## August 1991: Putsch in Moskau und die Folgen

*»Die Strategen verbergen die geheime Koordination, die zwischen Moskau und den ›nationalistischen‹ Führern der ›unabhängigen‹ Republiken besteht. Es gab übermäßig viel Zeit und genug Möglichkeiten, diese Koordination im voraus aufzubauen. Deswegen wird das Auseinanderbrechen des sowjetischen Imperiums nicht echt, sondern nur fiktiv sein. Das ist keine echte Selbstbestimmung, sondern die Verwendung ›nationaler‹ Formen während der Durchführung einer gemeinsamen kommunistischen Strategie.«*[199]
— Anatoliy Golitsyn, März 1990

Als der Umbau in Osteuropa erfolgreich vollzogen war, befand sich in der Sowjetunion trotz jahrelanger Perestroika noch offiziell eine kommunistische Regierung an der Macht, und auch diese galt es theatralisch und medienwirksam zu »stürzen«, um den Boden für das brutalkapitalistische Zwischenspiel zu bereiten, das einen wesentlichen Teil der Phase 3 darstellen und sowohl die einheimische Bevölkerung als auch den Rest der Welt von der »Unvermeidbarkeit« eines sozialistischen Wirtschaftssystems überzeugen sollte. Den Sturz des sowjetischen Kommunismus und die Auflösung der Sowjetunion sollte eine KGB-Operation mit dem Codenamen »Golgotha« glaubhaft erscheinen lassen: der eigens zu diesem Zweck inszenierte Putschversuch im August 1991.[200]

Golitsyn hatte die wahrscheinliche Auswechslung Gorbatschows gegen ein anderes Staatsoberhaupt bereits im März 1989 angekündigt und nannte als mögliche Nachfolgekandidaten den »liberalen« Boris Jelzin oder den »konservativen« Jegor Ligatschow.[201] Auch den sich abzeichnenden Prozeß des inszenierten Auseinanderbrechens der UdSSR kommentierte er bereits einige Monate im voraus mit einem Vergleich zu Lenins NEP. Im Jahr 1921 war Georgien aus taktischen Gründen unabhängig erklärt worden, um damit einerseits die unzufriedene georgische Bevölkerung, die dem Kommunismus besonders ablehnend gegenüberstand, zu beschwichtigen und andererseits die Möglichkeiten zum Import ausländischer Erzeugnisse aus Italien, Deutschland und den USA über das scheinbar unabhängige Georgien zu verbessern. In Anlehnung daran seien auch die gegenwärtigen Unabhängigkeitsbemühungen der Sowjetrepubliken als taktische Manöver zu werten, diese stellten jedoch kein tatsächliches Ende des kommunistischen Sowjetsystems dar.[202]

Die Einleitung für den kontrollierten Zerfall der Sowjetunion machten die baltischen Sowjetrepubliken Litauen, Lettland und Estland, die sich unter Führung lokaler Parteikader im Frühjahr 1990 zu souveränen Staaten erklärten, gefolgt im Juni von Rußland, der größten Sowjetrepublik, deren späterer »liberaler« Staatspräsident Boris Jelzin die Rolle eines Gorbatschow-Kritikers einnahm. Jelzin trat dazu demonstrativ aus der KPdSU aus, in der er jahrzehntelang Karriere gemacht hatte, und stellte sich offen gegen Gorbatschows Festhalten an einem reformierten Kommunismus. Der offiziellen Version zufolge versuchte Gorbatschow in den Monaten vor dem Putschversuch die Sowjetrepubliken unter einem neuen Unionsvertrag zu vereinen, um damit den Zerfall der Sowjetunion und den Zusammenbruch des Kommunismus zu verhindern. Die Unterzeichnung des neuen Unionsvertrages war für den 20. August 1991 festgesetzt worden. Gerüchten zufolge hätte dieser neue Vertrag die Unabhängigkeit der baltischen Staaten Litauen, Lettland und Estland sowie weiterer Sowjetrepubliken einschließlich der Ukraine und Georgiens ermöglicht. Die offizielle Lesart besagt, daß sich in dieser Situation eine Gruppe von kommunistischen Hardlinern und Anhängern des alten Systems gebildet hatte, bestehend aus dem KGB-Chef Wladimir Krjutschkow, dem Vizepräsidenten der UdSSR Gennadi Janajew, dem Verteidigungsminister General Dimitrij Jasow, dem Innenminister Boris Pugo, dem Premierminister Walentin Pawlow, sowie dem stellvertretenden Vorsitzenden des Verteidigungsrates Oleg Baklanow, die sich gegen Gorbatschow stellte und eine Rückkehr in die diktatorischen Muster der sowjetischen Vergangenheit erzwingen sowie die Perestroika umkehren wollte. Während Gorbatschow im Urlaub auf der Krim war, übernahm Vizepräsident Gennadi Janajew am Morgen des 19. August 1991 die Regierungsgeschäfte, verhängte den Notstand und ließ verlauten, Gorbatschow sei aufgrund einer Erkrankung nicht in der Lage, sein Amt weiter auszuüben. Später hieß es, Gorbatschow sei in seiner Datscha unter Hausarrest gestellt worden. Noch am selben Morgen gab Boris Jelzin eine Pressekonferenz, in der er den Vorgang der Machtübernahme durch das Notstandskomitee als Staatsstreich bezeichnete und die russische Bevölkerung zum Widerstand gegen die Putschisten aufrief. Er besetzte mit Tausenden von zumeist jungen Anhängern das sowjetische Parlamentsgebäude, das in Anlehnung an den Sitz der US-Regierung das »Weiße Haus« genannt wurde. Die Putschisten ließen daraufhin demonstrativ Panzer durch Moskau rollen und gaben vor, das inzwischen mit Barrikaden umgebene Parlamentsgebäude militärisch erstürmen zu wollen. In der Nacht des 20. August 1991 kam es zum »Angriff« auf das Parlamentsgebäude, bei dem drei junge Zivilisten starben, die in der Dunkelheit wohl versehentlich unter die Ketten der Panzer gerieten und überrollt wurden. Am nächsten Tag stellte das von Jelzin angeführte Parlament den Putschisten ein Ultimatum, sich noch am selben Abend geschlagen zu geben, woraufhin die Putschisten die Flucht ergriffen.

Nach dem Ende des inszenierten Putschversuches war Boris Jelzin der Held der Stunde und galt in aller Welt als Retter der russischen Demokratie, während Gorbatschow als geschlagener Mann nach Moskau zurückkehrte. Kurze Zeit später zog Gorbatschow aus den Ereignissen die Konsequenzen und trat zurück. Bis zum Ende des Jahres erklärten sich alle 15 Sowjetrepubliken für unabhängig, elf von ihnen schlossen sich, wieder unter Führung der alten Parteielite, zur Gemeinschaft Unabhängiger Staaten (GUS) zusammen.[203] Auch wenn im Verlauf eines Jahres effektiv nur die Symbole verschwanden und die Namen ausgewechselt wurden, galt die Sowjetunion von nun an als zerschlagen, und der Kommunismus schien überwunden.

Dafür, daß es sich bei dem angeblichen Putschversuch keinesfalls um einen echten Staatsstreich, sondern nur um eine vor allem für das Ausland inszenierte Provokation handelte, spricht nicht nur eine ganze Reihe von Indizien – auch mehrere hochrangige Persönlichkeiten der russischen Politik gaben dies zwischenzeitlich unumwunden zu. So führten die Panzer, die die Putschisten zum Sturm auf das Parlament nach Moskau beordert hatten, keine scharfe Munition mit sich. Aber auch ganz ohne Munition hätten die Panzer die improvisierten Barrikaden rund um das Parlamentsgebäude problemlos überwinden können, was jedoch nie ernsthaft versucht wurde. Um Jelzin auszuschalten, wäre eine Erstürmung auch gar nicht nötig gewesen, die »Sondertruppen«, die zur Bewachung des Parlaments gehörten und daher im Gebäude waren, hätten dazu ausgereicht.[204] Selbst in der Hochphase des Putsches ging in Moskau alles seinen gewohnten Gang, der Betrieb an Flughäfen und Bahnhöfen funktionierte ungehindert, Telefonverbindungen ins In- wie ins Ausland funktionierten normal, nur direkt im Stadtzentrum waren einige Panzer und ein paar tausend Demonstranten zu sehen.

In einem Interview der *Prawda* gab Oleg Shenin, ein früheres Mitglied des Zentralkomitees der KPdSU, im August 2002 zu, daß die Soldaten, die an dem Putschversuch und an der Belagerung des Parlaments beteiligt waren, ihre Befehle direkt aus dem Parlamentsgebäude bekamen und daß es sich bei dem Putsch um eine organisierte Farce gehandelt habe. Gleichzeitig forderte er, nebenbei erwähnt, die Wiederherstellung der Sowjetunion.[205] Ähnliches berichtet General Alexander Lebed, der im August 1991 auf Seiten der Putschisten den »Sturm« auf das Parlament mitorganisiert hatte. Er wurde von der Nachrichtenagentur ITAR-TASS drei Jahre nach dem Putsch hierzu wie folgt zitiert: *»Es war nur eine brillant geplante und durchgeführte, großangelegte, beispiellose Provokation, in der die Aufgaben verteilt worden waren für die Intelligenten und die Dummen, die alle bewußt oder unbewußt ihre*

*Rollen spielten.«*[206] Nach dem Ende der Inszenierung und der Inhaftierung der geflohenen Putschisten bezeichnete Gorbatschow den KGB-Chef Wladimir Krjutschkow als »Haupttriebkraft und Haupttriebfeder« des Putsches, dieser jedoch beschuldigte Gorbatschow, selbst der wahre Drahtzieher der Ereignisse zu sein.[207] Bis auf Boris Pugo, der Selbstmord begangen haben soll, mußte keiner der Putschisten eine lange Haftstrafe antreten oder mit Nachteilen für seine weitere Karriere rechnen, alle wurden nach einiger Zeit rehabilitiert. Viele KGB-Offiziere, die an dem angeblichen Putschversuch beteiligt waren, behielten ihre Positionen und wurden später sogar befördert, genau wie mindestens 50 Generäle, die den Putsch unterstützt hatten.[208]

Das typisch kommunistische Bühnenstück vom August 1991 erfüllte einen doppelten Zweck: Zum einen ermöglichte es den Übergang zu dem kapitalistischen Zwischenspiel, das, in Sejnas Worten, die »Hoffnungen auf falsche Demokratie« zerstören sollte, zum anderen wurde dem Westen demonstriert, wie wichtig die Unterstützung »liberaler Reformer« vom Schlage Gorbatschows oder Jelzins war. Nur durch Kooperation und westliche Hilfe, vor allem in finanzieller Form, könne ein Rückfall in die alten Strukturen des Kalten Krieges verhindert werden. Anders formuliert, wird der erpresserische Charakter dieser Argumentation deutlich: Wenn nämlich der Westen die Reformpolitik einer liberalen sowjetischen Führung nicht unterstütze, werde sie in ihre alte Aggressivität zurückverfallen. Bereits im Vorfeld des Putsches hatte es mehrere Warnungen von russischer Seite gegeben, daß ein die Liberalisierung gefährdender Umsturz drohe. Der Außenminister Schewardnadse hatte davor gewarnt, und selbst der spätere Frontmann der Putschisten, KGB-Chef Krjutschkow, hatte Ende 1990 erklärt: *»Wir sollten bereit sein, Blutvergießen zu akzeptieren, wenn wir darüber sprechen wollen, Ordnung in unserem Lande herzustellen!«*[209] Spätestens, als im Juli 1991 der US-Staatssekretär James Baker über offizielle Kanäle Gorbatschow vor einem in der zweiten August-Hälfte bevorstehenden Putsch gewarnt hatte, wußten die Kreml-Strategen, daß ihre diesbezüglichen Desinformationskampagnen Erfolg gehabt hatten.[210]

Langfristig gesehen erfüllt der inszenierte Putsch noch einen weiteren Zweck, denn er bereitet den Boden für eine Rückkehr der kommunistischen Ideologie, die vielleicht von Gorbatschow persönlich wieder auf die weltpolitische Tagesordnung zurückgebracht werden wird. In der dialektischen Irrlehre des Marxismus-Leninismus entwickeln sich Politik und Gesellschaft nach wissenschaftlichen Gesetzmäßigkeiten. Aus der These des althergebrachten Systems heraus, heißt es, würde sich früher oder später eine entgegengesetzte Antithese entwickeln, was zum Konflikt zwischen Altem und Neuem führen müsse, woraufhin sich eine fortschrittliche Synthese aus diesen beiden bilde. Stand Gorbatschow als Staatspräsident der Sowjetunion und Generalsekretär der KPdSU für den Kommunismus und somit für die These, dann verkörperte Jelzin die Antithese, einen kapitalistischen Weg nach westlichem Vorbild. Die Synthese aus diesen beiden Lagern ist die für Phase 4 geplante Rückkehr der kommunistischen Ideologie unter dem Deckmantel »globaler Gerechtigkeit« und eines humanistischen »Sozialismus mit menschlichem Antlitz«, den Gorbatschow bis heute unablässig fordert. Es ist zu erwarten, daß die Rückkehr zum Kommunismus an jenem Punkt ansetzen wird, an dem Gorbatschows Perestroika im August 1991 theatralisch scheiterte. Die bis dahin mit Mitteln der Wirtschafts- und Finanzsabotage forcierte (Welt-)Wirtschaftskrise soll diesen reformierten Kommunismus schließlich auch und gerade international als erstrebenswert erscheinen lassen.

## Rußland unter Boris Jelzin

Ähnlich wie der »Reformer« Gorbatschow war auch der »Demokrat« Jelzin ein langjähriges, verdientes Mitglied der KPdSU. Jelzin trat 1961 als überzeugter Kommunist in Swerdlowsk in die Partei ein, in deren Hierarchie er stetig aufstieg, bis er 1976 zum Ersten Sekretär des Gebietskomitees der KPdSU von Swerdlowsk ernannt wurde. In dieser Position führte er 1977 eine Anweisung des Kreml aus, das Gebäude, in dem 1918 der Zar und seine Familie erschossen worden waren, niederzureißen. Zwei Jahre später kam es nach einem Unfall in einer hochgeheimen Anlage zur Herstellung biologischer Kampfstoffe zu einer Milzbrand-Epidemie rund um Swerdlowsk, für deren Vertuschung Jelzin maßgeblich verantwortlich war. Anstatt das gefährdete Gebiet evakuieren zu lassen, was den Vorfall bekannt gemacht und vor aller Welt gezeigt hätte, daß die Sowjetunion gegen die Biowaffenkonvention verstößt und biologische Waffen herstellt, hatte Jelzin den Unfall geheimgehalten und den städtischen Arbeitern befohlen, die Bäume, Häuser und Straßen der Stadt zu reinigen, wodurch eine große Anzahl von Erregern, die sich bereits abgesetzt hatte, erneut aufgewirbelt wurde, was neue Krankheitsfälle hervorrief und die Zahl der Todesopfer auf mindestens 1000 erhöhte. Erst die Vertuschungsaktionen waren der Grund, daß aus einem medizinischen Notfall eine kleine Epidemie wurde.[211] Das zeigt, daß Jelzin dem kommunistischen System gegenüber genauso loyal war wie jeder andere Apparatschik. Für seine Verdienste bekam er 1981 sogar den Lenin-Orden verliehen, was seine weitere Karriere in den folgenden Jahren erheblich beschleunigte.[212] Im selben Jahr wurde Jelzin Mitglied des Zentralkomitees der KPdSU. Genau einen Monat nach der Wahl Gorbatschows übernahm er im April 1985 die Leitung der Abteilung für Bauwesen im Zentralkomitee der KPdSU. Acht Monate später wurde er auf Vorschlag des Politbüros Erster Sekretär des Moskauer Stadtkomitees der KPdSU. Schließlich wurde er im Februar 1986 zum Politbüro-Kandidaten ernannt und hatte damit die höchsten sowjetischen Führungsspitzen erreicht, in die nur besonders verläßliche und linientreue Kommunisten aufsteigen konnten.

Als Jelzin unter dem Eindruck der Ereignisse des Jahres 1991 die Macht im neuen Rußland übernahm, wurde er vom Westen als angeblich einzige Alternative zu den linken und rechten Radikalen, die unter der Leitung des KGB in den Jahren zuvor aufgebaut worden waren und zwischen denen nun ein erbitterter Machtkampf zu toben schien, ähnlich begeistert unterstützt wie zuvor der »Reformer« Gorbatschow. Gerade die allzu profillose US-Regierung unter Bill Clinton, für die die Wahrung der nationalen Interessen der USA ein Tabu zu sein schien und die statt dessen lieber auf liberalen Humanismus und diffuse Menschenrechte setzte, fiel auf diese sowjetische Taktik herein und gewährte willig »Demokratisierungshilfen« aller Art, von denen letztlich mehr die sowjetische Rüstungsindustrie profitierte als das russische Volk. Wiederholte Ankündigungen der Kommunisten, die Sowjetunion wiederherstellen zu wollen, oder die Drohungen der Nationalisten mit roher militärischer Gewalt verfolgten den Zweck, auch die letzten Zweifler im Westen davon zu überzeugen, daß die russische Demokratisierung nur mit starker finanzieller Unterstützung aus dem westlichen Ausland gelingen könne. Nachdem die von Gennadi Sjuganow angeführten Kommunisten und die Nationalisten unter Wladimir Schirinowski bei den Parlamentswahlen 1993 zwei Drittel der Parlamentssitze erhalten hatten und Jelzins Chancen auf eine Wiederwahl bei den Präsidentschaftswahlen 1996 als schlecht angegeben wurden, löste dies eine erneute Welle westlicher Unterstützung für die kränkelnde russische »Demokratie« aus. Allein aus Deutschland bekam Präsident Jelzin für seinen Wahlkampf 1996 einen Kredit in Höhe von vier Milliarden Mark, für den der deutsche Steuerzahler aufkam. Ein Großteil des Geldes versickerte schließlich auf den Bankkonten russischer Oligarchen.[213] General Alexander Lebed, der sich schon zum inszenierten Putsch von 1991 so offen geäußert hatte und der einige Jahre später bei einem Hubschrauberabsturz ums Leben kam, wußte auch zu den russischen Machtkämpfen während der Amtszeit Jelzins Interessantes zu sagen: *»Sie dürfen nicht vergessen, daß der Präsident (Jelzin) ein Mitglied des Zentralkomitees (der Kommunistischen Partei) war. Und das war auch Regierungschef Tschernomyrdin sowie (Oppositionsführer) Gennadi Sjuganow. Sie stammen alle aus demselben Nest. (...) Nach außen hin vertreten diese Menschen scheinbar ständig gegensätzliche Ansichten, aber unter dem Tisch schaffen sie es immer wieder, sich irgendwie zu einigen. Sie haben die einfachen Leute immer als Abschaum betrachtet: als die Steine am Fuß der Pyramide.«*[214]

Das westliche Ausland ließ sich nach diesem Muster Jahr um Jahr zur Herausgabe immer neuer Kredite und Aufbauhilfen erpressen und übersah dabei völlig, daß Jelzins Reformen am wesentlichen Kern des sowjetischen Systems, beispielsweise an der Funktion der Geheimdienste KGB und GRU oder an der auf vollen Touren laufenden Rüstungsindustrie, nichts geändert hatten. Auch der fortgesetzte Völkermord in Tschetschenien wurde vom Westen diskret übersehen oder hatte zumindest keinen Einfluß auf die Unterstützung, die der russischen Führung zuteil wurde, galt es doch die fragile russische »Demokratie« zu schützen.

Um die Illusion einer demokratischen Reformierung Rußlands trotz der Kontinuität in den wesentlichen sowjetischen Machtstrukturen aufrechtzuerhalten, wurde zu Beginn der Amtszeit Jelzins lediglich eine Anzahl kosmetischer Änderungen in Rußland vorgenommen. Dazu gehörte die oberflächliche Entfernung kommunistischer Symbole aus dem russischen Alltagsleben. Das Rote Banner mit Hammer und Sichel verschwand vorübergehend, Statuen von Marx und Lenin wurden entfernt, Städte bekamen ihre vorrevolutionären Namen zurück, usw. Jedoch blieben diese Änderungen zumeist auf die großen russischen Metropolen beschränkt, in der Provinz und in den meisten anderen

Sowjetrepubliken blieb alles beim alten. Das KGB, der ausführende Arm der Partei, wurde umbenannt, die neuen Namen lauteten SWR für die Auslandsabteilung und FSB für die Inlandsabteilung. Beim militärischen Nachrichtendienst GRU machte man sich diese Mühe erst gar nicht, er blieb völlig unverändert.[215] Aber auch die Umbenennung des KGB änderte an seinem Wesen nichts. In der Vergangenheit hatte der Geheimdienst schon oft den Namen gewechselt, von *Tscheka* über GPU, OGPU, NKWD, NKGB, MGB und KGB, ohne daß dies Folgen für seine Arbeit oder seine Vorgehensweise gehabt hätte. Diese Kontinuität gibt der unter Jelzin im September 1998 eingesetzte Regierungschef Jewgenij Primakow, der zuvor selbst Chef des KGB gewesen war, offen zu. Der SWR, betonte Primakow, *»zeichnet sich durch besondere Kontinuität aus, da er den besten Traditionen vorangegangener Dienste treu geblieben ist. Wir sagten und sagen uns nicht von dem los, was für den Staat, die Gesellschaft und das Volk nützlich und wichtig ist und was von den Vorgängern der Geheimdienste in Rußland und natürlich auch in der Sowjetunion im Laufe vieler Jahrzehnte und Jahrhunderte entwickelt wurde.«*[216]

In einem Memorandum an die CIA vom September 1991 erklärt Golitsyn, in welchen Organisationen die Drahtzieher der kommunistischen Langzeitstrategie im neuen Rußland zu finden seien, und gibt den Nationalen Verteidigungsrat Rußlands als das wichtigste hierfür in Frage kommende Organ an.[217] Tatsächlich schreibt Golitsyn, bezugnehmend auf einen Bericht der *New York Times* vom Januar 1995, daß der Nationale Verteidigungsrat Rußlands, der Nachfolger des sowjetischen Politbüros bzw. des sowjetischen Verteidigungsrates, offenbar den Staat leitet und das Vorgehen in Tschetschenien kontrolliert.[218] In das Gebäude des Zentralkomitees der KPdSU am Staraja Ploschtschad in Moskau, in dem früher hinter verschlossenen Türen die Karrieren kommunistischer Funktionäre gemacht wurden, zog die Präsidialverwaltung, in der ebenso undurchsichtig wie zuvor über die Nachfolge Jelzins entschieden wurde.[219] Eine interessante Organisation ist auch die Moskauer Gorbatschow-Stiftung, die sich zu Beginn der 1990er Jahre zu einem Großteil aus früheren Mitgliedern der Internationalen Abteilung des Zentralkomitees der KPdSU zusammensetzte.[220]

Wenn sich das russische Volk im Jahr 1991 vom Ende des Kommunismus ein Leben in Freiheit und Wohlstand erhofft hatte, wurde es von der Realität in den 1990er Jahren bitter enttäuscht. Unter Jelzin herrschte nach wie vor das gleiche Terrorsystem wie in den alten Tagen, sogar die Personen an den Schalthebeln der Macht waren dieselben geblieben. Neben all den kosmetischen Veränderungen war der einzig offen ersichtliche Unterschied zu sowjetischen Zeiten, daß es dem russischen Volk nach dem Ende der Planwirtschaft und der Einführung eines korrupten und ungebremsten kapitalistischen Spekulantentums noch schlechter erging als zuvor. Hinzu kam das geistig-moralische Vakuum, das 74 Jahre Kommunismus hinterlassen hatten. Paul Klebnikow schreibt hierzu: *»Der alles durchdringende Nihilismus in Rußland ist die Folge der Zerstörung so wichtiger Grundpfeiler einer gesunden Gesellschaft wie Familie, Religion und unabhängige Vereinigungen. Jelzins Rußland war keine Nation der Staatsbürger, sondern ein Sammelbecken voller zerbrochener Familien und vereinsamter Individuen. Die Russen waren Untergebene, keine Bürger.«*[221]

## Die sogenannte Russenmafia

Die russische Version des Kapitalismus, die Jelzins Regierung dem russischen Volk brachte, ist aufs engste verbunden mit dem Überhandnehmen des organisierten Verbrechens, mit dem Auftreten der sogenannten Russenmafia. Unmittelbar nach dem Ende der kommunistischen Planwirtschaft war die Mafia im gesamten Territorium der früheren Sowjetunion allgegenwärtig. Paul Klebnikow schrieb diesbezüglich: *»Im Frühjahr des Jahres 1993 erklärte Boris Jelzin in einer öffentlichen Ansprache, daß zwei Drittel des gesamten russischen Handels mit dem organisierten Verbrechen verknüpft seien und das organisierte Verbrechen die größte Bedrohung für die nationale Sicherheit Rußlands darstelle. Ein Jahr später wandte sich Jelzin erneut mit seinen Sorgen an die Öffentlichkeit und erklärte, daß Rußland auf dem besten Weg sei, zur ›Supermacht des Verbrechens‹ zu werden. Das Innenministerium (MWD) drückte sich präziser aus und gab an, daß schätzungsweise 40 Prozent aller Privatunternehmen, 60 Prozent aller staatseigenen Betriebe und bis zu 85 Prozent aller Banken Verbindung zum organisierten Verbrechen hätten.«*[222] Ein Jahr später, im Januar 1994, veröffentlichte das Moskauer Zentrum für Sozial- und Wirtschaftspolitik einen Bericht, demzufolge das organisierte Verbrechen bereits alle Arten von wirtschaftlicher Aktivität kontrolliere, Schutzgeldzahlungen seien an der Tagesordnung, die Polizei sei korrupt. Die

Mafia sei rußlandweit der einzige funktionierende Machtfaktor. Ein Jahr später kam auch das FBI zu dem Schluß, daß die Russenmafia 70 bis 80 Prozent aller russischen Wirtschaftsunternehmen unter ihrer Kontrolle habe und praktisch jede Form von Geschäftstätigkeit infiltriere.[223] Experten des russischen Innenministeriums gaben mittlerweile an, daß sogar 95 Prozent der Moskauer Banken und ihrer Filialen von der Mafia kontrolliert werden.[224]

So offen die Jelzin-Regierung das Problem des organisierten Verbrechens vor der Weltöffentlichkeit auch eingestand, vergaß sie jedoch das Entscheidende zu erwähnen, nämlich, daß die russische Mafia nicht spontan von heute auf morgen entstanden war, sondern daß sie bereits in den Jahren vor dem »Ende« des Kommunismus eigens vom KGB aufgebaut worden war.

Anders als Jahrzehnte zuvor bei der Kontaktaufnahme mit bereits bestehenden westlichen Verbrechersyndikaten hatte es in der Sowjetunion zum damaligen Zeitpunkt keine Organisationen mehr gegeben, über die das KGB nicht bereits seit langem informiert war und ihre Aktivitäten folglich tolerierte oder sogar unterstützte. Jürgen Roth, der eine Anzahl lesenswerter Bücher über die Russenmafia verfaßt hat, jedoch den Zusammenhang zum politischen Geschehen offenbar nicht herstellen konnte, schrieb hierzu: *»Bekanntlich war der KGB über alle politischen wie kriminellen Aktivitäten bestens informiert. Anstatt die Kriminellen festzunehmen und für immer hinter Gittern verschwinden zu lassen, so wie man lange Zeit mit den Dissidenten verfahren ist, wurden die Kriminellen funktionalisiert. Ein ehemaliger KGB-Agent erzählte mir, wie man bei der ›Anwerbung‹ von Kriminellen vorging: ›Wenn man diese Leute in ein Verhörzimmer bringt und sie fragt, möchtest du, daß deine Eier massiert werden, oder redest du freiwillig, dann wird er reden. Und wir machen ihnen dann das Angebot: Wir unterstützen dich, dafür mußt du uns zu Diensten sein.‹«*[225]

Zahlreiche in der Sowjetunion inhaftierte Kriminelle bekamen vom KGB zu Beginn der 1980er Jahre das Angebot zur Kollaboration, womit die Grundlage für das plötzliche Auftauchen der Russenmafia geschaffen wurde. Jürgen Roth schreibt: *»Tatsache ist, daß der KGB Anfang der achtziger Jahre viele hochkarätige Kriminelle rekrutiert hatte, die später als Mafiabosse, zum Beispiel in Moskau oder Litauen, Berühmtheit erlangten. Einige von ihnen haben sogar Banken und Ölfirmen in den neunziger Jahren übernommen. Das Startgeld kam* *vom KGB. Richtig ist auch, daß der KGB in der Vergangenheit verschiedene Mafiosi dadurch unterstützte, daß er ihnen Firmen zur Verfügung stellte. Das Motiv war klar. Auf der einen Seite konnten die kriminellen Organisationen infiltriert werden, auf der anderen Seite war es ein guter Kanal, um die Kritiker des Systems zu terrorisieren. Die vielen bis heute ungeklärten Auftragsmorde kritischer Intellektueller, Politiker und Unternehmer sind ein trauriger Beleg für diese undurchsichtige Kooperation.«*[226]

Parallel zur Rekrutierung von Kriminellen wurden damals, wie der *Soviet Analyst* berichtet, auch meist junge KGB- und GRU-Agenten speziell für die Konservierung der sowjetischen Wirtschaft unter der Kontrolle der Geheimdienste vorbereitet. Angehende Agenten seien damals buchstäblich von ihren Vorgesetzten gefragt worden, ob sie Lust hätten, Milliardär zu werden, und nicht wenige von ihnen sollten später zu den Oligarchen werden, die Jelzins Rußland prägten.[227] Das KGB hat so offenbar nicht nur die Kontrolle über die Teile der sowjetischen Wirtschaft, die in die Hände der Russenmafia gelangten, sondern auch über jene Teile, die in den Besitz von Leuten gingen, denen eine kriminelle Vorgeschichte nicht direkt nachzuweisen ist. Nachdem aber, wie der russische Staat selbst zugibt, bis zu 95 Prozent der russischen Wirtschaft ohnehin von der Mafia kontrolliert werden, ist die Trennung zwischen Mafia und Oligarchen sowieso nicht eindeutig zu ziehen. Fest steht, daß der Großteil des gesamten ehemaligen Staatsbesitzes in der Hand einer sehr kleinen Gruppe von Menschen ist, die Verbindungen zum KGB bzw. zur Mafia haben. Allein sieben Personen kontrollierten in den 1990er Jahren schon rund 50 Prozent der russischen Wirtschaft.[228]

Das Geflecht aus den Oligarchen, der sogenannten Russenmafia und dem KGB ist in seinen Aktivitäten kaum zu unterscheiden. Die Zusammenarbeit zwischen KGB und Russenmafia wurde anfangs, vor allem in westlichen Medien, noch als eine Art korrupter Zweckgemeinschaft in der Folge des Zusammenbruchs des Kommunismus dargestellt, allmählich setzt sich jedoch die Erkenntnis durch, daß die Mafia ein ausschließliches Produkt des KGB ist. Viele hatten dies bereits seit Jahren behauptet, darunter der Ministerpräsident von Litauen, Algirdas Katkus, der 1995 sagte: *»Im Westen glaubt man, daß die Mafia ein Produkt des Postkommunismus ist. In Wirklichkeit wird sie vom KGB organisiert, ausgerüstet und kontrolliert.«*[229] Auch die westlichen Medien berichten mittlerweile über das wahre Verhältnis zwischen Mafia und Geheimdienst. So schrieb beispielsweise *Die Welt* im August 2002: *»Waren es am Anfang nur ehemalige Agenten der Russischen Föderation, Weißrußlands und der Ukraine, die in ›Strukturen der organisierten Kriminalität‹ eingebunden waren, so sind es inzwischen auch Geheimdienstmitarbeiter im aktiven Dienst, die offiziell zum Verbrecherdienst abkommandiert sind. Deren Beteiligung am organisierten Verbrechen wird nach Erkenntnissen deutscher Sicherheitsbehörden ›immer deutlicher‹.«*[230] Der BND bestätigte inzwischen sogar, daß die Zusammenarbeit zwischen Geheimdienst und Mafia mit ausdrücklicher Unterstützung durch die russische Regierung stattfindet.[231]

Unter dem Deckmantel der Mafia läßt sich jedes Verbrechen begehen, von der Unterwanderung der westlichen Wirtschaft über Spionage bis zum Mord, ohne daß dies ernsthafte Konsequenzen für das Ansehen der sowjetischen Regierung bzw. der Regierungen der sowjetischen Nachfolgestaaten hätte. Interessanterweise sind es immer wieder Stimmen aus dem Ostblock, die offen aussprechen, was im Gebiet der ehemaligen Sowjetunion nach wie vor gespielt wird, ohne daß dies im Westen auch nur zur Kenntnis genommen würde. Der GRU-Überläufer Stanislav Lunev zum Beispiel betont die totale Kontrolle der Mafia über die Staaten der ehemaligen Sowjetunion und stellt klar, daß der Kalte Krieg in den 1990er Jahren nicht etwa vorbei war, sondern daß ein neuer Kalter Krieg zwischen der russischen Mafia und dem Westen stattfindet, in dem die Mafia über jedes Werkzeug, jede Waffe und jede geheimdienstliche Kapazität verfügt, die die Sowjetunion in ihrem Arsenal hatte.[232]

Im Zuge der Durchführung der sowjetischen Langzeitstrategie mag die kommunistische Ideologie in den 1990er Jahren zugunsten einer verbrecherisch-kapitalistischen Maskerade vorübergehend in den Hintergrund getreten sein, der Angriff der kommunistischen Geheimdienste auf den Westen geht ungebrochen weiter. Betrachtet man den Einfluß der KGB-kontrollierten Russenmafia auf die westliche Finanz- und Wirtschaftswelt, dann erkennt man, in welchem Ausmaß dieser Angriff in den letzten Jahren zugenommen hat. In den 1980er Jahren hatte der Transfer sowjetischer Finanzen damit begonnen, daß die neu aufgebauten Mafiastrukturen dem KGB dabei halfen, das Vermögen der Sowjetunion außer Landes zu schaffen und im Westen gewinnbringend anzulegen. Was als der Raubzug von Kriminellen zur persönlichen Bereicherung getarnt wurde, war ein vom KGB, dem Werkzeug der KPdSU, geplantes und durchgeführtes Manöver, das die Finanzmittel der Partei langfristig sicherstellte und ihr gleichzeitig einen erheblichen Einfluß auf das westliche Finanzgefüge ermöglichte. Die Plünderung des ehemaligen Staatsvermögens war gleichzeitig für das Volk der ehemaligen UdSSR mit katastrophalen wirtschaftlichen und sozialen Folgen verbunden. Die Schuld hierfür tragen in den Augen der getäuschten Öffentlichkeit jedoch nicht die KPdSU oder das KGB, sondern privatwirtschaftliche Oligarchen und kapitalistische Mafiosi. Es ist anzunehmen, daß deren verbrecherisches Verhalten künftig generell mit freier Marktwirtschaft, Kapitalismus und Demokratie gleichgesetzt werden wird, womit sich die ideale Grundlage für ein Wiedererstarken der kommunistischen Ideologie schaffen lassen wird. Es liegt auf der Hand, daß die Wirtschaftskrise, die die sowjetischen Strategen, wie Sejna berichtet, während der Phase 3 beginnen sahen und die in Phase 4 zum Zusammenbruch der kapitalistischen Weltwirtschaft führen sollte, kein zufällig auftretendes Phänomen ist, sondern daß von Beginn an systematisch und aktiv an der Untergrabung der westlichen Finanz- und Wirtschaftswelt gearbeitet wurde. Hierfür war das organisierte Verbrechen die ideale Tarnung. Auch wenn Jürgen Roth den Zusammenhang zur sowjetischen Politik nicht erkennen will, verdeutlicht er die hieraus erwachsende Gefahr: *»Die tägliche Vermischung im internationalen Geldmarkt von schwarzem und grauem Geld aus illegalen Geschäften im Bereich des organisierten Verbrechens und des Wirtschaftsverbrechens mit sauberem Geld, das auf der Suche nach einer Wertsteigerung durch Spekulation ist, ist ein wesentlicher Grund für weltweite Destabilisierung. Es ist daher nur eine Frage der Zeit, bis der Pool illegalen Geldes das gesamte Finanzgebäude, dem es angehört, in Brand setzt. Dabei ist das enorme Kapital der kriminellen Syndikate aus der Ex-UdSSR sicher nicht allein für diese Situation verantwortlich. Aber die milliardenschweren Transfers von kriminellen oder illegal erwirtschafteten Geldern aus dem Osten in den Westen haben die Funktion eines idealen Brandbeschleunigers.«*[233]

Neben dem Nutzen, den die Russenmafia für die sowjetische Führung im Ausland hatte, war ein weiteres wichtiges Motiv für ihre Erschaffung und für die Hilfe, die ihr das KGB während der Privatisierung der sowjetischen Planwirtschaft angedeihen ließ, die dadurch ermöglichte Kontrolle über den wirtschaftlichen Privatisierungsprozeß in der Sowjetunion. Welcher russische Normalbürger, der nicht von KGB und Partei die nötigen Mittel erhalten hatte, war Ende der 1980er Jahre in der Lage, einen staatlichen Betrieb aufzukaufen oder zu übernehmen? Auch Neugründungen privater Unternehmen, die seit der Perestroika legalisiert worden waren, wurden bereits von Anfang an durch Schutzgelderpressung von der Russenmafia bedrängt und in die Abhängigkeit getrieben.[234] Vom Beginn der wirtschaftlichen Liberalisierung unter Gorbatschow bis zum kapitalwirtschaftlichen Chaos unter Jelzin war es nahezu unmöglich, ein Geschäft zu führen, ohne mit der Mafia in Kontakt zu geraten.

## Die »Zerschlagung der Hoffnungen auf falsche Demokratie«

*»Was würde ich machen, wenn ich KGB und Partei wäre? Ich würde leise in den Untergrund gehen. Wenn Menschen krank und müde werden von Demokratie, werden sie nach der starken Hand rufen. Dann wird die Zeit kommen, wenn nicht mehr zwischen Demokraten und autoritären Herrschern unterschieden wird. Die Leute werden nur eines fordern: volle Läden!«*[235]
— Boris Gidaspow, ehemaliger KPdSU-Chef von Leningrad

In der zweiten Hälfte des Jahres 1991 vollzog sich der Wandel vom kommunistischen Sowjetsystem zu Jelzins Version einer kapitalistischen »Demokratie«, was für das russische Volk in wirtschaftlicher, sozialer und demographischer Hinsicht zur größten Katastrophe seit dem Zweiten Weltkrieg werden sollte. Am Ende der 1980er Jahre hatten die Menschen überall in Osteuropa den Kommunismus und die mit ihm verbundene Mangelwirtschaft satt und setzten die allergrößten Hoffnungen auf Demokratie und Marktwirtschaft nach westlichem Vorbild. Diese Stimmung war der kommunistischen Führung im ganzen Ostblock natürlich nicht verborgen geblieben. Schon lange hatte man im Fall eines Krieges gegen den Westen mit dem Ausbruch innerer Unruhen und dem massenhaften Desertieren von Warschauer-Pakt-Truppen gerechnet. Daher war es für den letztendlichen Sieg des Kommunismus unverzichtbar, die Völker von der Notwendigkeit eines sozialistischen Gesellschaftssystems zu überzeugen, was man durch die »Zerschlagung der Hoffnungen auf falsche Demokratie« und die völlige Demoralisierung des Westens während Phase 3 erreichen wollte.[236] Im Klartext bedeutet dies, daß die sowjetischen Strategen in diesem Zeitabschnitt alles unternehmen wollten, um die kapitalistische Wirtschaft international zu destabilisieren und in die Depression zu stürzen, was die Grundlage für eine Wiederkehr der kommunistischen Ideologie und anschließend eine neue Oktober-Revolution – im Weltmaßstab – schaffen würde.

Erfahrungen mit einer von der Partei kontrollierten Form der Marktwirtschaft hatte man bereits während Lenins NEP der 1920er Jahre gesammelt. Der sowjetische Geheimdienst hatte schon damals eigens zu diesem Zweck eine Abteilung für Wirtschaft gegründet, die Agenten in die neu entstehenden privatwirtschaftlichen Strukturen schicken und besonders die Aktivitäten ausländischer Investoren durch Anwerbung oder Erpressung kontrollieren sollte. Der GRU-Überläufer Walter Krivitsky berichtete, daß 50 bis 60 Prozent aller westlichen Geschäftsleute in der UdSSR damals vom Geheimdienst angeworben worden waren.[237] In einem seiner zahllosen Memoranden an die CIA, die allesamt auf taube Ohren stießen, versuchte Anatoliy Golitsyn im Herbst 1990 erneut den Zusammenhang zwischen der Einführung der Marktwirtschaft in der Sowjetunion und Lenins NEP klarzustellen: *»Der Westen versteht nicht den radikalen Unterschied zwischen einer echten kapitalistischen westlichen Wirtschaft und einer sowjetischen quasi-Marktwirtschaft. Im Westen besitzen und führen die kapitalistischen Klassen vom Großindustriellen bis zum kleinen Ladenbesitzer ihre Geschäfte. Die UdSSR hat ihre kapitalistischen Klassen physisch eliminiert. Die Partei und der Staat werden die Schlüsselindustrien auch weiterhin besitzen und leiten. Nur kalkulierte Marktelemente werden in etwas eingeführt werden, das auch weiterhin grundsätzlich eine Planwirtschaft bleiben wird. Der Westen und die internationalen Finanzinstitutionen sind naiv, wenn sie etwas anderes erwarten. Ein sowjetisches Ziel ist die Herbeiführung einer technologischen Revolution mit dem Zweck, die sozialistische Wirtschaft mit Hilfe westlichen Kapitals, westlicher Kompetenz und Technologie effizienter zu machen.«*[238]

Aufbauend auf den Erfahrungen der NEP wurden erste Vorbereitungen für die Konservierung des sowjetischen Staatsvermögens unter der Kontrolle der Partei bereits Ende der 1970er Jahre getroffen, zu einer Zeit, als Breschnew die Sowjetunion regierte und von einer baldigen

Privatisierung der sowjetischen Wirtschaft offiziell noch lange keine Rede war. Im Jahr 1978 gründete die Erste Hauptabteilung des KGB einen Dienst für Wirtschaftsspionage, um Bankgeschäfte im Ausland abzuwickeln. Paul Klebnikow zitiert den ehemaligen Leiter des Auslandsnachrichtendienstes des KGB, General Oleg Kalugin, hierzu mit den Worten: *»Wir führen unsere Leute – Finanzspezialisten des KGB – sowohl in sowjetische Banken als auch in Joint-Venture-Banken in London und anderswo ein. Dadurch verschafften wir uns die Möglichkeit, zum Beispiel den Goldmarkt zu manipulieren.«*[239]

Während Gorbatschows Perestroika wurden diese Bemühungen erheblich intensiviert, gleichzeitig schaffte das KGB damals bereits die Grundlagen für das marktwirtschaftliche Zwischenspiel, das in der Sowjetunion für die 1990er Jahre vorgesehen war. Während dieser Zeit bekam das KGB die weitreichendsten Macht- und Kontrollbefugnisse über die sowjetische Wirtschaft seit den Tagen Stalins. Der Geheimdienst überwachte von nun an alle Außenhandelsoperationen und Finanzströme des Landes, ganz besonders die Tätigkeiten russisch-westlicher Joint Ventures. Bruno Bandulet beschreibt die Arbeit des KGB wie folgt: *»Bereits 1986 war der KGB ernsthaft damit beschäftigt, die Infrastruktur dessen zu erstellen, was im Westen später als russische Marktwirtschaft mißverstanden wurde. Der KGB gründete Banken und Handelsgesellschaften, konstruierte Firmenmäntel und bereitete sogar die Errichtung von Devisen- und Aktienbörsen vor. Als sich Rußland nach 1989 dem Westen öffnete, wurden zahllose russisch-westliche Gemeinschaftsunternehmen gegründet. Laut Gesetz mußten alle ausländischen Investoren russische Partner haben. Nach einer Schätzung von 1992 waren an 80 Prozent dieser ›Joint Ventures‹ KGB-Offiziere beteiligt. Spätestens 1994 – so sieht es auch der Kölner Professor Simon – erlahmte der Reformwille, nachdem es für kurze Zeit so ausgesehen hatte, als ob Jelzins Rußland Teil der westlichen Zivilisation werden würde. Bis 1994 hatte der KGB längst ein riesiges Vermögen außer Landes geschafft und in Banken und Beteiligungen im Westen geparkt, auch in solchen, die sich ganz in russischem Besitz befinden. Es handelte sich um Vermögen der Kommunistischen Partei, des Staates und um Erlöse aus dem Verkauf von Öl und Edelmetallen, die damals ohne Rücksicht auf das Preisgefüge auf den Weltmarkt geworfen wurden.«*[240] Eine Methode zur Ausfuhr des sowjetischen Vermögens lief über die Gründung von Firmen im Ausland. Diese kauften bei russischen Partnern Waren zu extrem niedrigen Preisen ein, um sie dann im Westen wesentlich teurer weiterzuverkaufen, die Differenzbeträge dieser Geschäfte flossen nicht in die Sowjetunion zurück, sondern wurden auf westlichen Bankkonten deponiert.

Die Kontrolle des KGB beim Aufbau der sowjetischen Marktwirtschaft erregte schließlich sogar die Aufmerksamkeit des sonst eher desinteressierten Westens. Nicht nur in Geheimdienstkreisen, sondern auch in öffentlichen Publikationen wurde vielfach über den Einfluß der sowjetischen Geheimdienste auf die wirtschaftliche Umstrukturierung in der UdSSR debatiert. Der KGB-Chef Wladimir Krjutschkow, einer der späteren August-Putschisten, erklärte im Mai 1990 während eines Gesprächs mit ausländischen Botschaftern, die Einmischung des KGB in die Privatisierung der Wirtschaft sei nötig, da die jungen sowjetischen Unternehmer unerfahren seien im geschäftlichen Umgang mit westlichen Firmen. Deshalb müsse ihnen das KGB unter die Arme greifen. Krjutschkow warb offen für Verständnis für die Verschärfung der Kontrolle seiner Organisation über die Wirtschaftsprozesse.[241]

Sowohl im In- als auch im Ausland sorgte das KGB in den 1980er und frühen 1990er Jahren für die Sicherstellung des sowjetischen Vermögens. Liquide Finanzmittel wurden auf undurchsichtigen Kanälen auf Konten im westlichen Ausland transferiert, dazu gehörten auch die sowjetischen Goldreserven von etwa 1300 Tonnen, die zu Beginn der 1980er Jahre einem Wert von etwa 30 Milliarden Dollar entsprachen und irgendwann um 1990 herum verschwanden. Zeitgleich schrumpften die sowjetischen Währungsreserven von 15 Milliarden Dollar auf etwa eine Milliarde Dollar.[242] Auch nicht-liquide Vermögenswerte im Inland wurden unter der Oberaufsicht des KGB gesichert. Sowjetische Staatsbetriebe wurden zum Teil von ihren früheren Direktoren übernommen, zum Teil wurden junge Komsomolzen mit Parteivermögen ausgestattet und zu Unternehmern gemacht. Für besonders herausragende Positionen, als Oligarchen, hatte man speziell ausgewählte KGB-Agenten vorgesehen. Jedenfalls war es ausschließlich die frühere kommunistische Nomenklatura, die die sowjetische Wirtschaft übernahm. Protektion von offizieller Seite, schreibt Paul Klebnikow, war in Rußland die Voraussetzung für geschäftlichen Erfolg.[243] Und dafür, daß keiner der jetzt privat wirtschaftenden Genossen seine Loyalität zu dem System vergaß, das ihn in seine Position gebracht hatte, sorgte die allgegenwärtige Mafia.

Die Summe des außer Landes gebrachten Sowjetvermögens wird auf bis zu 500 Milliarden Dollar geschätzt.[244] Ein nicht unbedeutender Teil davon stammt aus westlichen Geldern, die die ehemaligen Sowjetrepubliken zur Stabilisierung ihrer Wirtschaft und als Demokratisierungshilfen bekamen. Mindestens 60 Prozent der gewährten Kredite versikkerten auf undurchsichtigen Kanälen und landeten schließlich auf den westlichen Bankkonten der alten kommunistischen Nomenklatura und der neuen russischen Mafia.[245] Stimmen aus dem russischen Parlament forderten zwar eine Aufklärung über den Verbleib der von Partei und KGB außer Landes transferierten Milliardenbeträge, diese Untersuchungen wurden aber, wie es heißt, systematisch behindert: *»Es war Primakow (der damalige Außenminister), der Leiter des externen Nachrichtendienstes des KGB, der ihre Untersuchungen unterdrückt hat. Er hat verhindert, daß die durch das Tandem von ehemaligen KGB und organisiertem Verbrechen außer Landes gebrachten Vermögenswerte verfolgt werden. Wir transferierten zehn Milliarden Dollar der ehemaligen Sowjetunion in diesem Jahr, und ich habe den Eindruck, daß mehr als zehn Milliarden Dollar von der russischen Mafia, dem ehemaligen sowjetischen KGB, verschoben wurden. Die Regierung in Rußland ist unfähig, das zu untersuchen und die Vermögenswerte, die in Off-shore-Staaten transferiert wurden, zurückzuschaffen, Milliarden von Dollars, wie wir während eines Hearings in der Bankenkommission erfuhren.«*[246] Bleibt anzumerken, daß derselbe Primakow von Boris Jelzin 1998 zum Regierungschef ernannt wurde.

Zur selben Zeit, als KGB und Mafia immer mehr Geld ins Ausland transferierten, machte sich in Rußland unter der Kontrolle der alten Nomenklatura ein rücksichtsloser Raubtierkapitalismus breit, der zusammen mit der katastrophalen Wirtschaftspolitik der russischen Regierung innerhalb kürzester Zeit zur völligen Verarmung der Bevölkerung führte. Der erste Regierungschef, den Staatspräsident Jelzin im neuen, »demokratischen« Rußland einsetzte, war der »Radikalreformer« Jegor Gaidar. Gaidar gehörte zu einer Gruppe junger Reformer aus St. Petersburg, die der »St.-Petersburg-Clan« oder »Chubais-Clan« genannt wurde und zu der auch der spätere Präsident Wladimir Putin gerechnet wurde. Diese Gruppe hatte sich bereits unter Gorbatschow formiert und einen Verein mit dem Namen *Reforma* gegründet, der sich schon damals mit der wirtschaftlichen Reformierung der Sowjetwirtschaft beschäftigte.[247] Als auf der politischen Bühne Rußlands im Herbst

1991 der Wechsel von Gorbatschow zu Jelzin stattfand, trafen sich Mitglieder des »St.-Petersburg-Clans«, die inzwischen zu Beratern Jelzins geworden waren, mit Abgesandten der Harvard-Universität auf einer Datscha in der Nähe von Moskau und berieten dort über die wirtschaftliche und politische Zukunft Rußlands. Die Abgesandten von Harvard boten den russischen Reformern ihre Sachkenntnis sowie den Zugriff auf westliche Gelder für die Einführung der Marktwirtschaft in Rußland an.[248] Mit der Unterstützung der Harvard-Universität, der Weltbank und des IWF wurde der »St.-Petersburg-Clan« zu den Bilderbuchreformern der sowjetischen Wirtschaft und bekam die Kontrolle über den Großteil der Gelder, die an Demokratisierungs- und Aufbauhilfen nach Rußland flossen.[249] Die Zusammenarbeit zwischen dem »St.-Petersburg-Clan« und der Harvard-Gruppe wurde so intensiv, daß Janine Wedel, Autorin einer Untersuchung über die westlichen Finanzhilfen an Rußland, zu dem Schluß kommt, daß beide Gruppen nach außen hin schließlich eine vereinte Front bildeten.[250] Im Westen sorgten die Harvard-Vertreter dafür, daß der Eindruck aufkam, die Unterstützung der Reformer des »St.-Petersburg-Clans« sei die einzige Alternative zu einem Rückfall in den Kommunismus.[251] Der privaten Harvard-Gruppe wurde die Aufsicht über einen erheblichen Anteil aller Hilfsprogramme für Rußland übertragen. Eine 1996 auf Veranlassung des US-Kongresses durchgeführte Untersuchung ergab später, daß die staatliche amerikanische Organisation für Aufbauhilfe USAID die Aktivitäten der Harvard-Gruppe jedoch kaum kontrollierte und Harvard nahezu freie Hand hatte, was mit den Aufbauhilfen geschah.[252]

Welcher Natur die merkwürdige Zusammenarbeit zwischen Harvard und den St. Petersburger Reformern rund um Jegor Gaidar und Anatoli Tschubais auch gewesen sein mag, das Ergebnis dieser Zusammenarbeit war Gaidars »Schocktherapie«, mit der die russische Planwirtschaft in eine freie Marktwirtschaft umgewandelt werden sollte. Dazu wurden am 2. Januar 1992 schlagartig alle Preise, die zuvor vom Staat kontrolliert worden waren, freigegeben, was aufgrund der nach wie vor bestehenden Monopole und des daher fehlenden Wettbewerbs eine enorme Preissteigerung, gefolgt von einer Hyperinflation, auslöste: *»Bis zum Ende des Jahres waren die Preise für Eier um 1900 Prozent gestiegen, für Seife um 3100 Prozent, für Tabak um 3600 Prozent, für Brot um 4300 Prozent, für Milch um 4800 Prozent. Dabei erhielten die Bürger für ihre Sparkonten lächerlich geringe Zinsen, und die*

*Löhne stiegen nur leicht an. Die große Masse der Ersparnisse, die die Menschen während einer ganzen Generation angehäuft hatten, wurde praktisch wertlos.«*[253] Innerhalb von wenigen Wochen stürzte die breite Masse der russischen Bevölkerung ins Elend. Paul Klebnikow beschreibt die Folgen dieser Politik: *»Als Ergebnis von Gaidars übereilter Liberalisierung der Preise versanken über 100 Millionen Menschen, die sich während der Sowjetzeit einen gewissen Wohlstand erarbeitet hatten, in bitterer Armut. Schullehrer, Ärzte, Physiker, Labortechniker, Ingenieure, Armeeoffiziere, Stahlarbeiter, Bergleute, Zimmerleute, Buchhalter, Telefonistinnen, Bauern – sie alle waren hinweggefegt worden. Die schlagartige Liberalisierung des Handels machte es unterdessen möglich, daß Rußlands Reichtum an Bodenschätzen von einer Gruppe von Insidern geraubt wurde. Dem russischen Staat wurde seine Haupteinnahmequelle entzogen, logischerweise hatte er kein Geld mehr für Renten, Arbeitergehälter, Strafverfolgung, Militär, Krankenhäuser, Bildung und Kultur. Gaidars Schocktherapie brachte einen unablässigen Niedergang ins Rollen – auf wirtschaftlicher, sozialer und demographischer Ebene –, der bis zum Ende der Jelzin-Ära andauern sollte.«*[254]

Das Volk gab die Schuld für den Zusammenbruch des Lebensstandards, der ja zu Sowjetzeiten schon vorher nicht besonders hoch gewesen war, der St. Petersburger Gruppe von Reformern rund um Jegor Gaidar und Anatoli Tschubais, deren Zusammenarbeit mit den Vertretern der Harvard-Universität wohlbekannt war. Der Moskauer Bürgermeister Juri Luschkow sprach 1998 aus, was viele einfache Russen denken mußten, daß nämlich die Hauptschuld am Elend des russischen Volkes bei den Vertretern der Harvard-Universität lag, die stellvertretend für den westlichen Kapitalismus stand.[255]

Die »Zerschlagung der Hoffnungen auf falsche Demokratie« gelang in Phase 3 der Strategie so gründlich, daß im Jahr 1999 50 Millionen Russen weit unter dem Existenzminimum von damals 68 Mark leben mußten.[256] Wie die *Prawda* im Februar 2003 berichtete, können sich 36 Millionen Russen kein tägliches Essen leisten.[257] Millionen Russen würden buchstäblich verhungern, wenn sie nicht ihre eigenen Schrebergärtchen hätten, in denen sie Kohl und Kartoffeln anpflanzen, um sich selbst zu versorgen. Da die Institution Familie im kommunistischen Gesellschaftssystem nicht geachtet worden war und man statt dessen dem Staat die Versorgung des Menschen anvertraut hatte, traf die wirtschaftliche Not vor allem ältere Menschen, deren Ersparnisse während der Hyperinflation dahinschmolzen und deren monatliche Rente, wenn sie sie überhaupt bekamen, wertlos wurde. Entsprechend stieg die Sterblichkeitsrate von 1990 bis 1994 bei Männern um 53 Prozent, bei Frauen um 27 Prozent. Im selben Zeitraum fiel die Lebenserwartung für Männer von der ohnehin niedrigen Zahl von 64 Jahren auf 58.[258] Rechnet man die normal zu erwartende Zahl von Todesfällen aus der Statistik heraus, ergibt sich, daß die Wirtschaftskrise in Rußland von 1992 bis 1998 mit drei Millionen Todesopfern fast doppelt so viele Menschenleben forderte, als das Land im Ersten Weltkrieg verloren hatte.[259] Der »liberale« russische Oppositionspolitiker Grigori Jawlinski erklärte in einem Interview mit der Zeitung *Die Welt*: *»In Rußland existiert ein Wirtschaftssystem, das lediglich 20 Prozent der Bevölkerung dient und eine Großstadt (Moskau) finanziert. Rußland hat ein gewaltiges Potemkinsches Dorf errichtet, in dem nur 20 Prozent der Bevölkerung leben können, fünf Prozent sogar sehr gut, 15 Prozent leidlich gut, die restlichen 80 Prozent dagegen stehen auf der Straße.«*[260]

Was nützt dem russischen Volk die neugewonnene Freiheit, wenn es um das tägliche Überleben kämpfen muß? Der Eindruck, den die russische Version von Demokratie und Marktwirtschaft beim einfachen Volk hinterlassen hat, ist, daß es unter dem kommunistischen System trotz allem doch leichter war zu leben, und das ist genau, was Sejna als die »Zerschlagung der Hoffnungen auf falsche Demokratie« bereits 1982 angekündigt hatte. Bemerkenswert dabei ist nicht nur, daß nach wie vor »ehemalige« Kommunisten an den Schaltstellen der Macht sitzen, sondern ganz besonders, daß trotz der bitteren Armut der Bevölkerung die Aufrüstung des russischen Militärs auch in den 1990er Jahren fortgesetzt wurde.

## Das »gemeinsame Haus Europa« – die künftige EUdSSR

*»Strategische Ziele der Perestroika für Westeuropa:*

*a) Das Entstehen einer neuen politischen Allianz zwischen pseudosozialdemokratischen Regimen in der UdSSR und Osteuropa und eurokommunistischen Parteien und echten Sozialdemokraten in Westeuropa.*

*b) ›Die Restrukturierung‹ der politischen und militärischen Blöcke – der NATO und des Warschauer Pakts – und die Erschaffung eines*

*einzigen ›Europa vom Atlantik bis zum Ural‹, einschließlich eines wiedervereinigten, neutralen Deutschlands.«*[261]
— Anatoliy Golitsyn, März 1989

Das wichtigste außenpolitische Ziel der Sowjetunion während Phase 3 war die Annäherung Westeuropas an den Ostblock bei gleichzeitiger Loslösung der transatlantischen Bindungen. Die Sowjetisierung Westeuropas, die Stalin mit seinen Panzern nicht erreicht hatte, wollte man nun auf politischem Weg vollenden. Schon 1984 hatte Golitsyn offengelegt, was die Strategie für Westeuropa in den kommenden Jahren neben der Wiedervereinigung Deutschlands vorsah, nämlich die – damals undenkbare – Auflösung des Warschauer Pakts und der NATO, gefolgt von der Neutralisierung und Finnlandisierung Westeuropas sowie der Einführung einer »kollektiven europäischen Sicherheitsstruktur«[262]. Ein Blick auf die militärischen Kräfteverhältnisse nach einem Abzug der US-Truppen zeigt, daß sich hinter dem wohlklingendenen Begriff einer kollektiven Sicherheitsstruktur die europaweite uneingeschränkte Dominanz der Sowjetunion verbirgt. Diese Vorherrschaft gedachten die sowjetischen Strategen, wie uns Sejna verrät, auch auszuspielen, denn für die Zeit nach dem Ende des transatlantischen Bündnisses sah das Konzept, falls nötig, sogar die Entfachung regionaler Kriege vor, um damit Moskau-freundlichen Bewegungen an die Macht zu verhelfen.[263] Falls es nicht möglich sein sollte, den Einfluß der konservativen Kräfte speziell in Deutschland auf politischem Weg dauerhaft zurückzudrängen, bestanden seit 1968 Planungen, die wichtigsten politischen Zentren des Landes in einer Blitzaktion militärisch zu besetzen.[264]

Der KGB-kontrollierte Umbau Osteuropas war eine notwendige Vorbedingung für das Konzept des »gemeinsamen europäischen Hauses«, von dem die sowjetische Führung seit dem Amtsantritt Gorbatschows immer wieder sprach. Interessanterweise hatte die kommunistische Politik bis zur Mitte der 1980er Jahre, also bis zum Beginn der Phase 3, die Vereinigung Europas systematisch hintertrieben. Sowohl der Kreml als auch seine Vasallen, die europäischen Linken, versuchten jahrzehntelang den von konservativer Seite geführten Zusammenschluß Europas, der außerhalb ihres Einflußbereichs vor sich ging, zu sabotieren. Erst mit dem Anbruch der Phase 3 und mit der beginnenden »Liberalisierung« Osteuropas ergab sich für den Ostblock die Möglichkeit, die Integration Europas unter kommunistische Kontrolle zu bekommen und für die eigenen Zwecke auszunutzen. Die wendekommunistischen Regime Osteuropas würden der EU beitreten und gemeinsam mit den westeuropäischen Linken, die seit jener Zeit ein stärkeres Interesse an der europäischen als an der nationalen Politik entwickelt hatten, dafür sorgen, daß die Europäische Union, zum Beispiel nach dem Vorbild der kommunistischen Übernahme der Tschechoslowakei im Jahr 1948, zur Grundlage einer zukünftigen EUdSSR werden konnte. Allein in diesem Zusammenhang sind die immer wiederkehrenden Forderungen nach einem Europa vom Atlantik bis zum Ural zu sehen, wie beispielsweise die folgende Äußerung des sowjetischen Außenministers Eduard Schewardnadse vom November 1991: *»Ich denke, daß die Idee des Gemeinsamen Europäischen Hauses, die Errichtung eines vereinten Europas, und ich möchte heute unterstreichen, eines Großeuropas, ein großes, vereintes Europa vom Atlantik bis zum Ural, vom Atlantik bis Wladiwostok, das unser gesamtes Hoheitsgebiet mit einschließt, daß dieses Projekt unvermeidbar ist. Ich bin sicher, daß wir es schaffen werden, auch einen vereinten militärischen Raum zu schaffen. Um es präziser auszudrücken: wir werden ein vereintes Europa schaffen, dessen Sicherheit auf den Prinzipien einer kollektiven Sicherheitsstruktur aufbauen wird.«*[265]

Trotz der inzwischen erfolgten Aufnahme früherer Ostblockstaaten in die EU zeigt sich, daß die vom Kreml betriebene Taktik des »Gemeinsamen Europäischen Hauses« bis heute noch nicht ihre volle Wirkung erreichen konnte. Ein Grund dafür mag sein, daß sich, entgegen den Erwartungen des Kreml, in Deutschland, dem militärisch und wirtschaftlich bedeutendsten Land Westeuropas, in den ersten acht Jahren nach der Wende eine konservative Partei an der Macht halten konnte, die sich weigerte, die Loyalität gegenüber den amerikanischen Verbündeten aufzukündigen. Dem ursprünglichen Plan zufolge hatte man in Deutschland mit einer sozialdemokratischen Regierung gerechnet, die der Neutralisierung des wiedervereinigten Deutschlands zugestimmt hätte, die US-Truppen wären abgezogen, und das neue Gesamtdeutschland hätte sich politisch an die Sowjetunion angenähert. Vor allem Helmut Kohls Festhalten an der transatlantischen Partnerschaft ist es aber zu verdanken, daß das wiedervereinigte Deutschland Teil der NATO blieb und auch weiter US-Truppen auf deutschem Boden stationiert waren. Das Ende des Warschauer Pakts hatte nicht, wie ursprünglich kalkuliert, im Gegenzug zur Auflösung der NATO und zum Abzug der amerikanischen Truppen geführt, was einen schweren Rückschlag für die Finnlandisierung Westeuropas darstellte. Die Auflösung des Warschauer Pakts selbst stellte für die Sowjetunion jedoch keinen Schaden dar, sie war als kalkulierter Schachzug bereits seit Jahrzehnten vorgesehen und schränkte die militärische Schlagkraft des kommunistischen Lagers nicht im mindesten ein. Sowohl General Jan Sejna als auch der frühere polnische Botschafter in Japan, Zdzislaw Rurarz, stimmen darin überein, daß für die militärische Koordination der Armeen des Ostblocks kein Warschauer Pakt nötig war, sondern daß innerhalb des RGW eine eigene Kommission bestand, die allein diesen Zweck erfüllte.[266] Gleichlautend äußert sich der GRU-Überläufer Viktor Suworow: *»Zum Schluß noch einige Worte über das letztendliche Ziel des Warschauer Pakts: die Auflösung aller Militärblöcke in Europa und überall in der Welt. Das ist die wahre Ambition unserer sowjetischen ›Friedenstauben‹. Sie basiert auf einer sehr simplen Überlegung. Wenn die NATO aufgelöst wird, wird der Westen ein für alle Mal neutralisiert sein. Das System der kollektiven Selbstverteidigung der freien Staaten wird nicht weiter existieren. Wenn aber zeitgleich der Warschauer Pakt aufgelöst wird, verliert die UdSSR nichts außer einer lästigen Propagandamaschinerie. Sie wird die vollständige Kontrolle über die Armeen ihrer ›Alliierten‹ behalten. Die militärische Organisation wird unberührt weiter existieren. Alles, was verloren geht, ist der Name und die bürokratischen Strukturen einer Organisation, die von niemandem gebraucht wird.«*[267]

Auch wenn die vollständige Sowjetisierung Westeuropas bis heute noch aussteht, näherte sich die sozialdemokratische Regierung Schröder während ihrer Amtszeit immer weiter an Putins Rußland an, und zwar offen auf Kosten des Verhältnisses zu den USA. Gleichzeitig wird unter dem Deckmantel der Europäischen Union nicht, wie allgemein angenommen wird, der Einfluß der westlichen Politik nach Osten ausgedehnt, sondern umgekehrt, der Einfluß der nur oberflächlich demokratisierten osteuropäischen Staaten auf die Politik der EU ermöglicht die Ausweitung des subtilen kommunistischen Einflusses nach Westen. So wird verständlich, warum die Einbindung der osteuropäischen Staaten vor allem von links mit so großer Eile betrieben wird. Besonders die Diskussionen um den Aufbau einer europäischen Eingreiftruppe, die, entgegen öffentlichen Beteuerungen, ganz offensichtlich in direkter

Konkurrenz zum bisherigen westlichen Bündnis steht, läuft auf die Auflösung der NATO hinaus. Zehn Jahre nach der Wende drängte Gorbatschow in einem Interview immer noch auf die Errichtung einer »gesamteuropäischen Sicherheitsarchitektur«, die, seinen Vorstellungen zufolge, die NATO ersetzen und damit die USA aus Europa herausdrängen würde.[268] Immer wieder sind Stimmen zu hören, die sogar einen Eintritt Rußlands in die EU fordern, u. a. hatte dies Boris Jelzin im März 1997 verlauten lassen. Unter Putin wurde die Annäherung Westeuropas noch weiter intensiviert, die Kooperation mit der inzwischen sozialistisch dominierten EU wird als vorrangig angesehen, während im Verhältnis zu den USA bereits eine schrittweise Distanzierung angefangen hat. Es liegt auf der Hand, daß ein Beitritt Rußlands zur EU keinesfalls im Interesse der europäischen Völker liegen kann, dafür aber umso mehr den Zielen der kommunistischen Strategen auf ihrem Weg zur Weltrevolution entspricht. Auch wenn die endgültige politische Übernahme Europas bis heute nicht vollzogen worden ist, profitiert die marode osteuropäische Wirtschaft bereits vom Eintritt in die EU durch den ungehinderten Zustrom finanzieller Mittel und neuer Technologien. Wenn es Rußland gelingt, seinen Einfluß auf die EU zu vergrößern, spielt der Umstand, daß die NATO in den Jahren der Wende nicht aufgelöst wurde, keine entscheidende Rolle mehr. Denn wenn es schon nicht gelang, das Ende des transatlantischen Bündnisses herbeizuführen, so können die strategischen Ziele der UdSSR auch dadurch erreicht werden, daß der Ostblock den europäischen Teil der NATO durch Beitritt oder durch Bildung einer konkurrierenden europäischen Sicherheitsstruktur übernimmt. Daß Moskaus NATO-feindliche Propaganda ausschließlich auf den Einfluß der USA in der Allianz beschränkt ist, geht aus einer Äußerung Putins vom Herbst 2002 deutlich hervor. Er ließ damals verlauten, daß Rußland gegenwärtig nicht den Wunsch habe, der NATO beizutreten, eine zukünftige Kooperation jedoch nicht ausgeschlossen sei. Diese Kooperation sei jedoch nur möglich, wenn die NATO ihre Funktion ändere und ihre Aktivitäten mit den Interessen Rußlands übereinstimmten, d. h. wenn sich die USA aus der NATO zurückgezogen hätten.[269]

## Militärdoktrin, Rüstung und Spionage in den 1990er Jahren

Trotz der zahlreichen vordergründigen Veränderungen auf politischem Gebiet gab es auf den Sektoren der Spionage und der Rüstung in den Jahren der »Wende« keinen Bruch im Vergleich zur früheren sowjetischen Praxis. Sowohl die Aktivitäten der kommunistischen Geheimdienste als auch die Ausgaben für die militärische Aufrüstung wurden entgegen zahlloser Beteuerungen, der Kalte Krieg sei beendet, und trotz der erdrückenden wirtschaftlichen Misere unverändert fortgesetzt. Der Osten spionierte und rüstete in den 1990er Jahren genauso stark wie zuvor. Alles, was sich verändert hatte, war, daß er dazu inzwischen wesentlich bessere Bedingungen vorfindet, als zur Zeit der offenen Konfrontation zwischen Ost und West.

Die fortgesetzte umfangreiche Spionage des Ostblocks blieb der westlichen Spionageabwehr natürlich nicht verborgen, sowohl das Bundeskriminalamt als auch die CIA gelangten schon während der Perestroika in Osteuropa zu dem Schluß, daß die Tätigkeiten der östlichen Dienste durch die politischen Veränderungen nicht beinträchtigt worden waren.[270] Selbst die sowjetischen Satellitenstaaten Polen, die Tschechoslowakei, Bulgarien und Ungarn betrieben auch weiterhin Informationssuche vor allem auf den Gebieten der Wirtschaftsspionage und der Militärtechnologie im Auftrag und zum Nutzen Rußlands.[271] Der Direktor der amerikanischen Spionageabwehr, William Sessions, erklärte am 4. April 1990 vor dem US-Repräsentantenhaus sogar: *»Die sowjetischen nachrichtendienstlichen Operationen haben an Raffinesse, Umfang und Zahl zugenommen.«*[272]

Die Kontinuität auf militärischem Gebiet zeigt sich nicht nur in der fortgesetzten Entwicklung und Produktion modernster Waffensysteme, sondern auch in der Doktrin des russischen Militärs, die nach wie vor und sogar mehr denn je auf eine nukleare Konfrontation mit den USA ausgerichtet ist. Im Jahr 1993 wurde die russische Militärdoktrin überarbeitet und sah von nun an ausdrücklich den Ersteinsatz nuklearer Waffen vor, ohne daß dies im Westen zu Reaktionen geführt hätte. Vergleicht man das mit der Hysterie, die die amerikanische Option zum atomaren Ersteinsatz nach dem 11. September 2001 im Kampf gegen den Terrorismus ausgelöst hat, fällt einmal mehr ins Auge, mit welch ungleichem Maß die von links diktierte öffentliche Meinung politische Handlungen in Ost und West bewertet.

Während Jelzins Amtszeit wurde das strategische Kernwaffenarsenal Rußlands unter dem neu geschaffenen Kommando General Juri Maksimows vereint, dem von nun an die Interkontinentalraketen, die Raketen tragenden U-Boote der Marine und die Langstreckenbomber der Luftwaffe angehörten. Maksimow hatte, als Vetreter der alten sowjetischen Garde, den Putsch vom August 1991 unterstützt und schon damals die Strategischen Raketentruppen in Alarmbereitschaft versetzt, um einer »westlichen Bedrohung« zu begegnen.[273] Ähnliche Töne hörte man in den 1990er Jahren von russischen Offiziellen aller Hierarchieebenen, vom General bis zum Präsidenten, immer wieder.

General Wladimir Nikolajewitsch Yakowlew von den Strategischen Raketentruppen hatte 1997 in einem Artikel behauptet, die USA würden seit 1946 eine atomare Aggression gegen die UdSSR und gegen Rußland vorbereiten und betonte zugleich, daß die Strategischen Raketentruppen Rußlands die höchste Kampfbereitschaft hätten und jederzeit einsatzbereit wären.[274] Stets ist die Rede von einer diffusen westlichen Bedrohung, von einer Bedrohung durch die NATO, die ihren Höhepunkt in der Osterweiterung des westlichen Bündnisses habe. Diese Osterweiterung ermöglicht den Strategen im Kreml jedoch, auch wenn dies nicht offen zugegeben wird, die Übernahme der NATO und ist daher ein wesentlicher Teil der aktuellen Strategie. Nichtsdestotrotz gibt diese Erweiterung Anlaß, das westliche Feindbild weiter aufrechtzuerhalten und sogar mit einem atomaren Krieg zu drohen. Andere Gelegenheiten für dieselbe Drohung waren die Luftangriffe auf den Irak in den Jahren 1998 und 1999 sowie der Kosovo-Krieg im Frühjahr 1999. Eine Umfrage unter russischen Offizieren kam zu dem Ergebnis, daß 70 Prozent der Befragten den Zerfall der UdSSR als größte Tragödie einschätzten, was beweist, daß das russische Militär auch in den 1990er Jahren nach wie vor von sowjetischen Hardlinern dominiert wurde.[275] Beim Militär hatte es ebenso wie bei den Geheimdiensten keinerlei Veränderung gegenüber den Sowjetzeiten gegeben.

Im Westen jedoch wird all das nicht zur Kenntnis genommen, und wenn doch einmal jemand, wie zum Beispiel der CIA-Direktor James Woolsey, auf die tatsächlichen Zustände im Ostblock hinweist, dann verpufft diese Warnung ohne jede Wirkung. Woolsey hatte im Mai 1995 gewarnt, daß Rußland nach wie vor in der Lage sei, die USA innerhalb von nur 30 Minuten zu zerstören, und Rußland daher das gefährlichste Land für Amerika sei. Die Chancen, daß Rußland innerhalb des nächsten Jahrzehnts erneut auf Konfrontationskurs zu den USA gehen würde, stünden eins zu drei, so Woolsey.[276]

Noch alarmierender als die Drohungen von offizieller russischer Seite sind die Aussagen des GRU-Überläufers Stanislav Lunev. Dieser hatte nach seinem Seitenwechsel 1992 erklärt, daß der russische Generalstab nach wie vor darauf hinarbeite, einen atomaren Krieg gegen die USA führen und gewinnen zu können. Ein Teil dieses Plans sei die Ermordung bedeutender US-Politiker und -Militärs unmittelbar vor einem bevorstehenden Angriff, der unter anderem durch die Verwendung atomarer »Kofferbomben« vorgetragen werde.

Diese Bomben, die sich, Expertenschätzungen zufolge, bereits auf amerikanischen Boden befänden, hätten den Zweck, die USA als Auftakt eines geballten atomaren Angriffs politisch und militärisch zu enthaupten.[277] Russische Truppen würden im Anschluß an den atomaren Anfangsschlag nur noch Alaska und Teile Kanadas besetzen. Für die Einnahme der weiter südlich liegenden 48 Bundesstaaten der USA wären chinesische Truppen zuständig, zusätzlich dazu bekämen auch bestimmte Staaten der Dritten Welt, vermutlich u. a. das kommunistische Kuba, sogenannte »Plünderungsrechte«.[278]

Dieser auf eine aggressive atomare Kriegsführung ausgerichteten Doktrin entsprechen nicht nur die Indienststellung immer neuer Waffensysteme, sondern auch zahlreiche Maßnahmen, die man nur als direkte Kriegsvorbereitungen verstehen kann. Im November 1989 erklärte der Oberbefehlshaber der norwegischen Streitkräfte, Admiral Torolf Rein, die Sowjetunion habe ihre arktischen Häfen derart ausgebaut und ihre Nordmeerflotte so verstärkt, daß diese in einer einzigen Salve 2500 nukleare Sprengköpfe abschießen könne.[279]

Über die 1990er Jahre hinweg wurden zahlreiche Bunkerkomplexe angelegt, einer davon ist eine gigantische Anlage unter dem Yamantau-Massiv im Ural, die das Überleben der sowjetischen Führungs- und Kommandostrukturen in einem nuklearen Krieg zum Zweck hat. In Mosdok im Nordkaukasus wurde seit 1993 das weltgrößte Militärhauptquartier aufgebaut, von dem aus u. a. der Krieg in Tschetschenien geführt wird.

Möglich wird diese enorme Aufrüstung durch eine Rüstungsindustrie, die zu Beginn der 1990er Jahre etwa zehn Millionen Menschen beschäftigte. Zum selben Zeitpunkt verfügte die Rote Armee über vier

Millionen Soldaten, fast doppelt so viel wie die Armee der USA, die damals noch 2 133 000 Mann stark war. Im Vergleich dazu hatte die Rote Armee im Sommer 1941, vor dem Eintritt der Sowjetunion in den Zweiten Weltkrieg, nur 1 330 000 Soldaten unter Waffen gehabt. Die russische Journalistin Jewgenija Albaz führt diesen Sachverhalt weiter aus: *»Die Rüstungswerke produzierten im Jahre 1989 1700 Panzer, 5700 Panzerwagen und 1850 Geschütze. Das ist das 2,3fache, 8,7fache beziehungsweise 12,5fache der Produktion in den USA. 1989 wurden in der UdSSR dreimal soviel U-Boote, eineinhalbmal soviel Jagdflugzeuge, fünfzehnmal soviel interkontinentale Raketen und sechsmal soviel Raketen kurzer Reichweite wie in den USA hergestellt. Die Zahl der 1990 gebauten Panzer stieg auf 3300 an, war also viereinhalbmal so groß wie in den USA. Das kostet viel Geld. Das offizielle Budget des militärisch-industriellen Komplexes beläuft sich auf 96,5 Milliarden Rubel und macht fast ein Drittel des gesamten Staatshaushalts aus. Das Institut für strategische Forschungen in London hält diese Angaben von Gorbatschow für stark untertrieben (die Vorgänger des Präsidenten nannten zwanzig Milliarden Rubel, eine aberwitzige Summe) und vermutet, daß die Militärausgaben der UdSSR zweihundert bis zweihundertzwanzig Milliarden Rubel erreichen, was fast die Hälfte des Haushalts von 1989 ausmacht. Die Zahlen sowjetischer Experten klingen noch weniger optimistisch. Ihrer Meinung nach machen unsere Rüstungsausgaben, legt man ihnen reale Preise zugrunde, 263 bis 300 Milliarden Rubel aus. Hinzu kommen Ausgaben in harter Währung, die streng geheim sind. (…) Der militärisch-industrielle Komplex verbraucht den Löwenanteil der sowjetischen Produktion: 60 Prozent der Eisen- und Stahlerzeugung und nahezu die gesamten hergestellten Buntmetalle. Nach inoffiziellen Angaben arbeiten für den militärisch-industriellen Komplex über 87 Prozent der Betriebe unseres Landes. Im Februar 1991 gab Gorbatschow zu, daß unsere Wirtschaft ›die militanteste Wirtschaft der Welt‹ ist, mit den höchsten Ausgaben für die Verteidigung.«*[280] Gorbatschow gestand auch ein, daß 75 Prozent des wissenschaftlichen Potentials der Sowjetunion nur für die Rüstung arbeiteten.[281] Dementsprechend produzierte die russische Rüstungsindustrie auch in der Zeit nach der Wende und im Gegensatz zu allen Abrüstungsbeteuerungen, wie sich der amerikanische Chefunterhändler General Edward Rowny ausdrückte, *»Raketen wie andere Leute warme Würstchen«*[282]. Gemäß offiziellen Angaben der sowjetischen

Militärführung lag die Panzerproduktion der Sowjetunion im Jahr 1990 höher als die Zahl sämtlicher Panzer, die 1988 alle NATO-Staaten zusammen gebaut hatten. Zwischen 1985 und 1990 erhöhte sich die offizielle Zahl der sowjetischen Panzer von 42 600 auf 70 000, die Zahl der Artilleriegeschütze von 35 000 auf 60 859, die der taktischen Kampfflugzeuge von 3000 auf 8250.[283] In Erinnerung der Tatsache, daß die Sowjetunion dazu neigt, veraltete Waffen nicht zu verschrotten, sondern einzumotten, um diese gegebenenfalls als zweite bzw. dritte Welle in den Kampf zu schicken, muß mit dem Vorhandensein einer noch wesentlich höheren Anzahl von Panzern und Geschützen gerechnet werden. Hatte Breschnew schon zu Beginn der 1980er Jahre die militärische Überlegenheit über die NATO erreicht, so ist diese Überlegenheit in den 1990er Jahren dank der fortgesetzten Hochrüstung im Ostblock, die vom Zustrom westlichen Kapitals und westlicher Technologie noch forciert wurde, und der Reduzierung der Militärausgaben in allen Staaten der NATO unwiderruflich zementiert worden. Dieser Sachverhalt stellt einmal mehr unter Beweis, daß die sowjetische Strategie zu keinem Zeitpunkt ein friedliches Unternehmen zur Ausweitung der kommunistischen Ideologie auf politischem Wege war, sondern daß die Strategie, ähnlich der Auffassung von Clausewitz, derzufolge der Krieg die Fortsetzung der Politik mit anderen Mitteln sei, in ihrer letzten Phase den offensiven Einsatz militärischer Gewalt, explizit sogar der Einsatz von Kernwaffen, zumindest als reale Option vorsieht. Auch das bisweilen vorgebrachte Argument, die russische Aufrüstung sei eine Reaktion auf die Erhöhung der US-Militärausgaben unter Präsident Bush Jr., ist eine Verdrehung der Tatsachen, denn es hatte zuvor trotz widrigster wirtschaftlicher Umstände nie eine Unterbrechung in der Modernisierung der Roten Armee gegeben, weder unter Gorbatschow noch unter Jelzin, also auch nicht zu einer Zeit, in der die USA von Bill Clinton angeführt wurden, dessen Abrüstungsbegeisterung die Verteidigungsfähigkeit der NATO erheblich reduziert hatte.

## Demokratisierungshilfe für den Ostblock

*»Im Bestreben, den sowjetischen Markt zu erobern, werden die Kapitalisten der Welt und ihre Regierungen ihre Augen vor der sich abzeichnenden höheren Realität schließen und daher zu taubstummen Blinden werden. Sie werden Kredite gewähren, die die kommunistischen Partei-*

*en in ihren Ländern für uns stärken werden, und indem sie die uns fehlenden Materialien und Technologien zur Verfügung stellen, werden sie unsere Rüstungsindustrie wiederherstellen, die für unseren zukünftigen siegreichen Angriff auf unsere Lieferanten unverzichtbar ist. In anderen Worten, sie werden an der Vorbereitung ihres eigenen Selbstmordes arbeiten.«*[284]
— Wladimir I. Lenin, 1921

Bereits während der NEP hatte die am Rande des Kollaps stehende Sowjetunion Hilfslieferungen aus Nordamerika bekommen, die ihr das weitere Überleben sicherten, und auch der zu jener Zeit abgeschlossene deutsch-sowjetische Vertrag von Rapallo half beim Aufbau der sowjetischen Rüstungsindustrie, was sich für Deutschland zwei Jahrzehnte später als fatal erweisen sollte.

Trotz des Rapallo-Vertrages hätte die Sowjetunion den Kampf gegen die Wehrmacht im Zweiten Weltkrieg ohne die erhebliche Unterstützung mit Waffen und Nachschub aus den USA jedoch nicht gewinnen können. Im Vorfeld eines Krieges gegen die letzte verbliebene bürgerliche Hochburg, die USA selbst, den der russische Generalstab auch nach der sogenannten »Wende« noch als unvermeidlich betrachtet, ist es daher eine Grundvoraussetzung, daß die sowjetische Wirtschaft sich selbst versorgen kann.[285] Vorrangiges Ziel der sowjetischen Militärstrategie ist es also, im Frieden wie im Krieg eine militärisch-technische Überlegenheit über den »imperialistischen Feind« herzustellen und aufrechtzuerhalten: *»Das wirtschaftliche Leistungsvermögen ist im Frieden für die Vorbereitung des Staates auf einen Krieg und während des Krieges für die Deckung des Bedarfs der Streitkräfte von großer Bedeutung. Es gehört zu den wichtigsten nationalen Aufgaben, durch den Ausbau der Streitkräfte sowohl in Friedenszeiten als auch während des Krieges militärische Überlegenheit zu erreichen.«*[286] An anderer Stelle heißt es ähnlich: *»Unsere Militärdoktrin und unsere Strategie verlangen die ständige Berücksichtigung der wirtschaftlichen Kraft, also der Schwächen und Stärken der ökonomischen Basis. Eine fundamentale Aufgabe in den gegenseitigen Beziehungen zwischen Militärdoktrin und Wirtschaft ist die Schaffung und Erhaltung militärtechnischer Überlegenheit über den voraussichtlichen Feind.«*[287]

Wenn die Sowjetunion auch in der ganzen Zeit ihres Bestehens mehr oder weniger am westlichen Tropf hing – man bedenke vor allem die Tatsache, daß Rußland bis 2002 nicht in der Lage war, den Eigenbedarf an Getreide zu decken –, rechneten die Strategen im Politbüro damit, daß der Westen auf die Liberalisierung in Phase 3 in noch größerem Maße als zuvor mit der Bereitstellung von Hilfslieferungen reagieren würde. Mit dem Verschwinden des kommunistischen Feindbildes sollten alle Hemmungen fallen, in der Sowjetunion Investitionen zu tätigen, was es der sowjetischen Führung ermöglichen sollte, ihre marode Wirtschaft zu sanieren und einen unwiderruflichen Vorsprung auf militärischem Gebiet zu erreichen. Man spekulierte auf einen neuen Marshall-Plan für die kommunistischen Staaten des Ostblocks, ähnlich der Wiederaufbauhilfe, die Westeuropa nach dem Zweiten Weltkrieg bekommen hatte. Ausgesprochen wurde diese Erwartung u. a. vom polnischen Wirtschaftsminister Witold Trzeciakowski, der 1989 einen Aufbauplan für Osteuropa in Höhe von zehn Milliarden Dollar gefordert hatte, der seiner Vorstellung nach zum Großteil aus finanziellen Spenden bestehen sollte, anstatt aus Darlehen und der Unterstützung durch fachkundige Berater.[288]

Der Westen gewährte in den 1990er Jahren immer neue Milliardenbeträge, um die Reform der kommunistischen Gesellschaft zu unterstützen, ohne daß die frühere kommunistische Nomenklatura an Macht eingebüßt hätte und ohne daß es zu einer dauerhaften Verringerung des Haushaltsdefizits, zur Demonopolisierung der russischen Wirtschaft oder zu einer Beteiligung des Auslands an der Privatisierung gekommen wäre. So wurde der Westen bald vor die Wahl gestellt, entweder immer neue Gelder freizustellen oder sich mit einem Rückfall Rußlands zum Kommunismus konfrontiert zu sehen. Jelzins Präsidentschaftswahlkampf von 1996, den der Westen finanziert hatte, lief nicht umsonst unter dem Motto *»Reformen oder Rückkehr zum Kommunismus«*.[289] Die Gelder, die Rußland in den Jahren 1989 bis 1996 allein aus Deutschland zur Unterstützung der Reformen bekam, beliefen sich auf 126 Milliarden D-Mark, für die der deutsche Steuerzahler aufkommen mußte.[290] Die gesamte Summe an Hilfsgeldern, die den früheren Staaten des Ostblocks in den 1990er Jahren zur Verfügung gestellt wurde, belaufen sich auf mehrere hundert Milliarden US-Dollar. Wie bereits erwähnt, kamen diese Gelder nicht dem russischen Volk zugute, mindestens 50 Prozent davon versickerten in mafiösen Strukturen und landeten schließlich auf den westlichen Bankkonten russischer Oligarchen.[291] Daß dieses Vorgehen bei den osteuropäischen Völkern, die zuvor nur den Kommunismus kannten, keine positive Haltung gegenüber Kapitalismus und Marktwirtschaft hinterläßt, liegt auf der Hand und nützt einmal mehr der kommunistischen Langzeitstrategie.

## Phase 4, die »Ära des globalen demokratischen Friedens«, seit 2000?

### Der Übergang zu Phase 4

Von offizieller Seite wird ungern eingestanden, daß Rußland am Übergang zum neuen Jahrtausend weiter von einer bürgerlichen Gesellschaftsordnung entfernt war denn je. Nach wie vor existierte in Rußland keine rechtsstaatliche Ordnung, statt dessen herrschte wie zu Zeiten der Sowjetunion die alte kommunistische Nomenklatura, und die drei zuletzt unter Jelzin eingesetzten Regierungschefs Primakow, Stepaschin und Putin bezeugen, daß das KGB nach wie vor die Gangart der russischen Politik dominierte. Wirtschaftlich hatte keine Entmonopolisierung stattgefunden, statt dessen hatte die Mafia, selbst ein Kind des KGB, die Kontrolle über die früheren sowjetischen Staatsbetriebe übernommen. Westliche Milliardenkredite an die Staaten Osteuropas, die zum Aufbau einer demokratischen Gesellschaftsordnung hätten beitragen sollen, waren zu einem großen Teil schlicht verschwunden oder über die Kanäle der sogenannten Russenmafia im westlichen Finanzmarkt angelegt worden. Trotz innerer Stagnation und katastrophaler Wirtschaftslage war es Rußland gelungen, seine Rüstungsindustrie zu modernisieren, seine nukleare Aufrüstung fortzusetzen und zeitgleich einen größeren internationalen Einfluß vor allem auf die Staaten der Europäischen Union auszuüben. Rußland war als Mitglied sowohl in den Europa-Rat als auch in die Gruppe der G-7-Staaten aufgenommen worden, und statt seine Auslandsschulden zu begleichen, forderte das Land Schuldenerlasse, Umschuldungen und immer neue Kredite, während gleichzeitig abzusehen war, daß die bereits bestehenden Auslandsschulden kaum abgetragen werden können.

Erinnern wir uns, was Sejna über die Planungen der Phase 4 zu berichten wußte, die den »globalen demokratischen Frieden« bringen sollte: *»Zu Beginn der Phase 4 wären die USA sowohl von Europa als auch von den Entwicklungsländern abgeschnitten. Daher könnten wir* *sie durch die Anwendung externer wirtschaftlicher Waffen untergraben und dadurch die sozialen und wirtschaftlichen Bedingungen für das Auftauchen progressiver Kräfte innerhalb des Landes schaffen. Für diese Phase war das Wiederaufleben des Wettrüstens vorgesehen, das zur militärischen Überlegenheit des Warschauer Pakts führen würde, welche die Vereinigten Staaten zu akzeptieren hätten.«*[292] Die Phase 4 würde die Rückkehr der kommunistischen Ideologie mit sich bringen, dem die ideologisch aufgeweichten und wirtschaftlich geschwächten Staaten des Westens wenig entgegenzusetzen hätten, gefolgt von einer neuen, weltweiten Oktober-Revolution, dem Weltoktober, und im Anschluß daran die Einsetzung einer kommunistischen Weltregierung.

Das Ende der Regierungszeit Jelzins und der Amtsantritt des neuen russischen Präsidenten Wladimir Putin im Frühjahr 2000 dürften den Übergang zur Phase 4 der sowjetischen Langzeitstrategie markieren. Ob dieser Machtwechsel tatsächlich den Beginn der Phase 4 darstellt oder ob Putins Amtszeit noch der Phase 3 zuzuordnen ist, wird sich mit letzter Sicherheit vermutlich erst in einigen Jahren klären lassen. Vielleicht ereignet sich in Moskau erneut ein überraschender Führungswechsel, zum Beispiel im Rahmen eines Putsches, analog dem Muster des Jahres 1991, der einen Mann wie Schirinowski an die Spitze des Staates bringt, der innerhalb kürzester Zeit auf Konfrontationskurs mit dem Westen geht, so daß erst dieser hypothetische Machtwechsel den Übergang zu Phase 4 einläuten wird. Jedoch legt vor allem das innenpolitisches Vorgehen der gegenwärtigen Kreml-Führung den Schluß nahe, daß die Strategie bereits in ihre letzte Phase eingetreten ist.

## Wladimir Putin

*»Der Westen darf sich freuen. Jetzt ist das gefürchtete Dach der Mafia, die Kryscha, der KGB selbst bzw. dessen Nachfolgeorganisation geworden. Jeder weiß endlich, wer das Sagen hat.«*[293]

— Vadim Rabinovich über den Amtsantritt des neuen russischen Präsidenten Wladimir Putin

Am 9. August 1999 ernannte Präsident Jelzin den der Weltöffentlichkeit bislang völlig unbekannten »ehemaligen« KGB-Offizier Wladimir Putin zum neuen Premierminister und zu seinem Wunschnachfolger im Präsidentenamt. Schon in den Jahren zuvor hatte Putin, damals noch im

Rang eines Oberstleutnants der Reserve, unter Federführung Primakows eine steile Karriere durchlaufen, als er im Juli 1998 zum Chef der KGB-Nachfolgeorganisation FSB und im März 1999 zum Sekretär des Nationalen Sicherheitsrats befördert worden war.[294] Sowohl Putins plötzliches Auftreten auf der weltpolitischen Bühne als auch seine Tätigkeit im sowjetischen Geheimdienst sind bis heute reichlich mysteriös geblieben. Auch seine eigenen Aussagen bringen kaum Klarheit in die diesen Mann umgebenden Rätsel, schließlich seien Worte für KGB-Leute wie ihn, wie er selbst sagt, dazu da, ihre wahren Absichten zu verschleiern.[295] Fest steht, daß Putins Familie seit Beginn der kommunistischen Herrschaft in Rußland eng mit der bolschewistischen Führungselite verbunden war, was ihn, wie er sich im Kreis von Freunden und Kollegen selbst bezeichnet, zu einem *»typischen Vertreter der Roten Aristokratie«* macht.[296] Putins Großvater war Koch von Lenin und Stalin und darüber hinaus, wie Putin mit Stolz verkündet, aktiv an der Oktober-Revolution in Sankt Petersburg beteiligt gewesen.[297]

*KGB-Präsident Wladimir Putin*

Soweit bekannt, trat Putin nach seinem Jura-Studium an der Universität Leningrad 1975 dem KGB bei, wo er in der ersten Hauptverwaltung, zuständig für Auslandsspionage, bis zur Wende hauptsächlich in der DDR eingesetzt wurde. Jedoch berichtet der britische Informationsdienst *Soviet Analyst*, Putin habe seine Karriere nicht beim KGB, sondern beim militärischen Geheimdienst GRU begonnen und sei vor der Wende möglicherweise sogar der höchstrangige in der DDR ansässige GRU-Offizier gewesen.[298] Gerade Putins Tätigkeit in der DDR liegt weitgehend im Dunkeln. Zwar ist bekannt, daß er u. a. in Dresden stationiert war, jedoch konnte oder wollte sich dort niemand an Putin erinnern, weder der Chef der Staatssicherheit der DDR, Markus Wolf, noch der frühere Bezirksparteichef von Dresden, Hans Modrow.[299] Alexander Rahr bietet als Erklärung hierfür eine interessante Spekulation an: *»Putin war so geheim und so in den Tiefen des KGB versteckt, daß ihn sogar seine übergeordneten*

*Bosse nicht zu Gesicht bekamen. Je mehr ein Biograph in die Lebensgeschichte des Geheimdienstlers Putin eindringen möchte, um so widersprüchlicher werden die Angaben. Es scheint, als ob Kräfte der sogenannten ›unsichtbaren Front‹ heute in Moskau versuchen, einen dichten Nebel des Schweigens über diesen Abschnitt der Putin-Biografie zu legen. Andere wiederum legen möglicherweise falsche Fährten aus und wollen gezielt Nachforschungen in die Irre führen.«*[300] Die Tatsache, daß Putin in jenen Jahren erst zum Hauptmann und kurz darauf zum Oberstleutnant befördert worden war und daß ihm zeitgleich der sowjetische Orden »Ehrenabzeichen« verliehen wurde, beweist, daß Putin kein gewöhnlicher KGB-Agent war. Rahr spekuliert, daß Putin in der DDR möglicherweise einen Spezialauftrag ausführte.[301] Dieser mutmaßliche Spezialauftrag könnte mit der hochgeheimen KGB-Operation »Lutsch« in Verbindung stehen, die nichts Geringeres als den Sturz des kommunistischen Regimes in der DDR zum Ziel hatte, was gegenüber Stasi und SED-Führung natürlich verborgen werden mußte.[302] Nach der Wende kehrte Putin in seine Heimatstadt St. Petersburg, das frühere Leningrad, zurück und arbeitete dort zusammen mit den jungen Reformern des sogenannten »Chubais-Clans«, der die Wirtschaftspolitik unter Jelzin bestimmte, am »marktwirtschaftlichen« Umbau Rußlands. Obwohl Putin zu jener Zeit angeblich das KGB verlassen hatte, sprechen die Indizien doch dafür, daß er aktiver KGB-Offizier blieb und im Auftrag des Geheimdienstes am Aufbau der KGB-kontrollierten russischen »Marktwirtschaft« mitwirkte.[303]

Erinnert man sich an die Aussage Sejnas, daß der bis zu 20 Jahre in die Zukunft reichenden Personalplanung für kommunistische Führungskräfte erhebliches Gewicht innerhalb der Langzeitstrategie beigemessen wurde und daß nur eigens ausgebildete Personen in entscheidende Positionen befördert wurden, dann läßt die Besetzung des höchsten russischen Amtes mit einem Mann wie Putin, der seine Vergangenheit im Geheimdienst weder verheimlicht noch jemals bereut hat, Rückschlüsse auf die zu erwartenden weiteren Schritte der sowjetischen Strategie zu. Offensichtlich geht das liberale Zwischenspiel im Ostblock allmählich seinem geplanten Ende entgegen. Tatsächlich wird die Rhetorik des Kreml seit Putins Auftreten zunehmend militanter. Unmittelbar nach seiner Ernennung flog der neue Staatschef Putin nach Tschetschenien, wo er sinnigerweise Jagdmesser verteilte und erklärte: *»Wir knallen die Terroristen ab, und wenn wir ihnen bis auf die Latrine* *folgen müssen!«*[304] Bei anderer Gelegenheit sprach er davon, daß man die Tschetschenen *»im Klo ertränken«*, ihnen *»die Fresse polieren«* und auf sie *»draufschlagen sollte, solange sie am Boden liegen«.*[305] Auf die Frage eines französischen Journalisten, warum die russische Armee bei ihrem Kampf gegen den internationalen Terrorismus im Nordkaukasus Anti-Personenminen einsetze, entfuhr es Putin: *»Wenn Sie ein radikaler Islamist werden und sich beschneiden lassen wollen, dann kommen Sie nach Moskau. Wir haben Spezialisten auf diesem Gebiet. Ich werde denen empfehlen, die Operation so durchzuführen, daß da nichts mehr nachwächst.«*[306] Putins Ziel scheint weniger der Umbau Rußlands in einen bürgerlich-marktwirtschaftlichen Staat, wie man es von Jelzin noch erwartet hatte, zu sein. Vielmehr ist klar erkennbar, daß er versucht, das Land international zur früheren sowjetischen Größe zurückzuführen. Manche Kommentatoren stellen erschrokken fest, daß Putins Rußland im Gleichschritt zu marschieren beginnt. In der russischen Bevölkerung löst die fortschreitende Zentralisierung des russischen Regierungsapparats dabei keinerlei Ängste oder Proteste aus, im Gegenteil, die Mehrheit der Russen stimmte nach dem Chaos der Jelzin-Ära für eine Law-and-Order-Politik, für den starken Mann, der die Ordnung in der Gesellschaft wiederherstellt. Putins Ansehen in der Bevölkerung beruhe daher nicht, wie der Führer der »Bewegung Vaterland«, Georgij Boos, warnt, in der Hoffnung auf die Zukunft, sondern in der Sehnsucht nach der sowjetischen Vergangenheit, in der es den Russen trotz allem besser ging als während der Jahre des pseudo-kapitalistischen Zwischenspiels.[307] Entsprechend eindeutig waren Putins Wahlerfolge, die durch den Krieg in Tschetschenien und die massive Propaganda durch Staatsapparat und gleichgeschaltete Medien von vornherein sichergestellt worden waren. Nach dem harten Vorgehen während des Geiseldramas in einem Moskauer Musicaltheater war Putin Ende 2002 beliebt wie nie zuvor, 83 Prozent der russischen Bevölkerung beurteilten die Amtsführung des russischen Präsidenten positiv.[308]

Mit seinem autoritären Führungsstil steht Putin in der Tradition des ehemaligen KGB-Chefs Jurij Andropow, der von 1982 bis zu seinem Tod 1984 sowjetischer Staatschef gewesen war. Eine Meinungsumfrage, die kurz vor Putins Ernennung zum Präsidenten durchgeführt worden war, hatte ergeben, daß sich die Mehrzahl der Russen unter allen russischen Herrschern des 20. Jahrhunderts Andropow als Präsidenten

*KPdSU-Generalsekretär Jurij Andropow*

wünschen würde.[309] Diese Sehnsucht des russischen Volkes erfüllt Putin auf der ganzen Linie: Nicht nur ließ er für Andropow in der Lubjanka eine Gedenktafel anbringen, er erklärte auch in einem Fernsehinterview anläßlich Andropows 85. Geburtstages, daß *»eine Gesellschaft Menschen wie Andropow benötigt, aufrechte und strenge Persönlichkeiten in ihrer moralischen Integrität. Das ist unser Leben, Schicksal und Geschichte.«*[310] Bleibt anzumerken, daß der von Putin bewunderte Andropow, der zuvor schon der geistige Ziehvater Gorbatschows gewesen war, in Ungarn als »Schlächter von Budapest« bekannt ist, der als sowjetischer Botschafter im Jahr 1956 mithalf, den Ungarn-Aufstand blutig niederzuschlagen, und daß Andropows Regierungszeit im September 1983 vom Abschuß eines koreanischen Passagierflugzeugs durch die sowjetische Luftabwehr mit 269 Todesopfern überschattet wurde. US-Präsident Reagan nannte den Vorfall damals zurecht einen *»Akt der Barbarei«*. Zu Putins Bewunderung des früheren KGB-Chefs Andropow paßt, daß sich Putin, Vadim Rabinovich zufolge, im Dezember 1999 mit begeisterten Worten über die Denunzianten geäußert hatte, die, wie er meinte, die Grundlage des KGB gewesen seien, und daß Putin, wie bereits erwähnt, seine eigene Vergangenheit im KGB nicht im geringsten bereut. Im Gegenteil, er selbst ist davon überzeugt, eine *»gerechte Sache verteidigt«* zu haben, und sieht sich gerne in der Tradition der berüchtigten Tschekisten unter Lenin.[311]

### Die betrogene russische Bevölkerung

*»Die vielen Russen, die sich in den vergangenen Jahren um gute Beziehungen zum Westen bemüht haben, leiden heute unter dieser Situation. Die Begeisterung, die bei uns bis vor kurzem noch für die USA herrschte, wird nun durch einen Antiamerikanismus abgelöst. (...) Wir haben auf den Totalitarismus verzichtet, auf eine Einparteienideologie und auf Staatseigentum. Das bedeutet aber nicht den Unter-*

*gang des sozialistischen Wertesytems. Es ist doch eine Tatsache, daß der Sozialismus einen neuen Atem bekommt, sowohl in osteuropäischen Staaten als auch im Westen.«*[312]
— Michail Gorbatschow

Man möge nicht glauben, daß es im Prozeß der Entscheidungsfindung an der Spitze der Sowjetunion je eine Rolle gespielt hätte, welche Meinung das sowjetische Volk hatte oder welche Wünsche und Ziele es hegte, schließlich hat die Bevölkerung seit jeher in keinem anderen politischen System so wenig Einfluß auf ihr Schicksal wie in einer kommunistischen Diktatur. Der Stimmungswandel innerhalb des russischen Volkes, der sich über die letzten zehn Jahren abzeichnete, ist dennoch insofern von Bedeutung, als daß er anzeigt, daß es den sowjetischen Strategen zum einen gelungen ist, die Hoffnungen auf Marktwirtschaft und Demokratie nach westlichem Vorbild weitgehend zu zerschlagen, und zum anderen wird die Meinung einer Bevölkerung, die traditionell wenig Kontakt zum Ausland hat, ohnehin fast ausschließlich durch die Berichterstattung der einheimischen Medien geprägt. Da die russische Medienlandschaft spätestens seit Putins Machtübernahme unter die Kontrolle des Kreml gebracht wurde, spiegelt die Meinung des Volkes somit inzwischen genau das wider, was der Kreml das Volk glauben und meinen lassen will.

Wie zahlreiche Meinungsumfragen im russischen Volk ergaben, sank das Ansehen von Marktwirtschaft und Demokratie und ganz besonders auch das Ansehen des westlichen Auslands auf einen so niedrigen Stand wie seit Jahrzehnten nicht mehr. Der Begriff Demokratie wurde während Jelzins Amtszeit regelrecht zum Schimpfwort: *»Wenn jemand ein Demokrat genannt wurde, dann hieß das soviel, wie daß er ein Gauner war. Die beiden Konzepte, die angeblich Rußland in eine Zukunft nach dem Vorbild des Westens führen sollten, Privatisierung und Demokratie, gerieten in Verruf. Auf den Moskauer Straßen sagten die Menschen zur Privatisierung (russisch: privatisazija) nur noch ›prichvatisazija‹ (etwa: Grabschisierung) und zur Demokratie ›dermokratija‹ (Scheißkratie).«*[313] Losungen des Klassenkampfes wie zum Beispiel *»Nieder mit den Oligarchen, raubt das Geraubte!«*, halten wieder Einzug in die russische Politik und fordern die Enteignung der kleinen reichen Oberschicht Rußlands. Umfragen ergaben, daß 80 Prozent der Russen die neuen »Superreichen« für Blutsauger und Volksfeinde hielten, und nicht wenige forderten deren »Erschießung«.[314] Unmittelbar nach der vorletzten Duma-Wahl legte Kommunistenchef Sjuganow einen Kranz am Grab Stalins nieder, denn Stalin sei der größte Staatsmann *»nicht nur des 20. Jahrhunderts, sondern auch der ganzen russischen Geschichte«*.[315] Damit trifft er den Nerv von mindestens 47 Prozent des russischen Volkes, die einer Umfrage zufolge auch heute noch eine positive oder neutrale Haltung gegenüber Stalin hegten. 36 Prozent der Russen waren sogar der Ansicht, daß Stalin mehr Gutes als Schlechtes für das Land gebracht habe.[316] Zwei Drittel der Russen, nämlich 68 Prozent, bedauern darüber hinaus die Auflösung der Sowjetunion.[317] Dementsprechend populär ist nach wie vor der Jahrestag der Oktober-Revolution, der wichtigste Feiertag der früheren UdSSR, der seit der Wende als »Tag der Eintracht und Versöhnung« gefeiert wird. Lediglich neun Prozent meinten, daß die Gründung der Sowjetunion eine Katastrophe für das russische Volk gewesen sei.[318] Zwölf Jahre nach dem Ende des Kommunismus sehen sich zwölf Prozent (einer anderen Quelle zufolge sogar ganze 83 Prozent[319]) der Russen nach wie vor als Bürger der Sowjetunion, und die Mehrheit der Russen verwendet im alltäglichen Sprachgebrauch weiterhin den Begriff »Genosse«.[320] Daß es sich hierbei nicht um eine harmlose Form von Nostalgie handelt, sondern daß dahinter politischer Sprengstoff steckt, zeigt das Bild, das die russische Bevölkerung vom Westen, vor allem von den USA und der NATO, hat. Über die 1990er Jahre hinweg wuchs im russischen Volk die Überzeugung, daß der Westen verantwortlich sei am russischen Niedergang und daß die westlichen Demokratisierungshilfen dazu dienten, das Land auszuplündern und in Abhängigkeit zu halten. 41 Prozent der befragten Russen waren der Ansicht, daß der Westen beabsichtige, Rußland zum Dritte-Welt-Staat zu machen, 38 Prozent glaubten, der Westen beabsichtige, Rußland als unabhängigen Staat zu zerstören, und nur vier Prozent sahen in den Hilfen des Westens eine aufrichtige Absicht.[321] Erschreckende 64 Prozent waren sogar der Ansicht, daß die russischen Militärausgaben zu niedrig seien, ganze 85 Prozent waren darüber hinaus der Auffassung, daß Rußland alles dafür tun müsse, um militärisch mit den USA konkurrieren zu können, und 67 Prozent schätzten die Möglichkeit eines Krieges höher ein als in den Jahren zuvor. Dieser Krieg, so glaubten 54 Prozent, würde in den nächsten fünf Jahren durch einen äußeren Angriff auf Rußland beginnen.[322] Der Kollaps der UdSSR, davon waren 38 Prozent der Russen überzeugt, habe die Gefahr eines Atomkriegs nicht reduziert, sondern erhöht. Diese Haltung steht im krassen Gegensatz zu der irrealen westlichen Euphorie, die der Abrüstung der NATO zugrundeliegt und die davon ausgeht, mit dem Ende der Sowjetunion sei die Kriegsgefahr in Europa nahezu vollständig gebannt. Die Hälfte der Russen war im Frühjahr 2002 der Meinung, die NATO sei eine aggressive Organisation, die eine Gefahr für Rußland darstelle.[323] Genährt und aufrechterhalten werden diese Ansichten durch die stetig wiederkehrenden Äußerungen von Scharfmachern aus Politik, Militär und Medien. Beispiele hierfür sind nicht nur Schirinowskis zahllose Tiraden gegen den Westen im allgemeinen und die USA im speziellen, auch der russische Vizepräsident von 1993, Alexander Rutskoy, beschuldigte die CIA, hinter Rußlands Niedergang zu stekken. Ein russischer Oberst behauptete zur selben Zeit sogar, die NATO bereite einen in naher Zukunft bevorstehenden Angriff auf Rußland vor, gegen den die Rote Armee wehrlos sei.[324] Hatten 1993 noch über 70 Prozent der Russen ein positives Bild von den USA, so waren es im Februar 2000 nur noch 37 Prozent. Seither sank dieser Prozentsatz noch weiter, und 52 Prozent waren gar der Überzeugung, die USA hätten die Terroranschläge des 11. September 2001 »verdient«.[325]

## Perestroika im Rückwärtsgang

*»Unerkannt als die wahren Erben des Kommunismus, bleiben die sowjetischen Strategen weiter am Ruder und fahren fort, den Westen zu hypnotisieren, ihnen weiter Unterstützung entgegenzubringen. Realistisch betrachtet kann langfristig von dem gegenwärtigen System tatsächlich nichts Gutes erwartet werden. Sobald sich seine wirtschaftliche Situation verbessert hat, kann man von Rußland einen Rückfall in die alte Feindschaft gegenüber dem Westen erwarten: Der westliche Glaube an den Kollaps des Kommunismus wird sich als Illusion erweisen.«*[326]

— Anatoliy Golitsyn, Februar 1993

Seit dem Amtsantritt des KGB-Präsidenten Putin ist im Ostblock eine schleichende Wiederherstellung der sowjetischen Machtstrukturen erkennbar. Die politische Kontrolle in Rußland wird zunehmend im Kreml konzentriert, entscheidende Positionen innerhalb der Regierung besetzte Putin mit KGB-Offizieren oder mit Offizieren der Roten Armee. Beispiele hierfür sind der neue Chef des Nationalen Sicherheitsrats Sergej Iwanow, den Putin schon seit seiner Ausbildung an einer Leningrader KGB-Hochschule kennt und den er später zu seinem Verteidigungsminister ernannte, sowie Nikolaj Patruschew, der nach Putins Ernennung zum Premierminister neuer Direktor des FSB wurde und der ebenfalls, wie zahlreiche weitere Personen in Putins direktem Umfeld, aus dem Leningrader KGB stammt. Welch' Geistes Kindlein dieser neue FSB-Chef ist, zeigt eine Äußerung, die er im November 2002 während einer Pressekonferenz von sich gab, als er deutsche Vertriebenenorganisationen in bester stalinistischer Tradition als »Revanchisten« bezeichnete, auf die Rußland adäquat reagieren würde.[327]

Wie das Magazin *Der Spiegel* berichtet, waren im Sommer 2003 bereits 77 Prozent der Führungspositionen in Putins Rußland mit Mitgliedern der alten sowjetischen Nomenklatura besetzt, ein Drittel des Kabinetts trug Uniform. Selbst zu Sowjetzeiten war der Prozentsatz der Militärs in Politbüro und Zentralkomitee erheblich niedriger als heute. *Der Spiegel* beziffert unter Berufung auf die russische Soziologin Olga Kryschtanowskaja den Anteil von Militärs in der sowjetischen Führung im Jahr 1988 auf 4,8 Prozent, heute seien es im Vergleich dazu ganze 58,3 Prozent.

In selten zu lesender Offenheit vermutet *Der Spiegel*, die Absicht hinter der stattfindenden Machtkonzentration liege darin, Rußland zurück in die Rolle einer Supermacht zu versetzen: *»Doch der Griff nach der Weltmacht ist das Ziel einer späteren Etappe. Jetzt muß erst einmal die Macht im Innern des Riesenreiches gesichert werden. (...) In ihrem Marsch durch die Institutionen sind die Geheimdienste, die Nachfolger des berüchtigten KGB, ihrem Ziel sehr nahe.«*[328]

*Der Spiegel* vergißt auch nicht darauf hinzuweisen, daß das KGB nicht zum ersten Mal in der russischen Geschichte so offen die politische Macht ausüben konnte; schon Stalin habe seine Alleinherrschaft auf den KGB-Vorläufer NKWD aufgebaut.[329] Genauso vorhersehbar wie auf Lenins NEP der Stalinismus folgte, so folgt auf Gorbatschows Perestroika nun Putins Wiederherstellung der Sowjetmacht. Im Mai 2000 hatte Putin die russischen Regierungsbezirke mit den Militärbezirken zusammengelegt, was einer Maßnahme entsprach, die Stalin im Mai 1941, nur wenige Monate vor Kriegsausbruch, angeordnet hatte. Zwischen 1999 und 2001 hatte es zudem eine Reihe von Amnestien für eine große Anzahl russischer Häftlinge gegeben, die den Amnestien der Jahre 1939 bis 1941 entsprachen. Aus der Anzahl der entlassenen Häftlinge wurde zu Stalins Zeiten die dritte strategische Staffel der Roten Armee gebildet, der Verbleib der unter Putin entlassenen Häftlinge ist unklar, Gerüchte jedoch besagen, daß sie ebenfalls zum Militärdienst verpflichtet wurden.[330] Genau wie zu Stalins Zeiten ist es den Völkern der Russischen Föderation auch seit dem Jahr 2002 wieder verboten, ihre Sprachen mit einer anderen als der kyrillischen Schrift zu schreiben.[331] Diese und zahllose weitere Maßnahmen während der ersten Jahre von Putins Amtszeit dienten offenbar dazu, das politische Leben in Rußland wieder vollständig unter die Kontrolle des Kreml zu bringen, der wiederum dominiert wird von Putins Gefolgsleuten aus der Leningrader Abteilung des KGB.

Ein weiterer Schritt auf diesem Weg war die faktische Wiederherstellung des sowjetischen Geheimdienstes, der von Jelzin im Anschluß an den August-Putsch 1991 dem Namen nach in mehrere unabhängige Behörden aufgeteilt worden war, was an seiner Funktion zwar nicht viel geändert hatte, aber propagandistisch hervorragend ausgeschlachtet werden konnte. Gemäß der vom neuen FSB-Chef Patruschew ausgegebenen Losung, alles zu bewahren und zu vermehren, was sich in der Geschichte zum Vorteil für Rußland erwiesen habe, sollten nun die Behörden, die aus dem KGB hervorgegangen waren, im März 2003 wieder zusammengelegt werden. Als Vorwand hierfür wurde die Bekämpfung von Terrorismus und Drogenhandel angegeben, die auch schon als Entschuldigung für die in den letzten Jahren an Umfang und Größe zunehmenden Militärmanöver herhalten mußte.[332] Wie an anderer Stelle schon erwähnt, war es nie von großer Bedeutung, welchen Namen sich die sowjetische Geheimpolizei in der Vergangenheit gegeben hatte, ob *Tscheka* über GPU, OGPU, NKWD, NKGB, MGB oder KGB, ihre Funktion war stets dieselbe geblieben. Dem Einfluß des KGB unterstehen nun faktisch auch die Armee, in der das System der politischen Kommissare kurz zuvor wiedereingeführt worden war, sowie die Truppen des Innenministeriums.[333] Die Tatsache, daß das KGB als wesentliches ausführendes Organ der sowjetischen Langzeitstrategie nun offen die Macht in Rußland übernommen hat, spricht dafür, daß die kommunistische Langzeitstrategie mit dem Jahreswechsel 1999/2000 tatsächlich in ihre letzte Phase eingetreten ist.

Der russische Oligarch Boris Beresowski, der gegenwärtig die Rolle eines Putin-Gegners einnimmt und aktuell im britischen Exil lebt, faßte Putins Vorgehen in einem im November 2003 veröffentlichten Interview wie folgt zusammen: *»Im Frühjahr 2000 kündigte Putin sein Vorhaben an, eine sogenannte Vertikale der politischen Macht aufzubauen. Vertikale bedeutet nichts anderes als Konzentration in einer Hand. Putin erließ ein Dekret für die Schaffung von Super-Regionen sowie Gesetze, nach denen die obere Kammer des Parlaments, der Föderationsrat, nicht mehr aus gewählten Regionsvertretern zusammengesetzt ist, sondern aus ernannten Mitgliedern. Dies widerspricht der Verfassung völlig. Dann entließ er gewählte Gouverneure, ebenfalls gegen die Verfassung. Das war der erste Schritt im Aufbau der Machtvertikalen. Es ist unmöglich, die politische Macht zu haben, ohne die Massenmedien zu kontrollieren. Der logische nächste Schritt war die Konzentration der Massenmedien unter dem Dach des Staates. Wie soll man die politische Macht haben und die Massenmedien kontrollieren, ohne die Wirtschaft zu beherrschen? Gemäß dieser Logik zerstörte Putin zuletzt das unabhängige Unternehmertum.«*[334]

Über die meisten Maßnahmen Putins zur Wiederherstellung der früheren Sowjetmacht wurde in den westlichen Massenmedien nur ungenügend berichtet. Zwar findet man immer wieder Berichte über die Indienststellung neuer Waffensysteme oder die Durchführung großer Manöver, jedoch werden solche Meldungen zumeist nur wenig beachtet, und in der Regel findet eine Diskussion oder eine Darstellung im Gesamtzusammenhang nicht statt. Lediglich die Gleichschaltung der russischen Medienlandschaft fand in den westlichen Massenmedien größere Beachtung. Es ist natürlich verständlich, daß die Wiedereinführung der Pressezensur für Medienleute von besonderem Interesse ist, aber daß darüber hinaus die zahllosen anderen Maßnahmen, wie zum Beispiel die fortgesetzte Aufrüstung der Roten Armee sowie die vielen militärischen Manöver und Kriegsspiele der letzten Jahre, die sich eindeutig gegen den Westen richten, gänzlich ungenannt bleiben oder nur ungenügend berichtet werden, stellt unseren Medien ein sehr schlechtes Zeugnis aus. Während man den Jahre andauernden Völkermord in Tschetschenien nahezu völlig ignoriert, stürzt man sich gleichzeitig auf jeden kleineren Fehltritt der USA, gerade so, als stünde das Schicksal der westlichen Zivilisation auf dem Spiel. Vor diesem Hintergrund kann von einer umfassenden oder neutralen Berichterstattung zwar von vornherein keine Rede sein, jedoch schlug, wie gesagt, die

Beschneidung der unabhängigen Berichterstattung in Rußland auch bei uns größere Wellen. Die Pressefreiheit in Rußland war vom Kreml in den Jahren 2002 bis 2003 immer weiter eingeschränkt worden, als Vorwand hierfür mußte einmal mehr die Bedrohung durch den internationalen Terrorismus herhalten. Das im November 2002 verschärfte Pressegesetz verbietet nunmehr die freie Berichterstattung über Anti-Terror-Einsätze, die aus Regierungssicht geeignet wäre, Anti-Terror-Maßnahmen zu behindern, die als Propaganda zugunsten der Terroristen gewertet oder als Rechtfertigung des Widerstands gegen Terror-Abwehrmaßnahmen angesehen werden könnte. Mit anderen Worten: Dieses neue Gesetz ermöglicht dem Kreml die totale Zensur jeder halbwegs neutralen Berichterstattung. Was dem Kreml nicht gefällt, darf nicht gesendet werden. Da kommt es natürlich sehr gelegen, daß der neue stellvertretende Direktor der staatlichen Fernseh- und Radiogesellschaft (WGTRK) für Sicherheitsfragen, Alexander Sdanowitsch, auf eine lange Karriere im KGB zurückblicken kann. Zu der staatlichen Medienholding WGTRK gehören außer dem Staatsfernsehen RTR auch der TV-Kanal *Kultura*, die landesweiten Radiosender *Majak*, *Radio Rossii*, die Nachrichtenagentur *Ria Nowosti* sowie über 90 regionale Fernseh- und Radiosender. Die zweite halbamtliche russische Agentur ITAR-TASS konnte schon während der Jelzin-Ära erste Erfahrungen mit Geheimdienst-Generälen in der Chefetage machen. Der ehemalige Sprecher der russischen Auslandsspionage Jurij Kobaladse bekleidete dort bereits in den 1990er Jahren das Amt des stellvertretenden Direktors.[335] Nachdem im Jahr 2000 schon 95 Prozent der 2700 russischen Regionalzeitungen Sprachrohre der Regierung waren und der letzte Kreml-unabhängige Fernsehsender im Juni 2003 geschlossen wurde, sind von der Verschärfung des russischen Pressegesetzes in erster Linie ausländische Medien betroffen.[336] Nach der blutigen Niederschlagung des Geiseldramas in einem Moskauer Musicaltheater durch die russischen Behörden mit einer großen Anzahl unnötiger Todesopfer schreckte der Kreml nicht einmal davor zurück, der deutschen ARD mit Folgen für ihre Korrespondenten zu drohen, falls die Berichterstattung zukünftig nicht im Sinne des Kremls erfolge. In einem Protestschreiben der russischen Botschaft an den Intendanten der ARD hieß es, es werde davon abhängen, *»wie die weitere Berichterstattung ausfällt, ob die Zusammenarbeit russischer Stellen mit der ARD und deren Korrespondenten vor Ort in gewohntem Maße fortgesetzt werden kann«*[337]. Im

Dezember 2005 entzog der Kreml der britischen BBC und der Deutschen Welle (DW) kurzerhand die Sendeerlaubnis. Seither kann die DW in Rußland nicht mehr auf der gewohnten Mittelwellenfrequenz empfangen werden.

Immer häufiger halten in vielen Bereichen des russischen Alltagslebens wieder sowjetische Zustände Einzug. Inzwischen dürfen Ausländer ihren Wohnort in Rußland nur noch mit ausdrücklicher Genehmigung der Behörden wählen, und Ausländer, die sich nur vorübergehend in Rußland aufhalten, dürfen nicht mehr eigenmächtig aus einer Region Rußlands in eine andere umziehen. Um dies besser kontrollieren zu können, sollte eine Datenbank aufgebaut werden, bei deren Errichtung der FSB Pate stand.[338] Zudem wurde das System der verbotenen Zonen, das man als Relikt der sowjetischen Vergangenheit zeitweise abgeschafft geglaubt hatte, offiziell wieder ausgeweitet. Zunächst war im November 2001 das nordsibirische Industriezentrum Norilsk, wo der weltgrößte Nickel-, Palladium und Platinproduzent *Norilsk Nickel* ansässig und daher von erheblicher strategischer Bedeutung ist, für Ausländer geschlossen. Kurz darauf folgte ein großer Teil Nordwestsibiriens, wo sich Rußlands größte Erdgaslagerstätten befinden, sowie Magnitogorsk, ein wichtiges Zentrum der Eisen- und Stahlerzeugung. Um in eines dieser Gebiete reisen zu können, ist künftig nicht nur ein Visum, sondern auch eine Sondererlaubnis des FSB notwendig.[339] Genaugenommen hatte es geschlossene Gebiete durchweg auch während der 1990er Jahre gegeben. Jelzin hatte schon im Juli 1992 einen Erlaß unterzeichnet, der alle Regionen der Russischen Föderation, in denen Massenvernichtungswaffen entwickelt, produziert oder gelagert wurden, in denen radioaktives Material verarbeitet wurde oder in denen bedeutende militärische Einrichtungen lagen, zu verbotenen Zonen erklärte.[340]

Analog Lenins NEP und ihrem Ende durch Stalin gehört zur aktuellen Wiederherstellung der sowjetischen Zustände natürlich auch die Zerschlagung dessen, was der Westen bisher als russische Marktwirtschaft mißverstanden hatte: die Entmachtung der kleinen Anzahl superreicher russischer Oligarchen, die gegen Ende der 1980er Jahre quasi über Nacht und zumeist mit dem Vermögen der KPdSU zu Miliardären geworden waren und in den 1990er Jahren den Großteil der sowjetischen Privatwirtschaft verwaltet hatten. Ein medienwirksam zelebriertes Treffen zwischen Putin und 21 russischen Oligarchen hatte schon im Sommer 2000, nur wenige Monate nach Putins Amtsantritt, einen *»Strich unter die Epoche der primären Kapitalakkumulation«* in Rußland gezogen, wie sich der Initiator des Treffens, der stellvertretende Ministerpräsident Boris Nemzow, vor Vertretern der internationalen Presse ausdrückte.[341]

Mit dem Ende des marktwirtschaftlichen Zwischenspiels haben diese Leute ihren Zweck erfüllt und sehen sich inzwischen, ob gerechtfertigt oder nicht, staatlicher Verfolgung ausgesetzt. Bei Putin in Ungnade gefallen, setzten sich sowohl der Medien- und Aluminiumunternehmer Boris Beresowski als auch der Medienunternehmer Wladimir Gusinski ins westliche Ausland ab. Von einem weiteren der russischen Oligarchen, dem Milliardär Roman Abramowitsch, wird vermutet, er plane sein gesamtes Vermögen in Rußland zu verkaufen, um so möglichen Problemen mit der neuen russischen Führung aus dem Weg zu gehen. Während Beresowski in Großbritannien Flüchtlingstatus erhielt, hatte Michail Chodorkowski, der Chef des russischen Ölkonzerns *Jukos*, weniger Glück. Er wurde im Oktober 2003 von einem bewaffneten Kommando des FSB festgenommen und sitzt seither in Haft.

Die Vergangenheit von Beresowski und Gusinski liegt weitgehend im Dunkeln, über Chodorkowski aber wird berichtet, er habe seine Geschäftskarriere in den 1980er Jahren im Auftrag und mit Unterstützung des KGB begonnen, jedenfalls behauptet dies der britische Informationsdienst *Soviet Analyst*. Seine Verfolgung und Verhaftung sei dementsprechend nicht real, sondern vom Geheimdienst allein für das westliche Ausland inszeniert worden, um den Anschein aufrechtzuerhalten, es habe im postsowjetischen Rußland tatsächlich eine eigenständige Privatwirtschaft gegeben, die den wirtschaftlichen Niedergang Rußlands verschuldet habe.[342]

Zeitgleich zu Putins Entmachtung der Oligarchen ließ im Mai 2000 auch der chinesische Präsident Jiang Zemin verlauten, daß die Kommunistische Partei Chinas ihre Kontrolle über die Wirtschaft verstärken würde. In jedem Unternehmen sollten Parteizellen errichtet werden, die die Richtlinien der Kommunistischen Partei innerhalb des Betriebes vertreten und durchsetzen würden.[343]

Putins Ankündigung vom Dezember 2005, derzufolge die Tätigkeit ausländischer Banken in Rußland künftig untersagt werden soll, zeigt, daß der Kreml nun im Begriff ist, wieder den gesamten russischen Finanzmarkt unter seine Kontrolle zu bekommen. Putin sagte, die

Tätigkeit von Filialen ausländischer Banken in Rußland solle eingeschränkt, im Grunde genommen verboten werden.[344]

Die Wiederkehr sowjetischer Symbole überall in den Staaten der ehemaligen UdSSR unterstreicht, daß nun allmählich wieder offen zurückkehrt, was in den letzten Jahren im Verborgenen konserviert worden war. Auf Geheiß Jelzins war nach dem Putsch vom August 1991, vor allem in den Metropolen, eine Anzahl sowjetischer Symbole, wenn auch bei weitem nicht alle, aus dem russischen Alltag entfernt worden, wie zum Beispiel ein Monument des tyrannischen KGB-Gründers Felix Dserschinski, das auf dem Platz vor der Lubjanka, dem Moskauer KGB-Hauptquartier, gestanden hatte und das vor kurzem, auf einen Vorschlag des Moskauer Bürgermeisters Juri Luschkow hin, wieder aufgestellt werden sollte.[345] Präsident Putins KGB-Clique führte kurze Zeit nach seinem Amtsantritt zunächst die alte sowjetische Nationalhymne wieder ein, die jetzt vor Sitzungsbeginn in der russischen Duma gespielt wird, wenn auch, wie behauptet wird, mit neuem Text. Zugleich bekam die russische Armee wieder das aus Sowjetzeiten bekannte Rote Banner als ihre offizielle Flagge. Die russische Armee ist somit wieder die Rote Armee. Kurze Zeit später wurde auf Veranlassung des neuen Verteidigungsministers Sergej Iwanow auch der nach der Revolution von 1917 gebräuchliche Rote Stern wieder eingeführt.[346] Selbst die zivile staatliche Fluggesellschaft *Aeroflot*, deren Flugzeuge im Fall eines Krieges zu Sowjetzeiten sofort der Roten Armee unterstellt worden wären und die dann militärische Einsätze, wie beispielsweise die Absetzung von Fallschirmtruppen, ausgeführt hätten, führt nach wie vor das Hammer-und-Sichel-Motiv in ihrem Logo.[347]

Nicht nur weigert man sich in Moskau nach wie vor, die Leiche Lenins, der im Jahr 1924 verstorben war und die seither mit erheblichem Aufwand in einem eigenen Mausoleum auf dem Roten Platz konserviert wurde, endlich zu begraben. Erst im Februar 2002 hatte der Kreml das Mausoleum für zwei Wochen schließen lassen, um Lenins Leiche durch eine erneute Konservierung für viele weitere Jahre zu erhalten.[348]

Statt die verbliebenen Symbole des Kommunismus zu entfernen, werden im heutigen Rußland vorübergehend verschwundene Monumente sogar wieder aufgebaut: *»Die Monumente der Ideologen des Kommunismus feierten als ›historische Symbole‹ eine Renaissance, berichtete die russische Zeitung* Iswestija *am Donnerstag. Besonders* *beliebt seien die Statuen in der sibirischen Region Krasnojarsk, die als eine der kapitalistischsten Rußlands gilt. Dort hätten in den vergangenen 18 Monaten fünf alte Lenin-Monumente einen neuen Ehrenplatz erhalten.«*[349]

Es lassen sich noch zahllose weitere Beispiele für die Renaissance sowjetischer Symbole in den letzten Jahren anführen, von großen Werbeplakaten in den Straßen Moskaus mit dem Schriftzug »Unser Vaterland – Die UdSSR« bis hin zu der Anzahl russischer Zeitungen, die nach wie vor das Wort »Sowjet« in ihrem Titel tragen.[350] Im letzten Jahr gab es sogar eine Initiative, die Stadt Wolgograd wieder in Stalingrad umzubenennen, schließlich gilt Stalin in der offiziellen Geschichtsschreibung des heutigen Rußlands nicht etwa als Verbrecher und Massenmörder, sondern wieder als *»großer Feldherr«*.[351] Zeitgleich wurde die Forderung einer Bürgerinitiative abgelehnt, für Kaliningrad, das nach wie vor den Namen des Stalin-Schergen Michail Kalinin trägt, den alten deutschen Namen Königsberg wiedereinzuführen.[352]

Das westliche Ausland nimmt diese beunruhigenden Entwicklungen kaum zur Kenntnis, statt dessen nannte der frühere Bundeskanzler Gerhard Schröder den russischen Staatspräsidenten Putin einen, so wörtlich, »lupenreinen Demokraten«. Selbst als zwei Dutzend russische Intellektuelle, darunter u. a. der frühere Schachweltmeister Garri Kasparow, Ende 2005 Europa aufforderten, angesichts der sich abzeichnenden diktatorischen Zustände Druck auf das Kreml-Regime auszuüben, blieben Reaktionen aus.[353]

## Wiederbelebung der Sowjetunion

Die gegenwärtig betriebene Wiederherstellung sowjetischer Zustände bleibt nicht auf Rußland beschränkt, auch die meisten der anderen, heute angeblich unabhängigen Staaten der früheren UdSSR, die sich kurz nach der Auflösung der Sowjetunion in der Gemeinschaft Unabhängiger Staaten (GUS) zusammengeschlossen hatten, marschieren im Gleichschritt zu der vom Kreml vorgegebenen Politik. Besonders die Staaten Rußland und Weißrußland vollziehen eine offiziell zelebrierte Annäherung, die im Jahr 1996 mit der Bildung einer gemeinsamen Union einen vorläufigen Höhepunkt erreichte, deren erklärtes Ziel eine engere Zusammenarbeit auf politischem, wirtschaftlichem und militärischem Gebiet war. Bis 2005 war als weiterer Schritt die Einführung des russischen Rubels als gemeinsames offizielles Zahlungsmittel geplant, was letztlich auf einen vom Kreml dominierten gemeinsamen Staatenbund hinausläuft, der die Keimzelle der wiederbelebten, neuen Sowjetunion darstellen wird.[354] Es ist abzusehen, daß die übrigen Staaten der GUS früher oder später ebenfalls in dieser neuen Union aufgehen werden. Daß entsprechende Planungen bestehen, deutete der damalige KGB-Chef und spätere Regierungschef Jewgenij Primakow bereits 1994 an, als er verlauten ließ, daß sich alle ehemaligen Sowjetrepubliken, abgesehen von den drei Baltischen Staaten, letztlich wiedervereinigen würden.[355] Vermutlich bei derselben Gelegenheit warnte er den Westen ausdrücklich davor, der Wiedervereinigung der früheren Sowjetrepubliken nicht im Wege zu stehen.[356] Ein zwei Jahre später, im April 1996, stattgefundenes Gipfeltreffen von Vertretern der früheren Sowjetrepubliken verständigte sich auf einen Fahrplan zur »Integrierten Entwicklung der Gemeinschaft«, der die Wiedererrichtung einer gemeinsamen Verteidigungspolitik, einer gemeinsamen Währung und politischer Integration vorsieht. Eine Begründung für diesen Zusammenschluß sollte einmal mehr die Bedrohung durch das organisierte Verbrechen liefern.[357]

Vor allem auf militärischem Gebiet ist die Einheit der ehemaligen Sowjetrepubliken längst Realität bzw. diese Einheit war auch nach dem Ende der Sowjetunion niemals aufgegeben worden. Offenbar besaß die GUS unter dem »Vertrag über Kollektive Sicherheit« bereits von Beginn an ein gemeinsames militärisches Oberkommando, dessen Führung Präsident Jelzin im Dezember 1991 dem früheren russischen Verteidigungsminister Marschall Jewgenij Schaposchnikow übertragen hatte.[358] Vor diesem Hintergrund erscheint es als ein sowohl verspätetes als auch nur teilweises Eingeständnis längst existierender Strukturen, daß im Mai 2002 der Zusammenschluß von sechs Sowjetrepubliken zu einem Militärbündnis, bestehend aus Rußland, Weißrußland, Armenien, Kasachstan, Kirgisien und Tadschikistan, bekanntgegeben wurde, dessen Funktion in der russischen Presse als Ergänzung oder Gegengewicht zur NATO angegeben wird.[359] Somit dürfte die Bekanntgabe in erster Linie propagandistische Zwecke verfolgen.[360] Das Militärbündnis der GUS stellte inzwischen auch eine dem Oberkommando der Roten Armee unterstehende schnelle Eingreiftruppe auf, was nebenbei die Ausweitung der russischen Militärpräsenz in den ehemaligen Sowjetrepubliken mit sich bringt.[361] Die sich hinter der GUS verbergenden militärischen Strukturen zogen mittlerweile offenbar auch das Interesse der, was das postsowjetische Rußland angeht, sonst eher uninteressierten westlichen Nachrichtendienste auf sich. So hatte die CIA im Jahr 2002 offenbar versucht, Informationen über die militärische Zusammenarbeit der ehemaligen Sowjetrepubliken einzuholen, jedoch wurden die damit beauftragten Agenten von den russischen Behörden verhaftet, und in der Folge wurde ein US-Diplomat des Landes verwiesen.[362] Einmal mehr scheint sich zu bestätigen, was Golitsyn vor Jahrzehnten bereits angekündigt hat, nämlich, daß das Auseinanderbrechen der Sowjetunion zu keinem Zeitpunkt Substanz hatte, sondern daß es sich hierbei nur um eine gekonnt inszenierte strategische Täuschung handelte, die nun direkt vor den Augen der uninteressierten Weltöffentlichkeit langsam und Schritt für Schritt rückgängig gemacht wird. Sollte es eine Sowjetrepublik doch einmal versuchen, von ihrer angeblichen Selbstbestimmung Gebrauch zu machen und sich der sowjetischen Dominanz zu entziehen, was sich in der Ukraine im Herbst 2004 abzeichnete, dann lassen die kommunistischen Strategen augenscheinlich nichts unversucht, um dies zu verhindern. Offenbar schreckt man dann auch nicht davor zurück, Wahlen zu fälschen und unliebsame Politiker zu vergiften, wie im Fall des ukrainischen Oppositionsführers Wiktor Juschtschenko, der die Ukraine an den Westen anbinden und aus dem russischen Einflußbereich herausführen wollte. Während des Wahlkampfs, der für den pro-russischen Kandidaten Janukowitsch schlecht auszugehen drohte, begann Juschtschenko plötzlich eine rätselhafte Krankheit zu entwickeln, die sich später als Dioxin-Vergiftung entpuppte.[363] Doch trotz massiver Wahlfälschungen und des Mordanschlags auf Juschtschenko konnte sich in der Ukraine – zumindest vorübergehend – eine prowestliche Regierung etablieren. Als Folge dieser Entwicklung gründete der Kreml im März 2005 eine neue Abteilung für »Konterrevolution«, deren Aufgabe es sei, gegen die »samtenen Revolutionen« in Rußlands Einflußbereich vorzugehen, also die Demokratiebewegungen in den übrigen Sowjetrepubliken zu bekämpfen.[364]

## Wachsende Kriegsbereitschaft und neues Wettrüsten

*»Die vierte und letzte Phase des Plans erwartete den Beginn des ›Weltweiten Demokratischen Friedens‹. (...) In dieser Phase sah der*

*Plan ein Wiederaufleben des Wettrüstens vor, das schließlich zur militärischen Überlegenheit des Warschauer Pakts führen sollte, welche die USA akzeptieren würden.«*[365]
— General Jan Sejna, 1982

Während Rußland nach offizieller Lesart wirtschaftlich vollständig am Boden lag, sprach Gorbatschow in einem 1996 erschienenen Artikel davon, Rußland werde das Wettrüsten wiederaufnehmen, wenn der Westen versuchen sollte, den russischen Einflußbereich in Form einer Ausweitung der NATO zu schmälern.[366] Oft muß auch der Austritt der USA aus dem ABM-Vertrag (den die Sowjetunion schon vor Jahrzehnten gebrochen hatte) als Entschuldigung für die fortgesetzte militärische Modernisierung der russischen Armee herhalten. Die *Komsomolskaja Prawda* schrieb hierzu: *»Man hat uns praktisch gezwungen, daß wir uns einer neuen Etappe des Wettrüstens anschließen. (...) Danke den Amerikanern. Mehr als zehn Jahre haben wir Unterseeboote, Panzer und Flugzeuge für Chinesen und Inder zusammengebaut, jetzt sind auch wir an der Reihe!«*[367]

In ähnlicher Weise brachte das Stockholmer Friedensforschungsinstitut SIPRI im Juni 2003 eine Meldung, die so auch direkt aus der Desinformationabteilung des KGB hätte stammen können. Darin hieß es, die Rüstungsausgaben seien als Folge des von den USA erklärten »Krieges gegen den Terror« weltweit wieder kräftig angestiegen. Rußland habe seine Ausgaben im vorangegangenen Jahr um zwölf Prozent erhöht, während die Ausgaben Chinas um 18 Prozent angestiegen seien.[368] Unwahr ist nicht, daß Rußland und China die Modernisierung und Aufrüstung ihrer Armeen in den letzten Jahren erheblich forcierten; irreführend ist jedoch, daß diese Entwicklung keineswegs Folge des amerikanischen Feldzugs gegen den Terror oder einer anderen vorangegangenen westlichen Provokation ist. Bereits lange vor den Anschlägen des 11. September 2001 und der darauffolgenden US-amerikanischen Reaktion begann die russische Aufrüstung rapide anzuwachsen. Der damalige russische Verteidigungsminister Igor Sergejew hatte schon 1998, nach Jahren der verdeckten Waffenentwicklung, als sich die Clinton-Regierung in den USA im nun ewig währenden Frieden wähnte und das US-Militär einschneidend reduziert wurde, erklärt: *»Eine solche Fülle bahnbrechender Technologien, wie sie in den letzten Jahren in Rußland entwickelt wurden, gibt es* *derzeit auf der ganzen Welt nicht nochmal. Damit kann die Gefechtseffizienz unserer Waffen um das Fünf- bis Zehnfache gesteigert werden.«*[369] Weiter heißt es aus derselben Quelle, allein 1997 habe man 42 neue Waffen- und Militärtechnikmodelle in die Bewaffnung der russischen Armee aufgenommen, und die in jenem Jahr neu in Dienst gestellte Interkontinentalrakete *Topol-M* (SS-27) sei weltweit mit nichts zu vergleichen.

Kurze Zeit nach Putins Amtsantritt, noch deutlich vor dem 11. September 2001, hob er den Verteidigungshaushalt und das militärische Beschaffungsprogramm für neue Waffensysteme um jeweils 50 Prozent an.[370] Dies hatte jedoch nicht zu einer Beschleunigung der Rüstungsspirale geführt oder gar zu einem neuen Wettrüsten, dazu fehlte schlicht die westliche Reaktion. Der Westen reagierte auf die offizielle Anhebung der russischen Militärausgaben nicht, im Gegenteil, was zum Beispiel die Verteidigungsfähigkeit der Bundeswehr angeht, wurde diese zeitgleich sogar noch weiter reduziert. Während Putin die russischen Militärausgaben also um 50 Prozent anhob, sank das Militärbudget der europäischen NATO-Staaten durchschnittlich um etwa fünf Prozent pro Jahr. Für das Jahr 2005 kündigte der Kreml eine weitere Erhöhung des Rüstungsetats um 2,1 Milliarden Euro an, was einer Steigerung um 40 Prozent im Vergleich zu 2004 entspricht.[371] Und auch für das Jahr 2006 wurde vom Kreml im November 2005 eine Erhöhung der Rüstungsausgaben um 50 Prozent angekündigt.[372] Hinzu kommt, daß die internationalen Militärausgaben zumeist in absoluten Dollar- oder Euro-Beträgen verglichen werden, was nicht besonders aussagekräftig ist, da Rußland und China ihre Waffensysteme wesentlich billiger herstellen und anschaffen können, als das in den Staaten des Westens möglich ist. Für denselben aufgewendeten Geldbetrag ist die Rote Armee somit in der Lage, erheblich mehr Waffensysteme anzuschaffen als irgendeine westliche Armee.

Tatsächlich war nach Jahren der einseitigen östlichen Aufrüstung im Anschluß an die Anschläge des 11. September 2001 wieder ein bedeutender Zuwachs der amerikanischen Militärausgaben zu verzeichnen. Jedoch ist zu betonen, daß die Erweiterung des US-Militärs von ihrer Struktur her nicht gegen den ehemaligen sowjetischen Gegner gerichtet sein kann, was sich auch ganz deutlich an der Art der Waffensysteme ablesen läßt, die das Pentagon neu anzuschaffen gedenkt. Diese eignen sich, ganz im Gegensatz zu den Neuerwerbungen der

Roten Armee, nicht für den Krieg gegen eine gut ausgerüstete Großmacht, sondern allein für den Kampf gegen strategisch unterlegene Kleinstaaten oder die Terroristenjagd. Im Zuge des Kampfes gegen den Terror wurde sogar spekuliert, einige der verbliebenen amerikanischen Interkontinentalraketen vom Typ *Minuteman* anstatt mit atomaren Sprengköpfen mit einer Nutzlast aus reinem Beton zu beladen. Diese Raketen sollten innerhalb kürzester Zeit von ihren Startbasen in den USA aus weltweit punktgenau auf erkannte Terroristennester abgefeuert werden können. Die kinetische Energie des mit mehrfacher Schallgeschwindigkeit auftreffenden Betonkörpers allein sollte ausreichen, ein getroffenes Terroristencamp zu zerstören. Während in Rußland mit der *Topol-M* eine ganz neue Generation von Interkontinentalraketen eingeführt wird, beginnt die US-Armee buchstäblich mit Steinen zu werfen! Müßig zu erwähnen, daß die derartige Umrüstung einer Interkontinentalrakete aus strategischer Sicht ihrer Verschrottung gleichkommt.

Von einem Wettrüsten im eigentlichen Sinn des Wortes ist zumindest zwischen den früheren Blöcken NATO und Warschauer Pakt gegenwärtig noch nicht zu sprechen. Zwar ist die Verstärkung der russischen und chinesischen Militärmacht ganz klar gegen die westlichen Staaten, allen voran gegen die USA, gerichtet, was an den zahlreichen dort abgehaltenen Manövern und Kommandoübungen abzulesen ist, die häufig, wie zuletzt im Mai 2004 während der Übung *Sicherheit 2004*, die atomare Zerstörung des Westens zum Ziel haben. Jedoch wird in Europa und den USA bekanntermaßen jegliche von Rußland oder China ausgehende Bedrohung aus politischen Gründen ignoriert.[373] Was zwar anerkannt wird, ist, daß sich jene Länder, die von den USA mittlerweile zu sogenannten »Schurkenstaaten« erklärt wurden, mit Waffensystemen eindecken, die zumindest eine Bedrohung für die Stabilität in der jeweiligen Region darstellen könnten. Nach dem Sturz Saddam Husseins wären hier in erster Linie die beiden »Schurkenstaaten« – allein die Wahl dieses Begriffes offenbart die der US-Regierung eigene Naivität – Iran und Nordkorea zu nennen. Übersehen wird jedoch, woher die Waffensysteme stammen, die die militärische Schlagkraft dieser Länder auf ein Niveau anhebt, das selbst dem US-Militär gefährlich zu werden droht. Die Armeen aller potentiellen Gegner des Westens, darunter Syrien, Libyen, der Sudan und bis vor kurzem der Irak, waren seit Jahrzehnten hauptsächlich mit Waffensystemen aus sowjetischer Produktion ausgerüstet. Sowohl der Iran als auch Nordkorea beziehen ihre Waffentechnologie auch heute noch hauptsächlich aus Rußland bzw. China. Hinzu kommt die Tatsache, daß der russische Staat das Monopol für alle russischen Waffenexporte besitzt, was beweist, daß die Aufrüstung der sogenannten Schurkenstaaten mit dem ausdrücklichen Segen des Kreml vonstatten geht.[374] Ende 2001 verkündete Putin, daß die offiziellen russischen Waffenexporte im Vergleich zum Vorjahr um 20 Prozent angestiegen seien und nun einen Umfang von 4,4 Milliarden Dollar betrügen. Die Dunkelziffer dürfte, wenn man den Export von Technologien hinzurechnet, die der Geheimhaltung unterliegen, noch weit größer sein.[375] Der Großteil der russischen Exporte ging an China, Indien und in den Iran. Laut SIPRI importierte China im Jahr 2001 Rüstungsgüter für 3,1 Milliarden Dollar, was gegenüber dem Vorjahr einer Steigerung von 44 Prozent entspricht. Indien kaufte im selben Jahr für 1,1 Milliarden Dollar ein und steigerte den Import dadurch um 50 Prozent.[376]

Die Entwicklung und Produktion neuer Waffen hatte in den 1990er Jahren auch unter Jelzin stets Priorität gehabt. Seit jedoch Putin die Macht im Kreml übernommen hat und seit er die Resowjetisierung der russischen Gesellschaft betreibt, wurde die russische Hochrüstung auch offiziell zum politischen Ziel erklärt. Putins Militarisierung Rußlands begann mit der Wiedereinführung des Wehrkundeunterrichts schon an Grundschulen, was sicherstellt, daß jeder russische Schulabgänger über eine militärische Grundausbildung verfügt, noch bevor er zur Roten Armee einberufen wird. Die Rote Armee kann es sich so leisten, ihre Mannschaftsstärke während Friedenszeiten in begrenztem Rahmen zu halten. Bei einer Generalmobilmachung würde die Zeit, die benötigt wird, um auf die volle Mannschaftsstärke zu kommen, somit auf ein Minimum reduziert.

Im Juni 2000 wurden erstmals seit dem Ende des Kalten Krieges wieder taktische Atomwaffen unter Verletzung bestehender Abkommen im russischen Kaliningrad stationiert. Im Vergleich dazu verfügen die US-Bodentruppen seit den 1990er Jahren weltweit über keine taktischen Atomwaffen mehr.[377] Zeitgleich zu der Zusage der G8, dem Kreml im Juni 2002 mit 20 Milliarden Euro bei der Beseitigung radioaktiven Abfalls zu helfen, ließ Rußland in Sewerodwinsk das weltgrößte Atom-U-Boot, die *Dmitri Donskoi*, vom Stapel laufen. Bei diesem Boot handelt es sich um ein strategisches Raketen-U-Boot der

*Akula*-Klasse mit 172 Metern Länge, das mit 20 Atomraketen bestückt ist, mit denen die *Dmitri Donskoi* in der Lage ist, 200 große Überwasserziele, jedes 7000 Quadratkilometer groß und 10 000 Kilometer entfernt, anzugreifen. Dazu heißt es in der *Komsomolskaja Prawda*, damit *»kann das Boot gleichzeitig Dutzende Städte wie New York zerstören oder ein kleines europäisches Land oder halb Afghanistan dem Erdboden gleichmachen«*[378].

Im März 2003 ließ der russische Verteidigungsminister Sergej Iwanow verlauten, die Kampfkraft der russischen Streitkräfte sei in den letzten Jahren wieder stetig gesteigert worden. Jedoch behindere Geldmangel immer noch die Ausbildung der Soldaten und den Kauf moderner Waffen.[379] Offenbar waren die 20 Millarden Euro der G8 aus dem Vorjahr also schon aufgebraucht, und vielleicht erwartete man eine neue Finanzspritze aus der Tasche des westlichen Steuerzahlers, vielleicht für den Bau eines weiteren U-Bootes? Jedenfalls kündigte Putin kurze Zeit später die Herstellung einer neuen Generation strategischer Waffen an. Wichtiger Bestandteil der Militärreform sei die Verstärkung und Modernisierung nuklearer Waffen, was sich in erster Linie vermutlich auf die Anschaffung moderner Marschflugkörpern und neuer Interkontinentalraketen bezieht.[380]

Zunehmend meldet Rußland auch die Absicht an, seine hochgerüstete Militärmacht nicht nur innerhalb der eigenen Grenzen, wie in Tschetschenien, sondern auch darüber hinaus einzusetzen. Schon die 1993 überarbeitete Militärdoktrin sah die Option vor, militärische Gewalt zum Schutz russischer Minderheiten im Ausland anzuwenden, was unschwer als die Legitimation zu erkennen ist, in der näheren Nachbarschaft Rußlands, wie zum Beispiel in Georgien oder auch in der Ukraine, militärisch aktiv werden zu können.[381]

Mittlerweile liefert die Bedrohung durch den Terrorismus einen neuen Vorwand für denselben Zweck: Schon im Jahr 2002 hatte Verteidigungsminister Sergej Iwanow angekündigt, man werde sich das Recht vorbehalten, jederzeit überall militärisch zuzuschlagen, um sich gegen den Terrorismus zu verteidigen.[382] Dieser Vorsatz wurde von Putin im Jahr 2004, nach der Geiselnahme in einer Schule in Beslan, erneut bekräftigt: Auch Präventivschläge im Ausland seien gerechtfertigt, sagte er, um den internationalen Terrorismus wirkungsvoll zu bekämpfen. Während manche Experten in solchen Drohungen die Absicht zu erkennen glauben, der Kreml deute damit eine künftige Invasion in

Georgien an, gehen andere noch weiter und spekulieren, ob die Rote Armee damit eines Tages auch zum Beispiel Saudi-Arabien angreifen könnte. Immerhin hatte der Kreml schon mehrfach behauptet, die tschetschenischen Terroristen, die angeblich hinter den zahlreichen Anschlägen in Rußland stecken sollen, würden aus Saudi-Arabien finanzielle Unterstützung erhalten. Das erdölreiche Saudi-Arabien ist von erheblicher geostrategischer Bedeutung, und eine Destabilisierung in dieser Region würde katastrophale Auswirkungen auf die Weltwirtschaft und das internationale Kräfteverhältnis haben. Ein Punkt, der dem Kreml durchaus bekannt ist und der im weiteren Verlauf der sowjetischen Strategie, wenn die Anwendung von, in Sejnas Worten, *»externen wirtschaftlichen Waffen«* gegen die westliche Wirtschaft ansteht, noch eine bedeutende Rolle spielen könnte.

Die Geiselnahme in Beslan lieferte auch den Vorwand für einen »langfristigen Mobilisierungsplan« für ganz Rußland, dem zufolge Bürgerwehren in Wohngebieten, Betrieben und Universitäten aufgebaut werden sollten, was sehr an die Betriebskampfgruppen aus der Sowjetzeit erinnert und die Militarisierung der russischen Gesellschaft, die nur noch allein Putins Kreml-Mannschaft untersteht, weiter vorantreibt.[383] Allein im Jahr 2005 stiegen die russischen Ausgaben für »die Vorbereitung der Wirtschaft auf den Mobilisierungsfall« auf fast 3,5 Milliarden Rubel.[384] Damit diese Ausgaben von der russischen Bevölkerung auch im Sinne des Kreml aufgenommen werden, wurde im Sommer 2005 ein Vier-Jahres-Programm zur »Patriotischen Erziehung« aufgesetzt, das dabei helfen sollte, die russischen Bürger bis 2010 u. a. mit mehr Militärsportlagern zu patriotischen Zeitgenossen zu erziehen. Finanziert werden sollte das 15 Millionen Euro teure Programm durch die Wirtschaft, der eine »Patriotensteuer« und ein Programm zur »Bindung russischer Ressourcen im Land« auferlegt wurde.[385]

## Politische Isolierung der USA

*»Die kommunistische Bedrohung ist jetzt so gewaltig, daß es für jede Nation, sei es Frankreich oder sogar die Vereinigten Staaten, irrational und potentiell selbstmörderisch ist, sich aus der Allianz* (NATO, Anm. d. Autors) *zurückzuziehen.«*[386]
— Anatoliy Golitsyn, 1984

Ziel der Phase 3 der sowjetischen Strategie war, wie Jan Sejna und Anatoliy Golitsyn übereinstimmend berichten, die NATO durch die Auflösung der transatlantischen Bindungen so weit zu schwächen, daß die USA ihre Truppen aus Europa und Asien abziehen würden. Wie die Geschichte gezeigt hat, gelang dieses Vorhaben bis zum heutigen Zeitpunkt, da die Strategie bereits in ihre vierte Phase eingetreten ist, nicht wie ursprünglich geplant. Weder ist die NATO in den letzten Jahren aufgelöst worden, noch wurden die amerikanischen Truppen aus Übersee zurückgezogen. Da dieses strategisch so wichtige Ziel auf unerwartet schwere Widerstände stieß und daher bisher nicht erreicht werden konnte, scheinen die kommunistischen Strategen heute umso mehr an der nachträglichen Realisierung dieses Vorhabens zu arbeiten.

Die Überläufer berichten, daß man den europäischen Zusammenschluß unter Beteiligung der Ostblockstaaten so weit forcieren wollte, daß sich daraus zwangsläufig eine Konkurrenz zu den USA ergeben sollte. Die NATO wäre das erste Opfer dieser Entwicklung mit der Folge des Abzugs der US-Truppen, was wiederum einen starken Einfluß auf den Isolationismus der USA haben würde.[387]

Die USA wären nach der erfolgreichen Finnlandisierung Europas im Rahmen der EU und der subtilen Sowjetisierung der Dritten Welt international der letzte verbliebene »Dinosaurier« des Kapitalismus, woraufhin schließlich die Anerkennung der militärischen Überlegenheit des Ostblocks, der Kollaps der amerikanischen Wirtschaft und die Machtergreifung einer liberalen bis sozialistischen Übergangsregierung in Washington folgen sollten.[388]

Wie weit die politische Isolierung der USA und die Zersetzung der NATO bereits fortgeschritten ist, zeigte sich anläßlich des Irak-Konflikts im Frühjahr 2003. Als die USA entschlossen waren, das Regime von Saddam Hussein militärisch zu stürzen, und in diesem Vorhaben auch von einer Reihe von Staaten, wie zum Beispiel Großbritannien, Italien und Spanien, unterstützt wurden, stellten sich Belgien, Deutschland und Frankreich auf die Seite der Kriegsgegner, die von Rußland und China angeführt wurden. Der Zwiespalt entwickelte sich innerhalb der NATO zum offenen Streit, als die NATO-Führung Militärhilfen für die Türkei einleitete, die von Belgien und Frankreich mit Unterstützung Deutschlands per sofortigem Veto unterbunden wurden. In der Folge wurde es den USA unmöglich gemacht, von der Türkei aus eine zweite Front im Norden des Irak zu eröffnen.

Aus strategischer Sicht ist es nun nicht von Bedeutung, ob die USA eine Legitimation für den Angriff auf den Irak hatten oder wie dieser moralisch zu bewerten ist. Tatsächlich sind gerade die Verwicklung früherer Ostblockstaaten sowie die linke politische Vergangenheit einiger der hauptsächlichen Kriegsbefürworter innerhalb der USA als merkwürdig zu bezeichnen. Ebenso war von vornherein absehbar, daß sich die Intervention im Irak langfristig zum militärischen Fiasko für die USA entwickeln wird. Die Ereignisse vom Frühjahr 2003 zeigten jedoch in erschreckender Weise, daß sich ein so bedeutendes NATO-Mitglied wie Deutschland im Konfliktfall offen gegen die USA und auf die Seite Rußlands stellte, und niemand erkannte die sich daraus ergebenden Konsequenzen. Im Gegenteil, die Medien feierten bereits die neu entstehende Achse Paris–Berlin–Moskau. Wenn die NATO nur noch eine leere Hülle ist, dann ist die Finnlandisierung Europas und besonders Deutschlands offenbar weiter fortgeschritten, als es auf den ersten Blick erscheinen mag, und daran hat die im Jahr 1998 ins Amt gekommene Rot-Grüne Bundesregierung den entscheidenden Anteil. Daß diese Regierung zum größten Teil aus ehemaligen Mitgliedern der 68er-Bewegung bestand, mag ihre politischen Sympathien erklären. Aus strategischer Sicht ist eine solche Entwicklung als schockierend zu bezeichnen!

*Schröder und Putin: »Eine Art Freundschaft«* (Süddeutsche Zeitung *vom 6. September 2004)*

Die Konsequenzen der verweigerten Loyalität zu den USA ließen nicht lange auf sich warten. Wie im Frühjahr 2004 bekannt wurde, planten die Vereinigten Staaten den größten Truppenabzug aus Übersee seit dem Zweiten Weltkrieg. Die Hälfte der etwa 70 000 in Deutschland stationierten US-Truppen sollte abgezogen werden, dazu gehören die 1. Panzerdivision sowie die 1. Infanteriedivision. In Südkorea und Japan sollte der Truppenbestand um weitere 30 000 Mann reduziert werden.[389] Hinzu kamen weitere Umstrukturierungen, wie zum Beispiel die Verlegung einer Staffel von

F-16-Kampfflugzeugen aus dem deutschen Spangdahlem in die Türkei sowie die Verlegung des europäischen US-Marinehauptquartiers von Großbritannien nach Italien, was einige Experten befürchten ließ, dies laufe auf eine Reduzierung der amerikanischen Einflusses in der NATO hinaus.[390] Bei einer gleichzeitig zunehmenden europäisch-russischen Kooperation scheint die sowjetische Strategie aufzugehen, nach der man die NATO übernehmen wollte, wenn es schon nicht gelungen war, sie aufzulösen.

Der zunehmende Antiamerikanismus in Europa kristallisiert sich vor allem an der Person des US-Präsidenten George W. Bush jun., der die USA in den Krieg gegen den Irak geführt hatte und dem auch sonst allerlei Sünden angelastet werden. Seit Bushs Amtsantritt läuft die antiamerikanische Propagandamaschinerie in den linken Medien wie zuletzt während Ronald Reagans Regierungszeit. Und tatsächlich scheint dieser republikanische US-Präsident so gar nicht in das subversive Konzept der kommunistischen Strategen zu passen. Der tschechoslowakische Überläufer Ladislaw Bittman zitierte eine sowjetische Studie über das Verhältnis zwischen US-Präsident und US-Kongreß sowie dessen Auswirkungen auf die amerikanische Politik, die zu dem Schluß kam, daß die Kombination aus einem republikanischen Präsidenten und einem demokratisch-dominierten Kongreß die größten Vorteile für die politischen Ziele der Sowjetunion bietet. Ein demokratischer Kongreß bremst erfahrungsgemäß die Politik eines republikanischen Präsidenten weitgehend aus, so daß den USA politisch die Hände gebunden sind. Am schlechtesten für die sowjetischen Ziele sei die Kombination aus einem republikanischen Präsidenten und einem republikanischen Kongreß, da diese Verbindung den USA die größte Handlungsfreiheit im Sinne der Wahrung nationaler Interessen der USA ermöglicht.[391]

Als Bush den bisherigen demokratischen Präsidenten Clinton ablöste, kam es zur Kombination aus republikanischem Präsidenten und republikanischem Kongreß, was einen Rückschlag für die sowjetische Strategie darstellte. Offenbar hatte man im Kreml bei den Präsidentschaftswahlen 2000 mit einem Wahlsieg des demokratischen Kandidaten Al Gore gerechnet. Tatsächlich hatte die Kommunistische Partei der USA (CPUSA) im Wahlkampf den Demokraten Al Gore unterstützt.[392] Und auch im Jahr 2004 stellte sich die CPUSA hinter die Demokraten und ließ nichts unversucht, um Bushs Wiederwahl zu verhindern. In der für Kommunisten üblichen Volksfronttaktik sollten alle linken Gruppierungen mobilisiert werden, um die Basis der Republikaner zu schwächen. Dabei setzte die CPUSA nicht nur auf die amerikanischen Grünen, sondern auch auf Feministinnen, die Friedensbewegung sowie auf ethnische Minderheiten.[393] Kürzlich freigegebenen Akten des FBI zufolge soll auch das kommunistische China den früheren Senator und späteren demokratischen Präsidentschaftskandidaten John Kerry bei seiner Wiederwahl zum Senator im Jahr 1996 finanziell unterstützt haben.[394]

Obwohl Bushs konservative Amtsführung Erinnerungen an die vorbildliche Politik Ronald Reagans aufkommen läßt, waren die außenpolitischen Handlungen der USA unter Bush bisher enttäuschend. Zwar ließen einige Indizien kurzzeitig den Anschein aufkommen, die neue amerikanische Regierung habe die kommunistische Strategie endlich durchschaut und handele entsprechend, jedoch läßt die Bilanz nach der ersten Amtszeit der Regierung Bush Zweifel aufkommen. Amerikas Besetzung des Irak droht zum neuen Vietnam-Trauma zu werden, die Anhebung der US-Rüstungsausgaben ist strategisch ohne Relevanz, der US-Truppenabzug aus Europa und Übersee erfüllt die Ziele der sowjetischen Strategie, und auch das inzwischen forcierte Raketenabwehrprogramm NMD ist im Vergleich zu Reagans SDI im Fall eines massiven Nuklearschlages völlig wertlos. Äußerungen aus Moskau, wie zum Beispiel die des früheren Premierministers Viktor Tschernomyrdin, die Welt habe im Mai 1999 *»niemals in dieser Dekade so nahe am Abgrund zum atomaren Krieg gestanden als jetzt«*, stehen in krassem Gegensatz zu den Vorstellungen Washingtons, die die Sicherheitsberaterin von Präsident Bush, Condoleezza Rice, in die Worte kleidete, ein *»Atomkrieg zwischen Rußland und den USA sei heute unwahrscheinlicher als je zuvor«*[395].

Aus Sicht der kommunistischen Strategie stellt der Republikaner Bush jedoch mit Sicherheit das größere Hindernis dar als der Demokrat Kerry oder sein Amtsvorgänger Bill Clinton – vor allem deshalb, weil Bush mit allem Nachdruck deutlich gemacht hat, daß er nicht gewillt ist, die nationale Souveränität der USA einer Welteinheitsregierung wie den UN auszuliefern.

## Die geballte kommunistische Faust

*»Der Verlust alter Alliierter und der Verlust der Ölreserven, der auf den ebenso katastrophalen Verlust Südafrikas folgt, würde die Rückkehr der GUS und Chinas als stärkere Gegner zur Folge haben und einen irreversiblen Wechsel im weltweiten Gleichgewicht der Kräfte zu deren Gunsten nach sich ziehen. Die Vereinigten Staaten wären geschwächt und zerrissen, und der Druck zu einer Konvergenz zwischen GUS und China einerseits und den USA andererseits zu chinesisch-russischen Bedingungen würde verstärkt.«*[396] *– »Zu spät wird erkannt werden, daß es keine gleichwertigen Reduzierungen in der Schlagkraft und Effektivität der russischen und chinesischen Streitkräfte gegeben hatte, und auch nicht bei ihren Nachrichten- und Geheimdiensten. Im Gleichgewicht der Kräfte wird eine echte Veränderung stattgefunden haben zugunsten einer chinesisch-sowjetischen Allianz gegenüber der freien Welt, die den Russen und den Chinesen den bestimmenden Anteil in der Aufsetzung der neuen Weltregierung geben wird, was dem Westen keine andere Wahl lassen wird, als mit ihnen die Neue Weltsozialordnung zu bilden.«*[397]
— Anatoliy Golitsyn 1992 und 1993

Seit Golitsyns Flucht in den Westen warnte er vor der Rückkehr einer sowjetisch-chinesischen Allianz; diese habe es hinter den Kulissen bereits seit dem Beginn der kommunistischen Langzeitstrategie durchgehend gegeben, sie sei jedoch aus strategischen Gründen hinter der Fassade einer inszenierten Rivalität verborgen gehalten worden. Die sowjetisch-chinesische Zerrüttung nennt Golitsyn die »Scherenstrategie«, die in der Endphase der kommunistischen Kampagne der Strategie einer »geballten Faust« weichen werde. Solange die Sowjetunion und China als Rivalen galten, schien das internationale Gleichgewicht der Kräfte ausgeglichen, auf das vor allem die Nixon-Regierung irrtümlicherweise so großen Wert legte. Um ein scheinbares Gegengewicht zur Militärmacht der UdSSR herzustellen, stellte die Nixon-Regierung China in den 1970er Jahren Kredite und westliche Technologien zur Verfügung, die den Aufbau der chinesischen Industrie und der chinesischen Militärmacht unterstützten. Hätte eine Versöhnung der beiden kommunistischen Staaten damals in erster Linie die Stabilität in Asien bedroht, so wäre die Bedrohung durch eine vereinte russisch-chinesische Allianz angesichts der hochgezüchteten Armeen beider Staaten heute von internationaler Bedeutung. Der Zuwachs der militärischen Schlagkraft Chinas fußt neben dem Import westlicher Technologie zu einem großen Teil auf russischen Rüstungslieferungen, die in den letzten Jahren erheblich an Umfang und Größe zugenommen haben. Im Dezember 2002 vermeldete das bekannte *Wall Street Journal*, etwa 90 Prozent der chinesischen Rüstungseinkäufe stammen aus Rußland, was China zum weltgrößten Waffenimporteur werden läßt.[398]

*Präsident Putin mit Chinas Präsident Jintao*

Tatsächlich wird seit Putins Amtsantritt, genau wie Golitsyn für die Phase 4 angekündigt hatte, eine zunehmende russisch-chinesische Kooperation offiziell zelebriert. Diese Kooperation hatte im Jahr 2001 mit der offiziellen Unterzeichnung eines Freundschafts- und Kooperationsvertrages zwischen den beiden Staaten ihren Anfang genommen.[399] Da der Vertrag eine Laufzeit von 20 Jahren hat und sich danach automatisch verlängert, kann von einer nur vorübergehenden, eher taktischen Kooperation keine Rede sein, vielmehr ist er von langfristiger, strategischer Bedeutung. Putin sagte im Dezember 2002, im Verhältnis zwischen den beiden Staaten sei *»nicht ein einziger irritierender Moment übrig geblieben. Im Gegenteil, wir sind strategische Partner geworden.«*[400] Bei anderer Gelegenheit hieß es, die »Genossen« Wladimir Putin und Jiang Zemin hätten große und Jahrzehnte in die Zukunft reichende Pläne für den Ausbau der militärischen Kooperation, die über die reine Lieferung von Rüstungsgütern hinausgehe.[401] So werden beispielsweise chinesische Offiziere derzeit in Rußland ausgebildet, und zwischen beiden Staaten finden gemeinsame Manöver statt.[402] An einem dieser Manöver, bei dem die chinesische Besetzung Taiwans geübt wurde, nahmen russische Bomber teil, deren Aufgabe es war, Atomwaffen gegen US-Verbände einzusetzen, die auf der Seite Taiwans halfen, die Inselrepublik zu verteidigen.[403] Zeitgleich zur Annäherung an Rußland ließ die chinesische Führung keinerlei

Zweifel daran, wer in Zukunft der Gegner Chinas sei. Im Winter 1994/95 sagte der chinesische Präsident Jiang Zemin, er sei sich der Tatsache bewußt, *»daß der Westen unser Hauptfeind bleibt«*[404]. Gleichlautend dazu erklärte der stellvertretende Vorsitzende der Kommunistischen Partei Chinas gegenüber einer US-Delegation in Peking im Mai 1994, der einzige Existenzgrund seiner Partei sei nach wie vor das Streben nach dem Weltkommunismus.[405] Sogar auf dem Gebiet der Pressezensur marschieren Rußland und China neuerdings im Gleichschritt. Parallel zur Beschneidung der russischen Pressefreiheit ordnete die chinesische Führung im Dezember 2002 an, daß alle Journalisten, die für chinesische Medien arbeiten, Ideologietests ablegen müssen, in denen ihre Loyalität zur Parteilinie geprüft wird; andernfalls würden sie mit einem Berufsverbot belegt.[406] Zeitgleich dazu wurde ein russisch-chinesisches Abkommen unterzeichnet, das den Ausbau der Zusammenarbeit auf dem Gebiet der Fernseh- und Radioübertragung, besonders die gemeinsame Produktion von Fernsehfilmen, Nachrichtenmagazinen sowie von Dokumentationen, regeln soll.[407] Neben der bilateralen Kooperation gehören beide Staaten auch der 1996 gegründeten Shanghai-Organisation für Zusammenarbeit (SCO) an, die außerdem noch die Sowjetrepubliken Kasachstan, Kirgisien, Tadschikistan sowie Usbekistan als Mitglieder hat. Daß deren offene antiwestliche Zielsetzung gegen die Vereinigten Staaten und die traditionellen europäischen Mächte gerichtet ist, läßt sich klar erkennen. Beispielsweise setzte sich die Organisation in der Vergangenheit gegen das geplante amerikanische Raketenabwehrsystem NMD ein.[408] Gleichzeitig betonte Putin jedoch, daß Rußland und China daran arbeiten würden, eine aus regionalen Organisationen bestehende »Achse der Stabilität von China bis Rußland bis zum Atlantik« zu schaffen mit dem Ziel, eine »multipolare Welt« aufzubauen.[409] Im Klartext bedeutet das, daß die SCO in Fernost den Zweck erfüllt, den die finnlandisierte EU in Westeuropa erfüllen soll: die Sowjetisierung des gesamten europäisch-asiatischen Festlandes und die Isolierung der USA.

Darüber hinaus zeichnet sich ab, daß die antiwestliche »geballte Faust« nicht auf eine Allianz zwischen der Sowjetunion und China beschränkt bleibt. Den kommunistischen Strategen ist es dank jahrzehntelanger Desinformation gelungen, neben traditionell kommunistischen Verbündeten wie Vietnam und Nordkorea auch Indien und Pakistan in diese Allianz miteinzubeziehen. Offenbar war gerade die politische Anbindung der britischen Kolonie Indien ein erklärtes Ziel der sowjetischen Strategen. Denn schon Lenin hatte geschrieben, daß das Ergebnis des Kampfes um die Kontrolle der Welt von der Tatsache abhängen werde, daß Rußland, Indien und China die überwiegende Mehrheit der Weltbevölkerung stellen. Durch die politische Übernahme der Kolonien, vor allem Indiens, würde der Endsieg des Kommunismus zur völligen und absoluten Gewißheit werden.[410]

Die Geschichte der Staaten Indien und Pakistan, die, seit ihrer Unabhängigkeit von Großbritannien, beide jahrzehntelang mit jeweils einer Seite der sowjetisch-chinesischen Schere verbündet waren, mutet an wie die klassische Umsetzung der machiavellistischen Taktik des »Teile und herrsche«. Indien und Pakistan führten nach dem Rückzug Großbritanniens mehrere Kriege über das von beiden beanspruchte Gebiet Kaschmir, und auch zwischen Indien und China hatte es 1962 einen kurzen Grenzkonflikt gegeben. Die Situation führte zu einer Annäherung Indiens an die Sowjetunion, mit der seit 1971 ein Freundschaftsvertrag besteht, der mittlerweile zu einer strategischen Partnerschaft ausgebaut wurde. Pakistan, das zunächst als Gegner der UdSSR und als zuverlässiger Partner der USA galt, lehnte trotz der vehementen Verurteilung der sowjetischen Besetzung Afghanistans Ende der 1970er Jahre jegliche Militär- und Wirtschaftshilfe aus den USA ab und wird seither als Hauptverbündeter Chinas in der Region gehandelt. Unter Ausnutzung des kolonialen Erbes und anschließend des Kaschmir-Konfliktes wurden Indien in den Einfluß der UdSSR und Pakistan zu einer Allianz mit China getrieben, während zugleich der Einfluß des Westens auf die Region erfolgreich unterbunden werden konnte. Analog zur öffentlich zelebrierten Annäherung zwischen Rußland und China wurden inzwischen zwar nicht die Rivalitäten zwischen Indien und Pakistan, jedoch die Feindschaft zwischen den beiden Großmächten und den beiden ehemaligen Kolonialstaaten beigelegt. Der früher unter britischer Herrschaft stehende indische Subkontinent wechselte somit komplett ins östliche Lager. Beim Besuch des pakistanischen Staatschefs Pervez Musharraf in Moskau im Frühjahr 2003 verkündeten Musharraf und Putin das Ende der einstigen Feindschaft zwischen beiden Staaten und den Ausbau der bilateralen Wirtschaftsbeziehungen.[411] Auch das Verhältnis zwischen Indien und China besserte sich seit einem Besuch des indischen Ministerpräsidenten Atal Behari Vajpayee in Peking Mitte 2003 schlagartig, als beide Seiten verlauten ließen, künftig zu kooperieren. Schwerpunkt dieser Kooperation sei die gemeinsame Arbeit an einer »multipolaren Weltordnung«[412]. Offen wird die antiwestliche Stoßrichtung dieser neuen Allianz zugegeben, wenn es heißt, sie habe die Aufgabe, die »unipolare Weltordnung unter machtpolitischer und ökonomischer Dominanz der USA« zurückzudrängen. Offen wird auch zugegeben, daß es bei der Errichtung jener »multipolaren Weltordnung« letztlich darum gehe, die Vereinten Nationen zur höchsten Autorität in internationalen Angelegenheiten zu erheben.[413]

Hinter der Phrase einer »multipolaren Weltordnung« verbergen sich bei genauer Betrachtung exakt jene Ziele, die die kommunistische Strategie für ihre Endphase vorgesehen hatte: die Isolierung und anschließende Zerschlagung der USA als Weltmacht, gefolgt von der Errichtung einer allmächtigen Welteinheitsregierung auf dem Gerüst der sozialistisch dominierten Vereinten Nationen, was im Ergebnis dem Ende nationaler Souveränität gleichkommt. Vor den Augen der westlichen Öffentlichkeit beginnt sich jene »geballte Faust« zu formieren, vor der Golitsyn seit Jahrzehnten gewarnt hatte, und niemand nimmt Anstoß daran. Im Gegenteil, falls die US-Regierung doch noch erkennen sollte, was vor sich geht, und beschließen würde, Gegenmaßnahmen einzuleiten, darf davon ausgegangen werden, daß die Schuld am dann zweifellos aufkommenden neuen Kalten Krieg den »amerikanischen Imperialisten« zugeschoben werden würde, die nicht bereit sind, die »neuen politischen Realitäten« anzuerkennen. Die Blockbildung zur Errichtung der sogenannten »multipolaren Weltordnung« zeigt, daß die kommunistischen Strategen es wieder einmal verstehen, ihre aggressive Politik so zu verkaufen, als sei sie die Reaktion auf eine vorangegangene westliche oder spezifisch amerikanische Aktion. Dieses Muster, bei dem der Täter stets zum Opfer und das Opfer zum Täter gemacht wird, verfolgt die kommunistische Propaganda bereits seit Jahrzehnten, und die Tatsache, daß die zugrundeliegende Unlogik kaum jemandem aufzufallen scheint, zeigt einmal mehr, daß die westliche Öffentlichkeit nach jahrzehntelanger marxistischer Indoktrination unfähig zu eigenständigem Denken geworden ist.

## Der geplante Kollaps der Weltwirtschaft

Während sich alle bisher aufgeführten Ziele der kommunistischen Strategie in den letzten Jahren erfüllt haben oder kurz vor ihrem Abschluß stehen, ist als nächster großer Schachzug mit einem umfassenden Angriff auf die westliche Marktwirtschaft zu rechnen.

Wie General Jan Sejna berichtet, erwarteten die Sowjets während Phase 3 ihrer Strategie den Beginn einer Rezession im Westen, wie sie in der Vergangenheit schon mehrmals aufgetreten ist.[414] Die Situation würde sich bis in Phase 4 hinziehen, während der die kommunistischen Strategen sogenannte »externe wirtschaftliche Waffen« anwenden wollten, um die schon angeschlagene westliche Wirtschaft in eine schwere Depression zu stürzen, ähnlich der Weltwirtschaftskrise zu Beginn der 1930er Jahre.[415] Die politische Stimmung in der amerikanischen Öffentlichkeit sei, gemäß der Einschätzung des Kreml, sehr volatil. Der Sekretär des sowjetischen Zentralkomitees, Konstantin Katuschow, kam im September 1967 nach Prag und erklärte, die amerikanische Öffentlichkeit *»kann in beide Extreme umschlagen, wie wir in der McCarthy-Ära und dem Vietnam-Krieg gesehen haben. Wenn wir den USA die äußeren Zügel aufzwingen können, die in unserem Plan vorgesehen sind, und wir die amerikanische Wirtschaft ernsthaft stören, werden die unteren und mittleren Klassen die Konsequenzen erleiden und sich gegen die Gesellschaft wenden, die für sie gescheitert ist. Sie werden bereit sein für die Revolution.«*[416]

Eine schwere Wirtschaftskrise mit Massenarbeitslosigkeit und Verarmung breiter Bevölkerungskreise sollte weltweit das Versagen des Kapitalismus unter Beweis stellen und die Grundlage erbringen, auf die die Sowjetstrategen spekulierten, um der westlichen Welt ihr politisches System aufzuzwingen, das zunächst vielleicht gar nicht als der bekannte Sowjetkommunismus zu erkennen wäre, jedenfalls kaum als solcher vermarktet werden würde. Kommunistische Agitatoren würden zunächst vielleicht nur nach einer sozial gerechteren Welt verlangen, einen »Sozialismus mit menschlichem Antlitz« und vielleicht die Verstaatlichung großer Konzerne fordern oder ähnliche Parolen ausgeben, mit denen sich die getäuschten Massen identifizieren könnten. Laut dem vom Statistischen Bundesamt herausgegebenen *Datenreport 2004* halten heute schon 51 Prozent der westdeutschen Bevölkerung den Sozialismus für eine gute Idee, »die nur schlecht ausgeführt wurde«, im Osten sind es ganze 76 Prozent. Im europäischen Vergleich sind Italiener, Franzosen, Griechen und Portugiesen sogar noch unzufriedener mit der Demokratie als die Deutschen. Eine Weltwirtschaftskrise würde den Rückhalt linker Parteien, die mit sozialistischen Parolen auf Wählerfang gehen, noch entscheidend vergrößern.

Golitsyn berichtet, daß in der Sowjetunion zu Beginn der kommunistischen Strategie eigens ein Institut gegründet worden war, das die Entwicklung der westlichen Wirtschaft stets genauestens beobachtete und Analysen im Auftrag des Zentralkomitees der KPdSU über die zukünftige Entwicklung der Weltwirtschaft und besonders des amerikanischen Marktes erstellte.[417] Die Berichte dieses Instituts sollten der Sowjetführung helfen, die Gelegenheit einer Weltwirtschaftskrise nicht noch einmal zu verpassen, wie es zuletzt unter Stalin in den 1930er Jahren geschehen war. Golitsyn schrieb im September 1988: *»Nachdem sie mit westlicher Hilfe wirtschaftlich gestärkt worden sind, werden China und die UdSSR sich in dem Vorhaben zusammenschließen, jede schwere Wirtschaftskrise auszunutzen, die die amerikanische Wirtschaft trüben könnte. Sie werden jede Art von Druck ausüben, einschließlich der Einmischung in die inneren Angelegenheiten Amerikas, Erpressung, wirtschaftliche Manipulationen, die Drohung der Sabotage von zum Beispiel Atomkraftwerken, und Mordanschläge.«*[418] Wie die Entwicklung der letzten Jahre gezeigt hat, ist der offizielle Zusammenschluß zwischen der Sowjetunion und China bereits in vollem Gang; auch die antiamerikanische Stoßrichtung ihrer neuen Allianz tritt, wie bereits beschrieben, deutlich zutage. Von möglichen Mordanschlägen wären in dieser Phase wohl vor allem anti-kommunistische westliche Politiker betroffen, die dem Fortschritt der Konvergenz besonders hartnäckig im Wege stehen und deren Beseitigung der kommunistischen Strategie daher Vorteile einbringen würde.[419]

Nähere Informationen darüber, was man sich unter den »externen wirtschaftlichen Waffen« vorzustellen hat, von denen Katuschow 1967 sprach und welche die kommunistischen Planer in der Endphase ihrer Strategie anzuwenden gedachten, enthüllt das 1999 von der Chinesischen Volksbefreiungsarmee herausgegebene Buch der beiden hochrangigen chinesischen Offiziere Qiao Liang und Wang Xiangsui, dessen englische Übersetzung den Titel *Unrestricted Warfare* trägt – zu deutsch *Unbegrenzte Kriegsführung*. Die Autoren vertreten darin, basierend auf den Lehren des altchinesischen Strategen Sun Tsu, die

Überzeugung, daß ein Land wie China einen Gegner wie die USA nur durch die Kombination mehrerer Methoden der Kriegsführung bezwingen könnte. Nicht mehr die reine Anwendung militärischer Gewalt würde den Krieg der Zukunft bestimmen, sondern die Ausnutzung aller Möglichkeiten, einschließlich ziviler, nicht-tödlicher Mittel, die dem Gegner zwar fundamentalen Schaden zufügen, jedoch nicht als eine Form der Kriegsführung zu erkennen sind. Die Autoren schreiben: *»Unserer Meinung nach können sowohl ein Aktiencrash, ausgelöst von einem einzelnen Menschen, die Invasion eines einzelnen Computervirus als auch ein einzelnes Gerücht oder ein einzelner Skandal, die Schwankungen im Wechselkurs einer gegnerischen Währung auslösen oder die Führer eines gegnerischen Landes im Internet bloßstellen, zu den Waffen des neuen Konzepts hinzugezählt werden.«*[420] *(...) »Daher ist das Schlachtfeld omnipräsent. Denken Sie daran, wenn es möglich ist, einen Krieg in einem Computerzimmer oder einer Aktienbörse anzufangen, der das gegnerische Land ins Verderben stürzt, gibt es dann noch einen Ort, wo das Schlachtfeld nicht präsent wäre?«*[421] Erst ein umfassender nichtmilitärischer Angriff, den die USA nicht als solchen erkennen würden, würde in Kombination mit dem nachfolgenden Einsatz der Streitkräfte die größten Erfolgsaussichten haben. Als nichtmilitärische Methoden, die USA zu bezwingen, werden vor allem die nachfolgenden genannt:

- **Kriegsführung durch Terrorismus**: Die Erzeugung von Chaos und Panik in der gegnerischen Bevölkerung durch Terroranschläge, vor allem mit Massenvernichtungswaffen.[422]
- **Kriegsführung mit Rohstoffen**: Manipulation der gegnerischen Wirtschaft durch die Kontrolle über die Verfügbarkeit wichtiger Rohstoffe sowie über deren Marktwert. Vor allem die westliche Abhängigkeit von Erdöl und seltenen Metallen aus der Dritten Welt ist hierbei entscheidend.
- **Finanzielle Kriegsführung**: Manipulationen des Finanz- und Aktienmarktes sowie Spekulationen gegen eine fremde Währung sollen die Volkswirtschaft des Gegners zum Kollabieren bringen.
- **Kriegsführung über das Internet**: Kontrolle über das Internet oder dessen Sabotage, zum Beispiel durch Computerviren.
- **Kriegsführung mit Rauschgift**: Die Überflutung und Zerset-

zung der gegnerischen Gesellschaft mit Rauschgift sowie die Auswirkungen von Geldern aus dem Drogenhandel auf den Finanzmarkt.

- **Kriegsführung über die Massenmedien**: Die Manipulation der Berichterstattung fremder Medien zu eigenen Gunsten durch die Bestechung oder Einschüchterung von Journalisten.
- **Kriegsführung über die Anwendung internationaler Rechtsmittel**: Manipulation internationaler oder multinationaler Organisationen durch Beitritt und Beeinflussung ihrer Politik sowie die Anwendung ihnen zur Verfügung stehender Rechtsmittel, zum Beispiel im Rahmen der EU oder der UN (beispielsweise Kyoto-Protokoll).
- **Kriegsführung durch Produktpiraterie**: Sabotage der Wirtschaft eines Gegners durch die Überflutung seines Marktes mit Raubkopien und gefälschten Produkten.
- **Ökologische Kriegsführung**: Die Schwächung oder Unterwerfung des Gegners durch Veränderung der vorherrschenden Umweltbedingungen. Möglich wäre dies beispielsweise durch Manipulation des Wetters oder künstliche Auslösung von Erdbeben.[423]

Während die Gesundheit sowie die öffentliche Moral der westlichen Völker schon seit den 1960er Jahren, d. h. seit der Phase 2, mit Rauschgift und durch die Unterwanderung der freien Presse massiv zersetzt wurde, sind für den in Phase 4 geplanten Angriff auf die westliche Wirtschaft vor allem die nachfolgenden Methoden von besonderem Interesse:

Bezüglich der **Kriegsführung durch Terrorismus** ist von besonderer Brisanz, daß die chinesischen Autoren in ihrem 1999 erschienenen Buch nicht nur Osama Bin Laden namentlich erwähnten, sondern auch einen Anschlag auf das World Trade Center: *»Sei es das Eindringen von Hackern, eine große Explosion im World Trade Center oder ein Bombenanschlag von Bin Laden, alles übersteigt die Bandweite dessen bei weitem, was das amerikanische Militär versteht.«*[424]

Was die **Kriegsführung mit Rohstoffen** angeht, sei nochmals an den bereits erwähnten »Lokomotivenbericht« erinnert, den der sowjetische Militärgeheimdienst GRU bereits 1954 erarbeitet hatte. Die sowjetischen Strategen gingen darin davon aus, daß man der westlichen Wirtschaft durch die Unterbrechung der Erdöllieferung aus Nahost einen lähmenden Schlag versetzen könnte. Pläne für eine Sabotage der Erdölpipelines waren bereits in den 1960er Jahren ausgearbeitet worden. Eine ähnliche Rolle wie dem Erdöl kommt auch seltenen Rohstoffen aus Staaten der Dritten Welt zu, auf die die westliche Industrie angewiesen ist, während die rohstoffreiche Sowjetunion von einem Förderstop oder einem Embargo völlig unbelastet bleiben würde, im Gegenteil, sie würde davon sogar profitieren.

Tatsächlich zeichnet sich dieser Profit für das heutige Rußland bereits ab, denn durch die, infolge der Terroranschläge des 11. September 2001 stetig gestiegenen Erdölpreise wurde aus dem bankrotten russischen Staat der 1990er Jahre in kürzester Zeit ein Gläubigerland, dessen Fremdwährungsreserven seine Fremdwährungsschulden inzwischen um die 20 Milliarden Dollar übersteigen.[425]

Einen Vorgeschmack darauf, welche Auswirkungen die **Finanzielle Kriegsführung** auf die westliche Wirtschaft haben könnte, zeigte die Rußland-Krise im August 1998, die der Crash des russischen Rubels ausgelöst hatte. Paul Klebnikow faßte die Ereignisse wie folgt zusammen: *»Nach manchen Schätzungen verloren ausländische Banken und Investoren 40 Milliarden Dollar auf dem Wertpapiermarkt, anderen Schätzungen zufolge beliefen sich die Verluste auf insgesamt über 100 Milliarden Dollar. Als Nachspiel brachen die Aktienmärkte weltweit um fünf bis zehn Prozent und mehr ein; Institute wie die* Citibank, Chase, BankAmerica *und* Credit Suisse *erklärten, daß der größte Teil ihrer Jahresgewinne durch den Crash aufgezehrt worden sei. Die russischen Verluste hatten den spektakulären Zusammenbruch eines großen Hedge-Fonds zur Folge:* Long-Term Capital Management. *In der Folge war das Weltwährungssystem so sehr gefährdet, daß die amerikanische Notenbank sich gezwungen sah, eine Rettungsaktion für den Hedge-Fonds zu organisieren.«*[426]

Im Rahmen der **Kriegsführung über das Internet** könnte ein einzelner Computervirus den Zusammenbruch des wichtigsten internationalen Kommunikationsnetzes bzw. von Teilen davon zur Folge haben, was sich auf alle Geschäftsfelder der westlichen Wirtschaft auswirken würde. Je nachdem, wie abhängig ein Unternehmen vom Internet ist, würde sich eine Beeinträchtigung des Internets von einer leichten Störung des Betriebs bis hin zum kompletten Ausfall erstrecken.

Die Maßnahmen der **Ökologischen Kriegsführung** wie die Manipulation des Wetters oder die künstliche Auslösung von Erdbeben mögen auf den ersten Blick zwar abenteuerlich anmuten, werden aber nicht nur von den beiden chinesischen Autoren explizit genannt; auch der russische GRU-Überläufer Stanislav Lunev erwähnt die Existenz einer sowjetischen »Erdbebenwaffe«. Welche Konsequenzen ein künstlich ausgelöstes schweres Erdbeben zum Beispiel entlang des San-Andreas-Grabens in Kalifornien für die Vereinigten Staaten hätte, liegt auf der Hand.

Die **Kriegsführung über die Anwendung internationaler Rechtsmittel** wird besonders im Rahmen der UN dann die größte Bedeutung gewinnen, wenn die Vollendung der Konvergenz zwischen Ost und West zu kommunistischen Bedingungen auf der Tagesordnung der sowjetischen Strategie steht. Es ist wahrscheinlich, daß auf diese Weise Druck auf die USA und alle verbliebenen westlich orientierten Staaten ausgeübt werden wird, ihr freiheitliches politisches System aufzugeben und statt dessen sozialistische Elemente einzuführen, nationale Souveränität abzugeben und sich unter die Kontrolle einer sozialistischen Weltregierung zu fügen. Das Kyoto-Protokoll zur planwirtschaftlichen Beschneidung des freien westlichen Unternehmertums mag als Beispiel hierfür dienen.

Die Auswirkungen, die die **Kriegsführung durch Produktpiraterie** auf die westliche Gesellschaftsordnung haben, dürften im Vergleich zu den übrigen Maßnahmen eher von untergeordneter Bedeutung sein. Die Belastung, die den westlichen Produzenten jedoch durch Billigimporte aus dem Ostblock entsteht, ist enorm. Im Sommer 2005 galt beispielsweise die italienische Textilindustrie aufgrund der chinesischen Billigimporte, die zuhauf auf den europäischen Markt drängten, als gefährdet, weshalb Italien von der EU vehement Importbeschränkungen forderte.

Auf einen derart kombinierten Angriff, ergänzen die chinesischen Autoren von *Unbegrenzte Kriegsführung*, sei die amerikanische Führung in keiner Weise vorbereitet, und daher sei die Kombination all der genannten Maßnahmen mit dem traditionellen Einsatz der Streitkräfte *»das wahre Kartenblatt in unserer Hand«*[427].

Abschließend soll nicht unerwähnt bleiben, daß Katuschow bei seinem Besuch in Prag auch einräumte, daß der in Phase 4 geplante wirtschaftliche Kollaps in den USA anstatt der erwünschten Beförderung linker Strömungen ebenfalls einen heftigen Ruck nach rechts auslösen könnte. Was der Plan in diesem Fall vorsah, berichtet Sejna bei dieser Gelegenheit zwar nicht, jedoch war, wie Golitsyn ausführt, für jene Situation gleichzeitig das Konzept der sogenannten Kooperations-Erpressung vorgesehen, das sich von der freiwilligen Zusammenarbeit zu kommunistischen Bedingungen bis hin zur Drohung mit nackter militärischer Gewalt erstreckte und auf diese Weise jeden Willen zum Widerstand ersticken sollte.

## Exkurs: Das Erdöl, die Achillesferse des Westens

*(Top-Terrorist Carlos:) »›Der einzige Krieg, der zählt, ist der zwischen Sozialismus und Kapitalismus.‹ In diesem Krieg hätten die Palästinenser einen gewissen Stellenwert, so erläuterte er, denn das Heimatland, nach dem sie sich sehnten, grenze nun einmal an jene Staaten an, die auf einem grenzenlosen Meer aus Erdöl schwimmen. Dank des palästinensischen Widerstands bestehe deshalb ›die Möglichkeit, alle Ölfelder am Arabischen Golf in die Luft zu sprengen, von Kuwait bis Oman, in Saudi-Arabien und Khusistan. Erdöl ist die Waffe, die imstande ist, dem amerikanischen Imperialismus die tödliche Wunde beizubringen ...‹«*[428]
— Claire Sterling in *Das internationale Terrornetz*

Aufgrund der rasanten Preisentwicklung auf dem Energiesektor in den letzten Jahren lohnt sich an dieser Stelle eine erneute und genauere Darstellung der Rolle, die das Erdöl im Verlauf und besonders in der letzten Phase der sowjetischen Langzeitstrategie spielt.

Von 1998 bis zum Frühjahr 2006 stieg der Preis für ein Barrel Rohöl von etwa zehn auf über 70 Dollar, und es ist davon auszugehen, daß er weiter steigen wird. Anders als Anhänger der marxistisch motivierten Peak-Oil-Theorie glauben, liegt dieser Preisanstieg jedoch nicht an einem Rückgang der weltweiten Erdölreserven – schließlich sind die bekannten Weltreserven heute größer als je zuvor –, vielmehr ist er eine Folge der politisch instabilen Situation im Gefolge der Anschläge vom 11. September 2001.[429] Hinzu kommen Spekulationen an den Finanzmärkten, die den Preis noch weiter in die Höhe treiben. Und auch wenn der Generalverdacht wieder einmal auf die USA als Hauptprofiteur dieser Entwicklung fällt, geht dieser Verdacht grundsätzlich fehl.

Bekanntlich sind die Wirtschaft und die gesamte Infrastruktur der westlichen Welt vollständig abhängig von einer gesicherten und bezahlbaren Erdöl- und Energieversorgung. Eine Unterbrechung der Erdölversorgung würde die Energiepreise explosionsartig in die Höhe treiben und die Wirtschaft eines Industriestaates innerhalb kürzester Zeit vollständig kollabieren lassen. Der Zusammenbruch der Produktion müßte zu Massenarbeitslosigkeit führen, das Transportwesen würde zusammenbrechen, die Grundversorgung der Bevölkerung könnte nicht sichergestellt werden, Unruhen bis hin zu bürgerkriegsähnlichen Zuständen wären die sichere Folge davon.

Anders als die Sowjetunion bzw. das heutige Rußland verfügt kein Staat der westlichen Welt über ausreichende Erdölvorkommen, oder präziser gesagt, über die nötigen Ölförderkapazitäten, um den eigenen Bedarf zu decken. Im Jahr 2000 wurden 53 Prozent des Ölverbrauchs der USA aus Importen gedeckt, etwa 24 Prozent kamen aus dem Nahen Osten. Noch größer ist die Abhängigkeit Europas von importiertem Öl. Hier werden fast 90 Prozent des Öls eingeführt, über die Hälfte davon aus Nahost.[430]

Aufgrund dieser Abhängigkeit ist es die Pflicht jeder westlichen Regierung, welche die nationalen Interessen ihres Landes wahrnimmt und vertritt, dafür zu sorgen, daß das eigene Land nicht durch eine willkürliche Unterbrechung der Energieversorgung von außen erpreßt werden kann. Idealerweise sollte ein souveräner Staat daher die Abhängigkeit von ausländischen Energielieferungen so gering wie möglich halten, etwa durch den Ausbau und die Entwicklung einer selbständigen Energieversorgung, zum Beispiel durch die Erschließung eigener Rohölvorkommen oder durch den Ausbau der Kernenergie bzw. anderer Energiequellen, die geeignet sind, den eigenen Bedarf zu decken. Die Wind- und die Solarkraft gehören aufgrund ihrer winzigen Energieausbeute nicht in diesen Bereich.

Wie bereits ausgeführt wurde, erkannten die sowjetischen Strategen, genauer gesagt die 10. Verwaltung der GRU, zuständig für die Kriegsführung mittels wirtschaftlicher und strategischer Ressourcen, bereits 1954 die energiepolitische Achillesferse des Westens und arbeiteten eine Teilstrategie, genannt die »Lokomotivenstrategie«, in ihre gesamte Langzeitkampagne ein, die es ermöglichen sollte, den Westen zur rechten Zeit von der Erdölversorgung abzuschneiden. Hierzu gehörte die politische Kontrolle des erdölreichen Nahen Ostens oder zumindest die Schürung einer anti-westlichen Stimmung in den Staaten der islamischen Welt. Ebenso galt es, die erdölreichen Staaten in

Afrika und Mittelamerika soweit als möglich unter die Kontrolle des Kreml zu bekommen, was vor allem im erdölreichen Venezuela, von wo die USA zehn Prozent ihrer Ölimporte beziehen, mit dem Machtantritt der Kommunisten sehr erfolgreich gelang.

Im Nahen Osten war der Kreml besonders in den Staaten Irak, Iran, Syrien, Yemen und Ägypten erfolgreich, die alle, mit Ausnahme Ägyptens, dauerhaft ins östliche Lager wechselten. In Ägypten mußte Moskau nach anfänglichen Erfolgen einen schweren Rückschlag hinnehmen, als Staatspräsident Anwar Sadat in den 1970er Jahren mit der UdSSR brach und sich dem Westen annäherte. Während im Iran der Sturz des westlich orientierten Schah Reza Pahlavi gelang, schlug die Revolution in Saudi-Arabien im November 1979 fehl. Damals hatten 1500 Islamisten, von denen etwa 500 zuvor durch kommunistische Geheimdienste ausgebildet worden waren, zwar die große Moschee in Mekka besetzt, allerdings gelang es nicht, das saudische Königshaus zu stürzen.[431] Aufgrund der Rückschläge in Saudi-Arabien und Ägypten bemühte sich der Kreml dort verstärkt um den Aufbau antiwestlicher Terrorgruppen, deren Hauptaufgabe es wäre, die Ölfelder in Saudi-Arabien und den Scheichtümern am Golf zur rechten Zeit zu sabotieren.[432]

Als Reaktion auf diese sowjetischen Aktivitäten im Nahen Osten erließ die US-Regierung bereits unter Präsident Carter die sogenannte Carter-Doktrin, die vorsah, daß alle Aktivitäten ausländischer Mächte in der Golf-Region als aggressiver Akt gegen die Interessen der USA gesehen und entsprechend – auch militärisch – geahndet würden. Doch selbst die Verstrickung der USA in einen größeren Krieg im Nahen Osten, bei dem es zu einer längeren Unterbrechung der Erdölförderung käme, würde die strategischen Ziele Moskaus erfüllen.

Auch mehr als 25 Jahre nach der gescheiterten Revolution in Saudi-Arabien ist das Land, das immerhin 11,8 Prozent der weltweiten Gesamtproduktion an Erdöl fördert, im Zuge der aktuellen islamistischen Terrorwelle nun wieder höchst gefährdet. Als besonders verwundbar gegenüber Terroranschlägen gelten hier die Erdölverladehäfen an der saudischen Golfküste. Nach Einschätzung des früheren CIA-Mitarbeiters Robert Baer könnte ein koordinierter Terroranschlag die saudische Erdölproduktion nahezu vollständig lahmlegen.[433] Dies würde, nach Ansicht von US-Experten, einen sofortigen Preisanstieg von mindestens 120 Prozent verursachen, was allein in den USA unmittelbar zwei

Millionen Arbeitsplätze kosten würde, bis hin zur Auslösung einer langanhaltenden wirtschaftlichen Depression.[434]

Die katastrophalen wirtschaftlichen Folgen eines solchen Anschlags sind natürlich auch Osama bin Laden und seiner Gruppe *Al Qaida* bekannt. Darauf anspielend sagte er im November 2004 in einer seiner Videobotschaften, die meist dem Fernsehsender *Al Dschasira* zugespielt werden, daß er beabsichtige, die Wirtschaft der westlichen Staaten zu zerstören.[435] Sein Stellvertreter, der vom KGB ausgebildete Aiman el Sawahiri, kündigte sogar explizit einen Anschlag auf die saudische Ölindustrie an und sagte ebenfalls den Zusammenbruch der westlichen Wirtschaft voraus. [436]

Solche Drohungen mit einer Unterbrechung der saudischen Erdöllieferungen werden im Westen zwar ernst genommen. Da der Westen sich jedoch weigert, die wahren Hintermänner des islamistischen Terrors zu erkennen, werden nicht die richtigen Konsequenzen daraus gezogen. Dies belegt eine Äußerung des früheren CIA-Direktors James Woolsey: *»Zunächst müssen wir unsere Abhängigkeit von Saudi-Arabien verringern. Wir müssen mehr erneuerbare Treibstoffe produzieren. Wir müssen unsere Pipelines nach Rußland ausbauen, damit die Russen einen größeren Anteil am Weltölmarkt übernehmen können. Darüber hinaus müssen wir nicht nur die Ölreserven der USA vergrößern, sondern auch unsere Verbündeten auffordern, ihre eigenen Rationen zu erhöhen, damit wir, falls und wenn die Saudis damit drohen, ihre Ölwaffe einzusetzen, dazu in der Lage sind, die Auswirkungen zu neutralisieren. All diese Maßnahmen werden die Fähigkeit der Saudis untergraben, das einzige wirkliche Mittel ihrer staatlichen Macht zu nutzen. Saudi-Arabien war einmal Amerikas Verbündeter im Kalten Krieg und sogar unser Freund. Doch diese Zeiten sind vorbei.«*[437]

Vom Öl aus dem Nahen Osten unabhängig zu werden mag an sich zwar ein richtiger Schritt sein, aber natürlich nicht zu dem Preis einer erneuten Abhängigkeit von Rußland. Ein solches Vorgehen würde sprichwörtlich bedeuten, den Teufel mit Beelzebub auszutreiben, denn eine Abhängigkeit vom russischen Öl würde den Kreml in eine Position bringen, aus der heraus er auf erpresserische Weise direkten Einfluß auf die Politik der ehemals freien westlichen Staaten ausüben könnte.

Daß eine solche Form der Erpressung zum Standardrepertoire der Moskauer Politik gehört, wurde in den letzten Jahren am Beispiel der Situation in Georgien und der Ukraine deutlich.

Nachdem sich die Ukraine im Herbst 2004 im Zuge der sogenannten »orangenen Revolution« aus dem Diktat Moskaus lösen wollte und den Anschluß an den Westen suchte, stellte Moskau im Winter 2005 nicht nur die Gaslieferungen an die Ukraine ein, sondern sorgte zudem dafür, daß auch aus Turkmenistan kein Gas mehr geliefert wurde. Der russische Außenminister Sergej Iwanow stellte in diesem Zusammenhang sogar die »Unverletzlichkeit der Grenzen« und die »territoriale Integrität« in Frage, was unschwer als militärische Drohung zu verstehen ist.[438] Unter diesem Druck mußte die ukrainische Regierung einlenken, was zusammen mit den wirtschaftlichen Folgen dieser Erpressung im Frühjahr 2006 zum Ende der »orangenen Revolution« führte.

Bereits im Jahr 2002 hatte Putin gegenüber Europa ähnliche Drohungen formuliert, als er einen *»gleichberechtigten Platz Rußlands in der europäischen Sicherheitsordnung und der Wirtschaft«* forderte. Sollte Europa Rußland nicht den gewünschten Einfluß einräumen, dann würde Rußland *»Hindernisse mit Blick auf die Preisstabilität bei Öl- und Gaslieferungen«* aufbauen.[439]

Unschwer ist hier die offene Erpressung zu erkennen, die da lautet: Wenn Europa politisch nicht so handelt, wie es dem Kreml gefällt, werden Öl und Gas erst verteuert und, wenn das nicht zum Ziel führt, schließlich wohl ganz abgedreht – eben so wie in der Ukraine.

Trotz der offensichtlichen Gefahr, von der politischen Willkür Moskaus abhängig zu werden, bezog Deutschland im Jahr 2002 bereits ein Drittel seines Bedarfs an Erdgas und ein Viertel seines Erdöls aus Rußland, mit steigender Tendenz. Und es werden kaum Stimmen laut, die vor der sich deutlich abzeichnenden Gefahr warnen. Anders war dies noch zu Beginn der 1980er Jahre. Als die Sowjetunion damals mit Westeuropa den Bau einer Erdgaspipeline vereinbarte, verhängte der US-Präsident Ronald Reagan ein Embargo gegen dieses Projekt, weshalb kein amerikanischer Konzern an dem Bau beteiligt sein oder Teile dafür liefern durfte. Die Linke unterstellte Reagan zwar unlautere und eigennützige Absichten, jedoch war seine Ablehnung des Projekts aus strategischer Sicht die einzig richtige Entscheidung. Die Pipeline wurde schließlich aber doch gebaut und verhalf dem Kreml zu jährlichen Deviseneinnahmen in Höhe von etwa acht bis zehn Milliarden Dollar.[440] Im Jahr 2002 erreichte die russische Ölförderung nun seit 16 Jahren einen neuen Höchststand und verhalf der russischen Regierung zu Rekordeinnahmen, die der russischen Wirtschaft im Jahr 2004 zu einem Wachstum von 7,1 Prozent verhalfen.[441] Durch diese Einnahmen wurde Rußland in kürzester Zeit vom Schuldner- zum Gläubigerland. Wie man hieraus unschwer erkennen kann, hat nur der Kreml einen Nutzen von den explosionsartig angestiegenen Energiepreisen und der Krise in Nahost und nicht etwa die USA oder der »Kapitalismus«, wie linke Meinungsmacher unablässig behaupten! Im Gegenteil, aus dem Krieg im Irak entstehen den USA unnötige Kosten sowohl an Menschenleben als auch an Material, ohne daß dadurch die Versorgung mit irakischem Öl sichergestellt wäre, wie die instabile Situation mit zahllosen Anschlägen im Irak belegen. Der Irak droht für die USA zum militärischen Fiasko und zu einem ähnlichen Trauma wie der Vietnam-Krieg zu werden.

Am Beispiel der bedrohlichen Entwicklung auf dem Energiesektor wird auch die Wirksamkeit der inneren Subversionsarbeit durch die politische Linke deutlich. Denn ohne eine tatkräftige fünfte Kolonne, welche die energiepolitische Verwundbarkeit des Westens – wissentlich oder unwissentlich – noch maximiert, wäre der Erfolg der sowjetischen Erdölstrategie kaum möglich.

Vor allem unter dem Deckmantel des Umweltschutzes wird die Selbstversorgungsfähigkeit des Westens untergraben, sei es durch die Anti-Atomkraft-Bewegung oder durch die Verhinderung der Erschließung neu entdeckter Erdöllagerstätten in Alaska und vor den amerikanischen Küsten. Allein unter dem kanadischen Mackenzie-Delta werden zum Beispiel 174 Milliarden Barrel Öl vermutet, im Vergleich dazu besitzt Saudi-Arabien etwa 260 Milliarden Barrel. Das macht deutlich, welche Bedeutung die Erschließung dieses Vorkommens für die Energiesituation der USA haben würde. Dieses Vorkommen kann jedoch nicht effektiv genutzt werden, da mehrere linke Gruppen unter dem Deckmantel des Umweltschutzes in massiver Weise dagegen vorgehen und die Betreiber solcher Projekte mit Klagen und Rechtsstreitigkeiten überziehen.[442] Einen mächtigen Verbündeten fanden solche Gruppen in dem stark linkslastigen früheren US-Präsidenten Bill Clinton, der im Juli 1998 ein Moratorium unterzeichnete, das die weitere Erschließung der ergiebigen Erdöl- und Gasvorkommen im sogenannten Outer Continental Shelf (OCS) entlang der US-Küsten verhinderte.[443] Und ähnlich wie Bundeskanzler Schröder befürwortete auch Clinton einen Abbau der strategischen Ölreserven, über die sowohl die USA als auch Deutschland verfügen, um – wie es hieß – dadurch den Ölpreis zu drücken. Daß der Sinn eben dieser Reserven aber darin liegt, die Abhängigkeit vom Ausland im Krisenfall zu reduzieren, und daß mit einer solchen Reduzierung zwar vorübergehend der Ölpreis gesenkt werden könnte, jedoch das zugrundeliegende Problem nicht gelöst, sondern sogar noch erheblich verschärft wird, wurde verschwiegen.[444]

Erinnern wir uns noch einmal an Putins Drohung während seines Deutschland-Besuchs im Frühjahr 2002, Rußland werde »Hindernisse« bei der Energieversorgung Westeuropas aufbauen, wenn Moskau nicht der gewünschte politische Einfluß in der EU gewährt werde. Ex-Bundeskanzler Schröder hatte diesen Deutschland-Besuch damals mit den Worten kommentiert, Putins »westorientierte Politik« sei »epochal«.[445] Überhaupt sei Putin, so Schröder, ja ein »lupenreiner Demokrat«.[446] Und auch nach seinem Ausscheiden aus dem Amt als Bundeskanzler hat Schröder ganz offensichtlich keine Bedenken gegenüber der Politik Moskaus, wie seine neue Tätigkeit im Aufsichtsrat der Betreibergesellschaft für die Ostsee-Pipeline (NEGP) aufzeigt, die nach ihrer Fertigstellung sibirisches Gas nach Westeuropa liefern soll und die mehrheitlich im Besitz des *Gazprom*-Unternehmens ist, das wiederum mehrheitlich dem russischen Staat gehört.[447] Besonders dubios mutet dies angesichts der Tatsache an, daß die Rot-Grüne Regierung unter Schröder zuvor den Bau dieses Projekts entscheidend forciert hat. Diese Pipeline wird es dem Kreml nach ihrer Fertigstellung ermöglichen, den europäischen Gasmarkt zu erobern und sich das größte Gasleitungsnetz in Westeuropa anzueignen, womit die Abhängigkeit Westeuropas von der russischen Willkür perfekt wäre.[448]

Vorstandschef der Pipeline-Betreibergesellschaft soll übrigens der frühere Stasi-Major und spätere Repräsentant der Dresdner Bank in Moskau, Matthias Warnig, werden, der in dieser Funktion schon mehrere Übernahmen des inzwischen weltgrößten Gasproduzenten *Gazprom* zu finanzieren half.[449]

Kein Wunder also, daß der russische Außenminister Sergej Lawrow zuversichtlich davon ausgeht, daß die Rolle Rußlands als Großlieferant von Energieträgern stets zunehmen wird, und dabei betont: *»Von der Stabilität der russischen Energieträgerlieferungen an Europa hängt die Stabilität der Energieversorgung der Länder der Europäischen Union (EU) ab.«*[450]

Offenbar erkennt man die Brisanz dieser Entwicklung nur in Rußland selbst, die dortige Kreml-treue Presse bezeichnet Schröder gar als

*»trojanisches Pferd Rußlands in der EU«*. Mit seiner Arbeit *»wird er Rußland und sich selbst politischen Einfluß in der EU sichern«*, schrieb die Tageszeitung *Gaseta*. Und weiter hieß es, *»Dank des einflußreichen Verbündeten in Deutschland«* könne der Kreml Einfluß auf die *»nicht befreundeten Länder Osteuropas und des Baltikums«* nehmen.[451] Der russische Menschenrechtler Sergej Kowaljow sieht die Sache nüchterner, er warf Schröder vor, mit seiner Rußland-Politik die Öffentlichkeit in Deutschland zu belügen und die Menschen in Rußland zu verraten. Der Kanzler sei prinzipienlos, so Kowaljow: *»Er opfert Grundwerte wie die Menschenrechte und Demokratie«* vermeintlichen Geschäftsinteressen. Dabei handle Schröder kurzsichtig und gegen die Interessen Deutschlands, wenn er die Bundesrepublik, die schon heute ein Drittel ihres Gases aus Rußland bezieht, immer abhängiger von Moskaus Energielieferungen und damit erpreßbar mache.[452]

Was mag die Motivation Schröders für dieses Vorgehen sein? Es bleibe dem Leser überlassen, die vorliegenden Fakten selbständig zu bewerten und sich eine eigene Meinung zu bilden.

## Das Konzept der Kooperations-Erpressung

Für den Erfolg der kommunistischen Strategie war stets die zumindest unbewußte Mitarbeit linker, zumeist sozialdemokratischer westlicher Regierungen von Vorteil, bzw. erst deren linkslastige Politik ermöglichte den Fortschritt der sowjetischen Kampagne. Was für die strategischen Gewinne der Vergangenheit gilt, ist von umso größerer Bedeutung, wenn es darum geht, die Konvergenz zwischen Ost und West zu den Bedingungen des Ostens zu vollenden. Für die letzte Phase der Strategie, in der die westlichen Staaten ihre nationale Souveränität zugunsten einer sozialistischen Welteinheitsregierung aufgeben sollen, ist daher die freiwillige Mitarbeit linker Regierungen im Westen unverzichtbar, zumindest dann, wenn versucht wird, dieses Unternehmen auf politische statt auf militärische Weise zu verwirklichen. Der sowjetische »Dissident« Andrej Sacharow, dessen Forderungen die Ziele der sowjetischen Strategie widerspiegeln, deutet an, die einzige Alternative zum Atomkrieg sei die friedliche Machtübernahme linker Parteien im Westen, die ein Programm der Zusammenarbeit und Konvergenz mit der UdSSR im weltweiten Maßstab einleiten würden, das Beschränkungen auf dem Gebiet des Privatbesitzes, vor allem an Produktionsmitteln, nach sich ziehen und letztlich zu einer sozialistischen Weltregierung führen würde. Wenn also die zuvor beschriebenen Maßnahmen der unbegrenzten Kriegsführung das von den Strategen gewünschte Ergebnis erzielt haben, d. h. wenn im Zuge der neuen Weltwirtschaftskrise in den Staaten des Westens linke Regierungen an die Macht gekommen sind, die freiwillig zur Zusammenarbeit mit der neu entstandenen sowjetisch-chinesischen Allianz bereit sind, dann würde die Konvergenz zu Anfang vermutlich unblutig verlaufen und für das Alltagsleben der Bürger nur wenig unmittelbar erkennbare Konsequenzen nach sich ziehen. Eine historische Parallele hierfür wäre die Machtübernahme der Kommunisten in der Tschechoslowakei nach dem Zweiten Weltkrieg, als die Sozialdemokratie zwangsweise in der Kommunistischen Partei aufging. Die Durchsetzung der kommunistischen Gesellschaftsordnung und der damit verbundene Klassenkampf würde vermutlich erst später, dafür aber umso gründlicher, erfolgen. Zu glauben, dieser Weg würde letztendlich weniger Opfer kosten, ist, wie die Geschichte kommunistischer Machtübernahmen oft genug unter Beweis gestellt hat, ein schwerer Trugschluß.

Wenn aber in Folge der Maßnahmen der unbegrenzten Kriegsführung und durch die dadurch ausgelöste Krise konservative oder sogar rechte Kräfte anstelle von linken Parteien die Oberhand gewinnen, die nicht freiwillig zur Aufgabe nationaler Souveränität und zur Beschneidung der traditionellen demokratisch-marktwirtschaftlichen Freiheiten bereit sind, dann besteht die Gefahr, daß der Ostblock seine inzwischen realisierte militärische Überlegenheit ausspielen und den Westen mit dem Schreckgespenst der atomaren Zerstörung offen erpressen könnte. Vor genau einer solchen Entwicklung warnt zumindest Anatoliy Golitsyn, und er deutet an, die zugrundeliegende Haltung der neuen sowjetisch-chinesischen Allianz ließe sich mit den Worten zusammenfassen: »*Kooperiere mit uns oder stelle dich der Aussicht auf atomares Chaos und Krieg.*«[453] Golitsyns Befürchtungen scheinen nicht einer realen Grundlage zu entbehren, wenn man bedenkt, zu welchen Äußerungen sich manche russischen Politiker auch heute noch gegenüber dem Westen hinreißen ließen. Die Erpressung scheint dort, zumindest in den Augen mancher Parteiführer, nach wie vor ein legitimes Mittel der Politik im Umgang mit dem früheren Klassenfeind zu sein. Der für seine aggressive Rhetorik bekannte Wladimir Schirinowski äußerte bereits die Drohung, Deutschland und Japan atomar vernichten zu wollen.[454] Bei anderer Gelegenheit behauptete er, wenn er zum russischen Präsidenten gewählt werde, würde er den USA mit dem Einsatz atomar bestückter SS-18-Interkontinentalraketen gegen amerikanische Städte drohen, bis der Westen Rußland Tribut zahle. Falls sich die USA weigerten, versprach er, sich auf ein atomares russisches Roulette mit Amerika einzulassen und Stadt für Stadt aufzurechnen, eine Metropole nach der anderen auszulöschen und dabei jedesmal seine Forderungen zu wiederholen.[455] Schirinowski steht mit diesen Methoden nicht allein, ein namentlich nicht genannter hochrangiger russischer Beamter drohte damit, Rußland werde mit militärischen Gegenmaßnahmen reagieren, falls die NATO taktische Nuklearwaffen in den neuen Mitgliedstaaten des Bündnisses stationiere. Rußland würde in diesem Fall u. a. mit der Stationierung russischer Kernwaffen in Nordkorea oder dem Iran reagieren, die die US-Truppen in Asien bzw. die weltweite Ölversorgung in Nahost bedrohten. Eine weitere Möglichkeit wäre, so der Beamte, *»präventiv einen Atomkrieg«* anzufangen.[456] An dieser Stelle sei nochmals daran zu erinnern, daß es keinerlei Reaktionen aus dem Westen gab, als Rußland im Jahr 2001 wieder taktische Kernwaffen in Kaliningrad stationierte. Ein besonders dreistes Beispiel von offener politischer Erpressung aus der ehemaligen Sowjetunion stammt vom weißrussischen Präsidenten Alexander Lukaschenko. Dieser hatte mit »Gegenmaßnahmen« gedroht, falls man ihm die Teilnahme am Prager NATO-Gipfel im November 2002 verwehren sollte. Lukaschenko deutete an, in diesem Fall werde Weißrußland die Kontrolle seiner Westgrenze vernachlässigen und illegalen Einwanderern und Drogenhändlern die Reise nach Westeuropa ermöglichen: *»Die Europäer werden dann nicht einfach so nach Weißrußland kommen, sondern sie werden angekrochen kommen und uns um Zusammenarbeit im Kampf gegen den Drogenhandel und die illegale Migration bitten.«*[457] Nachdem ihm weiterhin die Einreise verwehrt blieb, reagierte ein russischer Abgeordneter von Schirinowskis Partei LDPR auf den Vorfall mit einer Anspielung auf die Niederschlagung des Prager Frühlings durch sowjetische Truppen: *»Tschechien hat wohl vergessen, daß die Panzer, die 1968 gekommen sind, wiederkommen könnten.«*[458]

Wenn Golitsyns Einschätzung der Situation richtig ist, haben der Westen und besonders die USA in der Endphase der kommunistischen Strategie aufgrund des Konzepts der Kooperations-Erpressung nur die Wahl zwischen einer von linken Regierungen durchgeführten freiwilligen Aufgabe ihrer politischen Selbstbestimmung mit anschließend obligatorischem Bürgerkrieg oder dem von konservativen Regierungen betriebenen politischen Widerstand gegen die kommunistischen Konvergenzbestrebungen, was eine atomare Erpressung und unter Umständen einen nachfolgenden Krieg zur Folge haben könnte. In diesem Fall würde sich der Westen in einer prekären Situation wiederfinden. Nach Jahren des einseitigen westlichen Abrüstungswettlaufs verfügt kein westlicher Staat, einschließlich der USA, mehr über eine Armee, die einen globalen Konflikt gegen eine andere Großmacht austragen könnte. Die modernen Armeen des Westens mögen zwar in der Lage sein, schnell auf regionale Krisen zu reagieren, um dort Kleinkriege auszufechten oder humanitäre Einsätze durchzuführen, sie sind aber kaum noch in der Lage, ihrer eigentliche Aufgabe, der Landesverteidigung, gerecht zu werden. An dieser Stelle sei darauf hingewiesen, daß Golitsyn in seinem 1984 erschienenen Buch *New Lies For Old* betont hatte, daß die Argumentation, die kommunistische Strategie aufzudecken und politischen Widerstand dagegen zu leisten könne die sowjetische Führung zu einer Verschärfung der Gangart und sogar zum Krieg treiben, grundsätzlich falsch sei. Vielmehr würde die Aufdeckung der kommunistischen Ziele einen schweren Rückschlag für die Kommunisten darstellen; dies wäre für den Westen die beste aller möglichen Entwicklungen und würde den Staaten Europas und Nordamerikas die Möglichkeit geben, der neu erkannten Bedrohung gemeinsam politisch entgegenzuwirken.[459] Es stellt sich die Frage, ob diese Einschätzung nach weiteren 20 Jahren, in denen die Strategie ungehindert Erfolge erzielen konnte und sich das militärische Kräfteverhältnis so entscheidend verändert hat, nach wie vor richtig ist?!

Solange die Strategie jedoch unerkannt bleibt, würde die kommunistische Führung, trotz der alarmierenden Äußerungen Schirinowskis und selbst im Fall von Widerständen gegen die Konvergenz, eine offene atomare Erpressung der USA vermutlich möglichst lange vermeiden.

Statt dessen würde die Erpressung, wie Golitsyn ausführt, auf wesentlich subtilere Weise erfolgen, so daß die Kommunisten nicht als ihre wahren Urheber zu erkennen wären. Das Werkzeug für dieses schleichende Muster der Kooperations-Erpressung bildet der internationale Terrorismus, und allem Anschein nach wird dieses Muster spätestens seit dem 11. September 2001 erfolgreich angewandt.

Angesichts der jahrzehntelang bekannten Verstrickungen der Sowjetunion in das internationale Terrornetzwerk warnten Überläufer und Experten seit den 1980er Jahren öffentlich vor einer Zusammenarbeit mit dem Ostblock bei der Bekämpfung des internationalen Terrorismus, lange bevor eine solche Zusammenarbeit auf die Tagesordnung der Weltpolitik gesetzt wurde.[460]

Die Zeitschrift *New American* schrieb in einer Ausgabe aus dem Jahr 1996, aller Wahrscheinlichkeit nach würden viele großkalibrige Anschläge von angeblich internationalen Terroristen geplant, die ihren Höhepunkt in einem »nuklearen Zwischenfall« finden würden. Durch kommunistische Beeinflussungsagenten im Westen und bei den Vereinten Nationen würden die westlichen Regierungen dann zu »globalen Lösungen« gegen diese Epidemie des »internationalen Verbrechens« überredet werden.[461] Der amerikanische Experte J. R. Nyquist beschreibt die Vorgehensweise: *»Alles, was nötig ist, um den Angreifer davor zu schützen, selbst verdächtigt zu werden, ist der Einsatz von Stellvertretern, die unter falscher Flagge operieren. In anderen Worten, man erschafft eine Frontorganisation, die die Verantwortung für die zukünftigen atomaren, biologischen und chemischen Terroranschläge gegen Amerika tragen wird. Um die Geschichte glaubwürdig erscheinen zu lassen, setzt man die Terroristen zuvor in Opposition zu sich selbst (zum Beispiel in Afghanistan und Tschetschenien). Um das eigene Alibi zu festigen, organisiert man einen falschen Krieg gegen den eigenen ›Stellvertreter‹ – mit echten Explosionen und Kämpfen und Toten in Tschetschenien –, um die eigene Feindschaft gegenüber jener Macht zu unterstreichen, die dafür angeprangert wird, daß sie den Hauptfeind angreift (zum Beispiel die USA).«*[462]

Wenn sich der Westen schließlich einer terroristischen Bedrohung gegenübersieht, deren Wurzeln er nicht erkennt, so führt Golitsyn aus, würde sich der Ostblock zur Zusammenarbeit auf breiter Fläche anbieten, die die Konvergenz zwischen Ost und West zu den Bedingungen des Ostens beschleunigen und langfristig den Boden für eine Weltregierung schaffen sollte. Je enger diese Zusammenarbeit gedeihen würde, desto weniger würde der Westen erkennen, woher die Bedrohung tatsächlich stammt, und er würde sich daher immer weiter zur Aufgabe seiner nationalen Wesensmerkmale verleiten lassen, wie zum Beispiel zur Beschränkung der allgemeinen Freiheitsrechte und zur Einführung von Restriktionen, die sonst hauptsächlich aus kommunistischen Diktaturen bekannt sind. Es sei noch einmal daran erinnert, daß die chinesische Armee den Terrorismus mit Massenvernichtungswaffen zu den Methoden der unbegrenzten Kriegsführung zählt und als nützlich für die Bezwingung der USA erkennt. In dem bereits erwähnten Buch der chinesischen Offiziere Liang und Xiangsui heißt es dazu: *»Das Erscheinen des Terrorismus nach dem Muster Bin Ladens hat den Eindruck vertieft, das eine nationale Macht, egal wie stark sie ist, es schwer finden wird, in einem Spiel die Oberhand zu behalten, das keine Regeln hat. Auch dann, wenn ein Land selbst terroristische Elemente anwendet, wie gegenwärtig die Amerikaner, wird es damit nicht unbedingt erfolgreich sein.«*[463]

Tatsächlich verbinden russische Offizielle schon seit Jahren den anwachsenden Terrorismus mit der Forderung nach einer intensiven internationalen Zusammenarbeit. Der russische General Alexander Lebed äußerte im Juli 1996, und damit lange vor dem öffentlichen Bekanntwerden Osama Bin Ladens, anläßlich des lange Zeit ungeklärten Absturzes von TWA-Flug 800 von New York nach Paris: *»Dieser Bombenanschlag zeigt, daß der internationale Terror ein Problem ist, das eine breite Koordination bei zukünftigen Ereignissen erfordert.«*[464]

Ein Jahr später, im September 1997, stieß der KGB-Chef und spätere Premierminister Jewgenij Primakow vor der UN-Vollversammlung ins selbe Horn, als er die Ursachen des internationalen Terrorismus zu verschleiern versuchte und statt dessen unter dem Vorwand der terroristischen Bedrohung zu internationaler Konvergenz aufrief: *»Ich möchte die besondere Aufmerksamkeit der Vollversammlung auf einen gefährlichen Aspekt regionaler Konflikte lenken: ihre Möglichkeit, Terrorwellen auszulösen und diese bis weit jenseits der Grenzen der jeweiligen Konfliktregion fortzutragen. Zum Beispiel entstammen viele jener Militanten, die einen blutigen Terrorfeldzug in einer Anzahl von Staaten ausgelöst haben, dem andauernden bewaffneten Konflikt, der nach wie vor in Afghanistan stattfindet.«*[465] Was Primakow verschweigt, ist, daß weder der Krieg in Afghanistan, der mit der sowjetischen Einmischung in den 1970er Jahren seinen Anfang nahm, noch »die Armut in der Dritten Welt«, wie von vielen linken Zeitgenossen behauptet wird, die Ursache des internationalen Terrorismus sind; vielmehr war die Sowjetunion in den 1960er Jahren der Geburtshelfer des organisierten weltweiten Terrornetzwerks und stellte den wichtigsten Terrorgruppen seither sowohl die nötige Ausbildung als auch ihre Ausrüstung zur Verfügung.

Hatte Wladimir Putin schon vor den Anschlägen des 11. September vor einem angeblich bevorstehenden Krieg gegen den Islam gewarnt, werden seine Forderungen nach einer Konvergenz zwischen Ost und West, die ganz offen auf die Auflösung der Nationalstaaten abzielen, seither immer lauter: *»Keine Regierung kann untätig bleiben, wenn der Terrorismus zuschlägt. Der heutige Terror kennt keine Grenzen. Seine Urheber kollaborieren über weite Entfernungen hinweg. Wir wissen, daß ein großer Teil der Gewalt, die von Tschetschenien ausgeht, vom Ausland finanziert wird. Dieselben Terroristen, die mit den Anschlägen auf amerikanische Botschaften* (Kenia und Tansania 1998, Anm. d. Autors) *in Verbindung stehen, haben eine Basis im Kaukasus.«*[466] Mit Befremden mag man in Kenntnis der sowjetischen Langzeitstrategie reagieren, wenn sich Putin zu den Anschlägen auf das World Trade Center wie folgt äußert: *»Ich habe das Gefühl, als sei ich persönlich verantwortlich für das, was geschehen ist.«*[467] Putin wollte mit dieser Äußerung jedoch keinesfalls zugeben, daß er hinter den Anschlägen stecke, vielmehr lautete seine Botschaft, daß man die Anschläge hätte verhindern können, wenn es nur eine bessere Zusammenarbeit zwischen den Geheimdiensten in Ost und West gegeben hätte und man rechtzeitig an die Informationen herangekommen wäre.[468] Die Botschaft lautete also, nur mit einer Kooperation zwischen Ost und West lassen sich solche Ereignisse verhindern, oder im Umkehrschluß: Arbeitet man nicht zusammen, wird es weitere Anschläge geben.

Inzwischen sind zahlreiche hochrangige Vertreter des Westens davon überzeugt, das Problem nur durch internationale Kooperation bewältigen zu können, so zum Beispiel der damalige NATO-Generalsekretär Lord Robertson, der sich davon überzeugt zeigte, daß Rußland und der Westen *»sehr ähnlichen, wenn nicht sogar exakt denselben«* Gefahren gegenüberstehen.[469]

*NATO-Generalsekretär Lord Robertson mit Wladimir Putin*[470]

Nach Jahrzehnten des Kalten Krieges zwischen Ost und West war das Bewußtsein für die von Rußland ausgehende Gefahr mit dem

11. September 2001 plötzlich und vollständig verschwunden. Wenn nun der richtige Zeitpunkt kommt, so schreibt Golitsyn, werde der Kreml seine Maske fallen lassen und mit Hilfe aus Peking versuchen, dem Westen das kommunistische System aufzuzwingen, als Höhepunkt einer »zweiten sozialistischen Oktober-Revolution«, dem Weltoktober.[471]

## Weltoktober

*»In Westeuropa und den Vereinigten Staaten wird die Konvergenz von Blutbädern und politischen Umerziehungslagern begleitet sein.«*[472]
— Anatoliy Golitsyn, 1989

Wie bereits beschrieben, sind in der Endphase der kommunistischen Strategie zwei verschiedene Ausgangspositionen am Vorabend der Weltrevolution denkbar. Entweder wird der militärisch, gesellschaftlich und wirtschaftlich geschwächte Westen von Regierungen angeführt, die sich zur Zusammenarbeit mit der sowjetisch-chinesischen Allianz bereit erklären, freiwillig die nationalen Interessen ihrer Länder Schritt für Schritt aufgeben und sich dem kommunistischen Diktat einer zur Weltregierung ausgebauten UN beugen, oder der Westen wird angeführt von konservativen Regierungen, die nationale Lösungen für die bestehenden Probleme suchen und nicht bereit sind, die Freiheit ihrer Völker freiwillig preiszugeben. Im ersten Fall befindet sich der kommunistische Block vor dem Hintergrund seines militärischen Potentials und seines wirtschaftlichen Vorteils, vor allem auf dem Rohstoffsektor, bereits in einer Position, in der er die Innenpolitik des Westens beeinflussen kann. Im zweiten Fall wird er in diese Position wohl erst durch den Einsatz seiner miliärischen Überlegenheit, d. h. auf kriegerische Weise oder zumindest durch die Androhung von Gewalt, gelangen. Golitsyn betont, daß das KGB im Rahmen der kommunistischen Langzeitstrategie auch Studien über die Durchführbarkeit eines nuklearen Überraschungsangriffs gegen die USA angefertigt hatte, so daß diese Gefahr als im Rahmen des Möglichen liegend erachtet werden muß.[473] Die Aussagen Stanislav Lunevs bestätigen und untermauern diese Einschätzung. An dieser Stelle soll jedoch ausschließlich dargestellt werden, was folgen würde, wenn es dem kommunistischen Block gelungen wäre, unbeschränkten Einfluß auf die Innenpolitik des Westens zu gewinnen, ungeachtet, ob dies auf friedlichem oder auf kriegerischem Weg verwirklicht wurde. Ob die geplante Weltrevolution nun als Folge einer schleichenden Aufgabe der nationalen Souveränität durch kooperative Regierungen oder schlagartig nach einem überraschenden Blitzkrieg und der anschließenden Kapitulation des Westens erfolgt, beeinflußt den darauffolgenden Klassenkampf, der die Verwirklichung der kommunistischen Gesellschaftsordnung bringen soll, nicht wesentlich. Die langfristigen Konsequenzen für die Völker in Ost und West wären in etwa dieselben. Bestätigt wird dieser Sachverhalt zum Beispiel durch ein Manöver des Warschauer Pakts während des Jahres 1971, das den Namen *Bizon-71* trug. Im Rahmen dieser Übung war für die Stadt Hannover nach ihrer Besetzung durch die polnische 6. Panzerdivision die Installierung einer neuen Regionalregierung vorgesehen, die interessanterweise aus Repräsentanten der SPD und der KPD (DKP) bestanden hätte.[474] Ein für die Sowjets siegreicher Krieg in Mitteleuropa hätte somit zumindest vorübergehend dasselbe politische Ergebnis nach sich gezogen wie der friedliche Wahlsieg einer rot-roten Koalition. Das zeigt einmal mehr, daß die Sozialdemokratie im Rahmen der sowjetischen Langzeitstrategie als Steigbügelhalter für den Weltkommunismus vorgesehen ist.

Außenpolitisch würden die sozialistisch dominierten nationalen Regierungen ihre Befugnisse, eventuell über den Umweg regionaler Zusammenschlüsse ähnlich der EU, zugunsten übergeordneter internationaler Institutionen abgeben, deren oberstes Organ auf dem Gerüst der Vereinten Nationen gebildet werden würde. Die einstmals souveränen nationalen Regierungsorgane würden so zu Verwaltungshelfern der obersten Instanzen der Neuen Weltordnung degradiert werden. Nationale Eigenheiten würden verschwinden, ebenso wie die Grenzen der früheren Nationalstaaten. Schließlich würden alle ehemals souveränen Staaten aufgelöst werden und in einer weltweiten sozialistischen Föderation aufgehen. Die Tatsache, daß der kommunistische Block die Mehrheit bei den Vereinten Nationen darstellt, sichert von vornherein die sozialistische Ausrichtung der neuen Weltregierung.

Selbst im Fall einer friedlichen Konvergenz, getragen von demokratisch an die Macht gekommenen Parteien, die zur Kollaboration mit Moskau bereit sind, wäre es trotzdem nur eine Frage der Zeit, bis die Umstrukturierung der westlichen Gesellschaften nach dem kommunistischen Modell zu Blutvergießen und Bürgerkrieg führen würde. Nach der erfolgreichen Festigung der kommunistischen Macht würde die westliche Sozialdemokratie dasselbe Schicksal ereilen wie ihre früheren Schwesterparteien im Osten – die Liquidierung. Geschichtliches Vorbild hierfür ist die bereits erwähnte Machtübernahme der Kommunisten in der Tschechoslowakei, die nach dem Zweiten Weltkrieg friedlich erfolgte, nach der zwangsweisen Auflösung der Sozialdemokratie jedoch zunehmend schärfere Formen des Klassenkampfes annahm, bis die kommunistische Regierung schließlich Gesetze erließ, mit denen jeder beliebige Bürger wegen feindlicher Haltung gegenüber der »volksdemokratischen Republik« oder dem »volksdemokratischen Regime« in Arbeitslager inhaftiert werden konnte.[475] Auch in China erreichte der Klassenkampf nach der Ausrufung der kommunistischen Volksrepublik im Jahr 1949, nach Bodenreform und Kollektivierung, seinen Höhepunkt erst zwei Jahrzehnte später in der Kulturrevolution von 1966 bis 1969 und forderte eine bis heute unbekannte Anzahl von Todesopfern. Schätzungen reichen von einigen Hunderttausenden bis zu einigen Millionen.

Die in der Verfassung festgeschriebenen Bürgerrechte der früheren Nationalstaaten würden solange beschränkt, bis sie schließlich völlig bedeutungslos würden. Dr. Warren Carroll und Mike Djordjevich haben untersucht, welche Veränderungen ein freiheitlicher Staat wie die USA auf dem Weg in eine totalitäre Diktatur durchmachen würde. Heraus kam eine Liste von 14 Punkten, von denen zum Zeitpunkt der Untersuchung zumindest dortzulande noch kein Punkt erfüllt war:

1. Einschränkung bei der Ausfuhr von Geld und beim Eröffnen oder Beibehalten von Bankkonten
2. Abschaffung des Privatbesitzes von Handfeuerwaffen
3. Inhaftierung von Bürgern ohne Gerichtsverfahren
4. Die Vorschrift, private finanzielle Transaktionen mit Sicherheitskennziffern zu versehen, so daß Daten darüber gespeichert werden können
5. Anwendung von Schulpflicht-Bestimmungen und Verbot der noch existierenden Privatschulen
6. Nichtmilitärische (Arbeits-)Dienstpflicht
7. Psychologische Zwangsbehandlung
8. Bezeichnung aller antikommunistischen Organisationen als umstürzlerisch und deren Unterdrückung

9. Gesetz zur Begrenzung der Personenzahl bei privaten Zusammenkünften
10. Eine entsprechende Änderung der Paß-Ordnung, die das Erhalten und den Gebrauch von Pässen erschwert
11. Lohn- und Preiskontrollen, insbesondere zu Nicht-Kriegszeiten
12. Zwangsregistrierung von Arbeitsverhältnissen
13. Einschränkungen der Bewegungsfreiheit innerhalb des Landes
14. Inkraftsetzung von Gesetzen, ohne durch eine gesetzgebende Instanz die Ermächtigung hierzu zu haben.[476]

Ergänzen könnte man diese Liste noch durch folgende Punkte:

a) Besitz von Edelmetallen, besonders von Gold, wird verboten
b) Starke Progressivsteuer, Einführung neuer Steuern
c) Abschaffung des Erbrechts (oder starke Besteuerung von Erbvermögen, Anm. d. Autors)
d) Zentralisation des Kredits in den Händen des Staats durch eine Nationalbank mit Staatskapital und ausschließlichem Monopol
e) Gleicher Arbeitszwang für alle, Errichtung industrieller Armeen, besonders für den Ackerbau
f) Verstaatlichung der Kindererziehung.

Die Punkte b) bis f) sind dem *Kommunistischen Manifest* von Marx und Engels von 1848 entnommen und seither teilweise bereits Realität geworden.

Da alle Zugeständnisse an die bürgerliche Lebensweise – wie zum Beispiel ein limitierter privater Besitz, wie er in einigen ehemaligen Ostblockstaaten toleriert wurde, oder limitiertes privates Unternehmertum sowie die Gewährung religiöser Freiheiten – nun von keinem Nutzen mehr für die kommunistischen Strategen wären, würden diese, uns so selbstverständlichen Freiheiten genauso verschwinden wie nach dem Ende von Lenins NEP in den 1930er Jahren, diesmal jedoch im Weltmaßstab. Jegliche Opposition gegen die kommunistische Neue Weltordnung würde nach dem bekannten Muster bolschewistischer Machtübernahmen ausgerottet werden, was früher oder später zwingend zu einem blutigen Klassenkampf und bürgerkriegsähnlichen Zuständen führen würde. Vor allem in den ehemaligen Staaten des Westens würden alle Vertreter der bürgerlichen Klassen, besonders Politiker einschließlich der sozialdemokratischen Parteien, hochrangige Beamte, Militärs, konservative Intellektuelle sowie Kirchenvertreter und Unternehmer in öffentlichen Schauprozessen verurteilt und anschließend als sogenannte »Volksfeinde« hingerichtet oder im besten Fall in Umerziehungslager gesperrt.[477] Pläne für solche Internierungslager bestanden sowohl für den Klassenfeind im Westen als auch für die eigene unzuverlässige Bevölkerung. Denn die Säuberung der kommunistischen Gesellschaft von allen »Volksfeinden« würde im Zuge der Weltrevolution auch vor den Völkern des Ostblocks nicht halt machen. Interessanterweise hielt die Staatsicherheit der DDR solche Pläne selbst kurz vor der Wende noch stets aktuell, wie *Der Spiegel* mehrfach berichtete: *»Von Rostock bis Gera hatten die Agenten neben historischen Plätzen, wie der Burg Ranis im Thüringischen, auch Betriebserholungsheime, Jugendlager und Trainingsstätten von Sportvereinen als potentielle Isolierungslager für ›Personen mit einer verfestigten feindlich-negativen Einstellung zur sozialistischen Staats- und Gesellschaftordnung‹ vorgesehen. Bei regimefeindlichen Großdemonstrationen sollten Rüstungsgegner, Antikommunisten, Kirchenobere und sonstige SED-Kritiker ergriffen und in den streng gesicherten Camps konzentriert werden.«*[478] Auch die bloße Mitgliedschaft in Heimatgruppen oder alles, was auf eine irgendwie konservative Denkweise schließen ließ, war als potentielle Gegnerschaft gegenüber dem Sozialismus ein Verhaftungsgrund.[479] Golitsyn berichtet, daß einer Schätzung des KGB aus den 1950er Jahren zufolge damals allein in Westdeutschland 150 000 Personen hätten beseitigt werden müssen, um das Land in einen »neutralen« Staat zu verwandeln.[480] Auch Yuri Bezmenov, ein weiterer übergelaufener KGB-Offizier, der nach seiner Flucht in die USA den Namen Tomas D. Schuman annahm, berichtet darüber, daß es zu jener Zeit, als er für das KGB in Indien Dienst tat, zu seinen Aufgaben gehörte, eine Liste von einheimischen Prominenten zu erstellen, die im Fall einer kommunistischen Übernahme des Landes als Staatsfeinde zu betrachten wären und beseitigt werden müßten.[481] Sejna ergänzt, daß ähnliche Todeslisten, die vom KGB unter Zuhilfenahme lokaler kommunistischer Parteien erstellt wurden, auch für andere gegnerische Staaten bestanden und als fester Bestandteil der strategischen Planung ständig aktualisiert wurden.[482]

Konservativ-bürgerliches und religiöses Gedankengut in jeder Form würde aus dem öffentlichen Leben verbannt werden, Bücher würden verboten und aus dem Verkehr gezogen, und die Bevölkerung würde zur Denunziation aller Mitmenschen aufgefordert werden, die die politisch korrekte Parteilinie nicht übernehmen wollten oder sich ihr sogar widersetzten. Da die Revolution keine Reste von Opposition bestehen lassen kann, welche die Errichtung der kommunistischen Gesellschaftsordnung bedrohen könnten, würde die weltweite Perestroika, die Umgestaltung, einer globalen Perestrelka, einer »Schießerei«, weichen, deren Blutvergießen das aller früheren roten Revolutionen noch in den Schatten stellen würde. Bisher waren kommunistische Revolutionen auf ein einzelnes Land oder eine Region beschränkt geblieben, Menschen konnten vor ihr ins sichere Ausland flüchten oder bekamen von dort begrenzte Unterstützung. Die Weltrevolution jedoch läßt keine Fluchtmöglichkeiten mehr zu, auch brauchen die Drahtzieher des Terrors keine Rücksichten auf eine mögliche Reaktion oder Intervention des freien Auslands zu nehmen, wenn kein freies Ausland mehr besteht. Eine Hexenjagd auf alle politisch Andersdenkenden würde einsetzen, die das Blutvergießen der chinesischen Kulturrevolution noch bei weitem übersteigen würde. Der ebenso von der Oktober-Revolution bekannte Massenterror wäre allgegenwärtig, den schon Lenin als so nützlich für die Errichtung des Kommunismus erachtet hatte und den sein Polizeichef Felix Dserschinski mit den Worten rechtfertigte: *»Wir treten für organisierten Terror ein … Die* Tscheka *ist kein Gerichtshof … Die* Tscheka *ist verpflichtet, die Revolution zu verteidigen und den Gegner zu vernichten, selbst wenn ihr Schwert manchmal durch Zufall die Häupter Unschuldiger trifft.«*[483] Unschuldig in Dserschinskis Sinne sind, nebenbei bemerkt, nicht etwa harmlose Bürger, sondern ausschließlich linientreue Kommunisten, und selbst diese wären für lange Zeit nicht sicher vor dem allgegenwärtigen Blutvergießen der Revolution.

Die Revolution kennt keine Privatsphäre und keinen Privatbesitz; in der ersten Phase der Kollektivierung würden Banken und Versicherungen sowie jeder private Besitz an Produktionsmitteln vom Großkonzern bis zu mittelständischen Betrieben verstaatlicht; darauffolgend würden auch kleinere Unternehmen und landwirtschaftliche Betriebe enteignet, bis zuletzt auch jeder kleinere Privatbesitz, wie zum Beispiel von einfachen Wohnhäusern, verboten werden würde. Ein gewaltfreies Mittel, auch den letzten privaten Besitz zu enteignen, wäre beispielsweise eine so hohe Besteuerung, daß der Besitzer nur die Wahl hat, seinen Besitz freiwillig aufzugeben oder wegen Steuerhinterziehung inhaftiert zu werden. Wer seinen Besitz rechtzeitig freiwillig aufgibt, würde vielleicht verschont werden, wer dagegen protestiert, gilt als Feind der Revolution und müßte mit Sanktionen rechnen, bis hin zu seiner Liquidierung. Alle Unternehmer und ganze Berufszweige, die die Kommunisten als nutzlos und parasitär bezeichnen, wie zum Beispiel im Handel, in der Finanzdienstleistung, Berufe in der Werbung oder dem Reisegewerbe, würden verschwinden, ebenso die freie Presse. Besonders Rechtsanwälte würden nach der Revolution nicht mehr gebraucht. Wozu benötigt der Bürger auch einen Rechtsanwalt, wenn er keine Rechte mehr hat? Auch die Gewerkschaften würden verschwinden, der Arbeiter im Sozialismus braucht keine Gewerkschaft mehr, bekommt er doch allein von der Partei zugewiesen, welches Arbeitspensum er zu bewältigen hat. Jeder Widerspruch dagegen gilt als konterrevolutionär. Selbstverständlich würde jede Religion bis zur vollständigen Auslöschung verfolgt werden, schließlich kennt der dialektische Materialismus keine überirdische Realität und keinen Gott. Jedoch würde die Verfolgung, besonders bei einer friedlichen Machtübernahme, vermutlich sehr subtil einsetzen. Gegen Priester würde zunächst nicht direkt vorgegangen werden, statt dessen würde man ihnen alle Arten von Vergehen anhängen, die ihrem Ruf schaden und mit denen sie, ohne Märtyrer zu erschaffen, aus dem Verkehr gezogen werden könnten. Später könnte die Ausübung des Glaubens mit allen Arten von Schikanen erschwert werden. Kirchen könnten enteignet werden, die Stromzufuhr könnte gedrosselt werden, die Zurschaustellung christlicher Symbole könnte unter verschiedenen Vorwänden untersagt werden, Religionsunterricht würde verboten werden, bis schließlich die Ausübung von oder Teilnahme an religiösen Riten wie Messen, Eheschließungen, Taufen oder Begräbnissen mit hohen Gebühren belegt oder schließlich ganz verboten werden würde.

Eine Währungsreform würde eventuell noch vorhandene Bargeldreserven wertlos werden lassen. Zahlreiche Indizien deuten darauf hin, daß dabei kein neues Bargeld ausgegeben werden würde; statt dessen könnte, was heute bereits technisch machbar ist, ein Zahlungssystem mittels implantierbarer Computerchips eingeführt werden. Jeder Mensch würde dazu verpflichtet werden, sich einen Chip etwa von der Größe eines Reiskorns einpflanzen zu lassen, ähnlich jenen, die heute bereits für Haustiere üblich sind, der den Zahlungsverkehr regelt und mit dessen Hilfe der Mensch zu jeder Zeit an jedem Ort überwachbar ist.

Es würde eine allgemeine Arbeits- und Dienstpflicht für alle arbeitsfähigen Menschen beiderlei Geschlechts eingeführt werden, die in Kommunen anstelle von Familien zusammenleben würden.

Im Rahmen der Verstaatlichung von Bildung und Kindererziehung würden Kinder ihren Eltern entrissen und in staatlichen Kindergärten und Internaten, von jeglichen familiären Bindungen »befreit«, zu vorbildlichen Genossen erzogen werden, die ihre persönliche Identität allein vom Staat und von der Partei erhalten würden. Durch die »Befreiung« der Frau von der Kindererziehung und Hausarbeit der »patriarchalen Familie« würde sie nun endlich »frei« sein, dieselbe Zwangsarbeit in volkseigenen Betrieben leisten zu müssen wie alle Männer. Somit wäre endlich auch das Ziel jener kommunistischen Frontbewegung erreicht, die unter dem Titel »Feminismus« bekannt ist.

In der klassenlosen Gesellschaft der kommunistischen Neuen Weltordnung, die verspricht, alle Menschen »gleich« zu machen, gäbe es dann nicht mehr die unterschiedlichen Besitzverhältnisse, wie sie heute bekannt sind, es gäbe nur noch eine breite Bevölkerung, die in völliger materieller Besitzlosigkeit, hoffnungsloser geistiger Einfalt und unentrinnbarer körperlicher Versklavung leben muß, während im krassen Gegensatz dazu eine dünne Führungsschicht, die neue internationale Nomenklatura, mit allen Privilegien ausgestattet wäre und beliebig und willkürlich ihre Macht ausspielen könnte. Mit der Errichtung dieser kommunistischen Neuen Weltordnung wäre die sowjetische Langzeitstrategie an ihrem Höhepunkt angelangt.

Dritter Teil:

# Der Terrorismus im Konzept der kommunistischen Strategie

# 4. Praxis der kommunistischen Desinformation

## Abteilung D – Organisation der Lüge

*»Die Kommunisten müssen darauf vorbereitet sein, jedes Opfer zu bringen und, wenn nötig, sogar zu jeder Art von Verschlagenheit, Intrige und Kriegslist ihre Zuflucht zu nehmen, um ungesetzliche Methoden anzuwenden, um sich der Wahrheit zu entziehen und sie zu verheimlichen. (...) Der praktische Teil der kommunistischen Politik besteht darin, einen gegen den anderen aufzuhetzen (...) Wir Kommunisten müssen ein Land gegen das andere ausspielen.«*[484]
— Wladimir I. Lenin

Um die Rolle des internationalen Terrors im Konzept der sowjetischen Strategie verstehen zu können, muß man mit der Arbeitsweise der kommunistischen Desinformationsabteilungen vertraut sein und anerkennen, daß die systematisierte Lüge als Instrument der Politik stets schon so untrennbar mit der kommunistischen Ideologie verbunden war wie die Freiheit mit der Marktwirtschaft nach westlichem Vorbild. Schon im ersten sowjetischen Geheimdienst, der *Tscheka* unter Lenin, gab es eine Abteilung, die ausschließlich für die Durchführung von Desinformationskampagnen, d. h. für die systematische Streuung von Gerüchten und Lügengeschichten, zuständig war, die den kapitalistischen Gegner in die Irre führen und ihm dadurch Schaden zufügen sollten.

Gehörte die Lüge als politisches Werkzeug also ohnehin schon seit der Oktober-Revolution zu den bevorzugten Methoden des Kreml, so wurde ihr in der Ende der 1950er Jahre neu ausgearbeiteten Langzeitstrategie ein noch größerer Stellenwert beigemessen als zuvor. Neben den auf höchster Geheimhaltungsebene ablaufenden strategischen Desinformationskampagnen, die dem Westen einen in sich gespaltenen und in verschiedene konkurrierende kommunistische Strömungen zerrissenen Ostblock vortäuschen sollten, wurde im Jahr 1959 innerhalb des KGB auch eine eigene Sektion eingerichtet, die kontinuierlich aggressive Gerüchte fabrizieren und diese im Ausland in Umlauf bringen sollte. Diese hatten das Ziel, gegnerische Staaten und antikommunistische Organisationen oder Einzelpersonen zu diskreditieren und Unfrieden im westlichen Lager zu stiften. Die Sektion trug die Bezeichnung »Abteilung D« oder »Abteilung für aktive Maßnahmen«, und der damalige KGB-Chef Alexander Schelepin ernannte General Iwan Iwanowitsch Agajanz zu ihrem Leiter.[485] In den darauffolgenden Jahren wurden auch in den Geheimdiensten der übrigen Warschauer-Pakt-Staaten, analog dem sowjetischen Vorbild, ähnliche Desinformationsabteilungen etabliert, die zunächst nur mit Moskau, später auch untereinander koordiniert wurden und regelmäßig Desinformationsattacken gegen die westlichen Staaten durchführten.[486] Die Desinformationsabteilung der DDR bekam im Stellenplan der Staatssicherheit die römische Ziffer X zugeteilt und blieb bis zu ihrem Ende im Jahr 1989 aktiv und weitgehend unverändert. In der Tschechoslowakei erhielt die für Täuschungskampagnen zuständige Abteilung die Ziffer 8 zugewiesen.

Das hauptsächliche Einsatzgebiet für Beeinflussungsoperationen der Abteilungen in der DDR und der Tschechoslowakei war Westdeutschland, aber auch andere europäische Staaten sowie Staaten der Dritten Welt, während sich das allen Satellitenabteilungen übergeordnete KGB-Büro einerseits hauptsächlich mit Operationen in den USA befaßte und andererseits solche Kampagnen organisierte, die direkt die Durchführung der kommunistischen Langzeitkampagne betrafen und somit einer höheren Geheimhaltungsstufe unterlagen. Zudem koordinierte das KGB die Aktivitäten der untergeordneten Desinformationsabteilungen. Über Verbindungsoffiziere war Moskau stets in jedes Unternehmen eingeweiht, das die Dienste der Satellitenstaaten durchführten. Mindestens einmal im Jahr fanden zudem multilaterale Beratungen statt, bei denen Schwerpunkte festgelegt und Operationsgebiete abgesteckt wurden.[487] So behielt Moskau stets die Kontrolle über alle Aktivitäten der osteuropäischen Geheimdienste und den Überblick über den aktuellen Stand laufender Unternehmungen.[488] Die Praxis, osteuropäische Geheimdienste vorzuschicken, um Kampagnen für die Sowjetunion durchzuführen, erwies sich vor allem in der Dritten Welt als sehr vorteilhaft, denn viele politische Aktivisten in Staaten der Dritten Welt waren eher zur Kooperation mit einem Satellitengeheimdienst bereit, da sie irrtümlich annahmen, so nicht den Supermachtinteressen der Sowjetunion zu dienen.[489] Dieselbe Fehleinschätzung war in den 1960er Jahren auch in westlichen Studentenkreisen weit verbreitet, wo zum Beispiel Che Guevara ein höheres Ansehen genoß als Leonid Breschnew, obwohl doch beide exakt demselben politischen Lager entstammten.

Zu den Aktivmaßnahmen der kommunistischen Desinformationsabteilungen seit den 1960er Jahren gehörte:

- die Plazierung von Falschinformationen in der ausländischen Presse
- die Manipulation ausländischer Medien allgemein, auch von Filmproduktionen
- der Einsatz von Frontorganisationen und Beeinflussungsagenten
- die Ausnutzung westlicher Eliten in Politik, Bildung, Wissenschaft, Industrie und Kultur

Wichtigster und in vielen Fällen unfreiwilliger Erfüllungsgehilfe der sowjetischen Ziele war dabei die freie Presse im nichtkommunistischen Ausland. Zwar wurden auch kommunistische Zeitungen für die Verbreitung irreführender Informationen benutzt, jedoch wurde deren Glaubwürdigkeit im Westen zumeist geringer bemessen als die der unabhängigen Presse. Entsprechend größer war im Erfolgsfall der zu erzielende Effekt bei der Verwendung unabhängiger Organe. General Agajanz brachte die Vorgehensweise 1968 gegenüber seinen Mitarbeitern simpel auf den Punkt: *»Wir müssen westliche Journalisten ständig ermuntern, exakt das Gegenteil von dem zu schreiben, was wir in Wirklichkeit vorhaben. Jeder, der über unsere wahren Pläne genau oder unparteiisch, in der westlichen Auffassung dieser Worte, schreibt oder spricht, muß rasch als Rechter oder Faschist abqualifiziert oder der Lächerlichkeit ausgesetzt werden.«*[490] Ein angeworbener westlicher Journalist, der im Redaktionstab einer westlichen Zeitung saß, hatte zumeist nichts weiter zu tun, als gefälschte Berichte, die ihm ein kommunistischer Desinformationsdienst einschließlich graphischem Material und Quellenangaben zugesandt hatte, zu veröffentlichen. Mitunter wußte der Journalist, dem das Material zugespielt wurde, nicht einmal, woher es tatsächlich stammte und auf welches Spiel er sich bei der Veröffentlichung einließ. So handelten viele, wenn auch unprofessionell, doch zumindest in redlicher Absicht. In vielen Fällen löste bereits ein einziger auf diese Weise lancierter Artikel eine Kettenreaktion aus, und die Falschmeldung wurde von anderen Medien aufgegriffen und weitergetragen. Der übergelaufene tschechoslowakische Desinformationsspezialist Ladislav Bittman äußerte die Ansicht, daß gerade antiamerikanische Propagadakampagnen besonders leicht auszuführen waren. Ein einziger Presseartikel genügte zumeist schon, um eine Welle der Empörung über eine »neue amerikanische Verschwörung« auszulösen.[491] Um den gewünschten Effekt zu erzielen, war es nicht nötig, Geschichten vollständig zu erfinden. Es genügte bereits und machte die Lüge in vielen Fällen erst recht glaubwürdig, tatsächlich vorgefallene Ereignisse in gewünschter Weise zu verdrehen und mit halbwahren, irreführenden oder ganz gefälschten Zusatzinformationen zu versehen, um diese schließlich einer westlichen Zeitung zukommen zu lassen, woraufhin sich bisweilen ein Selbstläufer entwickelte, der dem Image des Opfers auf Dauer erheblichen Schaden zufügte. Häufig wiederholte der Kreml ähnlich gerichtete Verleumdungen von Zeit zu Zeit, um über die Jahre, getreu dem Motto »Steter Tropfen höhlt den Stein«, einen kumulierenden Effekt zu erzielen. Nach der Wende kamen viele der Desinformationskampagnen, die die Stasi in Westdeutschland lanciert hatte, ans Licht, jedoch ohne daß dies weiterreichende Konsequenzen gehabt hätte, weder für die Urheber der Fälschungen noch für die kollaborierenden westlichen Journalisten und leider auch nicht für den ruinierten Ruf der Opfer.

Voraussetzung für das Funktionieren solcher Methoden war natürlich der Umstand, daß es in den westlichen Zielstaaten, im Gegensatz zu allen kommunistischen Diktaturen, eine freie und unzensierte Presse gab. Agajanz kommentierte dies mit den Worten: *»Manchmal wundere ich mich darüber, wie leicht es ist, diese Spiele zu spielen; wenn sie keine Pressefreiheit hätten, müßten wir sie für sie erfinden.«*[492]

Bittman schätzte die Gesamtzahl der kommunistischen Desinformationsoperationen auf 300 bis 400 pro Jahr, eine Menge, für die die Sowjetunion laut Schätzungen der CIA jährlich etwa drei Milliarden Dollar aufzuwenden bereit war.[493] Sowohl die Stoßrichtung als auch der zu erzielende Nutzen dieser Operationen entsprach dabei stets den Zielsetzungen der kommunistischen Strategie, je nachdem, in welcher Phase sich diese befand. Grundsätzlich ging es darum, den westlichen Gegner durch Aushöhlung seiner politischen, militärischen, wirtschaftlichen und moralischen Stärke zu schwächen, Zwietracht im Lager der NATO zu säen, die Politik des Westens und seine Regierungsvertreter in den Augen der einheimischen Bevölkerung sowie vor dem Ausland zu diskreditieren und die Entscheidungen ausländischer Regierungen zum Vorteil des kommunistischen Blocks zu beeinflussen. Langfristig sollten die aktiven Maßnahmen den Marxismus sowie seine Vertreter auf Kosten des öffentlichen Rückhalts von konservativem Gedankengut salonfähig machen und die USA als letzte kapitalistische Bastion international isolieren. Viele Operationen besonders in der Dritten Welt sollten der NATO den Ruf einbringen, ein Zusammenschluß rücksichtsloser Kolonialmächte zu sein, gegen deren imperialistische Bestrebungen die Dritte Welt nur im Bündnis mit dem kommunistischen Block bestehen könne. So halfen diese Operationen dabei, den Einfluß der kommunistischen Mächte Sowjetunion und China international zu erweitern, was sowohl auf dem indischen Subkontinent als auch in Afrika und Lateinamerika sehr erfolgreich verlief. Aber auch die öffentliche Meinung im Westen konnte über die Jahrzehnte entscheidend beeinflußt werden. Galten die USA zu Beginn der kommunistischen Kampagne international noch als Vorbild von Freiheit, Demokratie und Wohlstand, so setzte sich zuerst in linken Intellektuellenkreisen und später auch in der breiten Bevölkerung die Meinung durch, die USA, ganz besonders aber ihr wichtigster Geheimdienst, die CIA, seien verantwortlich für jedes Übel in der Welt. Die langsam aufgebaute antiamerikanische Paranoia geht mittlerweile soweit, daß reflexartig bei jedem unerwarteten weltpolitischen Ereignis zuerst an eine amerikanische Verschwörung gedacht wird. Nicht selten war in den letzten Jahren beispielsweise die These zu hören, »die USA« hätten die Anschläge des 11. September 2001 selbst inszeniert, wenn auch das zugrundeliegende Motiv nie schlüssig erklärt werden konnte. Und selbst wenn es innerhalb der US-Regierung tatsächlich Kräfte gegeben hätte, die in diese Anschläge involviert gewesen wären, so sollte es doch auf der Hand liegen, daß sowohl die Anschläge selbst als auch die ihnen nachfolgenden Konsequenzen nicht im nationalen Interesse des traditionell konservativen Amerikas liegen können. Ein weiteres Beispiel ist die weitverbreitete Ansicht, die USA würden ihre Politik auf die willkürliche eigene Bereicherung ausrichten und notfalls dafür Kriege führen, implizierend, daß typisch kapitalistische Gier und Gewinnsucht die zugrundeliegenden Motive wären. Es soll an dieser Stelle nun nicht kategorisch verneint werden, daß nordamerikanische Vertreter es verstehen, sich im Anschluß an ein politisches Engagement oder eine bewaffnete Auseinandersetzung in der jeweiligen Region ihre geschäftlichen Interessen zu sichern, jedoch darf nicht übersehen werden, daß der kommunistische Block aus strategischen Gründen ein mindestens ebenso großes Interesse daran hat, den Fluß von Erdöl und anderen Rohstoffen in den Westen mit allen Mitteln zu unterbinden. In dem ideologischen Kampf, den der Kommunismus der freien Welt erklärt hat, liegt die Sicherung der Rohstofflieferungen – aus Gründen, die zuvor bereits dargelegt wurden – tatsächlich im nationalen Interesse aller marktwirtschaftlichen Staaten. Eine selektive Darstellung der Interessen, die die Großmächte an den Rohstoffen der Dritten Welt haben, erfüllt somit bereits die Kriterien der Desinformation. Ein weiteres Beispiel dafür, wie ungleich die manipulierte öffentliche Meinung die Handlungen der Großmächte mißt, ist der Vergleich zwischen den »Fehltritten«, die sich Ost und West in den letzten Jahrzehnten geleistet haben. War der Vietnam-Krieg Anlaß für Massendemonstrationen, so konnte man eine ähnliche Reaktion auf den sowjetischen Einmarsch in Afghanistan, bei dem sogar chemische Waffen gegen die Zivilbevölkerung eingesetzt wurden, nicht verzeichnen. Während die Friedensbewegung stets die »amerikanische Hochrüstung« kritisierte, hörte man keinerlei Proteste gegen die sowjetische Aufrüstung, die dem Ostblock Ende der 1970er Jahre immerhin die militärische Überlegenheit über die NATO einbrachte. Auch heute noch beklagt man laut und heftig das Vorgehen amerikanischer Soldaten gegen Kriegsgefangene in Guantanamo Bay und im Irak, jedoch bleibt es verdächtig still um die Kriegsverbrechen, die sich russische Truppen ungehindert seit Jahren in Tschetschenien leisten. Die Tatsache, daß die öffentliche Meinung der westlichen Gesellschaften geradezu hysterisch auf alle Untugenden der USA reagiert, während die Verbrechen des Ostblocks kaum wahrgenommen werden, ist das Ergebnis jahrzehntelang durchgeführter antiamerikanischer Desinformationskampagnen.

## Der islamische Terror – ein US-Produkt?

Es ist zwar bekannt, daß im russischen Geheimdienst auch heute noch eine Desinformationsabteilung existiert, jedoch liegen leider keine aktuellen Aussagen von Überläufern vor, die Details über solche Kampagnen berichten.[494] Die gegenwärtig umlaufenden Gerüchte, der aktuelle islamische Terrorismus sei auf die amerikanische Ausbildung der afghanischen Mudschaheddin zurückzuführen, die während der 1980er

Jahre gegen die sowjetische Besetzung Afghanistans kämpften, trägt jedoch altbekannte Züge sowjetischer Lügenkampagnen. Diesen Gerüchten zufolge stünden die Terroristen von Osama Bin Ladens *Al Qaida* in der Tradition jener antikommunistischen Mudschaheddin, gegen die die Rote Armee nach der Besetzung Afghanistans einen blutigen und verlustreichen Guerillakrieg kämpfen mußte, den sie schließlich auch verlor. In dieser Darstellung klingt unausgesprochen die Botschaft mit, die Sowjetarmee habe schon damals, genau wie heute in Tschetschenien, gegen dieselben Feinde gekämpft, denen sich nun auch die westliche Welt gegenübersieht. Die kommunistische Besetzung Afghanistans wäre somit keine verwerfliche Aggression gewesen, sondern eine fortschrittliche Maßnahme der internationalen Terrorbekämpfung. Nicht der Kommunismus sei der Feind des Westens, sondern der militante Islam, und eine Kooperation zwischen Ost und West sei daher umso notwendiger. Diese Darstellung verdreht einige grundlegende Fakten. Zum einen wurden die afghanischen Mudschaheddin zwar tatsächlich von den USA mit Finanzmitteln und Waffen ausgerüstet, um sich gegen die sowjetischen Aggressoren verteidigen zu können, jedoch erfolgte ihre Ausbildung in den Trainingslagern in Pakistan nicht durch Vertreter der US-Regierung, sondern vielmehr durch den pakistanischen Geheimdienst, der großen Wert darauf legte, den amerikanischen Einfluß in Pakistan und Afghanistan so gering wie möglich zu halten. Er duldete keine Kontakte zwischen US-Beratern und Mudschaheddins und somit auch keine Einmischung von westlichen Ausländern in den Dschihad gegen die Sowjets. Die USA stellten zwar die Ausrüstung für die Afghanen zur Verfügung, hatten jedoch wenig Einfluß darauf, was mit dieser Ausrüstung geschah. Brigadier Mohammad Yousaf vom pakistanischen Geheimdienst ISI äußerte hierzu: *»Kein amerikanischer oder chinesischer Berater war jemals in der Ausbildung der Mudschaheddin an Waffen oder Ausrüstung beteiligt ..., das war eine vorsätzliche, sorgsam bedachte Politik, die zu ändern wir uns beharrlich weigerten, trotz des wachsenden Drucks durch die CIA und später das US-Verteidigungsministerium, ihnen die Übernahme zu erlauben.«*[495] Offenbar hatte die US-Regierung also wenig Einfluß darauf, wer oder was in den pakistanischen Lagern ausgebildet wurde. Selbst wenn ein Zusammenhang zwischen den damaligen antisowjetischen Ausbildungslagern und dem gegenwärtigen islamischen Terror bestehen sollte, dann wurden diese Terroristen sicher nicht unter der Oberaufsicht der US-Regierung herangezüchtet, wie die aktuellen Gerüchte implizieren. In Übereinstimmung damit machte der frühere KGB-General Oleg Kalugin am 23. September 2001 auf *BBC World News* die interessante Bemerkung, daß es mehr *Al-Qaida*-Terroristen gäbe, die vom KGB trainiert wurden, als von der CIA.[496]

Hinzu kommt, daß gerade die Gruppierung der *Taliban*, die in Verbindung zu *Al Qaida* stehen soll, erstmals 1994 im pakistanisch-afghanischen Grenzgebiet in Erscheinung trat, also lange nach dem Ende der sowjetischen Besatzung Afghanistans. Eine Unterstützung der *Taliban* durch die USA im Kampf gegen die Sowjets ist somit schon aus chronologischen Gründen nicht möglich. Tatsächlich hatten verschiedene andere afghanische Gruppierungen die Last der Kämpfe gegen die Sowjets getragen.

Der Vergiftung der öffentlichen Meinung durch kommunistische Desinformationskampagnen kann nur durch die konsequente Aufklärung der Bevölkerung und die Aufdeckung der Wahrheit begegnet werden. Tatsächlich gründete die Reagan-Regierung zu Beginn der 1980er Jahre eine Arbeitsgruppe mit dem Titel *Project Truth*, die zügig auf die Flut kommunistischer Gerüchte reagierte, antiwestliche Fälschungen aufdeckte und ausländische Regierungen sowie die Presse über die neuesten Aktivmaßnahmen aus kommunistischen Quellen informierte. Im Jahr 1983 gelang es dieser Gruppe, 18 antiamerikanische Kampagnen aufzudecken und zu entschärfen, jedoch war der Erfolg nur von vorübergehender Natur.[497] Spätestens seit der Westen das kommunistische Feindbild in den 1990er Jahren verlor, sieht er keine Notwendigkeit mehr, sich in ähnlicher Weise gegen solche Machenschaften zur Wehr zu setzen, was zur Folge hat, daß die Desinformationsabteilungen des Ostblocks für die Verbreitung ihrer zersetzenden Falschmeldungen heute bessere Bedingungen vorfinden als je zuvor.

# 5. Das Internationale Terrornetzwerk

## Aufbau des internationalen Terrornetzwerks

*»Der sowjetisch-russische KGB kreierte und kontrolliert bis heute das internationale Terroristennetzwerk. Unter der Herrschaft des ›ehemaligen‹ KGB-Offiziers Wladimir Putin steht die russische Regierung (...) auf der Seite der Terroristen.«*[498]
— William Norman Grigg, *The New American* vom 21. April 2003

Im September 2002 behauptete der intellektuelle Günter Grass, die Rot-Grüne Bundesregierung sollte, seiner Ansicht nach, dem Nord-Süd-Konflikt und der Verelendung der Dritten Welt als der angeblich zentralen Ursache des Terrorismus Priorität einräumen. *»Wenn man diese Staaten über Jahrzehnte hinweg in Abhängigkeit hält«*, sagte er, *»ihnen nicht den Zutritt zu den Märkten erlaubt, ihre Rohstoffe ausbeutet, ohne daß sie ausreichend Gewinn davon haben, dann steigert sich aus der Enttäuschung Wut, dann Haß, und aus dem Haß kommt dann der Terrorismus.«*[499]

In dubio pro reo – wollen wir also davon ausgehen, daß der zu Unrecht so hochgelobte Literat, dessen Schriften von übelsten Widerwärtigkeiten und Obszönitäten geprägt sind, es einfach nicht besser weiß, anstatt ihm zu unterstellen, daß er wissentlich, gar aus politischen Gründen, die Unwahrheit sagt. Wie dem auch sei, so steht seine Behauptung zwar in Übereinstimmung mit der marxistischen »political correctness« unserer Tage und wird entsprechend viel Beifall von marxistischen 68ern und aus anderen kommunistischen Kreisen geerntet haben, aber dennoch ist sie grundsätzlich falsch. Nicht Hunger und materieller Mangel sind die Ursache des gegenwärtigen Terrorismus, der in den 1960er Jahren seinen Anfang nahm und der seit dem September 2001 neue Dimensionen erreichte; vielmehr ist das internationale Terrornetzwerk ein fester Bestandteil der kommunistischen Langzeitstrategie, die von Breschnews Strategiekommission unter der Führung Chruschtschows Ende der 1950er Jahre ausgearbeitet worden war. Nun ist es mit den Intellektuellen in Deutschland seit einigen Jahrzehnten nicht allzu gut bestellt, aber selbst einem Herrn wie Grass müßte bei genauerer Betrachtung des internationalen Terrornetzwerks aufgefallen sein, daß die einflußreichsten Terroristenführer seit den 1960er Jahren keine mittellosen Hungernden, sondern zumeist Sprößlinge aus durchaus wohlhabenden, nicht selten sogar superreichen Familien waren. Dies trifft auf den Top-Terroristen und Polizistenmörder Carlos ebenso zu wie auf den gegenwärtig meistgesuchten Terroristen Osama bin Laden. Auch macht keine bedeutende Terrororganisation, von der PLO über die IRA bis hin zur *Al Qaida*, den Eindruck, als leide sie ernsthaft an einem Mangel an Waffen, Munition oder anderen Ressourcen, die sie zum Kampf gegen die westlichen Staaten benötigt. Der materielle Mangel ist also weder Anlaß noch Ursache des gegenwärtigen Terrors; entsprechend aussichtslos ist es, ihm mit humanitären Maßnahmen oder sogenannter Entwicklungshilfe begegnen zu wollen. Auch Feldzüge wie in Afghanistan oder dem Irak allein sind kaum geeignet, die terroristische Bedrohung dauerhaft zu reduzieren. Daß solche Versuche dennoch unternommen werden, ist ein Symptom der kurzsichtigen und inkompetenten Politik, die der Westen schon seit Jahrzehnten betreibt. Dabei ist das Wissen um die wahren Wurzeln der terroristischen Offensive seit langem kein Geheimnis mehr. Westliche Geheimdienste haben längst den Zusammenhang zwischen kommunistischen Geheimdiensten und der Entstehung des internationalen Terrors erkannt. Schon im Sommer 1979 sagte Dr. Hans Josef Horchem vom Bundesamt für Verfassungsschutz hierzu: *»Der KGB steuert den internationalen Terrorismus. Die Tatsachen können bewiesen und belegt werden, und sie sind den westlichen Geheimdiensten wohlbekannt.«*[500] Keine zwei Jahre später gab Ronald Reagans Außenminister Alexander Haig bekannt, daß die Sowjets überall in der Welt sogenannte nationale Befreiungsbewegungen (die damals politisch korrekte Bezeichung für marxistische Terrorbanden) mit Training, Finanzierung, Personal und Ausrüstung unterstützten.[501] Ähnliches vermeldete auch Reagans Staatssekretär George Shultz, dessen Wirken in der US-Politik allerdings zurecht umstritten ist, im Oktober 1984: *»Wir sollten die Rolle der Sowjets im internationalen Terrorismus ohne Übertreibung oder Verzerrung begreifen. In vielen Ländern wäre der Terrorismus längst schon verschwunden, hätte es nicht eine signifikante Unterstützung von außerhalb gegeben. Als Israel 1982 in den Libanon einmarschierte, entdeckten die israelischen Streitkräfte unbestreitbare Beweise, daß die Sowjetunion die PLO und andere Terrorgruppen bewaffnet und trainiert hatte. Es gibt heute keinen Grund zu glauben,* *daß die sowjetische Unterstützung für Terrorgruppen in aller Welt nachgelassen hätte ... Die Sowjets verdammen den Terrorismus, aber in Wahrheit machen sie gemeinsame Sache mit den Terrorbanden ..., und ihr Ziel ist immer dasselbe: liberale Demokratien zu schwächen und die Stabilität der Welt zu unterminieren.«*[502] Die von den Israelis im Libanon entdeckten Beweise umfaßten lange Listen von Namen mit Zeugnisnoten und den militärischen Dienstgraden von Terroristen, die in der Sowjetunion, in Vietnam und Kuba ausgebildet worden waren.[503] Zusätzlich zu den eigenen Erkenntnissen der westlichen Geheimdienste gaben auch mehrere östliche Überläufer seit den 1960er Jahren detailliert Auskunft über das Verhältnis zwischen KGB und Terrorismus, allen voran der tschechoslowakische General Jan Sejna, jedoch wurde ihm von den verantwortlichen Entscheidungsträgern wie üblich nur wenig Gehör geschenkt.

Sejna berichtete, daß die Organisation des internationalen Terrors zu Beginn der Phase 2 der kommunistischen Langzeitstrategie begann. Im Jahr 1964 beschloß das sowjetische Politbüro, die Ausgaben zur Unterstützung des Terrorismus um 1000 Prozent zu erhöhen. Die kommunistischen Geheimdienste, vor allem die 3. Direktion der sowjetischen GRU, begannen in mehreren Ostblockstaaten mit dem Aufbau der ersten Ausbildungslager für Terroristen und Guerrillakämpfer aus aller Welt und bemühten sich gleichzeitig, die unter ihrer Aufsicht entstehenden Terrorbewegungen mit Agenten und Spionen zu unterwandern.[504]

Im Januar 1966 wurde, offenbar auf Veranlassung der Internationalen Abteilung des ZK der KPdSU, im Hotel *Habana Libre*, dem ehemaligen *Hilton* der kubanischen Hauptstadt Havanna, die »Erste Solidaritätskonferenz der Völker Afrikas, Asiens und Lateinamerikas« organisiert, auch die Trikontinentale Konferenz genannt.[505] Ihr Ziel war es, gewissermaßen den Generalstab für die Revolution in der Dritten Welt zu bilden und *»den weltweiten Unternehmungen des Imperialismus eine globale Strategie der Revolution entgegenzustellen«*, wie es Mehdi Ben Barka, einer der geistigen Führer der Bewegung, formulierte. Sogenannte nationale Befreiungsbewegungen in der Dritten Welt und marxistische Studentenbewegungen in Westeuropa und Nordamerika wurden zur engen Kooperation unter der Führung der kommunistischen Länder aufgefordert.[506] Präziser ausgedrückt wurde dort unter Führung Moskaus der Grundstein für das internationale Terrornetzwerk gelegt, das anschließend den Kampf gegen den verhaßten Westen, besonders gegen den Hauptfeind USA, beginnen würde. Anwesend waren 513 Delegierte aus 83 Staaten der Dritten Welt, 64 Persönlichkeiten aus 14 internationalen linken Organisationen und Vertreter der sieben Ostblockstaaten, darunter bekannte Namen wie der unter 68ern so beliebte »Che« Guevara, PLO-Chef Arafat und C. Marighella, der als Autor eines Handbuchs für linke Guerillas bekannt wurde. Die Sowjetunion war mit einer fast 50köpfigen Delegation unter dem usbekischen Parteichef Raschidow vertreten.[507] Hans Graf Huyn schreibt hierzu: *»Auf der Konferenz wird nicht nur die Koordination des internationalen Terrorismus unter Moskaus Leitung beschlossen und die Errichtung der ersten zehn Terroristenausbildungslager unter Oberleitung des sowjetischen KGB-Obersten Wadim Kotschergine auf Kuba im selben Jahr in Angriff genommen, sondern erhält auch die zweite der vier Kommissionen, die in Havanna ihre Arbeit aufnehmen, die Aufgabe der Intensivierung und weltweiten Koordinierung der ›antiimperialistischen‹ Propaganda.«*[508] Diese Ausbildungslager wurden zehn Monate nach der Trikontinentalen Konferenz südlich der kubanischen Hauptstadt errichtet. Anschließend bildeten sowjetische Spezialisten der GRU gemeinsam mit dem kubanischen Geheimdienst DGI (*Direccion Generale de Inteligencia*) dort jährlich rund 1500 Guerillakämpfer und Terroristen aus.[509]

Schon in der Eröffnungssitzung der Trikontinentalen Konferenz verkündete Fidel Castro: *»Jede revolutionäre Bewegung überall in der Welt kann auf die bedingungslose Unterstützung Kubas zählen.«*[510] Doch schon zum damaligen Zeitpunkt war Castro kaum noch mehr als das Sprachrohr Moskaus, und schon zwei Jahre später zwang ihn der Kreml zum Abschluß eines Geheimabkommens, mit dem Kuba den letzten Rest seiner außenpolitischen Selbständigkeit zugunsten der Sowjetunion aufgab und seinen Geheimdienst DGI dem KGB unterstellte.[511] Die kubanische Kommunistische Partei war bereits von Moskau-treuen Genossen und sowjetischen Agenten durchsetzt. Gefügig gehalten wurde das kleine Land durch die sowjetischen Lieferungen von Erdöl, Rohstoffen, Industriegütern und Maschinen aller Art, die Kuba wirtschaftlich in völliger Abhängigkeit des großen Bruders hielten. Claire Sterling schreibt: *»Im Jahr 1978, so berichtete das Nachrichtenmagazin* Time, *bezahlte Rußland an Kuba sechs Millionen Dollar täglich an direkten Subventionen und Krediten, verkaufte an Kuba*

*190 000 Barrel Erdöl täglich für die Hälfte des Weltmarktpreises, kaufte 3,5 Millionen Tonnen kubanischen Zucker im Jahr zum Vierfachen des Weltmarktpreises und rüstete die gesamten kubanischen Streitkräfte auf sowjetische Kosten aus. (…) Als Gegenleistung willigte Castro ein, ›die historische Rolle der kommunistischen Parteien in der Weltrevolution zu akzeptieren‹, womit die Moskau-orientierte Sorte gemeint war.«*[512] Eine weitere Bedingung dieses Abkommens war die Installierung von zuerst 5000, später 10 000 sowjetischen Beratern in verschiedenen Sektoren der kubanischen Wirtschaft, in den Streitkräften und natürlich im Geheimdienst DGI. Jährlich wurde, ähnlich wie man es auch mit Satellitenstaaten im Warschauer Pakt handhabte, eine Anzahl kubanischer Geheimdienstmitarbeiter zur Ausbildung nach Moskau entsandt, wo nicht wenige vom KGB angeworben wurden. Darüber hinaus bedurften sämtliche operativen Entscheidungen des kubanischen Geheimdienstorganisation DGI sowie ihr jährlicher Etat der Zustimmung des KGB. Alles, was Kuba zur Unterstützung des internationalen Terrorismus und sogenannter nationaler Befreiungsbewegungen unternahm, geschah folglich mit Wissen und Zustimmung, wenn nicht sogar auf ausdrücklichen Befehl des Kreml.[513] Claire Sterling läßt dazu noch folgendes wissen: *»Das 1968 gebildete Dreieck (Trikontinentale) gab der Sowjetunion während der ganzen 70er Jahre die Möglichkeit, mit der rechten Hand Entspannungspolitik zu betreiben und gleichzeitig Ahnungslosigkeit über das Tun der Linken vorzutäuschen. (…) Es war ein Plan für die globale terroristische Kriegsführung, der komplett mit Werkzeugkasten und Gebrauchsanweisung geliefert wurde.«*[514]

Zu den sowjetisch geführten Ausbildungslagern in Staaten des Warschauer Pakts, d. h. in der Sowjetunion, in der Tschechoslowakei (Karlovy Vary, Dupov), in der DDR (Finsterwalde), in Ungarn und Bulgarien sowie auf Kuba, gesellten sich bald auch Camps in Nordkorea, im Südjemen, in Jordanien und im Libanon, in Algerien, in Libyen und Syrien, in denen angehende Mörder, Entführer und Erpresser aus aller Welt unter der Oberaufsicht kommunistischer Instrukteure das Handwerk des Terroristen und Guerrillakämpfers lernten, nicht ohne auch politisch in Marxismus-Leninismus indoktriniert zu werden. Gastgeber in den Lagern im Nahen Osten waren zumeist Palästinenser, die ihre eigenen Lehrlinge zuvor in die Ausbildungslager im Ostblock und nach Kuba geschickt hatten. Seit den frühen 1970er Jahren kamen kubanische Instrukteure schließlich auch in die Lager des Nahen Ostens, um dort, zusammen mit ostdeutschen Ausbildern, internationale Terroristen zu trainieren.[515]

Ausgebildet wurden buchstäblich zehntausende gewaltbereite Linke aus aller Welt, darunter amerikanische *Weathermen* und Schwarze Panther, die deutsche RAF und die Revolutionären Zellen, französische und italienische Ultralinke, die IRA, die ETA sowie zahlreiche arabische, afrikanische und lateinamerikanische Terrorbanden.[516] Selbst Japaner wurden in diesen Lagern angetroffen, die sich zu Türken, Iranern, Armeniern und Kurden gesellten.[517] Offenbar schon im Vorfeld wurden Interessenten – wohl vor allem, wenn sie aus Nordamerika oder Europa stammten – von kommunistischen Geheimdiensten auf ihre Eignung überprüft. Jene, die als besonders geeignet erschienen, wurden während ihrer Ausbildung in großer Zahl vom KGB angeworden.[518] Um auch islamische Terroristen erreichen zu können, setzten die Sowjets zu diesem Zweck islamische KGB-Offiziere aus dem sowjetischen Kasachstan ein.[519]

Ein weiterer Überläufer, der sowjetische GRU-Offizier Stanislav Lunev, der erst im Jahr 1992 die Seiten gewechselt hatte, ergänzt Sejnas Aussagen um aktuellere Informationen. So gibt er beispielsweise an, daß nicht nur die Aum-Shinrykyo-Sekte, die den Giftgasanschlag auf die U-Bahn von Tokio ausgeführt hat, von der GRU ausgebildet worden war, sondern auch jene Terrorgruppe, die 1993 den ersten Bombenanschlag auf das World Trade Center unternommen hat – und das ist keine geringere als Osama Bin Ladens *Al Qaida*, die bekanntlich auch für die Anschläge vom September 2001 verantwortlich zeichnet.[520] Weiter schreibt Lunev: *»Das KGB stellte Gelder und Kommunikationsmittel für Terroristen zur Verfügung, während die Ausbildung und Unterstützung im Einsatz der GRU vorbehalten war. Die GRU bildete Terroristen aus nahezu allen Staaten der Welt aus, einschließlich aus dem Irak, aus Libyen, dem Iran, Ägypten, Syrien, Libanon, Palästina, Italien, Deutschland, Spanien, Türkei und Lateinamerika. Wo keine Terrorbanden (...) bestanden, half die GRU, sie zu schaffen, und belieferte sie anschließend mit der nötigen Ausbildung, Finanzierung und organisatorischen Unterstützung.«*[521] Er betont darüber hinaus, daß die Unterstützung des internationalen Terrorismus auch unter Gorbatschow weitergeführt wurde.[522] Schenkt man dem britischen Informationsdienst *Soviet Analyst* Glauben, dann wird diese Ausbildung auch heute noch zum Beispiel in Tschetschenien und in Pakistan fortgesetzt.[523]

Die Ausbildung selbst umfaßte alles, was ein Guerillakämpfer für die Kriegsführung braucht, vom Kartenlesen über Scharfschießen, Granatwerferschießen, Waffenpflege, Logistik, Kurzwellensendetechnik, Sprengstoffkunde und Nahkampf bis hin zu Kidnapping, Sabotage, Stadtguerillataktiken, Fälschung und Verkleidung.[524] Claire Sterling beschreibt den Lehrplan, dem sich eine PLO-Gruppe in einem sowjetischen Lager unterzog: *»Ihr Arbeitstag begann um fünf Uhr früh mit Gymnastik und Morgenappell. Darauf folgten zwei Stunden Politunterricht: über die russische Revolution, russische Verluste im Ersten und im Zweiten Weltkrieg, die Errungenschaften der russischen Revolution, Landwirtschaft und Industrie in der Sowjetunion; über die Prinzipien des Sozialismus und Kommunismus, Leben und Theorien von Lenin, Marx, Engels und Stalin, russische Verbindungen zur Dritten Welt; über den Kampf gegen den Imperialismus, zionistische Verbindungen zum Imperialismus, das expansionistische Israel, den Verrat Ägyptens (in Camp David), den reaktionären Charakter von Nordjemen und Saudi-Arabien; über den sowjetischen Beitrag zur palästinensischen Befreiung; außerdem russische Sprachkurse. Danach kamen drei Stunden praktischer Unterricht: zu Brandsätzen und Zündern, explodierenden Metallen, der Kunst, Minen gegen Munitionslager, Brükken, Fahrzeuge und Personen zu legen; zur chemischen und biologischen Kriegsführung; zu Taktiken von Kommandotrupps im Kampf und auf der Flucht, Stadtguerillataktik, Scharfschießen und Tarnung, Einsatz und Wartung von sowjetischen RPG-7-Raketen und auf der Schulter zu tragenden Strela-Raketen. Am Ende wurde jeder Absolvent mit einem Prüfungszeugnis und einem Buch über Lenin ausgemustert.«*[525] Auch nach der Ausbildung konnten sich Terroristen auf die Unterstützung aus dem Ostblock verlassen. Vor allem über die Rolle der DDR als Ruheraum für RAF-Terroristen wurde nach der Wiedervereinigung von den deutschen Medien vielfach ausführlich berichtet. Jedoch beschränkte das kommunistische Regime in der DDR seine Unterstützung natürlich nicht nur auf die RAF, auch die PLO und andere Terrorgruppen fanden in der DDR gleichwie in anderen Ostblockstaaten stets Hilfe und Zuflucht, von der Gewährung sicherer Verstecke bis hin zur Versorgung mit gefälschten internationalen Pässen.[526] Der Ost-Berliner Flughafen Schönefeld galt bis zur Wende, neben dem Flughafen Budapest, gar als europäische Drehscheibe des internationalen Terrorismus.[527] In dem 1991 erschienenen Buch *Stasi und kein Ende* von Manfred Schell und Werner Kalinka heißt es über die Unterstützung des Terrorismus durch die Staatssicherheit der DDR: *»›Der Hauptfeind‹ hatten die USA zu bleiben, der ›Partner im antiimperialistischen Befreiungskampf‹, Libyen, war zu decken und zu unterstützen. Verantwortliche Leiter des MfS* (Ministerium für Staatssicherheit – Stasi; Anm. d. Autors) *spielen heute ihren damaligen Wissensstand bewußt herunter und wollen von ihren damaligen Entscheidungen nichts mehr wissen, obwohl die Akten sie überführen.«*[528] Und weiter heißt es: *»RAF und PLO, die international gesuchten Terroristen Carlos und Abu Daud sowie die Abu-Nidal-Gruppe, Geheimdienste und Kommandos aus Südjemen, Libyen, dem Irak, Äthiopien, Libanon und Syrien – alles, was im weltweiten Terrorismus einen Namen hatte, genoß im SED-Regime Schutz und Unterstützung. Nach gesicherten Erkenntnissen waren sowohl die SED-Spitze als auch das MfS seit mehr als 20 Jahren in weit größerem Umfang als zunächst vermutet im internationalen Terrorismus engagiert. So konnten Terrororganisationen und Killerkommandos aus vielen Ländern, insbesondere aus arabischen Staaten, mit Billigung von Honecker und seiner Regierungsclique sowie aktiver Unterstützung des MfS das SED-Territorium als sichere Operationsbasis für ihre Arbeit gegen Ziele in Westeuropa nutzen. Doch man beschränkte sich nicht nur auf die Duldung terroristischer Aktivitäten vom eigenen Territorium aus. Man übernahm darüber hinaus eine aktive Rolle beim Aufbau arabischer Geheimdienste durch das MfS, erlaubte gewaltsame Mittel und Methoden des ›politischen‹ Kampfes vom SED-Regime aus, förderte die Ausbildung von Terroristen sowie Gewaltverbrechen.«*[529] Die Zusammenarbeit ging so weit, daß der Osten für die Liquidierung von in den Westen übergelaufenen Geheimdienstmitarbeitern auf die Hilfe arabischer Terrororganisationen zurückgriff.[530] Ein weiteres Detail ist bemerkenswert, nämlich, daß Stasi-Mitarbeiter nach der Wende die Ansicht äußerten, daß der Aufbau der Abu-Nidal-Organisation im Osten Deutschlands im Jahr 1987 erfolgreich abgeschlossen worden war, womit auch nach der Wende ein gut ausgebildetes Terroristen-Potential in Deutschland bereitstehe, das jederzeit handlungsfähig sei.[531]

Der Ostblock nutzte für die Unterstützung des Terrors in Westeuropa auch das sogenannte T.I.R.-Übereinkommen (Transport International de Marchandises par la Route) über erleichterte Zollabfertigung beim Transport über Staatsgrenzen. Häufig sah man in den 1980er Jahren osteuropäische LKW mit dem auffallenden TIR-Abzeichen auf den Straßen Westeuropas, deren Ladung von den Zollbehörden versiegelt wurde, um beim Grenzübertritt schnell und ohne Überprüfung der Fracht abgefertigt werden zu können. Der ehemalige rumänische Geheimdienstchef Ion Pacepa berichtet, daß die meisten Fahrer rumänischer T.I.R.-LKW Agenten des rumänischen Geheimdienstes waren, die mit ihren Fahrzeugen nicht nur Waffen und Nachschub für Terroristen, sondern auch Rauschgift nach Westeuropa schmuggelten. Darüber hinaus hielten diese Fahrer den Kontakt zu rumänischen Spionen im westlichen Ausland.[532] Das Modell für diese Vorgehensweise hatten die bulgarischen Kollegen geliefert, d. h. Rumänien war nicht der einzige Ostblockstaat, der das T.I.R.-Abkommen zum subversiven Schmuggel mißbrauchte.

Ein Beispiel für einen Terroranschlag, für den die DDR Unterstützung geliefert hatte und der die Verstrickungen des Ostblocks in den internationalen Terror veranschaulicht, ist der Bombenanschlag auf die Berliner Diskothek *La Belle* im Jahr 1986, bei dem drei Menschen getötet und 200 verletzt wurden. Die Autoren von *Stasi und kein Ende* schreiben hierzu: »*Das MfS wußte bereits am 20. März 1986 konkret, daß vom Libyschen Volksbüro (Botschaft) aus ein Sprengstoffanschlag in West-Berlin geplant wurde. Es war sogar durch einen Agenten direkt beteiligt. Der Agent, ein Araber, wurde beim MfS unter dem Decknamen ›Alba‹ geführt. ›Alba‹ hatte das MfS ständig über den Stand der Vorbereitungen des Verbrechens unterrichtet und war auch an der Tatausführung in West-Berlin direkt beteiligt. ›Alba‹ wurde von den MfS-Oberstleutnants Bobzin und Stuchly geführt, die vergeblich ihre Vorgesetzten auf politische und operative Schritte zur Verhinderung des Anschlages drängten. Die MfS-Leitung hatte, was die Aktion ›La Belle‹ betraf, dem Agenten schließlich einen Freibrief erteilt. ›Wissen‹, welches das MfS und die SED erlangt hatte, war ihnen wichtiger als die Verhinderung von Anschlägen. Bereits am 12. Februar 1986 hatte die DDR dem Libyer Masbah Abulgasem (33) bei der Einreise ein Visum ausgestellt. Das MfS, das ihn als Verantwortlichen für Mordanschläge einstufte, gab ihm den Decknamen ›Derwisch‹. Ihm wurde der Palästinenser Yussef Salam (37), alias Yasser Chraidi, zugeordnet, der im Volksbüro arbeitete. Auch er war vom MfS als Mörder erkannt worden und unter dem Decknamen ›Nuri‹ erfaßt. Er beauftragte den in West-Berlin lebenden Libanesen Imad Salim Mahmoud (35) mit der Auswahl eines Gebäudes für einen Anschlag. Dafür waren Kasernenanlagen der Amerikaner, ein Krankenhaus der US-Streitkräfte und Diskotheken ausersehen worden.«*[533]

Nach dem Anschlag ließ die DDR die beiden Mörder ungehindert in Richtung Libyen ausreisen. Bemerkenswert ist, daß der Anschlag »von ganz oben« abgesegnet worden war. Manfred Schell und Werner Kalinka betonen: *»Einzelne Versuche aus dem MfS heraus, diesen Anschlag zu verhindern, weil man das Risiko einer Verwicklung der DDR hoch einschätzte und dem ungehemmten Treiben der Libyer Schranken setzen wollte, wurden auf höchste Anweisung der SED unterbunden. (...) Statt dessen erließen Honecker und Mielke die Weisung an das MfS, alles zu tun, um die libysche Täterschaft zu verheimlichen. Dies war, als Honecker den Angehörigen der Opfer von* La Belle *sein ›Beileid‹ aussprach.«*[534] Als Vergeltung für diesen Anschlag, bei dem ein US-Soldat getötet worden war, genehmigte US-Präsident Reagan im April 1986 einen Luftangriff auf die libyschen Städte Tripolis und Bengasi in der Absicht, den libyschen Staatschef Gaddhafi zu beseitigen. Revolutionsführer Gaddhafi überlebte den Angriff nur, weil er die Nacht außerhalb seines Palastes verbrachte. Offenbar reagierte Libyen im Dezember 1988 mit dem Anschlag auf den *Pan-Am*-Flug 103, der über der schottischen Ortschaft Lockerbie mit 300 Gramm Semtex, einem Sprengstoff aus tschechoslowakischer Fertigung, zum Absturz gebracht wurde. Im März 1990 erklärte der tschechoslowakische Staatschef Vaclav Havel, die frühere kommunistische Regierung in Prag habe 1000 Tonnen Semtex-Sprengstoff für Terroranschläge an Libyen verkauft.[535] Da Libyen unter dem Druck eines UN-Embargos die verdächtigten libyschen Agenten erst im April 1999 auslieferte, kam es im sogenannten Lockerbie-Prozeß erst im Januar 2001 zu einem Urteilsspruch. Der libysche Agent Abdel Basset Ali al-Megrahi wurde für schuldig befunden, an dem Anschlag federführend beteiligt gewesen zu sein. Sein Mitangeklagter Lamen Khalifa Fhimah wurde jedoch aus Mangel an Beweisen freigesprochen. Man kann sich des Eindrucks kaum erwehren, daß Libyen mit der Auslieferung und Verurteilung Abdel Basset Ali al-Megrahis ein entbehrliches Bauernopfer in Kauf nahm, denn daraufhin wurde Gaddhafis Regime in der deutschen und europäischen Politik wieder zunehmend hoffähig, während Europa gleichzeitig das Verhältnis zu den USA abkühlen ließ. Gerade so, als hätte Westeuropa inzwischen das Lager gewechselt.

Die soeben erwähnten Anschläge auf die Discothek *La Belle* und auf den *Pan-Am*-Flug 103 zeigen nicht nur die Verstrickungen des kommunistischen Ostblocks in den internationalen Terrorismus, sie verdeutlichen auch, welche Rolle die sogenannten »Schurkenstaaten« dabei spielen, auch wenn diese Bezeichnung schlecht gewählt erscheint, da damit die hintergründige Rolle der kommunistischen Schutzmacht verborgen bleibt. Tatsache ist, daß der internationale Terrorismus staatliche Unterstützung findet. Tatsache ist auch, daß diese »Schurkenstaaten« in der Unterstützung des Terrorismus eine Rolle spielen. Tatsache ist aber auch, daß alle diese »Schurkenstaaten« Verbündete der Sowjetunion waren und daß ausschließlich der kapitalistische Westen und seine Verbündeten Opfer dieses staatlich unterstützten Terrors wurden. Von den 2700 Fällen von Terrorismus, die in den Jahren 1968 bis 1986 registriert wurden, fanden bezeichnenderweise 2206 in Westeuropa statt, und nur 62 wurden aus der kommunistischen Welt bekannt.[536] Claire Sterling findet hierfür die folgenden Worte: *»Nicht ein einziger Terroristenschuß war innerhalb des sowjetischen Machtbereichs für die Freiheit abgegeben worden: nicht für die Tschechoslowakei, die 1968 von Armeen des Warschauer Pakts überrannt worden war; nicht für die Äthiopier, die zu Tausenden von einer marxistischen Militärjunta, gestärkt durch russische und kubanische Offiziere, massakriert worden waren; nicht für die Kambodschaner, die sich mit dem Vorrücken einer vietnamesischen Armee unter sowjetischer Vormundschaft der Möglichkeit des Völkermordes gegenübersahen …«*[537]

Zu den Staaten, die den internationalen Terrorismus unterstützen, werden das frühere Regime im Irak, der Iran, Libyen, Kuba, Nordkorea, Sudan und Syrien gerechnet. Alle diese Staaten waren mit der Sowjetunion bzw. mit China verbündet, und alle wurden von Rußland und China militärisch aufgerüstet. Dieses Verhältnis blieb der US-Regierung natürlich nicht verborgen, was der US-Verteidigungsminister Donald Rumsfeld im August 2002 auch offiziell feststellte.[538] Unverständlicherweise hält Washington nach wie vor an der Illusion einer »strategischen Partnerschaft« mit Moskau fest und versucht in der Terrorbekämpfung mit Rußland zu kooperieren.[539]

Dieser Versuch ist zwangsläufig zum Scheitern verurteilt.

Besonders die Tatsache, daß aus vielen kleineren und weltweit verstreuten Terrorbanden ein internationales Netzwerk wurde, ist ein Verdienst des kommunistischen Ostblocks. Erst das KGB brachte Gruppen wie die ETA oder die IRA mit der PLO oder dem südafrikanischen ANC zusammen.

Nach einer CIA-Zählung waren schon 1976 mehr als 140 Terroristenbanden aus beinahe 50 Ländern in irgendeiner Weise miteinander verbunden, heute dürfte diese Zahl noch weit höher liegen.[540]

## Der Zweck des Terrorismus

*»Grundsätzlich haben wir den Terror nie abgelehnt und können wir ihn nicht ablehnen. Der Terror ist eine Kampfhandlung, die zu einem bestimmten Zeitpunkt der Schlacht, bei einem bestimmten Zustand der Truppe und unter bestimmten Bedingungen durchaus angebracht und sogar notwendig sein kann. (...) Wir sind weit entfernt von dem Gedanken, heldenmütigen Einzelaktionen jede Bedeutung abzusprechen, aber es ist unsere Pflicht, mit aller Energie davor zu warnen, sich am Terror zu berauschen, ihn als wichtigstes und hauptsächliches Kampfmittel zu betrachten, wozu heute sehr, sehr viele so stark neigen. Der Terror kann niemals eine alltägliche Kampfhandlung werden, bestenfalls taugt er nur als eine der Methoden des entscheidenden Sturmangriffs.«*[541]
— Wladimir I. Lenin

Der grundsätzlich Zweck des Terrorismus im Konzept der kommunistischen Langzeitstrategie ist die innere Destabilisierung des Westens durch die Verbreitung von Angst und Schrecken bis hin zum völligen Zusammenbruch von Recht und Ordnung, wenn möglich bis hin zum Sturz der Regierungen. Der Terror ist hierbei als flankierende Maßnahme zu anderen Operationen anzusehen, wie zum Beispiel der Aufwiegelung sozialer Randgruppen und enttäuschter Arbeitnehmer infolge einer Wirtschaftskrise oder der Streuung von Desinformationen, die westliche Entscheidungsträger in Verruf bringen, und soll helfen, eine vorrevolutionäre Situation zu erzeugen.

Um dieses Ziel zu erreichen, ist es nicht nötig, jede einzelne Terrororganisation vollständig zu kontrollieren; es genügt schon, sie durch die Unterstützung mit Ausbildung, Ausrüstung und Finanzen handlungsfähig zu halten. Der GRU-Überläufer Viktor Suworow beschreibt dies so: *»Die Taktik der GRU gegenüber Terroristen ist relativ einfach: Man gibt ihnen keine Anweisungen und sagt ihnen auch nicht, was sie tun sollen. Sie zerstören die westliche Zivilisation, und sie wissen, wie sie dies anstellen müssen, deshalb soll man sie ohne kleinliche Überwachung gewähren lassen. Es gibt in diesen Gruppierungen genügend Idealisten, die bereit sind, für ihre eigenen Ideen zu sterben, also läßt man sie sterben. Wichtig ist schließlich nur, daß man ihnen die Illusion beläßt, daß sie vollkommen frei und unabhängig sind.«*[542]

Die Terroristen wissen, wie sie es anstellen müssen, die westliche Zivilisation zu zerstören, weil es ihnen seit der Geburtsstunde des internationalen Terrors in den 1960er Jahren beigebracht wurde. So stand es zum Beispiel in dem beliebten und weit verbreiteten Guerilla-Handbuch aus der Feder von C. Marighella, dessen Inhalt Claire Sterling wie folgt zusammenfaßt: *»Als erstes, so schrieb Marighella, Autor des Guerilla-Handbuchs, müsse der Stadtguerilla revolutionäre Gewalt einsetzen, um sich mit populären Anliegen zu identifizieren und auf diese Weise eine Basis in der Bevölkerung zu gewinnen. Dann habe die Regierung keine andere Wahl, als die Unterdrückung zu verschärfen. Die Polizeirazzien, Wohnungsdurchsuchungen, Verhaftungen von Unschuldigen machen das Leben in der Stadt unerträglich. Generell herrscht der Eindruck, daß die Regierung ungerecht sei, unfähig, Probleme zu lösen, und keinen anderen Ausweg mehr wisse als schlicht und einfach die physische Liquidierung ihrer Gegner. Die politische Lage verwandelt sich in eine militärische Lage, in der die Militaristen in zunehmendem Maße für Fehler und Gewalt verantwortlich scheinen. Wenn Beschwichtiger und rechte Opportunisten erkennen, daß die Militaristen am Rande des Abgrunds stehen, tun sie sich zusammen und bitten die Henker um Wahlen und anderen Unfug, der dazu bestimmt ist, den Massen etwas vorzumachen. Nachdem er die sogenannte politische Lösung verworfen hat, muß der Stadtguerilla aggressiver und gewalttätiger werden, unermüdlich zu Sabotage, Terrorismus, Enteignung, Überfällen, Entführungen und Hinrichtungen greifen und auf diese Weise die verzweifelte Lage verschlimmern, in der die Regierung handeln muß.«*[543] Was dann folgt, ist die Verhängung des Ausnahmezustandes, der von den Linken als scheinbarer Beweis dafür angegeben wird, daß die bürgerliche Regierung von Anfang an faschistisch gewesen sei und nur durch eine Revolution beseitigt werden könne.[544]

Bis das Ziel der weltweiten Revolution erreicht ist, legen die sowjetischen Strategen keinen besonderen Wert darauf, welche Ausrichtung eine Terrorgruppe nun exakt hat, solange ihre Aktivitäten geeignet sind, die innere Ordnung des Westens oder der westlich orientierten Dritten Welt zu stören. War es früher vor allem der offene linke Terror, den man unterstützte, so trat die marxistische Ausrichtung des internationalen Terrors nach dem scheinbaren Zerfall der Sowjetunion in den Hintergrund bzw. man hängte ihm ein islamistisches Mäntelchen um. Ein authentisches Novum ist die Instrumentalisierung des Islams zu terroristischen Zwecken jedoch nicht, vielmehr ist sie eine vorübergehende Umetikettierung. Die Entwicklung des palästinensischen Terrors zeigt, daß das, was als marxistische Bewegung begann, sich gegenwärtig, unter den gegebenen weltpolitischen Umständen, als islamistisch motivierte Organisation darstellt. Entsprechend gibt der internationale Terror gegenwärtig vor, den Hauptfeind USA nicht im Namen von Marx und Lenin, sondern im Namen der Religion zu bekämpfen. Auf diese Weise läßt sich der Eindruck erwecken, der internationale Terror handle nicht im Namen des Ostblocks, sondern sei ein entschiedener Gegner nicht nur des Westens, sondern auch von Rußland und China. Dadurch werden gleichzeitig die Zusammenarbeit und die Konvergenz zwischen Ost und West gefördert, was letztlich der Sowjetisierung des Westens Vorschub leisten soll. Gelingt den sowjetischen Planern die Spaltung zwischen westlicher und islamischer Welt und begeht der Westen den Fehler, sich auf einen Kampf gegen den Islam einzulassen, dann ergibt sich daraus die absurde Situation, daß der Westen, der in der Vergangenheit – im Gegensatz zum kommunistischen Ostblock – für Religionsfreiheit und für eine in der Religion verwurzelte Gesellschaftsordnung stand, zur Dämonisierung und Bekämpfung einer Religion übergeht.

Tatsächlich läßt sich durch terroristische Maßnahmen verhältnismäßig leicht Einfluß auf die politische Situation im Westen ausüben, und Grund dafür ist seine moralische Schwäche. Ein aktuelles Beispiel hierfür ist der Regierungswechsel in Spanien im Frühjahr 2004. Kurz vor der Wahl kam es am 11. März zu einem schweren Bombenanschlag auf Pendlerzüge in Madrid, der 201 Todesopfer und rund 1400 Verletzte forderte. Wenig später bekannte sich die Terrororganisation *Al Qaida* zu der Tat und begründete sie als Vergeltungsmaßnahme für die Rolle Spaniens im Krieg gegen den Irak. Die konservative Regierung um

Ministerpräsident Jose Maria Aznar war in diesem Krieg einer der Hauptverbündeten der USA, während die Sozialisten im Fall eines Wahlsieges einen Abzug der spanischen Truppen aus dem Irak versprachen. Trotz der Tatsache, daß wenige Tage zuvor eine Wiederwahl der regierenden Konservativen um Ministerpräsident Jose Maria Aznar als sicher galt, sorgte der Anschlag für einen überraschenden Wahlsieg der Sozialisten und hatte die Loslösung Spaniens aus der amerikanischen Allianz gegen den Terror zur Folge. Gabriel Albiac schrieb in der spanischen Zeitung *El Mundo* dazu: *»Gestern hat jene unwürdige Haltung gewonnen, die sich (den Terroristen) ergeben will. (...) Dafür wurde gestern gestimmt: nicht zu kämpfen, sich tot zu stellen.* Al Qaida *hat gewonnen. Adios Espana.«*[545] Ähnliches wiederholte sich nach den Terroranschlägen in London vom 7. Juli 2005, nach denen zwei Drittel der britischen Bevölkerung der eigenen Regierung eine Mitschuld einräumten. Diese zwei Drittel vertraten die Ansicht, die Anschläge wären zu verhindern gewesen, wenn Großbritannien nicht am Irak-Krieg beteiligt gewesen wäre.[546]

## Terrorgruppen

Es lohnt sich, die Verbindungen des internationalen Terrorismus zu den kommunistischen Regimen im Ostblock anhand einiger Beispiele aufzuzeigen, um damit zu verdeutlichen, welchen Stellenwert die Aktivitäten dieser Terrorgruppen im Rahmen der sowjetischen Langzeitstrategie einnehmen.

### Die Rote Armee Fraktion – RAF

*»Auf bestimmten Ebenen der Stasi hatte man sicher das Interesse, alles zu unterstützen oder mindestens zu tolerieren, was innenpolitisch zur Destabilisierung der Bundesrepublik beitragen kann – also auch den Terrorismus.«*[547]
— Ex-RAF-Terrorist Peter-Jürgen Boock

Da die Geschichte der deutschen RAF, die aus der marxistischen 68er-Bewegung hervorging, nur am Rande Thema dieses Buches ist, soll es genügen aufzuzeigen, daß der Ostblock und besonders die DDR die

Terroristen der RAF mit allem Nötigen unterstützten, was sie im Kampf gegen die verhaßte bürgerliche Gesellschaftsordnung in Westdeutschland brauchten. Der schützende Arm der Stasi reichte, wie Ex-Terrorist Michael Baumann in einem Interview mit *Spiegel-TV* sagte, sogar bis in den Westen. Konspirative Wohnungen, in denen sich RAF-Terroristen versteckten, seien von der Stasi überwacht worden. Bei drohender Gefahr ließ die Stasi den Terroristen eine Warnung zukommen, und diese konnten fliehen.[548] Wollte ein RAF-Mitglied im Osten untertauchen, so wurde es am Flughafen ohne Gepäckkontrollen bevorzugt abgefertigt.[549] Ähnlich war es bei der Einreise in ein mit dem Ostblock verbündetes Land im Nahen Osten, wie zum Beispiel dem Jemen. Peter-Jürgen Boock beschrieb die Situation wie folgt: *»Bei der Kontrolle (Einreise) hatte man es meist mit Militärs zu tun. Wenn Probleme auftauchten, dann gab man denen die Nummer, und sie riefen dort an. Dann kam jemand vom Geheimdienst, meistens ein Jemeni oder ein Iraki, zum Flughafen und sorgte dafür, daß wir passieren konnten. Mir sind aber auch mal Jemeni begegnet, die ausgezeichnet Deutsch sprachen, weil sie von der Stasi ausgebildet worden waren. In Aden hatte ich am Flughafen auch mal direkt mit einem Deutschen zu tun, das kann nur ein Stasi-Mann gewesen sein.«*[550] Wollte ein gesuchter Terrorist für längere Zeit untertauchen, bekam er im Osten eine neue Identität mit Ausweispapieren, Wohnung und Arbeitsplatz. Zum Beispiel verschwand das RAF-Mitglied Susanne Albrecht 1987 samt Kind und Ehemann Claus Becker erst nach Ost-Berlin, dann in die Sowjetunion, wo der Physiker am Kernforschungsinstitut in Dubna bei Moskau beschäftigt wurde.[551]

Erst die Ausbildung in den kommunistisch geführten Terrorlagern auf Kuba und im Nahen Osten machte aus den radikalen, aber disziplinlosen Hippies der 68er-Bewegung jene gefährlichen Verbrecher, die in den 1970er und 1980er Jahren den deutschen Staat terrorisierten. Später fungierten sie in den Lagern selbst als Instrukteure. Claire Sterling schreibt zum Beispiel, daß der Heidelberger RAF-Anwalt Siegfried Haag in einem Ausbildunglager im Jemen Sprengstoffkunde und Nahkampftaktik lehrte; er hatte offenbar seine Funktion als juristischer Berater der Baader-Meinhof-Bande aufgegeben, um die nächste Generation selbst zu führen.[552] Ob man da von Karriere sprechen kann, wenn ein RAF-Anwalt zum Terrorausbilder wird? Einige seiner Anwaltskollegen machten jedenfalls ganz zweifelsfrei noch eine steilere Karriere! Der RAF-Anwalt Otto Schily zum Beispiel saß ab 1983 zuerst für die Grünen im Bundestag und wechselte später zur SPD, wo er es 1998 zum Bundesinnenminister brachte.[553] Auch Hans Christian Ströbele gründete zusammen mit Horst Mahler 1969 das »Sozialistische Anwaltskollektiv« und verteidigte in den 1970er Jahren RAF-Terroristen, denen er heimlich Prozeßunterlagen zukommen ließ, weshalb er 1982 selbst zu zehn Monaten auf Bewährung verurteilt wurde, was aber seiner Karriere als Bundesabgeordneter der Grünen keinen Abbruch tat.[554] Sein Kollege Horst Mahler machte inzwischen – angeblich – eine politische Wandlung durch und bewegt sich gegenwärtig im extrem rechten politischen Spektrum, wo er jedoch keineswegs von seiner anti-amerikanischen Einstellung abgelassen hat.

*Der Spiegel* resümiert über das Verhältnis der DDR zum Terrorismus, das stellvertretend für die Rolle des ganzen sowjetisch geführten Ostblocks gelten kann: *»Als pure Heuchelei erweisen sich nun die offiziellen Erklärungen der alten SED-Führung, die DDR beteiligte sich nach Kräften an der Bekämpfung des internationalen Terrorismus.«*[555]

## Die italienischen Roten Brigaden

Vier Gründer der italienischen Roten Brigaden, so berichtet General Jan Sejna, erhielten ihre terroristische Ausbildung in der Tschechoslowakei, ebenso wie zwei weithin bekannte Führer der Autonomie und eine der drei Spitzenpersönlichkeiten des landesweiten Studentenaufstandes von 1968. Die Auswahl der Italiener, die in die Ausbildungslager der ČSSR geschickt wurden, übernahmen vertrauenswürdige Genossen der italienischen KP, die Moskau benannt hatte.[556] Eine dieser Personen, die in der Tschechoslowakei und in Nordkorea eine terroristische Ausbildung genossen hatten, war der Verleger und Millionär Giangiacomo Feltrinelli, der 1972 bei dem Versuch ums Leben kam, in der Nähe von Mailand einen Hochspannungsmasten in die Luft zu sprengen.[557] Bei sich trug er einen gefälschten Paß mit 22 tschechoslowakischen Einreisestempeln. Auch im Besitz von Renato Curcio, einem Mitglied der Roten Brigaden, wurden bei seiner Verhaftung falsche Pässe mit tschechoslowakischen Stempeln gefunden, die belegen, daß er häufig die ČSSR besuchte, wo er direkten Kontakt mit dem tschechoslowakischen Geheimdienst unterhielt und die Verbindung mit der deutschen RAF und der spanischen ETA hergestellt wurde.[558] Nachdem Patrizio Peci vom Strategischen Oberkommando der Roten Brigaden im Frühjahr 1980 verhaftet worden war, gestand er, daß Mitglieder seiner Bande während der ganzen 1970er Jahre zur Ausbildung in die ČSSR gegangen waren, wo sie außerdem erhebliche Mengen von tschechischen Waffen erhielten, darunter Pistolen, Maschinenpistolen und Handgranaten, die von Prag über Ungarn und Österreich geliefert worden seien.[559] Da ist es kein Wunder, daß mehr als 50 Prozent der Waffen, die die italienische Polizei aus Beständen der Roten Brigaden beschlagnahmten, osteuropäischer Herkunft waren, darunter tragbare Luftabwehrraketen und panzerbrechende Waffen.[560]

## Die Irisch-Republikanische Armee – IRA

Ähnlich wie im Fall der Roten Brigaden konnte Jan Sejna auch detailierte Angaben über das Verhältnis des Ostblocks zur IRA machen. Schon 1920, kurz nach ihrer Gründung, hatte die IRA versucht, mit Moskau Kontakt aufzunehmen, um Unterstützung zu erbitten, was aber dort zunächst nicht ernstgenommen wurde. Spätestens mit dem Beginn der kommunistischen Langzeitstrategie Ende der 1950er Jahre entsandte der Kreml Agenten zu Gesprächen mit der IRA und errichtete Kanäle für regelmäßige Kontakte über die kommunistischen Parteien Irlands und Großbritanniens.[561]

Allein 1964 wurde die IRA mit tschechoslowakischer Unterstützung in Höhe von drei Millionen Kronen bedacht, und ein Jahr später wurde die Unterstützung Teil des neuen Fünfjahresplans, der den Zeitraum 1965 bis 1970 umfaßte, womit die Unterstützung der IRA fester Teil der sowjetischen Langzeitstrategie wurde.[562] Aber schon 1967 gelangten die strategischen Planer zu der Ansicht, daß die IRA eine politische Umerziehung benötige. Die IRA, so glaubte man, sei vom Marxismus-Leninismus abgewichen und anarchistisch geworden. In der Folge bekam die IRA Anweisungen aus dem Kreml, den politischen Kampf zu verstärken und die militärischen Angriffe auf die britischen Behörden in Nordirland sowie auf das restliche Territorium Großbritanniens auszuweiten.[563] In den nachfolgenden Jahrzehnten verstand es die IRA, mit ein paar hundert Berufsguerillas etwa 16000 britische Soldaten in Schach zu halten.[564] Das gelang ihnen natürlich nur mit den Waffen und Sprengstoffen, die von kommunistischen

Geheimdiensten, aber auch von Arafats *Al Fatah* und von Libyens Revolutionsführer Gaddhafi geliefert worden waren.[565] Daß auch heute noch solche Lieferungen stattfinden, beweist ein Vorfall, über den die *Moscow Times* im April 2002 berichtete. Hochrangige Führer der IRA waren im Herbst 2001 nach Moskau geflogen, um mindestens 20 neue russische Sturmgewehre vom Typ AN-94 einzukaufen. Wie es hieß, angeblich von korrupten Offizieren einer russischen Spezialeinheit.[566]

## Die baskische Separatistenorganisation – ETA

Auch die baskische Separatistenorganisation ETA ist Teil des sowjetisch gesponsorten internationalen Terrornetzwerks. Ihr Ziel ist seit Beginn der 1970er Jahre nicht mehr nur die Errichtung eines autonomen Baskenstaates, dieser Staat sollte darüber hinaus auch eine mit der Sowjetunion verbündete marxistisch-leninistische Volksrepublik werden.[567] Die ersten baskischen Terroristen waren schon 1964 zur Ausbildung nach Kuba geschickt worden, wo sie wie üblich nicht nur das Handwerk des Bombenbastelns lernten, sondern auch politisch auf Kurs gebracht wurden.[568] Kein Wunder, daß es vor diesem Hintergrund keine politische Lösung des Problems im Baskenland mehr geben kann, denn das Ziel ist nicht die Autonomie, sondern die Revolution in ganz Europa oder, besser noch, weltweit.[569] Wie alle anderen bedeutenden Terrorgruppen hielt auch die ETA engen Kontakt zum sowjetischen KGB. Im Juli 1974 wurde der spanische Nachrichtendienst sogar Zeuge eines Treffens zwischen dem KGB-Agenten und *Iswestia*-Korrespondenten Witali Kowitsch und einem Führungsmitglied der *ETA-Militar* namens Eugenio Echeveste Arizgura, auch »Anchon« genannt.[570] Auch wenn die Sowjetunion den Vorfall leugnete und im Frühjahr 1979 die »extremistischen terroristischen Methoden« der ETA-Militar öffentlich verurteilte, erhielt die ETA nur einen Monat später eine Lieferung von 300 Sturmgewehren und 15 Panzerfäusten aus osteuropäischer Produktion.[571]

## Die palästinensische Befreiungsbewegung – PLO

*»Kampf, Bruder Ceaucescu! Bewaffneter Kampf und Terror ist das einzige, was Amerika respektiert.«*[572]
— Jassir Arafat zu Rumäniens Staatschef Nicolae Ceaucescu, 1972

Die ungeklärte Palästinenserfrage nach der Gründung des Staates Israel führte zur Bildung mehrerer arabischer Guerillagruppen, die sich 1964 unter der Dachorganisation PLO (*Palestine Liberation Organization*) zusammenschlossen. Jassir Arafat wurde im Jahr 1967 Führer der PLO, dessen eigene Gruppe *Al Fatah* den Kern der neuen Organisation bildete. Weitere Mitgliedsgruppen waren u. a. die Volksfront zur Befreiung Palästinas (PFLP) unter George Habash, Naif Hawatmehs Demokratische Volksfront zur Befreiung Palästinas (PDFLP) sowie Ahmed Jibrils Volksfront – Generalkommando (PFLP-GC). Alle diese Gruppen verband nicht nur ihr gemeinsamer Kampf gegen Israel, sondern, wie sollte es auch anders sein, alle hatten eine marxistische Ausrichtung, alle waren mit der Sowjetunion alliert, und alle wurden von ihr und ihren Satellitenstaaten mit Ausbildung, Waffen und medizinischer Versorgung unterstützt. Beginnend in der zweiten Hälfte der 1960er Jahre schickte die PLO Hunderte ihrer Rekruten in Ausbildungslager in der Sowjetunion (Moskau, Taschkent, Batum, Odessa, Baku, Simferopol), im übrigen Ostblock und auf Kuba, wo sie von Mitarbeitern der kommunistischen Geheimdienste das Wissen über Guerillakriegsführung erwarben, das sie später, in Zusammenarbeit mit ihren kommunistischen Ziehvätern, in ihren eigenen Lagern an arabische Extremisten und gewaltbereite Studenten der 68er-Bewegung weitergaben.[573] Zwar bestritt der Kreml offiziell die Ausbildung arabischer Terroristen, jedoch gab Zehdi Labib Terzi, der für die PLO als Beobachter bei der UN eingesetzt war, in einem 1979 geführten Interview zu, daß junge Palästinenser ihre Ausbildung an Militärschulen in der UdSSR und anderen sozialistischen Ländern erhielten und daß die PLO von dort mit Waffen, Munition und Sprengstoffen versorgt wurde. In den 1970er Jahren eröffnete die PLO ein Büro in Moskau, über das der ständige Kontakt zur Nahostabteilung des sowjetischen Außenministeriums gehalten wurde, mit dem alle wichtigen Entscheidungen der PLO abgesprochen wurden.[574] Der Chef des Moskauer Büros, Brigadier Mohammed Ibrahim al-Shaier, erklärte im Februar 1981, daß die Organisation mit der Unterstützung zufrieden sei und daß schon Hunderte palästinensische Führungskräfte ihre Ausbildung an sowjetischen Militärakademien erfolgreich abgeschlossen hätten.[575] Bestätigt wird diese Aussage vom ehemaligen Chef des israelischen Geheimdienstes, General Shlomo Gazit. Dieser erklärte im Juli 1979, etwa 1000 arabische Terroristen seien *»in 50 verschiedenen Militärschulen des Sowjet-*

*blocks, davon etwa 40 in der Sowjetunion selbst, ausgebildet worden«.*[576]

Doch Mohammed al-Shaer wurde noch deutlicher, was das Verhältnis zwischen der UdSSR und der PLO angeht: *»Zwischen der UdSSR und der PLO gibt es eine vollständige politische Koordination. Im Verlauf des Besuches von Arafat in Moskau 1980 wurde völlige Übereinstimmung erzielt über eine Koordination auf allen Gebieten von gemeinsamem Interesse. Diese schriftliche Abmachung wurde inzwischen in die Praxis umgesetzt.«*[577] Weiter sagte er: *»Wir haben einen unterschriebenen Vertrag, der verfügt, daß wir uns mit den Russen zusammensetzen und unsere Aktivitäten koordinieren, bevor wir irgendeine größere Aktion unternehmen.«*[578]

Daß die Allianz zwischen der PLO und der UdSSR keineswegs nur ein Zweckbündnis im Kampf gegen das von den USA unterstützte Israel war, sondern daß es den Führern der palästinensischen Terrorgruppen schon damals um den Kommunismus und um die Weltrevolution ging, gaben sie bei mehreren Gelegenheiten selbst zu. Jedoch war schon damals der Kampf im Namen des palästinensischen Volkes propagandistisch besser zu verkaufen als der Kampf für den Kommunismus, ähnlich wie heute der islamistische Terror ein höheres Identifikationspotential in der arabischen Welt besitzt als etwa der Kampf für eine kommunistische, d. h. atheistische Weltrevolution. Claire Sterling zitiert George Habash, den Führer der PFLP, zu seinen politischen Zielen wie folgt: *»›Unser Feind ist nicht nur Israel und sonst niemand.‹ Israel war der mißgebildete Sproß des Imperialismus, so argumentierte er, und das imperialistische Ungeheuer mußte in seinen weltweiten Ausmaßen attackiert werden. ›Wir haben zu begreifen, daß unsere Revolution eine Phase der Weltrevolution ist: Sie ist nicht beschränkt auf die Rückeroberung Palästinas‹, erklärte er. ›Ehrlich gesagt, wollen wir einen Krieg wie in Vietnam. Wir wollen noch ein Vietnam, und nicht nur in Palästina, sondern in der ganzen arabischen Welt.‹ (…) 1970 schließlich verkündete Dr. Habash, die Volksfront sei eine ›bewaffnete leninistische Partei‹.«*[579] Von Habashs Stellvertreter Wadi Haddad ist bekannt, daß er 1970 vom KGB angeworben und forthin unter dem Decknamen »Natsionalist« geführt wurde. Seine bekannteste Tat dürfte die Entführung einer Lufthansa-Maschine nach Mogadischu im Oktober 1977 sein.[580] Interessant ist, was der KGB-Chef und spätere Generalsekretär Jurij Andropow über Haddad in einem Bericht an Breschnew enthüllte: *»Die Art unserer Beziehungen zu Wadi Haddad erlaubt es uns, die äußeren Operationen der PFLP zu einem gewissen Grad zu kontrollieren und damit in einer Art Einfluß auszuüben, die vorteilhaft für die Sowjetunion ist, sowie Aktivmaßnahmen zur Unterstützung unserer Interessen durch diese Organisation durchzuführen, während gleichzeitig die notwendige konspirative Sicherheit gewahrt bleibt.«*[581]

Jassir Arafat stand Habash in seinen marxistischen Äußerungen kaum nach, wenn er – wie wörtlich aus einem kommunistischen Propagandaleitfaden zitiert – behauptete, der *»imperialistische Zionismus«* sei der *»tollwütige Hund der Welt«*, und es gebe nur einen Weg, mit einem tollwütigen Hund zu verfahren: ihn zu *»töten«*. Ion Pacepa, der dieses Zitat Arafats überliefert, erinnert sich dabei an den obersten sowjetischen Geheimdienstberater in Rumänien, General Sakharovsky, der nahezu dieselbe Phrase verwendete, wenn er sagte, die *»Bourgeoisie«* sei *»der tollwütige Hund des Imperialismus«*, und es gäbe *»nur einen Weg mit einem tollwütigen Hund umzugehen: ihn zu erschießen«*.[582] (Am Rande sei erwähnt, daß auch der ehemalige Außenminister Joschka Fischer diesen Wortlaut in seinem Vokabular führt, und zwar im Zusammenhang mit »deutschen Helden«. Wörtlich schrieb Fischer: *»Deutsche Helden müßte die Welt, tollwütigen Hunden gleich, einfach totschlagen; dies zeigt unsere ganze Geschichte.«*[583])

Offenbar war, wie Pacepa weiter ausführt, Arafat sogar der Wunschkandidat der sowjetischen Strategen für den Führungsposten in der PLO.[584] Arafats politische Gesinnung wurde während einer Rede vor einer sowjetischen Delegation in Beirut im Jahr 1982 erneut deutlich, als man ihn sagen hörte: *»Wir schauen zu euch auf, Genossen, dem Zentralkomitee der KPdSU und dem sozialistischen Block, voller Hoffnung, als Freund zu Freund ..., in der Frage der Befreiung und des Fortschritts in der Welt.«*[585] Auch Arafats Stellvertreter Abu Iyad ließ keinen Zweifel an den politischen Motiven seiner Bewegung, als er 1980 erklärte: *»Wir, die Mitglieder der kommunistischen Partei und der Nationalen Bewegung, kämpfen zusammen im selben Schützengraben ...«*[586] Naif Hawatmeh, der Führer der PDFLP, gilt als orthodoxer prosowjetischer Kommunist, der sich für ein künftiges Palästina *»in einem arabischen Bundesstaat wie die Tschechoslowakei«* aussprach.[587] Ahmed Jibril von der PFLP-GC war in westlichen Geheimdienstkreisen ebenso für seine enge Zusammenarbeit mit dem KGB bekannt.[588]

Die PLO erhielt, anders als die meisten internationalen Terrorgruppen, aus der Sowjetunion nicht nur medizinische Versorgung oder leichte Waffen für ihren Kampf gegen den imperialistischen Feind geliefert, sondern auch schwere Bewaffnung, einschließlich Kampfpanzer und schwere Artillerie.

Claire Sterling beschreibt den Umfang der kommunistischen Waffenhilfe: *»Eine Zeitlang, als im südlichen Libanon schwere Kämpfe gegen die Israelis stattfanden, löschten sieben oder acht Schiffe aus dem Sowjetblock täglich ihre Ladung in syrischen und libanesischen Häfen, während fünf oder sechs sowjetische* Antonow-*Transportflugzeuge am Tag in Damaskus landeten. (In jenem Winter sah ein Korrespondent der* Welt, *wie an einem einzigen Tag sieben Frachter in Sidon unter strenger Bewachung Kisten mit Rüstungsgütern löschten. Vier der Schiffe fuhren unter sowjetischer Flagge, zwei unter libyscher, eins unter bulgarischer.)«*[589] Zur selben Zeit stand die PLO in ständigem Kontakt mit dem sowjetischen Botschafter Alexander Soldatov, der, als ranghoher KGB-Agent, zuvor wegen Spionage aus Großbritannien ausgewiesen worden war.[590]

Als die Israelis die Stützpunkte der PLO schließlich einnahmen, entdeckten sie dort 5630 Tonnen Munition, 1320 gepanzerte Fahrzeuge, einschließlich sowjetischer T-34-, T-55- und T-62 Panzer, 1352 Panzerabwehrwaffen, 82 Artilleriegeschütze, 215 Mörser, 62 *Katyusha*-Raketenwerfer, 196 Luftabwehrwaffen und 33 303 kleinere Waffen – alles stammte aus den Waffenarsenalen des Ostblocks.[591]

Daß eine marxistische Terrorbande wie die PLO im Westen Anerkennung als Vertretung des palästinensischen Volkes finden konnte, ist maßgeblich auf eine sowjetische Desinformationskampagne zurückzuführen, die den Eindruck erweckte, Arafats PLO habe den bewaffneten Kampf aufgegeben, um eine friedliche Lösung für die Palästinafrage zu suchen.

Tatsächlich kam die Idee dazu nicht aus Palästina, sondern aus dem Ostblock. Ion Pacepa berichtet, wie Nicolae Ceaucescu auf Arafat einwirkte, zum Schein mit seiner terroristischen Vergangenheit zu brechen und einen Friedensprozeß in Nahost einzuleiten. Doch Arafat entgegnete: *»... wir sind eine Revolution, keine Regierung. Wir wurden geboren als Revolution, nicht als Regierung. Wir wurden geboren als eine Revolution, und wir müssen eine Revolution bleiben.«*[592] Glaubt man Pacepa, dann war Arafat zunächst nicht an der Gründung einer provisorischen palästinensischen Regierung und eines palästinensischen Staates interessiert, sondern ausschließlich an der Ausschaltung des israelischen Staates durch die Revolution. Offenbar gelang es Ceaucescu jedoch, Arafat von der neuen Idee zu überzeugen, woraufhin General Constantin Munteanu vom rumänischen Geheimdienst DIE nach Beirut entsandt wurde, wo er eine Gruppe von Beratern anführte, die die notwendigen Voraussetzungen für eine Anerkennung der Palästinenser durch den Westen schaffen sollte.[593] Noch im Januar 2002 betonte Pacepa, daß sich jener Arafat, den er kannte, seit seinen Tagen als KGB-unterstützter Terrorist nicht wirklich verändert habe.[594] Daß das sowjetische Unternehmen, der palästinensischen Revolution politische Anerkennung zu verschaffen, dennoch gelang, ist schließlich nicht zuletzt der deutschen SPD zu verdanken, deren Bundeskanzler Willy Brandt einer politischen Anerkennung Arafats Ende der 1970er Jahre Tür und Tor öffnete.[595] Um die Absurdität dieses politischen Fehltritts zu erfassen, stelle man sich vor, ein ausländischer Staat hätte die Baader-Meinhof-Bande als Vertretung des deutschen Volkes anerkannt.

## *Al Qaida* und islamischer Terror

*»Das internationale Terrornetzwerk, einschließlich* Al Qaida, *wurde erschaffen von Kommunisten und ihren linken Verbündeten unter dem Deckmantel des ›islamischen Fundamentalismus‹.«*[596]
— William F. Jasper, *The New American* vom 3. Dezember 2001

Der Übergang vom offen marxistisch motivierten arabischen Terror hin zu einem scheinbar islamistisch motivierten Terrorismus vollzog sich Mitte der 1980er Jahre, also etwa zeitgleich mit der Perestroika in der Sowjetunion, die im gesamten Ostblock schließlich den Untergang des Kommunismus vortäuschte.

Verbindungen zwischen marxistischen und islamistischen Terroristen gab es vom Beginn der islamischen Revolution an. Die auf das engste mit der Sowjetunion allierte PLO, die, wie wir wissen, keine größere Aktion unternahm, ohne sie vorher mit der UdSSR abzusprechen, galt gewissermaßen als Geburtshelfer der islamischen Revolution, die 1979 im Iran erfolgreich verlief, in Saudi-Arabien aber niedergeschlagen werden konnte. Der ehemalige CIA-Agent Robert Baer schreibt hierzu: »*1972 unterschrieben Ayatollah Khomeini und Arafat im irakischen Nadschaf eine Vereinbarung, derzufolge islamische Kämpfer in Lagern der Fatah im Südlibanon ausgebildet werden sollten. Beinahe jeder spätere Führer der iranischen Revolution durchlief eines dieser Trainingcamps: vom Sohn des Ayatollah, Ahmad Khomeini, bis hin zu Mustafa Chamran, dem ersten Kommandeur der* Pasdaran. *Als der Schah am 16. Januar 1979 aus dem Iran floh und Khomeini zwei Wochen später in das Land zurückkehrte, überraschte es niemanden, daß der iranische Religionsführer das erste Telefonat von seinem neuen Büro aus mit Arafat führte. (...) Am 18. November 1979 gab Arafat an alle* Fatah-*Kader den Befehl aus, ›jeglichen Beistand‹ zu gewähren, der nötig sei, um die iranische Revolution zu ›schützen‹.«*[597] Claire Sterling kommt in ihrer vorzüglichen Analyse des internationalen Terrornetzwerks zu demselben Ergebnis: »*Die Iraner gehörten zu den ersten, die in Habashs Lager zogen. Sie kamen zu Hunderten, vielleicht zu Tausenden. Eine zuverlässige Zählung steht nicht zur Verfügung, aber was zählt, sind Resultate, und seine Iraner erzielten Resultate. ›Die palästinensische Revolution hat vielen iranischen Kämpfern die Möglichkeit geboten, praktische Ausbildung im Waffengebrauch zu erhalten‹, berichtete die libanesische Zeitung* al-Ahad *am 19. Dezember 1971.«*[598]

Mitte der 1980er Jahre ging PLO-Führer Jassir Arafat schließlich auch selbst dazu über, islamistische Phrasen in seine Propaganda einzubinden. So sagte er zum Beispiel im Oktober 1985: »*Die arabische Revolution lebt im arabischen Bewußtsein trotz der imperialistischen und zionistischen Verschwörungen. ... der heilige Krieg und der bewaffnete Kampf werden eskalieren ... Ich sage Reagan und seinen Agenten in unserer arabischen Welt, daß der Wille der arabischen Nation vom Willen Allahs abstammt. Daher werden die arabischen Staaten siegreich sein.«*[599]

Es überrascht, daß bekennende Marxisten eine Bewegung unterstützen, die auf den ersten Blick religiös motiviert erscheint und daher eigentlich als konterrevolutionär gelten müßte. Auf den zweiten Blick jedoch fällt auf, daß der Gegner, gegen den der Kampf geführt wird, weiterhin die USA und ihre Alliierten sind. Es stellt sich die Frage, ob damals, als die kommunistische Strategie in ihre dritte Phase überging, mit dem Wechsel zum islamistischen Terror nur frühzeitig das Etikett ausgewechselt wurde, um den terroristischen Kampf gegen die bürgerlichen Gesellschaften auch künftig fortführen zu können, ohne die wahre politische Identität der Hintermänner preiszugeben. Gerade die arabische Welt ist aufgrund der westlichen Abhängigkeit vom arabischen Erdöl von allergrößter Wichtigkeit für die sowjetische Strategie, die in ihrer letzten Phase den Kollaps der kapitalistischen Weltwirtschaft vorsieht, der durch eine Ölkrise ausgelöst oder verschärft werden soll. Somit galt es, den westlichen Einfluß auf die arabischen Staaten zu unterbinden und sie aus ihren westlichen Allianzen herauszulösen. Offenbar ging man davon aus, daß dies im Namen des Islamismus erfolgversprechender zu bewerkstelligen wäre als im Namen der scheinbar untergehenden kommunistischen Ideologie. Nicht zuletzt konnte sich der Kommunismus in der traditionell religiösen arabischen Welt nie besonderer Popularität erfreuen. Ein Beispiel aus den 1920er Jahren zeigt dies in besonderer Deutlichkeit. Als die türkischen Kommunisten 1920 vom »Kongreß der unterdrückten Völker des Ostens« im sowjetischen Baku zurückkehrten, wurden sie von der Bevölkerung in jedem Dorf, durch das sie kamen, angegriffen und schließlich umgebracht.[600]

Im Aufbau des islamischen Terrors als Werkzeug der Weltrevolution beschränkte sich das KGB jedoch nicht nur auf die PLO und ihren Ableger, die islamische Revolution im Iran, sondern auch in Saudi-Arabien und den erdölfördernden Golfstaaten wurden terroristische Zellen gegründet, wie der KGB-Überläufer Viktor Sacharow berichtet.[601] Ein islamistischer, anti-westlicher Umsturz in Saudi-Arabien hätte zum Beispiel katastrophale Auswirkungen auf die westliche Wirtschaft, während dem Ostblock, der selbst durch reichhaltige Bodenschätze kaum betroffen wäre, offiziell keine Verantwortung angelastet werden könnte. Dieser könnte sogar als Partner des Westens in Erscheinung treten und somit seinen Einfluß auf den Westen ausweiten und seine Konvergenzbestrebungen fortführen. Der Nutzen des Islamismus im Konzept der sowjetischen Strategie ergibt sich also allein schon aus seiner Feindschaft gegenüber dem Westen.

In welchem Maße irregeführte Moslems gegenwärtig bereit sind, den internationalen Terrorismus zu unterstützen, zeigt, daß das Konzept der vorgetäuschten islamistischen Identität des neuen Terrors aufgeht. Wenn auch Ausbildung und militärische Ausrüstung allein aus dem Ostblock stammten, so bekommt die PLO doch erhebliche Finanzmittel aus Saudi-Arabien und anderen erdölfördernden Staaten der

Golfregion. Ähnlich verhält es sich mit den *Taliban* und Osama Bin Ladens *Al Qaida.*[602]

Schon während der sowjetischen Besatzung Afghanistans waren etwa 50000 prosowjetische Afghanen in Trainingslagern in Tschetschenien und Tadschikistan ausgebildet worden, darunter auch heutige Mitglieder der *Taliban*, der *Al Qaida* und der Nordallianz.[603] So meldete die russische Nachrichtenagentur *Mosnews*, bezugnehmend auf eine Meldung der *Asia Times*, im Sommer 2005, daß beispielsweise Osama Bin Ladens Stellvertreter Aiman el Sawahiri vom russischen FSB in einem Ausbildungslager in Dagestan ausgebildet worden war; darüber hinaus bestünden noch weitere Verbindungen zwischen dem FSB und *Al Qaida.*[604]

Tatsächlich versorgen die Kommunisten bis heute ihre Zöglinge mit Waffen und finanzieller Unterstützung, sowohl direkt aus Moskau und Peking als auch indirekt über ihre Verbündeten in Nordkorea, Kuba, Iran, Syrien und Libyen.[605] Im März 2000 meldete die Nachrichtenagentur AP, ein junger afghanischer Kämpfer habe während seiner Ausbildung in einem Trainingslager im Nordosten Afghanistans Männer aus Tschetschenien, dem Sudan, Libyen, Irak, Iran, Kuba und Nordkorea gesehen. *»Der Nordkoreaner«*, sagte er, habe *»chemische Waffen mitgebracht.«*[606] Offenbar achtete man in Moskau streng darauf, daß die Absolventen ihrer Trainingslager innerhalb ihrer Organisationen in Schlüsselpositionen aufstiegen; so sollen zum Beispiel alle wichtigen Persönlichkeiten der afghanischen Nordallianz beste Verbindungen zum sowjetischen Geheimdienst unterhalten.[607] Hochrangige Bestätigung findet die Behauptung, Rußland unterstütze nicht nur die Nordallianz, sondern auch die *Taliban*, durch deren früheren Finanzminister, der ausgesagt hatte, die *Taliban* bekämen umfangreiche Finanzmittel aus Rußland, weitere Unterstützung käme aus dem Iran und aus Pakistan.[608] Interessant ist in diesem Zusammenhang auch, daß zahlreiche Führer der *Taliban* eine Vergangenheit in der kommunistischen *Khalq*-Fraktion haben, die zu unterwandern die sowjetische GRU ein besonderes Interesse hatte.[609] Eine Verbindung Osama bin Ladens nach China wird durch den übergelaufenen chinesischen Oberstleutnant Xu Junping belegt, der sich im Januar 2001 in die USA absetzte. Ihm zufolge habe Osama bin Laden in den beiden Jahren vor dem Anschlag auf das World Trade Center mehrere geheime »Einkaufstrips« nach China unternommen und sei dabei vom chinesischen Botschafter in

Pakistan begleitet worden.[610] Untermauert wird dies durch eine Meldung der *Washington Times* vom Juni 2002, derzufolge die US-Nachrichtendienste bestätigt hätten, daß das chinesische Militär sowohl die *Taliban* als auch Mitglieder von *Al Qaida* ausgebildet hätten.[611]

Als wichtigster Sponsor des islamischen Terrors in der Region gilt jedoch das nach der islamischen Revolution 1979 an die Macht gekommene Mullah-Regime im Iran, das schon vor der Machtübernahme keinen Hehl aus seiner anti-westlichen Haltung gemacht hatte, sich jedoch offiziell erst in den letzten Jahren an den sich neu formenden russisch-chinesischen Block annähert. Daß es Verbindungen zwischen Osama Bin Laden und dem Iran gab, war der CIA schon seit Mitte der 1990er Jahre bekannt, wie der ehemalige CIA-Mitarbeiter Robert Baer berichtet: *»Im Dezember 1995 besuchte einer der ägyptischen Mittelsmänner Bin Ladens Teheran und traf dort einige Offiziere des Sicherheitsministeriums. Die Amerikaner waren nicht sicher, ob Bin Laden mit den Iranern eine Vereinbarung über strategische Beziehungen getroffen hatte, aber in der Geheimdienstszene gingen wir davon aus, daß dem so war. Bin Laden benötigte dringend das terroristische Know-how, über das der Iran verfügte. Unsere Befürchtungen verdichteten sich, als Bin Laden, wie bereits erwähnt, im Juli 1996 mit einem iranischen Geheimdienstoffizier in Afghanistan zusammentraf, um einem strategischen Konzept Gestalt zu verleihen.«*[612] Eine Bestätigung für diese Verbindung lieferte ein Vernehmungsbeamter des Bundeskriminalamtes (BKA), demgegenüber ein ehemaliger iranischer Agent ausgesagt hatte, daß der iranische Geheimdienst Osama Bin Ladens Gruppe *Al Qaida* aktiv bei der Vorbereitung der Anschläge vom 11. September 2001 unterstützt habe.[613] Einer anderen Quelle zufolge umfaßte diese Unterstützung nicht nur die Ausbildung von *Al-Qaida*-Kämpfern im Iran, sondern terroristische Aktionen wurden auch in direkter Absprache mit dem iranischen Geheimdienst geplant.[614]

Die Kontakte zwischen islamischen Terrorgruppen und den kommunistischen Geheimdiensten finden weitaus weniger Beachtung in der westlichen Öffentlichkeit als jene zu den Geheimdiensten islamischer Staaten, da im erstgenannten Fall zumeist der Deckmantel des organisierten Verbrechens als Tarnung dient, besonders der sogenannten Russenmafia, über die einerseits Waffen bezogen und andererseits die Produkte der afghanischen Rauschgiftproduktion abgesetzt werden.[615] Ein Beispiel für solche Kontakte ist der von der belgischen

Polizei wegen Geldwäsche und illegalen Waffenhandels gesuchte KGB-Offizier Viktor Bout, dessen Unternehmen die *Taliban* schon während des afghanischen Bürgerkrieges in den 1990er Jahren mit Waffen versorgte und ihnen so zu ihrem Sieg verhalf.[616] Als das Regime der *Taliban* nach dem Angriff der USA zusammenzubrechen drohte, half Bout schließlich dabei, die Goldreserven von *Taliban* und *Al Qaida* in den Sudan zu schaffen.[617]

## Der 11. September 2001 und was danach kommt

### Der Anschlag auf das World Trade Center

Glaubt man einem zweiteiligen Artikel in der Online-Publikation *Newsmax* vom Jahreswechsel 2001/2002, der sich auf Geheimdienstquellen beruft, dann führte Osama Bin Ladens Terrorgruppe *Al Qaida* die Anschläge des 11. September in Kooperation mit mehreren Geheimdiensten aus dem Ostblock, dem Iran und dem Irak durch. Dem Artikel zufolge stellte *Al Qaida* das Selbstmordkommando, während Kuba über den russischen Horchposten im kubanischen Lourdes Informationen über den US-Zivilluftverkehr lieferte. Aus dem Iran und dem Irak kamen demnach Finanzmittel, Informationen und Ausbildung.[618]

Erhärtet wird der Verdacht, daß letztlich der kommunistische Ostblock hinter den Anschlägen steckt, durch eine Reihe von Indizien und Hinweisen, die zum Teil schon lange Zeit vor dem 11. September 2001 an die Öffentlichkeit kamen. Schon 1999 erwähnten die beiden chinesischen Offiziere Qiao Liang und Wang Xiangsui in ihrer Strategieschrift *Unbegrenzte Kriegsführung* explizit das World Trade Center und den Terroristen Osama bin Laden als Teil des wahren Kartenblatts in der Hand Chinas, wenn es darum ginge, die Weltmacht USA in die Knie zu zwingen.[619] Ein weitaus brisanterer Hinweis stammt von einem Mitarbeiter des US-Marinegeheimdienstes namens Delmart Edward Vreeland, der im Herbst 2000 nach Moskau gereist war, um dort Geheimdokumente über russische Gegenmaßnahmen in bezug auf das US-Raketenabwehrsystem NMD zu beschaffen. Unter den Dokumenten, derer er habhaft werden konnte, befand sich ein Schreiben, das von bevorstehenden Anschlägen auf das World Trade Center, das Pentagon und das Atomkraftwerk auf Three-Mile Island sprach, die von Osama Bin

Laden ausgeführt werden würden. Wörtlich heißt es in dem Papier, das offenbar eine Übersetzung vom Arabischen ins Russische und auf den 9. Juni 2000 datiert war: *»Der Anfangsschlag oder Angriff wird am 11.9.2001 von unseren Glaubensbrüdern auf das World Trade Center erfolgen. Three-Mile Island und das Pentagon werden weitere Ziele sein, die wir in der ersten terroristischen Phase unseres Angriffs nicht verfehlen werden. Wenn alles läuft wie geplant, wird der Angriff funktionieren.«*[620] Der Agent, der anschließend offenbar wegen Verrats von den US-Behörden gesucht wurde, sagte weiter aus, das Dokument sei von Uday Hussein, dem Sohn Saddam Husseins, unterzeichnet und an Präsident Wladimir Putin adressiert gewesen. Er habe, als er unter dubiosen Umständen in Kanada in Haft saß, versucht, die kanadischen Behörden im August 2001 vor den bevorstehenden Anschlägen zu warnen, damit jedoch keinen Erfolg gehabt.[621]

Ein weiteres handfestes Indiz, das darauf hinweist, daß die russische Führung schon lange Zeit vor dem 11. September von den bevorstehenden Anschlägen zumindest wußte, ist die intensiv publizierte Aufforderung einer Beraterin der russischen Regierung an die russische Bevölkerung, ihre Dollar-Reserven kurz vor den Anschlägen in Rubel umzutauschen, da ein Zusammenbruch des amerikanischen Finanzmarktes unmittelbar bevorstehe. Zur selben Zeit fanden in der russischen Duma Sitzungen statt, die Rußland auf den wirtschaftlichen Zusammenbruch Amerikas vorbereiten sollten. Schon am 12. Juli 2001 veröffentlichte die *Prawda* auf ihrer Titelseite die Meldung, der Dollar und Amerika würden am 19. August oder kurz darauf zusammenbrechen, das sei die Meinung von Dr. Tatyana Koryagina, die radikale Wirtschaftsreformen in Rußland stets abgelehnt und schon die russische Finanzkrise im August 1998 korrekt vorausgesagt hatte.[622] Der Zusammenbruch der amerikanischen Wirtschaft würde, so sagte sie, durch einen Angriff einer unsichtbaren und unaufhaltbaren »mächtigen Gruppe« ausgelöst werden, von »internationalen mystisch-religiösen Kräften«.[623] Auf die Frage, wie die US-Wirtschaft anders als durch einen Krieg und ohne Raketen- oder Bombenangriffe zu Fall gebracht werden könne, antwortete sie, es gebe andere Arten von Waffen.[624]

Die USA seien als Ziel ausgewählt worden, weil sich dort das finanzielle Zentrum der Weltwirtschaft befinde, und im Anschluß an den Zusammenbruch der USA würde der Rubel zur wichtigsten Währung in Europa und Asien werden.[625] Als Koryagina nach den Anschlägen erneut interviewt wurde, sagte sie, es würden neue Schläge folgen, sowohl finanzieller als auch anderer Natur. Man werde, so sagte sie, Amerika in den Rücken treffen und so zu Boden bringen.[626]

## Droht ein atomarer Terroranschlag?

Ähnlich der Ankündigung Tatyana Koryaginas, daß neue Anschläge stattfinden werden, gab es seit Jahren schon zahlreiche Warnungen, die mehr oder weniger direkt vor der Gefahr eines atomaren Terroranschlags warnen; viele dieser Warnungen stammen aus Rußland. Zumeist heißt es darin, daß entweder eine bestimmte Anzahl taktischer Atomsprengköpfe aus sowjetischen Beständen verschwunden sei oder daß es Osama Bin Laden bereits gelungen sei, über seine Kontakte zur russischen Mafia und zu »ehemaligen« KGB- oder GRU-Agenten an einsatzbereite Massenvernichtungswaffen zu gelangen, darunter nicht nur biologische und chemische Waffen, sondern auch sogenannte Koffer-Atombomben. Die Angaben, ob und wieviele Kernwaffen in den Besitz Bin Ladens gelangten, differieren. Manche Quellen, wie zum Beispiel der US-Autor Paul L. Williams (*Al Qaeda: Brotherhood of Terror*), sprechen von 20 Koffer-Atombomben, die 1998 für 30 Millionen Dollar, teilweise in bar und teilweise in Form von Heroin, den Besitzer gewechselt haben. Andere, wie der verstorbene russische General Alexander Lebed, sprechen von 100 dieser Koffer-Atombomben, die schon 1996 verschwunden sein sollen, und die ideal für Osama Bin Ladens terroristische Zwecke wären.[627] Die ukrainische Presse berichtete gar, in der Ukraine seien 200 der früheren sowjetischen Kernwaffen spurlos verschwunden.[628] Andere Quellen, darunter auch solche aus russischen Geheimdienstkreisen, behaupten, Bin Laden sei es über seine tschetschenischen Kontakte gelungen, eine unbekannte Anzahl atomarer Waffen in der Ukraine, in Kasachstan, in Turkmenistan und in Rußland zu erstehen.[629] Weitere Quellen berichten, Osama Bin Laden habe ebenfalls versucht, »ehemalige« Angehörige russischer Spezialeinheiten anzuwerben, die im Umgang mit diesen Waffen vertraut sind.[630] Flankiert werden diese Warnungen von Aussagen aus der Umgebung Osama Bin Ladens, daß es eine religiöse Pflicht sei, unkonventionelle Waffen zu beschaffen, und daß ein letzter fataler Angriff vorbereitet werde, der die USA zu Boden bringen würde.[631]

Offenbar soll der Westen durch diese immer wiederkehrenden Warnungen psychologisch auf einen bevorstehenden atomaren Anschlag vorbereitet werden, der dann nicht mit dem kommunistischen Ostblock in Verbindung gebracht werden würde, selbst dann nicht, wenn nachweislich eine sowjetische Atomwaffe zur Explosion käme, sondern der reflexartig als islamistischer Terroranschlag interpretiert werden würde, ganz im Stil der Anschläge des 11. September 2001. Selbst hochrangige westliche Militärs würden im Fall einer atomaren Explosion auf westlichem Territorium nicht mehr automatisch an einen östlichen Angriff denken, wie noch vor wenigen Jahren, und blitzschnell entsprechende Gegenmaßnahmen einleiten, sondern gingen von einem Terroranschlag aus, der eine völlig andere Reaktionsweise erfordere. Der inzwischen pensionierte Chef des *US Strategic Air Command*, General Eugene E. Habiger, hält einen solchen Terroranschlag sogar für unvermeidlich, es sei nur eine Frage der Zeit, und er könne überall stattfinden.[632]

Die Verantwortung für einen solchen Anschlag hätten dann ausschließlich der internationale Terrorismus und das internationale Verbrechen zu tragen, was unmittelbar jene Stimmen auf den Plan rufen würde, die zur Lösung dieses Problems eine internationale Kooperation und schließlich die Konvergenz zwischen Ost und West als Vorstufe zu einer Weltregierung fordern würden. An dieser Stelle sei nochmals ausdrücklich daran erinnert, daß der KGB-Überläufer Anatoliy Golitsyn bereits vor Jahren ein ebensolches Szenario als Teil der letzten Phase der sowjetischen Strategie angekündigt hat.[633]

Der Zweck des islamistischen Terrors läßt sich schnell zusammenfassen. Im arabischen Raum arbeitet er daran, den westlichen Einfluß auf die Region vor dem Hintergrund der dortigen Erdölvorkommen zurückzudrängen, was zu einer Ölkrise führen würde, welche die westliche Wirtschaft zu Fall brächte. Letzteres Ziel hatten auch die, so gesehen gescheiterten, Anschläge vom 11. September 2001, was einen neuen, eventuell atomaren Terroranschlag auf westliche Wirtschaftszentren, wie beispielsweise die New Yorker Wall Street, wahrscheinlich werden läßt. Durch das Schreckgespenst des internationalen Terrorismus bekommt die Idee einer internationalen Zusammenarbeit und schließlich einer einheitlichen Weltregierung (zu den Konditionen des Ostblocks) neuen Auftrieb.

Zuguterletzt darf nicht unerwähnt bleiben, daß sich unter dem Deckmantel des Terrorismus auch Vorbereitungen für einen massiven Atomschlag gegen den Westen verbergen lassen würden. Eine Reihe von Anschlägen, eventuell mit kleinen atomaren Waffen, die zum Beispiel den US-Präsidenten und führende Entscheidungsträger in Politik und Militär beseitigen oder Schlüsselstellen der US-Luftraumüberwachung lahmlegen würden, hätte zweifellos eine erhebliche Störung der westlichen Abwehrbereitschaft zur Folge, die für einen massiven militärischen Überraschungsschlag genutzt werden könnte. Der GRU-Überläufer Viktor Suworow berichtet, daß dieses Konzept der Kriegsvorbereitung den Decknamen »Ouvertüre« trägt: *»›Ouvertüre‹ ist eine Serie großer und kleiner Operationen mit dem Zweck, noch vor dem Ausbruch militärischer Kampfhandlungen die Moral des Gegners zu schwächen, eine Atmosphäre allgemeiner Verdächtigung, Furcht und Unsicherheit zu schaffen und die Aufmerksamkeit von den gegnerischen Armeen abzulenken und die Polizeikräfte auf eine riesige Zahl verschiedener Ziele aufzusplittern, von denen jedes vom nächsten Anschlag betroffen sein könnte. ›Ouvertüre‹ wird von Agenten der Geheimdienste sowjetischer Satellitenstaaten ausgeführt. In diesem Stadium handelt es sich um Grauen Terror, der auf keinen Fall im Namen der Sowjetunion ausgeführt wird. Die sowjetischen Geheimdienste hinterlassen zu diesem Zeitpunkt weder ihre eigenen noch die Visitenkarten anderer. Der Terror wird im Namen bereits bestehender Extremistengruppen durchgeführt, die in keiner Weise mit der Sowjetunion in Verbindung stehen oder aber im Namen fiktiver Organisationen. (...)* Ouvertüre *kann zwischen einigen Wochen und mehreren Monaten dauern, wobei sie sich beständig in Intensität und Ort ausdehnt. (...) Festzustellen ist auch ein Anwachsen der Stärke der ›Friedensbewegung‹. In vielen Ländern werden ständig Forderungen nach Neutralität des jeweiligen Landes erhoben und das Ende der Unterstützung der amerikanischen Außenpolitik. An diesen Punkt nimmt der Graue Terror an Ausmaß und Heftigkeit zu und erreicht während der letzten Tage des Friedens seine Spitze. Am ersten Kriegstag treten die Hauptkräfte der Speznas sofort in Aktion. Ab diesem Zeitpunkt wird der Terror im Namen der Sowjetunion und des Kommunismus durchgeführt: Roter Terror.«*[634]

## Krieg in Tschetschenien und Terror in Russland

Aufmerksame Leser mögen sich während der Lektüre des letzten Kapitels mitunter die Frage gestellt haben, was denn nun von den angeblich islamistischen Terroranschlägen in Rußland und von dem im Anschluß daran brutal geführten Krieg in Tschetschenien zu halten ist. Erste Kämpfe um die nach Unabhängigkeit strebende Kaukasus-Republik Tschetschenien hatten bereits von Ende 1994 bis zum Sommer 1995 angedauert und damals bereits mehrere tausend Todesopfer gefordert. In diese Zeit fiel auch die erste größere terroristische Aktion islamistischer Kämpfer auf russischem Territorium. Unter dem Kommando des Tschetschenenführers Schamil Bassajew hatte sich eine Gruppe Terroristen mit ca. 1500 Geiseln im Krankenhaus der südrussischen Stadt Budjonnowsk verschanzt, wo es zu schweren Kämpfen mit russischen Kommandos gekommen war. Im Anschluß daran gelang es Bassajew auf mysteriöse Weise zu entkommen und auf dem Verhandlungsweg einen Waffenstillstand in Tschetschenien herbeizuführen, der bis September 1999 anhalten sollte. In jenem Monat kam es in Rußland jedoch zu einer Reihe von Sprengstoffanschlägen auf Wohnblocks in Buinaksk, Moskau und Wolgodonsk, denen etwa 300 Menschen zum Opfer fielen und für die islamistische Terroristen aus Tschetschenien verantwortlich gemacht wurden. Ein weiterer geplanter Anschlag in Ryazan konnte von einem aufmerksamen Hausbewohner verhindert werden, der verdächtige Männer dabei beobachtete, wie sie Säcke in den Keller eines mehrgeschossigen Wohnblocks brachten und dort verstauten. Eine Untersuchung der Säcke durch die herbeigerufene lokale Polizei ergab, daß diese mit dem militärischen Sprengstoff Hexogen gefüllt und mit einem Zeitzünder versehen waren. Eine von den örtlichen Behörden sofort eingeleitete Suche nach den verdächtigen Personen blieb zunächst ergebnislos, jedoch protokollierte die örtliche Telefonzentrale kurz darauf ein Telefongespräch, bei dem eine nervöse Stimme Anweisungen von ihren Vorgesetzten mit dem Hinweis erbat, daß die Bahnhöfe der Stadt kontrolliert würden und daß es gefährlich sei, sich aus der Stadt abzusetzen. Die Verbindung konnte zum russischen Sicherheitsdienst nach Moskau zurückverfolgt werden.[635] Die verdächtigen Männer wurden bald darauf gefaßt und gaben sich als Mitarbeiter des FSB zu erkennen.[636] Daraufhin trat der KGB/FSB-Chef Nikolai Patruschow mit der fadenscheinigen Erklärung an die Öffentlichkeit, die Bombe sei tatsächlich vom FSB gelegt worden, um die Wachsamkeit der Bevölkerung und der lokalen Behörden zu testen. In den Säcken habe sich kein Sprengstoff, sondern nur Zucker befunden.[637] Jedoch hatte eine erste Untersuchung der Säcke bereits ergeben, daß sie tatsächlich Sprengstoff enthalten hatten.[638] Als ob man alle möglichen Spuren schnellstens verwischen wollte, wurden daraufhin die Trümmer der bereits gesprengten Häuser in aller Eile weggeschafft, anstatt sie einer genauen Untersuchung zu unterziehen, welche Rückschlüsse über den verwendeten Sprengstoff und weitere Details des Anschlags zugelassen hätten.[639] Alle Beweise des Vorfalls in Ryazan wurden danach als geheim eingestuft und für 75 Jahre versiegelt.[640]

Von offizieller Seite wurde die Schuld an den Anschlägen tschetschenischen Terroristen unter der Führung des bereits bekannten Schamil Bassajew und Ibn Kattab, einem jordanischen Islamisten der *Wahhabiten*-Bewegung, der mit Osama Bin Laden in Verbindung stehen soll, angelastet.[641] Diese jedoch stritten jede Beteiligung an den Anschlägen strikt ab.[642] Zwei Männer wurden schließlich im Januar 2004 nach einem haarsträubenden Prozeß, dem man, Beobachtern zufolge, keinerlei Ähnlichkeiten mit Rechtsprechung nachsagen konnte, zu lebenslanger Haft verurteilt, weil sie an den Anschlägen in Moskau und Wolgodonsk beteiligt gewesen sein sollen.[643]

Neben den Indizien, die für sich allein gesehen bereits dafür sprechen, daß der russische Geheimdienst selbst diese Anschläge inszeniert hat, meldeten sich in den letzten Jahren einige prominente Stimmen zu Wort, die zweifelsfrei den FSB als den Urheber der Anschläge nennen. Der bei einem Hubschrauberabsturz ums Leben gekommene russische General Alexander Lebed zum Beispiel, der sich schon zum inszenierten Putsch von 1991 so freimütig geäußert hatte, sagte gegenüber der französischen Zeitung *Le Figaro*, er sei beinahe davon überzeugt, daß die russische Regierung den Terror gegen ihre eigenen Bürger organisiert habe.[644] Auch der Oligarch und frühere Kreml-Berater Boris Beresowski behauptete, nachdem er sich in den Westen abgesetzt hatte, daß der FSB in die Anschläge verwickelt sei und daß auch Wladimir Putin persönlich zumindest davon gewußt habe.[645] Zuletzt bestätigte der im Oktober 2000 nach Großbritannien geflohene FSB-Agent Oberstleutnant Alexander Litwinenko die Urheberschaft des FSB.[646] Litwinenko erlag im Herbst 2006 in London einer Poloniumvergiftung, die er sich unter mysteriösen Umständen zugezogen hatte.

Wenige Tage nach jenen Anschlägen marschierte das russische Militär im Herbst 1999 in Tschetschenien ein. Damit begannen der zweite Tschetschenien-Krieg und das Abschlachten des tschetschenischen Volkes. Doch auch der Krieg in Tschetschenien, der vom Kreml als Anti-Terror-Maßnahme deklariert wurde, machte den scheinbar islamistischen Anschlägen in Rußland kein Ende. So kam es zum Beispiel im Oktober 2002 zu der spektakulären Geiselnahme in einem Moskauer Musicaltheater, die über 100 Todesopfer forderte, die jedoch nicht durch die Geiselnehmer ums Leben gebracht wurden, sondern dem von den Moskauer Behörden eingesetzten mutmaßlichen Nervengas zum Opfer fielen. Als Drahtzieher dieser Terroraktion wurde wieder Tschetschenenführer Bassajew genannt.[647] Doch wie schon im Fall der Anschläge vom September 1999 drangen bereits kurze Zeit später Meldungen ans Tageslicht, die behaupteten, daß die tschetschenischen Geiselnehmer Unterstützung durch den FSB und das russische Militär erhalten hatten. So verfügten alle 41 Geiselnehmer über gefälschte Pässe, die offenbar von russischen Beamten geliefert worden waren, während russische Soldaten den Tschetschenen Waffen und Sprengstoff zur Verfügung gestellt hatten.[648] Und auch nach der Geiselnahme in einer Schule in Beslan im September 2004, für die wieder Bassajew verantwortlich gemacht wurde, hieß es, daß die Terroristen im Vorfeld Unterstützung durch hohe russische Offiziere bekommen hätten.[649]

Die Vorgänge in Rußland werden umso mysteriöser, wenn man sich die Herkunft jener Tschetschenenführer vergegenwärtigt, unter deren Terror der russische Staat nun angeblich zu leiden hat. Sowohl über Schamil Bassajew als auch über seinen Bruder Schirwani ist bekannt, daß diese in der Vergangenheit bereits für die sowjetische GRU gearbeitet haben.[650] Auch der erste »unabhängige« Präsident Tschetscheniens, Dschochar Dudajew, hat eine bemerkenswerte Vergangenheit als General der sowjetischen Luftwaffe und Kommandeur einer Division nuklear bewaffneter Langstreckenbomber hinter sich.[651] Auch soll vor dem Beginn des zweiten Tschetschenienkrieges im Sommer 1999 in Frankreich ein Treffen zwischen Schamil Bassajew einerseits und Boris Beresowski sowie Jelzins Stabschef Alexander Woloschin andererseits stattgefunden haben, bei dem Absprachen für einen neuen Krieg in Tschetschenien getroffen worden sein sollen, für den Bassajew mit russischen Waffen und Finanzmitteln ausgerüstet wurde.[652] Dies bedeutet, daß der neue Krieg vom Kreml bereits lange Zeit vor den Anschlägen geplant worden war, was Sergej Stepaschin, der damalige Chef des FSB, im Frühjahr 2000 auch tatsächlich zugab.[653] Der neue Krieg sollte, so heißt es inoffiziell, angeblich die Amtseinführung des künftigen Präsidenten Putin erleichtern, dessen hartes Vorgehen in Tschetschenien die russische Bevölkerung für ihn begeistern sollte, womit der Zweck des Tschetschenienkrieges jedoch keinesfalls erschöpft wäre.[654]

Mehrere prominente Stimmen aus Tschetschenien nannten den Krieg eine einzige strategische Täuschung. Zwar finden fraglos blutige und extrem brutal geführte Kämpfe statt, unter denen die tschetschenische Bevölkerung schwer zu leiden hat, und zweifellos kämpfen viele tschetschenische Patrioten idealistisch für die Freiheit ihres Landes oder auch nur um ihr nacktes Übeleben, jedoch wurde der Krieg, wie zum Beispiel der tschetschenische Mufti Achmed-Khadzhi Kadyrow behauptet, nicht von tschetschenischen Freiheitskämpfern, sondern von Provokateuren, die im Dienste Moskaus standen, begonnen. Er behauptete, der russische Generalstab kontrolliere den Krieg auf beiden Seiten der Front.[655] Das würde erklären, warum die Tschetschenen über russische Operationen bereits im Vorfeld Bescheid wissen, wie ein russischer Offizier der in Tschetschenien eingesetzten Luftlandetruppen behauptete.[656] Auch der tschetschenische Präsident Aslan Maschadow äußerte ähnliche Ansichten, nämlich daß die Rebellen rund um Bassajew von Moskau aus gesteuert und finanziert würden.[657] Weiter sagte er: *»Wir werden vermutlich einen großen Krieg erleben, einen Flächenbrand. Daran sind aber allein die Russen schuld. Der ganze Fundamentalismus, Extremismus und Terrorismus ist künstlich geschaffen worden.«*[658] Damit wäre auch erklärt, warum die tschetschenischen Kämpfer allesamt mit russischen Waffen ausgerüstet sind, die sie von russischen Militärstützpunkten in Georgien erhalten haben. Der Militärexperte Alexander Golz erklärte hierzu, der Tschetschenienkrieg habe nur dazu gedient, alte Waffen und Munition zu verbrauchen und die Soldaten im praktischen Kampf zu trainieren.[659] Aber sollte Moskau den Krieg in Tschetschenien seit Jahren tatsächlich lediglich als den größten und realistischsten Truppenübungsplatz der Welt betrachten, dann fragt man sich, wozu der Kreml wohl eine so große Anzahl von kriegserfahrenen Soldaten benötigt? Darauf kann es eigentlich nur eine plausible, aber erschreckende Antwort geben: Plant Moskau etwa ein weitaus größeres militärisches Abenteuer, als es der vermeintliche Krieg in Tschetschenien ist?

Ungeachtet der Frage, welchem militärischen Zweck der merkwürdige Krieg in Tschetschenien dient, bleibt festzuhalten, daß es die westliche Friedensbewegung trotz aller Brutalität, welche die Rote Armee dort seit Jahren an den Tag legt, natürlich nicht für nötig hält, dagegen zu demonstrieren. Auch westliche Regierungen hüllen sich weitgehend in Schweigen und unterstützen das dortige Geschehen durch ihre zahlreichen Finanz- und Wirtschaftshilfen an Moskau sogar noch. Der Kolumnist des *Boston Globe*, Jeff Jacoby, kommentierte die Situation wie folgt: *»Was Rußland in Tschetschenien begeht, ist der Massenmord von Zivilisten ..., und nicht nur versagt der Westen, gegen (Putins) Blutbad aufzustehen, er hilft sogar aktiv mit, es zu finanzieren.«*[660]

Der politische Nutzen des angeblich islamistischen Terrors in Rußland liegt klar auf der Hand. So kann die Kreml-Führung doch mit jedem weiteren Anschlag, der auf russischem Boden stattfindet, behaupten, zusammen mit dem Westen einen gemeinsamen Feind zu bekämpfen, nämlich zunächst die Terrororganisation *Al Qaida* und letztlich den gesamten radikalen Islam, was eine intensive internationale Annäherung und Kooperation erfordere. Diese ist identisch mit der von den Kommunisten lange angestrebten Konvergenz zwischen Ost und West, die natürlich zu den Bedingungen des Ostblocks stattfinden würde und die ihren Höhepunkt letztlich in einer kommunistischen Welteinheitsregierung finden soll. Dementsprechend läßt Putin kaum eine Gelegenheit verstreichen, ohne nicht vor der angeblich tödlichen Gefahr des Islams zu warnen, davor, daß neue Terrorakte folgen würden und daß diese nur »gemeinsam« verhindert werden könnten.[661] In Kenntnis der sowjetischen Langzeitstrategie müßte die Formulierung wohl besser so lauten, daß die Terroranschläge im Westen solange nicht aufhören, sondern an Umfang und Ausmaß sogar noch zunehmen werden, bis der Westen zur Kooperation bereit ist.

Die russische Führung kündigte auch bereits an, den Terror in Rußland, der angeblich vom islamischen Ausland gesteuert würde, künftig international zu bekämpfen. Hätte eine russische Intervention in Saudi-Arabien oder den Vereinigten Arabischen Emiraten vor einigen Jahren noch die Carter-Doktrin auf den Plan gerufen, was eine sofortige militärische Gegenreaktion der USA ausgelöst hätte, so ließe sich ein solches Vorgehen mittlerweile als Anti-Terror-Maßnahme darstellen, und der getäuschte Westen würde sich der strategischen Auswirkungen eines solchen Schachzugs wohl solange nicht bewußt werden, bis er vollkommen vom arabischen Erdöl abgeschnitten wäre, womit seine Wirtschaft zwangsläufig kollabieren würde.

Doch nicht nur Rußland gibt vor, zusammen mit dem Westen einen Kampf gegen den internationalen islamischen Terror zu führen. Auch China behauptet, mit den nach Selbstbestimmung strebenden islamischen *Uiguren* in Nordwestchina denselben Feind zu bekämpfen, woraufhin die US-Regierung wie gewünscht im Sinne der Konvergenz reagierte und die *Uiguren* als terroristische Organisation einstufte.[662] Der Fall zeigt, daß die US-Regierung dumm genug ist, die Unterdrükkung der Religion durch die chinesischen Kommunisten unter dem Vorwand des Krieges gegen den Terror politisch abzusegnen.

Abschließend bleibt zu betonen, daß die islamische Religion weltanschaulich der natürliche Verbündete des christlichen Westens gegen die Weltrevolutionsphantasien des kommunistischen Lagers wäre. Sollte es den Kommunisten gelingen, den Westen in den von ihnen beschworenen Kampf gegen den Islam zu führen, so stünde einer Sowjetisierung der gesamten Welt schließlich kein handlungsfähiger Gegner mehr gegenüber. Der Weltoktober wäre unvermeidlich!

# NACHWORT

*»Für diejenigen, die ›Augen haben, um zu sehen‹, sind die Wegweiser klar und unmißverständlich markiert. Der eine Pfeil weist die Nation auf einen verführerischen Pfad des Vergnügens, bespickt mit subtilen Vortäuschungen, die an die niedrigsten Instinkte des Menschen appellieren, nach Links.*

*Dies ist der Weg des geringsten Widerstandes, der Weg, der all jenen traurigen, kranken Geschöpfen verheißungsvoll erscheint, die jegliches persönliches Verantwortungsbewußtsein aufgegeben und ihre Seele für eine bezahlte Reise in die Märchenwelt eingetauscht haben, die die humanitaristischen Propagandisten für sie geplant haben.*

*Diese leichtgläubigen Unschuldslämmer, die sich auf diesen Weg verlocken lassen, wissen nicht, daß er zu einem gewaltigen persönlichen Trauma, zu Frustration, Armut, Degradierung und letztlich in die totale Sklaverei führt.«*[663]

— Des Griffin in *Wer regiert die Welt?*

Die kommunistische Strategie hängt auf Gedeih und Verderb davon ab, ob eine ihrer Hauptstoßrichtungen, nämlich die innere Zersetzung des westlichen Lagers, erfolgreich verläuft oder nicht. Entsprechend den Regeln Sun Tsus läßt nur ein innerlich geschwächter Westen der weltweiten Revolution Chancen auf Erfolg. Das obige Zitat faßt prägnant zusammen, wohin der marxistische Weg führt, den inzwischen, als Folge dieser gezielten gesellschaftlichen Zersetzung, so viele unserer westlichen Zeitgenossen beschreiten, zumeist ohne sich selbst darüber bewußt zu sein: Er führt ins individuelle und kollektive Verderben. Die Zahl jener Menschen, die sich selbst als Marxisten bezeichnen, ist zweifellos verschwindend gering im Vergleich zu jenen, die – politisch uninteressiert – die scheinbaren Vorteile eines marxistisch inspirierten Lebensstils für sich zwar in Anspruch nehmen möchten, dabei aber übersehen, welche fatalen Nebenwirkungen dies mit sich bringt. Längst gilt es zum Beispiel als erstrebenswert, daß der Staat Möglichkeiten der Kinderbetreuung schaffen soll, am besten schon vom Säuglingsalter an, damit sich die Eltern in Arbeit und Freizeit hemmungslos selbstverwirklichen können. Daß damit aber das Ende der traditionellen Familie eingeläutet wird und daß dies früher eine ausschließlich kommunistische Forderung war, will kaum jemand wahrhaben. Auch andere kommunistische Ziele werden bereitwillig in die Tat umgesetzt, wieder ohne sich der Konsequenzen bewußt zu sein – sei es die von der Friedensbewegung geforderte einseitige Entmilitarisierung des Westens oder die subtile Beschneidung des freien Unternehmertums unter dem Deckmantel des Umweltschutzes. So wird unbemerkt der Sozialismus durch die Hintertür eingeführt, und maßgeblich dafür verantwortlich sind die Protagonisten der 68er-Bewegung, die in den 1990er Jahren den Marsch durch die Institutionen und an die Spitze der europäischen Politik vollendet haben (vgl. dazu *Rot-Grüne Lebenslügen* vom selben Autor). Eine nationale Identität besitzen die Staaten Westeuropas nun kaum noch, an ihre Stelle tritt das sozialistische Konzept des alles gleichmachenden »Europäischen Hauses«, das als Vorstufe zu einem Welteinheitsstaat schleichend gewachsene Strukturen aufweicht und schließlich ganz auflösen wird. Doch niemand stört sich an der schleichenden Sowjetisierung. Das ist kein Wunder, denn in einer rein materialistischen Sichtweise kann man den Marxismus schließlich auch kaum widerlegen; allein die geistige Rückbindung und die Suche nach Antworten auf die materiell nicht zu beantwortenden Fragen des Lebens bewahrt den Menschen davor, dem marxistischen Irrtum zu verfallen. Wurde der Kommunismus früher zurecht für seine Bekämpfung der Religionen verurteilt, so läßt sich der betrogene Westen inzwischen selbst in den Kampf gegen eine Religion, gegen den Islam, führen. Jedoch ist das Problem, an dem die Menschheit am Beginn des 21. Jahrhunderts krankt, nicht eine Religion, also nicht eine Form geistiger Rückbindung, sondern es ist der fortschreitende, der progressive Materialismus. Auf dem Weg in die kommunistische Gesellschaft werden die natürlichsten menschlichen Bedürfnisse nach persönlicher Identität und seelischer Sicherheit eingetauscht für einen scheinbaren Lustgewinn oder die kurzfristige Befriedigung niedrigster Ego-Triebe. Die moderne hedonistische Spaßkultur, oder besser -unkultur, ist eine direkte Folge der von links betriebenen Auflösung traditioneller Werte, die untrennbar mit dem Begriff der Verantwortung verbunden waren. Verantwortung können jedoch nur reife Individuen übernehmen, die Revolution aber will keine reifen und mündigen Individuen, sondern völlig entwurzelte, unmündige und unbewußte, somit leicht zu lenkende Massenmenschen.

Da es nie ein Ende der kommunistischen Strukturen gegeben hat, steht dem nur oberflächlich gewendeten Ostblock nun ein durch und durch im Verfall begriffener Westen gegenüber, der kaum noch in der Lage wäre, einem ideologischen, einem wirtschaftlichen oder einem militärischen Angriff von links zu widerstehen. Einem kombinierten Angriff, wie er von den chinesischen Autoren des Buches *Unrestricted Warfare* beschrieben wird und wie er im Zuge des Weltoktobers zu erwarten wäre, müßte er zwangläufig erliegen. Zumindest solange, wie nicht eine umfassende Aufklärung der kommunistischen Strategie und ihrer Zersetzungsmethoden stattfindet. Nur wenn die Hintergründe der tatsächlichen weltpolitischen Situation im öffentlichen Bewußtsein verankert sind und die vielschichtige gesellschaftliche Subversion in allen ihren Ausprägungen rückgängig gemacht ist, könnte es eine Alternative zum sonst unausweichlichen Sieg des Kommunismus im Weltmaßstab geben.

Dieses jedoch werden die Hintermänner und wahren Väter der kommunistischen Ideologie, die nicht etwa in Moskau, sondern in den Zentren der internationalen Hochfinanz sitzen, zu verhindern wissen. Erkennt man an, daß der Kommunismus in der westlichen Welt einflußreiche und extrem finanzstarke Gönner hatte, dann erklärt sich auch, warum die westliche Politik der sowjetischen Strategie, entgegen anderslautenden Geheimdiensterkenntnissen, so leichtgläubig auf den Leim gehen konnte und warum die subtile Ausbreitung des Marxismus vom Westen tatenlos toleriert, manchmal sogar aktiv unterstützt wurde. Diese Unterstützung durch die internationale Hochfinanz erscheint merkwürdig angesichts der Tatsache, daß der Kommunismus doch vorgibt, eine Bewegung des Proletariats mit dem Ziel der Entmachtung des Kapitals zu sein. Eine Antwort hierauf geben die Ursprünge der kommunistischen Ideologie, deren Väter nicht mittellose Arbeiter waren, sondern deren Anfänge sich auf das Wirken geheimer Gesellschaften im 18. Jahrhundert zurückführen lassen. Aufzudecken, daß der Kommunismus letztlich das Werk einer jahrhundertealten Verschwörung ist und auch eine bedeutende religiöse Komponente besitzt, würde den Rahmen dieses Buches jedoch bei weitem übersteigen.

# Anhang

## Biografien der Überläufer

Auch ein geschlossenes System wie der kommunistisch regierte Ostblock konnte es nicht verhindern, daß sich eine große Menge von Soldaten und Geheimdienstmitarbeitern in den Westen abgesetzt hat. Die Ernüchterung über die kommunistische Realität veranlaßte vom normalen Zivilbürger über einfache Grenzsoldaten bis hin zu höchsten Regierungsbeamten alle Bevölkerungsschichten zum Überlaufen. Bis zum Mauerbau vom 13. August 1961 waren ca. 300 Stasi-Funktionäre abgefallen, später folgten noch einmal etwa 50. In den Jahren 1971 bis 1986 liefen etwa 150 Mitglieder der sowjetischen Nomenklatura über, etwa die Hälfte davon waren Stabsoffiziere der sowjetischen Geheimdienste.[664] Besonders dann, wenn es im Ostblock zu blutigen Übergriffen gegen die Zivilbevölkerung gekommen war, veranlaßte dies viele Offizielle zur Flucht. So flohen der tschechoslowakische Generalmajor Jan Sejna und sein Landsmann, der Major Ladislav Bittman, als Reaktion auf die gewaltsame Niederschlagung des Prager Frühlings, und auch im Gefolge des Massakers auf dem Platz des Himmlischen Friedens in Peking 1989 liefen mehrere chinesische Geheimdienstler zu den USA über, zwei davon hatten zuvor in der chinesischen Botschaft in Washington gearbeitet.

Je nachdem, welche Position diese Leute vor ihrer Flucht im kommunistischen Staatsgefüge innehatten, brachten sie zum Teil hochgeheime Informationen mit in den Westen, die, vernünftig ausgewertet, ein schwerer Schlag für die Absichten der gesamten kommunistischen Welt darstellen könnten. Jedoch wurden die besten Überläufer unverständlicherweise nicht angemessen befragt oder die Erkenntnisse dieser Befragungen nicht konsequent umgesetzt. Besonders die CIA steht im Ruf, Überläufer aus kommunistischen Ländern nicht adäquat zu behandeln, und zwar offenbar besonders jene, deren Informationen inkompatibel mit der seit Jahrzehnten favorisierten Entspannungspolitik des Weißen Hauses sind, nämlich dann, wenn die Aussagen der Überläufer erkennen lassen, daß Rußland und China eben keine strategischen Partner der USA, sondern nach wie vor eine Bedrohung für die Freiheit des Westens darstellen.

Die interessantesten, nachfolgend vorgestellten Überläufer sind zweifellos der Russe Anatoliy Golitsyn und der Tscheche Jan Sejna, beide hatten detaillierte Kenntnisse über den großangelegten strategischen Plan mit dem Endziel der weltweiten kommunistischen Revolution. Die Aussagen beider Männer decken und ergänzen sich zu einem umfassenden Bild, und die Tatsache, daß beide ihr Wissen bereits vor etwa 20 Jahren in Buchform veröffentlicht haben, ermöglicht es jedem interessierten Leser, sich selbst davon zu überzeugen, wie genau die weltpolitische Entwicklung sich seither an ihre Vorhersagen gehalten hat. Der Ostblock wich bis heute zu keinem Zeitpunkt vom Kommunismus ab, er änderte nur vorübergehend seine Vorgehensweise.

## Michael Goleniewski

Die Geschichte des Überläufers Michael Goleniewski klingt zugleich faszinierend und unglaublich. Goleniewski diente als hochrangiger Nachrichtendienstoffizier im polnischen Geheimdienst, bis er Kontakt mit dem Westen aufnahm und von April 1958 bis Dezember 1960 verdeckt als Agent für die USA arbeitete. Als das KGB ihm schließlich auf die Schliche kam, war er gezwungen, sich zusammen mit seiner Frau im Januar 1961 ins Ausland abzusetzen. Er kam am 12. Januar 1961 an Bord einer Militärtransportmaschine in Begleitung eines CIA-Mitarbeiters in den USA an. Bis Ende Dezember 1963 erstattete er den US-Behörden ausführlich Bericht über seine Arbeit als polnischer Geheimdienstoffizier und ganz besonders über 240 kommunistische Agenten, einschließlich ihrer Namen, Aufgabenbereiche und Aufenthaltsorte, die sensible Stellen in Westeuropa und den USA unterwandert hatten. Einer dieser Agenten mit dem Codenamen »Bor« sei zum damaligen Zeitpunkt ein unbedeutender Professor an der Harvard-Universität gewesen, der Jahre später Karriere in der amerikanischen Politik machen sollte: Henry Kissinger.

Aus heutiger Sicht klingt das brisant genug, doch Goleniewskis Geschichte ist noch unglaublicher: Er selbst, behauptete er, sei in Wahrheit der Großherzog Aleksei Nicholaevich Romanoff, der heimlich, zusammen mit seinem Vater, Zar Nicholas, von Rußland nach Polen geflohen war, nachdem die Kommunisten 1917 dort die Macht an sich gerissen hatten.

Doch zurück zu Kissinger. Dieser sei, so berichtete Goleniewski,

Mitglied eines Spionagerings namens ODRA, der während des Zweiten Weltkriegs vom sowjetischen Geheimdienst aufgebaut worden war und die Unterwanderung militärischer Nachrichtendienste im Westen zum Ziel hatte, besonders die der USA und Großbritanniens. Kissinger sei von dieser Organisation während seiner Zeit als Unteroffizier der US-Streitkräfte im besetzten Westdeutschland angeworben worden, also lange bevor er eine bedeutende Stellung in der US-Regierung einnahm.

Ungeachtet seiner wild anmutenden persönlichen Geschichte ist es eine Tatsache, daß mit Goleniewskis Hilfe eine Anzahl sowjetischer Agenten enttarnt werden konnte. Auch wird seine Behauptung, daß sich noch zahlreiche weitere kommunistische Agenten im Westen verbargen, von anderen Überläufern bestätigt. Trotz der brisanten Informationen, die dieser Mann in den Westen brachte, trennte sich die CIA 1964 von Goleniewski mit der Folge, daß die Mehrzahl der von ihm benannten Agenten weiterhin ihr Unwesen treiben konnte. Ein Schicksal, das außer Goleniewski auch anderen Überläufern widerfuhr, deren Berichte der herrschenden Politik im Westen offenbar zu folgenschwer erschienen und die heute wohl endgültig in der Vergessenheit verschwunden wären, wenn sie nicht selbständig ihr Wissen aufgezeichnet und in Buchform veröffentlicht hätten.

## Anatoliy Golitsyn

Anatoliy Golitsyn wurde 1926 in der Ukraine geboren. Mit 19 Jahren wurde er, während seiner Dienstzeit als Kadett an der Artillerieschule für Offiziere in Odessa, Mitglied der Kommunistischen Partei der Sowjetunion und arbeitete seit 1946 für den sowjetischen Geheimdienst. In den 1950er Jahren war seine Hauptaufgabe zunächst die Spionageabwehr gegen die USA, später wurde er zwei Jahre lang verdeckt in Österreich eingesetzt. Nach seiner Rückkehr nach Moskau studierte er bis 1959 an einer Hochschule des KGB und diente von 1959 bis 1960, d. h. in den Jahren, während denen die sowjetische Langzeitkampagne vorbereitet und das KGB entsprechend umstrukturiert wurde, in der NATO-Sektion der Informationsabteilung der Ersten Hauptverwaltung (Ausland) des KGB, im sogenannten »Inneren KGB«. Später wurde er nach Finnland geschickt, wo er als Spionageabwehroffizier unter diplomatischer Tarnung bis zu seinem Überlaufen im

Dezember 1961 arbeitete. Nach seiner Flucht wurde er in der Sowjetunion in Abwesenheit zum Tode verurteilt, was es erforderlich machte, daß er, wie die meisten Überläufer, in den USA eine neue Identität bekam.

Zur Überraschung der CIA-Beamten, die Golitsyn in den folgenden Monaten befragten, hatte er nicht nur Kenntnis von einer großen Anzahl geheimer NATO-Dokumente, er konnte sie sogar mit ihren korrekten NATO-Codenummern identifizieren. Er erklärte, daß das KGB erbeutete NATO-Dokumente mit demselben Ablagesystem verwaltete wie die NATO selbst und daß jedes geheime Dokument vom KGB über eine Sicherheitslücke in Frankreich innerhalb von 72 Stunden beschafft werden konnte. Schlimmer noch, dank zahlreicher undichter Stellen wisse das KGB alle geplanten Operationen der CIA bereits im voraus, und zum Beweis rezitierte er eine Reihe geheimer CIA-Operationen zur Anwerbung sowjetischer Diplomaten, die in Österreich und der Schweiz stattgefunden hatten. Aber daran zeigte sich die CIA wenig interessiert, statt dessen wurden Golitsyn tausende Fotos vorgelegt, die sowjetisches Botschaftspersonal zeigten und anhand derer er verdeckt arbeitende KGB-Offiziere identifizieren sollte, bis er schließlich entgegnete, daß es keinen Sinn mache, all die Namen von KGB-Agenten zu kennen, wenn man nicht verstehe, woran diese arbeiteten. Er bestand darauf, daß seine Kenntnisse über die sowjetische Langzeitkampagne von erheblich größerer Bedeutung seien. Doch statt ihn danach zu befragen, legte man ihm auch weiter nur Bilder mutmaßlicher KGB-Agenten vor, die er identifizieren sollte. Die Abteilung Sowjetrußland der CIA, mit der Golitsyn bisher zusammengearbeitet hatte, war offenbar nicht an der sowjetischen Strategie interessiert.

Von der Brisanz seiner Informationen überzeugt, versuchte Golitsyn einen Gesprächstermin mit dem Präsidenten zu bekommen, jedoch wurde ihm das verweigert, woraufhin er um Erlaubnis bat, nach Großbritannien ausreisen zu dürfen. Vor seiner Flucht hatte Golitsyn eine Anzahl britischer und französischer Geheimdokumente auswendig gelernt, von denen viele direkt vom MI-5 stammten, dem britischen Äquivalent des amerikanischen FBI. Als er gegenüber den britischen Beamten, mit denen er von nun an zusammenarbeitete, wörtlich aus hochgeheimen Dokumenten zitierte, zu denen nur wenige Leute Zugang gehabt hatten, stellte sich heraus, daß diese Dokumente nur von höchstrangigen Positionen im britischen Geheimdienst verraten worden sein konnten. Das KGB war bis in die Spitzen des britischen Geheimdienstes vorgedrungen, und Golitsyn betonte, daß die Situation in der CIA nicht anders sei. Vielleicht war genau das der Grund, warum bisher niemand ein Interesse an Golitsyns Kenntnissen über die sowjetische Langzeitkampagne gezeigt hatte?

Von diesem Zeitpunkt an wurde James Jesus Angleton, der damalige Chef der Spionageabwehrabteilung der CIA, auf Golitsyn aufmerksam. Auf sein Betreiben hin wurde Golitsyn zurück zur CIA überstellt, diesmal direkt zur Spionageabwehr, wo er langfristig erneut intensiv befragt wurde. Angleton war nicht an sowjetischem Botschaftspersonal interessiert, sondern zeigte Interesse an der »Logik der sowjetischen Durchdringung« der westlichen Geheimdienste. Erstmals wurde Golitsyns Wissen sinnvoll ausgewertet, was zur Folge hatte, daß ein KGB-Spionagering, der den französischen Geheimdienst unterwandert hatte, aufflog und unschädlich gemacht werden konnte.

Angleton war auch sehr an Golitsyns Kenntnissen über die sowjetische Langzeitstrategie interessiert. Ihm gegenüber berichtete Golitsyn über die Rolle der sowjetischen Abteilung für Desinformation, und es wurde eine Untersuchung der chinesisch-russischen Beziehungen eingeleitet mit dem Ziel, aufzudecken, ob die Grenzkonflikte an Amur und Ussuri eine vorsätzliche Täuschung waren. Jedoch wurde diese Untersuchung schließlich auf Druck der Nixon-Regierung eingestellt, und das wachsende Bewußtsein über die wahre sowjetische Politik fand in den Rängen der CIA ein jähes Ende, als der Watergate-Skandal die amerikanischen Geheimdienste erschütterte. Und so blieben Golitsyns Ausführungen über die Hintergründe der sowjetische Politik in Washington bis heute ungehört.

Da Golitsyn sein Wissen mittlerweile jedoch in zwei Büchern mit dem Titel *New Lies For Old*, erschienen 1984, und *The Perestroika Deception*, erschienen 1995, veröffentlicht hat, ist es zumindest jedem interessierten Bürger zugänglich. Im ersten Buch *New Lies For Old* nimmt Golitsyn den erst ein Jahr später unter Gorbatschow begonnenen Liberalisierungsprozeß im Ostblock vorweg und kündigt u. a. sogar den Fall der Berliner Mauer an. Wohlgemerkt zu einem Zeitpunkt, als das aus konventioneller Sicht keinesfalls absehbar war.

Die Tragweite von Golitsyns Veröffentlichungen wird in einer Analyse deutlich, die der US-Autor Mark Riebling in seinem Buch *Wedge: The Secret War between the FBI and the CIA* durchgeführt hat. Er kommt darin zu dem Schluß, daß bis zum Ende des Jahres 1993 von Golitsyns 148 Einzelvorhersagen 139 bereits eingetreten waren. Das bedeutet: Bis 1993 erwiesen sich Golitsyns Behauptungen zu etwa 94 Prozent als korrekt. Trotzdem blieben all seine Enthüllungen in der westlichen Politik ohne jede Konsequenz.

## Jan Sejna

Jan Sejna wurde am 12. Mai 1927 in Libotyn im Böhmerwald, etwa 20 Kilometer von der bayerischen Grenze entfernt, geboren. Nach dem Zweiten Weltkrieg trat er in die Kommunistische Partei ein und wurde im Herbst 1950 zum Militärdienst eingezogen, wo er als fanatischer Kommunist schnell Karriere machte. Im Alter von 27 Jahren hatte er bereits den Rang eines Oberst, war politischer Kommissar, Mitglied des Parlaments im Bezirk Nordböhmen und Mitglied des Zentralkomitees der Kommunistischen Partei der Tschechoslowakei. Vor seiner Flucht in den Westen führte ihn seine Karriere bis in den nationalen Verteidigungsrat, dem höchsten Organ der kommunistischen Tschechoslowakei, das selbst dem Politbüro übergeordnet ist. Dort hatte Sejna Einblick in die intimsten Angelegenheiten der Tschechoslowakei, und dort erfuhr er von der Existenz einer großangelegten, den ganzen Ostblock umfassenden kommunistischen Langzeitstrategie.

Eine seiner Hauptaufgaben war die Koordinierung des tschechoslowakischen Verteidigungsministeriums mit der Sowjetunion, entsprechend dem strategischen Gesamtkonzept. In dieser Eigenschaft hatte er täglichen Kontakt mit seinen sowjetischen Verbindungsleuten und verbrachte von 1955 bis 1968 jedes Jahr mehr als zwei Monate in der Sowjetunion, wo er direkt mit der sowjetischen Führung in Kontakt kam, darunter u. a. mit Chruschtschow, Breschnew und Suslov. Alle wichtigen Anweisungen, die Moskau vor allem auf dem Gebiet der militärischen Vorbereitungen an die Tschechoslowakei ausgab, gingen direkt durch seine Hände.

Als Sejna zur Zeit des Prager Frühlings erfuhr, daß die Rote Armee im Begriff war, die Tschechoslowakei zu besetzen, weigerte er sich, den Anweisungen von sowjetischer Seite Folge zu leisten, und warnte statt dessen die Prager Führung vor der bevorstehenden Invasion. Daraufhin wurde seine Immunität als Mitglied des Parlaments aufgehoben, und er sollte verhaftet werden, doch ihm gelang die Flucht. Und so lief

Jan Sejna, mittlerweile im Rang eines Generalmajors, am 25. Februar 1968 in Begleitung seines Sohnes und dessen Verlobter über Ungarn und Jugoslawien zum Westen über.

Unmittelbar nach seiner Flucht lief im Ostblock eine Verleumdungskampagne gegen Sejna an, in der er als flüchtiger Krimineller dargestellt und diskreditiert werden sollte, offenbar erfolgreich. Nicht nur westliche Medien übernahmen die Anschuldigungen der kommunistischen Presse gegen Sejna, auch das *US State Department* fiel darauf herein, und kurze Zeit später war die Glaubwürdigkeit Sejnas in der CIA erschüttert. Ähnlich wie schon zuvor Golitsyn, erklärte Sejna gegenüber den ihn befragenden CIA-Beamten, daß die sowjetische Langzeitstrategie das bedeutendste gewesen sei, worin er Einblick gehabt hatte. Jedoch wolle er darüber erst berichten, nachdem ihm politisches Asyl gewährt worden war.

Und ähnlich wie im Falle von Golitsyn interessierte sich auch hier die CIA nicht dafür; ihm wurde zwar Asyl gewährt, jedoch wurde Sejna zu diesem Thema nie befragt. Einzelne Journalisten hingegen zeigten mehr Interesse als die westlichen Geheimdienste, und so erschien im österreichischen Magazin *Profil*[665], in der Londoner Tageszeitung *Times*[666], in einer Publikation namens *Strategic Review*[667] und in einem französischen Magazin mit dem Titel *Paris Match*[668] eine Reihe von Interviews und Berichten, die u. a. die sowjetische Gesamtstrategie, den Plan zur militärischen Einnahme von Österreich und der Schweiz mit dem Codenamen »Polarka« und den Plan zur Eroberung Europas und speziell Frankreichs zum Thema hatten.

Die ignorante Haltung der US-Behörden wird besonders in einem Vorfall deutlich, der sich im Mai 1968 ereignete, noch unter dem Eindruck der Ereignisse des Prager Frühlings. Damals traf Sejna auf den ehemaligen amerikanischen Botschafter in der Sowjetunion, Llewellyn Thompson, der inzwischen einen Posten im *State Department* als Berater für Rußland-Fragen innehatte. Thompson fragte Sejna, ob sich das kommunistische System im Ostblock aus sich heraus ändern und liberalisieren würde, woraufhin Sejna antwortete, daß dies keineswegs der Fall sei. Die Strategie, die Ziele blieben dieselben, wie von Lenin vorgegeben: der Weltkommunismus. Es habe keine Änderung in diesen Zielen gegeben, und es sei auch zukünftig keine ernsthafte Änderung zu erwarten. Thompson reagierte verärgert, und er versuchte, auf Sejna einzuwirken, seine Geschichte nicht in die Öffentlichkeit zu tragen, es sei nicht im Interesse der US-Regierung, diese Dinge publik zu machen. Er ging sogar so weit, Sejna zu drohen, die Tschechoslowakei habe Sejnas Auslieferung gefordert, und daß man dieser Forderung nachgeben könnte, falls Sejna weiter Ärger machte.

Obwohl Sejna von der CIA intensiv zu vergleichsweise unwichtigen, taktischen und militärischen Themen befragt wurde, interessierte man sich nicht für das strategische Gesamtkonzept. Alle Themen, die die Politik der Sowjetunion und den gesamten Ostblock in einem schlechten Licht darstellen würden und die der von Nixon und Kissinger favorisierten Entspannungspolitik widersprachen, wurden konsequent ignoriert. Wohlgemerkt, nicht von Sejna, sondern von Leuten innerhalb der CIA und innerhalb der US-Regierung. Wie zuvor bei Golitsyn, erging auch im Fall von Sejna im Januar 1969, nach der Amtseinführung von Richard Nixon, eine Weisung des Weißen Hauses an die CIA, die Befragung Sejnas einzustellen. Sejna wurde buchstäblich auf die Straße gesetzt. Noch im selben Jahr übergab Henry Kissinger eine »Analyse« der sowjetischen Politik an Richard Nixon, die von Kissinger selbst erarbeitet worden war und derzufolge die Sowjetunion keine großangelegte Strategie verfolge.

Ende 1969 kam Sejna zurück zur CIA, diesmal in die Spionageabwehrabteilung unter James Jesus Angleton, der sich zuvor auch schon um Anatoliy Golitsyn bemüht hatte. Hier begegnete man ihm mit mehr Interesse, wenn auch dieses Interesse keine weiteren Konsequenzen für die US-Politik gegenüber der Sowjetunion hatte.

Später wechselte Sejna zur *Defense Intelligence Agency* (DIA), wo sein Wissen über die Verstrickungen der Sowjetunion in den internationalen Terrorismus ausgewertet wurde, und spätestens hier fand er Gehör, und man erkannte den Wert dieses Überläufers, allerdings auch in diesem Falle, ohne daß dies irgendwelche Konsequenzen gehabt hätte. Trotzdem kam Lt. General Clapper, der Direktor der DIA, in einem Memorandum von 1992 zu dem Schluß, daß Sejna eine sehr wichtige Quelle sei, die den US-Nachrichtendiensten über viele Jahre hinweg verläßliche Informationen geliefert und die sich freiwillig einem Lügendetektortest unterzogen habe, ohne daß man Hinweise auf eine vorsätzliche Täuschung habe finden können.

Sejnas umfangreiches Wissen über die sowjetische Strategie und die Vorbereitung der Weltrevolution, darunter u. a. die vorsätzlichen Täuschungskampagnen auf dem Rüstungssektor, die Rolle des organisierten Verbrechens, die Manipulation der Medien und der Sozialdemokratie im Westen usw. jedoch blieb unausgeschöpft, bis man sich Mitte der 1990er Jahre für den Verbleib zahlreicher vermißter US-Soldaten im Vietnam-Krieg zu interessieren begann, denn auch zur Klärung dieser Frage hätte Sejna etwas beizutragen gehabt. Als er vor einem Ausschuß zu diesem Thema aussagen wollte, wurde er von Leuten innerhalb der US-Regierung massiv eingeschüchtert. Die Einschüchterungsversuche reichten bis hin zu anonymen Morddrohungen.

Am 23. August 1997, noch bevor die Untersuchungen in der Frage der vermißten Soldaten abgeschlossen waren, starb Generalmajor Jan Sejna unter nicht geklärten Umständen.

Hätten sich nicht einige wenige Journalisten und Autoren für die Aussagen dieses Überläufers interessiert und hätte er nicht selbst ein Buch darüber veröffentlicht (*We will bury you*, 1982), dann wäre die Flucht dieses hochrangigen kommunistischen Insiders wohl völlig ohne Konsequenzen geblieben.

Anzumerken bleibt noch, daß die Verleumdungen gegen Sejna von den tschechischen Behörden bis heute aufrechterhalten werden, was wiederum zeigt, daß im Ostblock kein echter Wandel stattgefunden hat.

## Ladislav Bittman

Ladislav Bittman wurde 1931 in der Tschechoslowakei geboren, trat 1946 im Alter von 15 Jahren in die Kommunistische Partei ein und immatrikulierte sich 1950 an der Prager Karls-Universität, um dort Völkerrecht zu studieren. Mehrere Wochen vor seinem Staatsexamen wurde er 1954 vom tschechoslowakischen Geheimdienst angeworben. In den folgenden Jahren arbeitete er unter journalistischer und diplomatischer Tarnung in Asien, Westeuropa und Lateinamerika. 1964 wurde er, im Rang eines Majors, Vizechef der neugeschaffenen Desinformationsabteilung (Abteilung D), die die Produktion und Koordinierung von »aktiven Maßnahmen« zur Aufgabe hatte, d. h. die Lügenkampagnen aller Art gegen den Westen durchführte. Zwei Jahre später wurde er unter diplomatischer Tarnung nach Wien versetzt, von wo aus er wenige Tage nach der sowjetischen Invasion in der Tschechoslowakei 1968 überlief und um politisches Asyl in den USA ersuchte.

Der Einblick, den Bittman in die sowjetische Strategie hatte, ist aufgrund seines niedrigen Ranges und seiner eher unbedeutenden Position sehr begrenzt. Seine Abteilung konnte, genau wie die anderen Desinformationsabteilungen der kommunistischen Satellitenstaaten, nicht nach eigenem Gutdünken Einsatzziele bestimmen; statt dessen legte Moskau weitgehend die Richtlinien der Vorbereitung und praktischen Durchführung fest, um sicherzugehen, daß keine der einzelnen Operationen den sowjetischen Zielsetzungen widersprach. Bittman befand sich daher bei der Vorbereitung und Durchführung von Lügenkampagnen in engem Kontakt mit seinen sowjetischen Verbindungsleuten, und diese erwähnten ihm gegenüber immer wieder einen globalen langfristigen Desinformationsplan, ohne daß Bittman je Einsicht darin bekommen hätte.

Bittman konnte nach seiner Flucht in den Westen also keine Einzelheiten über diesen Plan berichten, jedoch bestätigt er, daß es eine enge blockweite politische Koordination gegeben hat. Seine Berichte sind allerdings von erheblichem Interesse, was die Aufgaben der Desinformationsabteilungen und die Spuren angeht, die diese im öffentlichen Leben des Westens hinterlassen haben. Bittman veröffentlichte mehrere Bücher, von denen zwei auch in deutscher Sprache erschienen sind, sie tragen die Titel *Geheimwaffe D* und *Zum Tode verurteilt – Memoiren eines Spions*.

## Ion Pacepa

Ion Mihai Pacepa, geboren 1928 in Rumänien, war bis zu seinem Überlaufen 1978 stellvertretender Leiter des rumänischen Auslandsnachrichtendienstes DIE (*Departamentul de Informatii Externe*) im Rang eines Generalleutnants und Vertrauter des rumänischen Diktators Nikolae Ceausescu. Pacepa wurde nach seiner Flucht in Rumänien in Abwesenheit zum Tode verurteilt. Die CIA nahm sich drei Jahre lang Zeit, ihn zu befragen, und obwohl man ihm anfangs mit Mißtrauen begegnete, zeigte der Zusammenbruch des Ceausescu-Regimes, wie glaubwürdig Pacepas Aussagen waren. In seinem 1987 erschienenen Buch *Red Horizons* beschreibt er neben vielen anderen interessanten Einzelheiten, wie beispielsweise dem Verhältnis des Ostblocks zu mehreren Nahoststaaten oder den Verstrickungen des rumänischen DIE in den Rauschgiftschmuggel, wie unter Ceausescu in Absprache mit der Sowjetunion eine großangelegte Desinformationskampagne mit dem Codenamen »Horizont« durchgeführt wurde, die der westlichen Welt jahrelang mit Erfolg vorgetäuscht hat, Rumänien betreibe eine von Moskau unabhängige Politik. Ziel der Kampagne war es, sowohl westliche Gelder zur Unterstützung des kommunistischen Regimes in Rumänien zu erhalten als auch indirekt Einfluß auf westliche politische Entscheidungen nehmen zu können. Damit wird eine wichtige Kernaussage Golitsyns bestätigt, nämlich daß der Ostblock keineswegs in sich gespalten ist, sondern daß die scheinbaren Differenzen zwischen den einzelnen kommunistischen Staaten das Ergebnis einer großangelegten Desinfomationskampagne sind.

## Viktor Suworow

Wladimir Bogdanowitsch Resun, alias Viktor Suworow, wurde 1947 in der Sowjetunion geboren und kam mit nur elf Jahren in eine Schule der Roten Armee. Er absolvierte die Suworow-Offiziersschule in Kalinin, die Offiziershochschule für Kommandeure des Heeres in Kiew und die Diplomatische Militärakademie in Moskau. 1968 nahm er als Offizier in einer Panzerkompanie an der Invasion in der Tschechoslowakei teil. Seit 1970 gehörte er zur Nomenklatura des ZK der KPdSU. Nach Abschluß der Diplomatischen Militärakademie 1974 arbeitete er vier Jahre lang, getarnt als Diplomat des sowjetischen Ministeriums für Auswärtige Angelegenheiten, für die GRU, den militärischen Geheimdienst der Sowjetunion. 1978 bat er um politisches Asyl in England, da er das ineffiziente, korrupte und verlogene System in seiner Heimat nicht länger ertragen konnte, das vorgab, das Volk zu vertreten, jedoch zum eigenen Machterhalt Millionen sowjetischer Bürger umgebracht hatte. In Moskau wurde er daraufhin – wie üblich – in Abwesenheit zum Tode verurteilt.

Suworow ist Autor mehrerer Bücher, die zum einen die Verhältnisse innerhalb der Roten Armee beschreiben und u. a. die von der Sowjetunion durchgeführte vorsätzliche Täuschung in Abrüstungsfragen behandeln und zum anderen die Hintergründe des deutschen Angriffs gegen die Sowjetunion im Zweiten Weltkrieg zum Thema haben.[669] Suworow stellt in letzteren die These auf, daß Stalin bereits für 1941 die Weltrevolution geplant habe und Hitler den sowjetischen Offensivplänen gegen Europa durch seinen Angriff auf die Sowjetunion nur um wenige Wochen zuvorgekommen sei.

Details über die kommunistische Langzeitkampagne hatte dieser

Überläufer nicht zu berichten, jedoch wurde er vor einigen Jahren von Christopher Story, dem britischen Herausgeber des *Soviet Analyst*, gefragt, was er vom Kollaps der Sowjetunion halte. Suworow antwortete, der Kollaps sei ein Schwindel. Story fragte, ob Suworows Kontaktpersonen beim britischen Geheimdienst dies durchschaut hätten. Als Suworow antwortete, daß dies nicht der Fall sei, fragte Story, warum, und Suworows Antwort lautete lapidar: *»Weil sie dumm sind.«*

## Stanislav Lunev

Stanislav Lunev wurde 1946 in Leningrad geboren und trat 1957, im Alter von nur elf Jahren, einer Militärschule im Nordkaukasus bei, die er 1964 absolvierte, um anschließend seine Ausbildung an der Militärakademie in Taschkent fortzusetzen. Im Rang eines Leutnants trat er 1967 seinen Dienst bei der 19. sowjetischen Panzerdivision in Ungarn an. Von 1971 bis 1978 studierte Lunev Marxismus-Leninismus an der Militärpolitischen Akademie, die als Eckpfeiler kommunistischer Ideologie in den Sowjetstreitkräften galt und an der von allen Studenten die völlige Loyalität zum kommunistischen Regime erwartet wurde. Dort wurde er vom sowjetischen Militärnachrichtendienst GRU angeworben. Es folgten Einsätze in Singapur, nach einer Zusatzausbildung, die der Tarnung als TASS-Korrespondent dienen sollte, in China und ab 1988 in den USA, wo er am 25. März 1992 überlief. Das folgende Jahr verbrachte er unter ständiger Bewachung im US-Bundesstaat Maryland, wo er von den wichtigsten US-Geheimdienstbehörden befragt wurde. Und auch in den nächsten Jahren stellte sich Lunev in den Dienst der CIA und des FBI, bis er an Krebs erkrankte und beschloß, sein Wissen einer breiten Öffentlichkeit zugänglich zu machen. Er veröffentlichte ein Buch mit dem Titel *Through the eyes of the enemy* und schrieb regelmäßig erscheinende Artikel für die US-Publikation *Newsmax.com.* Die Kernaussage dieser Veröffentlichungen lautet, daß, entgegen der im Westen weitverbreiten Meinung, der Kalte Krieg bis heute nicht vorbei ist.

Obwohl Lunev in der Zeit als Agent bei der russischen GRU selbst keinen Einblick in die kommunistische Langzeitstrategie gehabt hatte, berichtet er über fortgesetzte militärische Vorbereitungen, an denen er selbst beteiligt war, entsprechend der alten sowjetischen Doktrin vom Feindbild USA, derzufolge ein Atomkrieg zwischen Rußland und Amerika auch heute noch unvermeidbar sei. Diese militärischen Vorbereitungen stimmen mit der letzten Phase der Strategie überein, und daher ist Lunev mittlerweile von der Existenz einer langfristigen koordinierten Planung überzeugt, an der sowohl die UdSSR als auch das kommunistische China beteiligt sind.

## Kanatjan Alibekow

Kanatjan Alibekow, alias Ken Alibek, wurde 1950 in Kautschuk, Kasachstan, geboren. 1975 machte er seinen Abschluß am Medizinischen Institut der Sowjetarmee in Tomsk, wo er sich auf Infektionskrankheiten und Epidemiologie spezialisierte. Er promovierte in Mikrobiologie über die Forschung und Entwicklung biologischer Tularämie- und Pestkampfstoffe sowie zum Dr. rer. nat. der Biotechnologie über die Entwicklung einer Technologie zur Produktion von Milzbranderregern in industriellem Maßstab. 1975 wurde er Mitarbeiter einer großen Forschungseinrichtung namens *Biopreparat*, die in erster Linie damit betraut war, biologische Waffen zu entwickeln und zu produzieren. Dort stieg er 1987 zum Ersten Stellvertretenden Direktor auf und hatte bis 1992 32 000 Wissenschaftler und militärische Mitarbeiter unter sich. Während der 1980er und Anfang der 1990er Jahre führte er dort umfangreiche Tests mit Kampfstoffen wie Milzbrand, Clostridium und anderen Erregern durch, Tests, die die Grundlage für den spektakulären Durchbruch der Sowjetunion auf diesem Gebiet schafften. Nachdem er sich 1992 in die USA abgesetzt hatte, informierte er verschiedene US-Dienste über Rußlands geheime biologische Aufrüstung, jedoch mit mäßigem Erfolg. Als er 1998 versuchte, einen Mitarbeiter der US-Regierung auf die fortgesetzte biologische Aufrüstung in der ehemaligen Sowjetunion hinzuweisen, bekam er als Antwort, daß es zwar durchaus fragwürdige Aktivitäten in Rußland gebe, daß es die Diplomatie jedoch im Moment erfordere, Stillschweigen zu bewahren. Daraufhin veröffentlichte Ken Alibek gemeinsam mit Stephen Handelman, einem Kolumnisten des *Time Magazine*, 1999 ein Buch mit dem Titel *Direktorium 15 – Rußlands Geheimpläne für den biologischen Krieg*.

# Literatur

## Internet

*www.jrnyquist.com*, J. R. Nyquist ist ein in den USA bekannter Experte für die sowjetische Langzeitkampagne, engl.

*Soviet Analyst – A Review of continuing Soviet Leninist World Revolution deception strategy,* Herausgeber Christopher Story, FRSA; World Reports Limited, UK, *www.sovietanalyst.com*

*The New American – That Freedom shall not perish*, Herausgeber John F. McManus; American Opinion Publishing Inc., USA, *www.thenewamerican.com*

## Literaturliste

*AA1025 – The Memoirs of an Anti-Apostle,* Marie Carre; Tan Books and Publishers Inc., USA, 1972/1991

*Ab heute ist Krieg – Der blutige Konflikt im ehemaligen Jugoslawien,* Susanne Gelhard; Fischer Taschenbuch Verlag, 1992

*Auftrag Irreführung – Wie die Stasi Politik im Westen machte*, Günter Bohnsack, Herbert Brehmer; Carlsen Verlag, 1992

*Betrayal – How the Clinton Administration undermined American Security*, Bill Gertz; Regnery Publishing Inc., USA, 1999

*Betrayed*, Joseph D. Douglass Jr.; 1st Books Library, USA, 2002

*Betty Friedan and the making of the Feminine Mystique – The American Left, The Cold War, and Modern Feminism*, Daniel Horowitz; University of Massachusetts Press, USA, 1998

*Bin Laden – The Man who declared War on America,* Yossef Bodansky; Prima Publishing, USA, 1999

*Börsenkrach und Weltwirtschaftskrise – Der Weg in den 3. Weltkrieg*, Günter Hannich; Kopp Verlag, 2001

*Black Gold Stranglehold – The Myth of Scarcity and the Politics of Oil*, Jerome R. Corsi, Craig R. Smith; WND Books, 2005

*Collision and Collusion – The Strange Case of Western Aid to Eastern Europe*, Janine R. Wedel; Palgrave, New York, USA, 2001

*Communist Military Machine*, Ian Beckett; Bison Books, UK, 1985

*Convergence of Communism and Capitalism – The Soviet View*, Leon Goure, Foy D. Kohler, Richard Soll, Annette Stiefbold; Center for advanced international Studies University of Miami, USA, 1973

*Das Ende des blauen Planeten? Der Klimakollaps: Gefahren und Auswege*, Paul J. Crutzen, Michael Müller; Verlag C. H. Beck, 1989

*Das Ende Jugoslawiens – Chronik einer Selbstzerstörung*, Wolfgang Libal; Europa Verlag, 1991

*Das internationale Terrornetz – Der geheime Krieg gegen die westlichen Demokratien*, Claire Sterling; Scherz Verlag, 1981

*Das Komplott – Wie es wirklich zur deutschen Einheit kam*, Ralf Georg Reuth, Andreas Bönte; Piper Verlag, 1993

*Das Netz der kommunistischen Frontorganisationen*, herausgegeben vom US-Informationsdienst, Bad Godesberg, Ost-Probleme, 16. Oktober 1954

*Decision making in communist countries,* Joseph D. Douglass, Jan Sejna; Pergamon Press, USA, 1986

*Der Fischer Atlas Kriege und Konflikte*, Dan Smith; Fischer Taschenbuch Verlag, 1997

*Der leise Selbstmord – Amerikas Militärhilfe an Moskau*, Antony C. Sutton; Schweizerisches Ost-Institut, 1976

*Der Moskauer Vertrag vom 12. August 1970 – Ein Triumph des Kreml*, Hans Graf Huyn; 1970er Jahre

*Der Niedergang der CIA – Der Enthüllungsbericht eines CIA-Agenten*, Robert Baer; Bertelsmann Verlag, 2002

*Der Oligarch – Vadim Rabinovich bricht das Schweigen*, Jürgen Roth; Europa Verlag, 2001

*Der Pate des Kreml – Boris Beresowski und die Macht der Oligarchen*, Paul Klebnikow; Econ Verlag, 2001

*Der Tod des Westens – Geburtenschwund und Masseneinwanderung bedrohen unsere Zivilisation*, Patrick J. Buchanan; Bonus Verlag, 2002

*Der Vertrag von Maastricht, Band I – Endlösung für Europa*, Johannes Rothkranz; Verlag Pro Fide Catholica, 1997

*Der Warschauer Pakt*, Michael Csizmas; Schweizerisches Ost-Institut, 1972

*Der zweite Schritt – Ein neues feministisches Manifest*, Betty Friedan; Rowohlt Verlag, 1982

*Die Deutsche Karte – Moskaus neue Strategie*, Hans Graf Huyn; Universitas Verlag, 1991

*Die Emanzipation der Frau in der sozialistischen Theorie und Praxis*, Mechthild Merfeld; Rowohlt Taschenbuch Verlag, 1972

*Die Frankfurter Schule – und ihre zersetzenden Auswirkungen*, Rolf Kosiek; Hohenrain Verlag, 2001

*Die Frau im Sowjetreich*, Laszlo Revesz; Schweizerisches Ost-Institut, 1969

*Die Insider – Baumeister der »Neuen Welt-Ordnung«, Band I*, Gary Allen; Verlag für Außergewöhnliche Perspektiven, 14. Aufl. 2001

Die Insider – *Baumeister der »Neuen Welt-Ordnung«, Band II*, Gary Allen; Verlag für Außergewöhnliche Perspektiven, 3. Aufl. 1995

*Die Liquidierung der Sozialdemokratie in Osteuropa*, Laszlo Revesz; Schweizerisches Ost-Institut, 1971

*Die Roten Bosse – Rußlands Tycoone übernehmen die Macht in Europa*, Jürgen Roth; Piper Verlag, 3. Aufl. 1998

*Die Supermächte USA und Sowjetunion*, Walter Göbel; Ernst Klett Verlag, 5. Aufl. 2001

*Die vaterlose Gesellschaft – überfällige Anmerkungen zum Geschlechterkampf*, Matthias Matussek; rororo, 1998

*Diktatoren im Ruhestand – Die einstigen Ostblockchefs im Gespräch*, Siegfried Kogelfranz; Brandenburgisches Verlagshaus, 1997

*Direktorium 15 – Rußlands Geheimpläne für den biologischen Krieg*, Ken Alibek, Stephen Handelman; Econ Verlag, 1999

*Erziehung zum Haß – Geistige Militarisierung in der DDR*, Karl-Günter Schirrmeister; Verlag Bonn Aktuell, 1987

*Export der Revolution*, Laszlo Revesz; Schweizerisches Ost-Institut, 1971

*Freispruch für* $CO_2$ *– Wie ein Molekül die Phantasien von Experten gleichschaltet*, Wolfgang Thüne; Edition Steinherz, 2002

*Geheimimperium KGB – Totengräber der Sowjetunion*, Jewgenija Albaz; Deutscher Taschenbuchverlag, 1992

*Geheimpolitik – Der Fahrplan zur Weltherrschaft*, Dieter Rüggeberg; Rüggeberg-Verlag, 3. Aufl. 1993

*Geheimwaffe D*, Ladislav Bittman; Schweizerisches Ost-Institut, 1973

*GRU – Die Speerspitze*, Viktor Suworow; Scherz Verlag, 1985

*Henry Kissinger, Soviet Agent*, Frank A. Capell; Criminal Politics Magazine USA, 1992

*Im Schatten der Freiheitsstatue*, William F. Buckeley; Verlag Neues Abendland, 1954

*Indirekte Strategie – Der Westen und Gorbatschow*, Albert A. Stahel; Presdok AG, Zürich 1989

*Inside the Soviet Army*, Viktor Suvorov; Grafton Books, UK, 1982

*Is it Liberalism or Marxism that is destroying America?*, Howard M. Lance; Ivan Santana, USA

*KGB – Arbeit und Organisation des sowjetischen Geheimdienstes in Ost und West*, John Barron; Scherz Verlag, 1974

*Masters of Deceit – The Story of Communism in America and How to Fight It*, J. Edgar Hoover; Henry Holt and Company, USA, 1958

*Mesmerized by the Bear – The Soviet Strategy of Deception*, Raymond S. Sleeper; Dodd, Mead & Company, USA, 1987

*Militärische Ausbildung in Osteuropa*, Laszlo Revesz; Schweizerisches Ost-Institut, 1975

*Moskauer Vertrag, weder Frieden noch Freiheit – Bilanz der neuen Ostpolitik in Dokumenten*, Hans Graf Huyn; CDU-Bundesgeschäftsstelle Bonn, 1970er Jahre

*New Lies For Old – An ex-KGB officer warns how communist deception threatens survival of the West*, Anatoliy Golitsyn; Dodd, Mead & Company, USA, 1984

*Nomenklatura – Die herrschende Klasse der Sowjetunion*, Michael S. Voslensky; Bertelsmann Verlag

*Oktober und Umgestaltung: Die Revolution geht weiter*, Michail Gorbatschow; APN-Verlag, Moskau 1987

*Reagan's War – The Epic Story of His Forty-Year Struggle and Final Triumph Over Communism*, Peter Schweizer; Doubleday, USA, 2002

*Red Carpet*, Joseph Finder; Holt, Rinehard and Winston, USA, 1983

*Red Cocaine – The drugging of America and the West*, Joseph D. Douglass Jr.; Edward Hale, UK, 1999

*Red Dragon Rising – Communist China's military threat to America*, Edward Timperlake, William C. Triplett II; Regnery Publishing Inc., USA, 2002

*Red Feminism – American Communism and the Making of Women's Liberation*, Kate Weigand; The John Hopkins University Press, USA, 2001

*Red Horizons – The True Story of Nicolae & Elena Ceausescus' Crimes, Lifestyle and Corruption*, Lt. Gen. Ion Mihai Pacepa; Regnery Gateway, USA, 1990

*Schmutzige Hände – Wie die westlichen Staaten mit der Drogenmafia kooperien*, Jürgen Roth; Goldmann Verlag, 2001

*Selbstmord einer Demokratie – Identität von KPD und DKP*, Dr. Norbert Bartel, Udo Walendy; Kölle-Druck und Verlag, 1974

*Selling the rope to hang capitalism – The Debate on West-East Trade & Technology Transfer*, Charles M. Perry, Robert L. Pfaltzgraff Jr.; Pergamon-Brassey's International Defense Publishers, 1987

*Soviet and Communist Quotations*, Albert L. Weeks; Pergamon-Brassey's International Defense Publishers

*Sowjetische Militärstrategie in Europa*, Joseph D. Douglass Jr.; Verlag für Wehrwissenschaften, 1983

*Speznas – Geheimnis hinter Glasnost*, Viktor Suworow; Dissberger Verlag, 1989

*Stalins verhinderter Erstschlag – Hitler erstickt die Weltrevolution*, Viktor Suworow; Pour-le-Merite-Verlag, 2000

*Stasi und kein Ende – Die Personen und Fakten*, Manfred Schell, Werner Kalinka; Bertelsmann Verlag, 1991

*The best enemy money can buy*, Antony C. Sutton; USA, 1986

*The China Threat – How the People's Republic targets America*, Bill Gertz; Regnery Publishing, Inc., USA, 2002

*The European Union Collective – Enemy of its Member States*, Christopher Story; Edward Harle UK, 2002

*The Insiders*, John F. McManus; The John Birch Society, 1992

*The KGB and Soviet Disinformation – An Insider's View*, Ladislav Bittman; Pergamon-Brassey's International Defense Publishers Inc., USA, 1985

*The New Image-Makers – Soviet Propaganda & Disinformation Today*, Ladislav Bittman; Pergamon Brassey's International Defense Publishers Inc., USA, 1988

*The Perestroika Deception – The world's slide towards the »Second October Revolution«*, Anatoliy Golitsyn; Edward Harle, UK, 1998

*The Techniques of Communism*, Louis F. Budenz; Henry Regnery Company, USA, 1954

*Through the Eyes of the Enemy – Russia's highest ranking defector reveals why Russia is more dangerous than ever*, Stanislav Lunev, Ira Winkler; Regnery Publishing Inc., USA, 1998

*Umgestaltung und neues Denken für unser Land und für die ganze Welt*, Michail Gorbatschow, Dietz Verlag, 1987

*Unrestricted Warfare – China's Master Plan to destroy America,* Col. Qiao Liang, Col. Wang Xiangsui; Pan American Publishing Company, Panama, 1999/2002

*Unsichtbare Weltmacht KGB – Steht sie hinter Gorbatschows Perestroika?*, Astrid von Borcke; Hänssler Verlag, 1989

*Wallstreet and the Bolshevik Revolution*, Antony C. Sutton, USA, 2001

*War by Other Means – Soviet Power, West German Resistance and the Battle of the Euromissiles*, Jeffrey Herf; The Free Press, USA, 1991

*War Scare – Russia and America on the Nuclear Brink,* Peter Vincent Pry; Praeger, USA, 1999

*We Will Bury You – The Soviet plan for the subversion of the West by the highest ranking Communist ever to defect*, Jan Sejna; Sidgwick & Jackson, UK, 1982

*Wer regiert die Welt?*, Des Griffin; Lebenskunde Verlag, 2. Aufl. 1996

*Why the Soviets violate Arms Control Treaties*, Joseph D. Douglass Jr.; Pergamon Brassey's International Defense Publishers Inc., USA, 1988

*Wir sind die Wahnsinnigen* – Joschka Fischer und seine Frankfurter Gang, Christian Schmidt; Econ Verlag, 1998

*Wladimir Putin – Der »Deutsche« im Kreml*, Alexander Rahr; Universitas Verlag, 2000

*Zwischen Liquidation und Wiedergeburt – Frauenbewegung in Rußland von 1917 bis heute*, Anna Köbberling; Campus Verlag, 1993

# Quellen


1 Marx, Engels: *Das Kommunistische Manifest*, Version von 1890

2 Forderungen 1 und 3 des *Kommunistischen Manifests*

3 Forderung 8 des *Kommunistischen Manifests*

4 *Soviet Analyst*, Vol. 27, Nr. 1, S. 1; *Soviet Analyst*, Vol. 28, Nr. 9, S. 4

5 *Red Carpet*, S. 164

6 *Die Supermächte USA und Sowjetunion*, S. 90

7 *Masters of Deceit*, S. 69

8 *SierraTimes.com*, 2. Januar 2003, J. R. Nyquist: »The Hijackers«, zitiert Stalin: *Collected Works*, Vol. 7, S. 14

9 Viktor Suworow: *Stalins verhinderter Erstschlag*
ders.: *Der Tag M*
ders.: *Der Eisbrecher*

10 *Why the Soviets violate Arms Control Treaties*, S. 105

11 *news.bbc.co.uk*, 25. Februar 2003: BBC: »Wurde Stalin vergiftet, um den dritten Weltkrieg zu verhindern?«

12 FSO Geopolitical Global Analysis with J. R. Nyquist for 07-01-2002: »How to bring down a Superpower«

13 *The Perestroika Deception*, S. 52 f.

14 *Der Tod des Westens*, S. 35 f.

15 *Indirekte Strategie*, S. 16 f.

16 *konservativ.de*, Gerhard Löwenthal: »Agitation und Psychokrieg kommunistischer Diktaturen«

17 *Indirekte Strategie*, S. 24 f.

18 Lenin, »Der ›linke Radikalismus‹, die Kinderkrankheit im Kommunismus«

19 *The European Union Collective*, S. 50

20 *The London Times*, 28. Juli 1975

21 *New Lies For Old*, S. 156 f.

22 *New Lies For Old*, S. 196; *Decision making in Communist Countries*, S. 61

23 Auszug aus Artikel 28 der sowjetischen Verfassung: »Die Außenpolitik der UdSSR ist darauf gerichtet, günstige internationale Bedingungen für den Aufbau des Kommunismus in der UdSSR zu sichern, die staatlichen Interessen der Sowjetunion zu schützen, die Positionen des Weltsozialismus zu stärken, den Kampf der Völker um nationale Befreiung und sozialen Fortschritt zu unterstützen, Aggressionskriege zu verhindern, die allgemeine und vollständige Abrüstung durchzusetzen und das Prinzip der friedlichen Koexistenz von Staaten unterschiedlicher Gesellschaftsordnung konsequent zu verwirklichen.«

24 *We will bury you*, S. 106

25 *Why the Soviets violate Arms Control Treaties*, S. 5 f.; zitiert *Soviet Military Power*, 5. Aufl. 1986

26 *We will bury you*, S. 105

27 Ebenda, S. 105 f.

28 Ebenda, S. 106

29 *Red Cocaine*, S. 17 f.

30 *Red Cocaine*; *Betrayed*; *Soviet Analyst*, Vol. 27, Nr. 6–7

31 *Strategic Review*, Spring 1983; *The London Times*, 28. Juli 1975

32 *Geheimwaffe D*, S. 106 f.

33 *We will bury you*, S. 107

34 *The Perestroika Deception*, S. 27

35 *New Lies For Old*, S. 327 ff.

36 *The London Times*, 28. Juli 1975

37 *New Lies For Old*, S. 327 ff.

38 Ebenda, S. 341 f.

39 *We will bury you*, S. 107 f.

40 *The Perestroika Deception*, S. 17 f.

41 Ebenda, S. 27 f.

42 *We will bury you*, S.107 f.

43 *Strategic Review*, Spring 1983

44 *The Perestroika Deception*, S. 46, 126

45 *We will bury you*, S. 154

46 *We will bury you*, S. 108 f.; *The London Times*, 28. Juli 1975

47 *The Perestroika Deception*, S. 46

48 Ebenda

49 *The Perestroika Deception*, S. 34

50 *The Perestroika Deception*, S. 40; *The Perestroika Deception*, S. 34

51 *GRU – Die Speerspitze*, S. 99

52 *The London Times*, 4. August 1975

53 *Das internationale Terrornetz*, S. 244 f.

54 *The London Times*, 4. August 1975

55 *The London Times*, 4. August 1975

56 *The European Union Collective*, S. 69

57 *Thefinalphase.com*, Joseph D. Douglass Jr.: »A White Paper on the Black Book«

58 Ebenda

59 *KGB*, S. 93

[60] *Thefinalphase.com*, Joseph D. Douglass Jr.: »A White Paper on the Black Book«
[61] *Betrayed*, S. 64 f.
[62] *New Lies For Old*, S. 352
[63] *The Perestroika Deception*, S. 83; *The Perestroika Deception*, S. 129; *New Lies For Old*, S. 35 f.
[64] *Inside the Soviet Army*, S. 60; *Decision making in Communist Countries*, S. 3 f.
[65] *Decision making in Communist Countries*, S. 36 f.
[66] *Why the Soviets violate Arms Control Treaties*, S. 49 f.
[67] *New Lies For Old*, S. 47; *The European Union Collective*, S. 126
[68] Edward Jay Epstein: *Through the Looking Glass*
[69] *Geheimimperium KGB*, S. 146, *The KGB and Soviet Disinformation*, S. 15
[70] *Geheimwaffe D*, S. 171
[71] *Geheimwaffe D*, S. 173 f.; *The KGB and Soviet Disinformation*, S. 30
[72] *The Perestroika Deception*, S. 222
[73] *Unsichtbare Weltmacht KGB*, S. 25
[74] *Speznas*, S. 137
[75] *Why the Soviets violate Arms Control Treaties*, S. 76
[76] *Die Deutsche Karte*, S. 101
[77] *The Perestroika Deception*, S. 13
[78] *We will bury you*, S. 130
[79] *New Lies For Old*, S. 87
[80] *Auftrag: Irreführung*, S. 83; *Red Cocaine*, S. 127
[81] *Sowjetische Militärstrategie in Europa*, S. 50 f.
[82] Ebenda, S. 52
[83] *Red Cocaine*, S. 48
[84] *We will bury you*, S. 112
[85] *JRNyquist.com*
[86] *Unsichtbare Weltmacht KGB*, S. 23
[87] *Why the Soviets violate Arms Control Treaties*, S. 17
[88] *Paris Match*, 14.08.1971, S. 58–70
[89] Ebenda
[90] *Decision making in Communist Countries*, S. 69
[91] *Paris Match*, 14.08.1971, S. 58–70
[92] *Why the Soviets violate Arms Control Treaties*, S. 49 f.
[93] *Betrayed*, S. 415; *Why the Soviets violate Arms Control Treaties*, S. 49 f.
[94] *Der Warschauer Pakt*, S. 39
[95] *Sowjetische Militärstrategie in Europa*, S. 197
[96] Parallel History Project on NATO and the Warsaw Pact: *http://www.isn.ethz.ch/php/*
[97] *Reagan's War*, S. 62 f.
[98] *KGB*, S. 125
[99] *The KGB and Soviet Disinformation*, S. 130
[100] *Reagan's War*, S. 126
[101] *Sowjetische Militärstrategie in Europa*, S. 7
[102] *Red Cocaine*, S. 48
[103] *Why the Soviets violate Arms Control Treaties*, S. 48
[104] Ebenda, S. 129
[105] Ebenda, S. 49
[106] Ebenda, S. 49 f.
[107] *The best enemy money can buy*
[108] *Reagan's War*, S. 64
[109] *Die Insider II*, S. 118 f.
[110] *Sowjetische Militärstrategie in Europa*, S. 211
[111] *The best enemy money can buy*
[112] *Betrayed*, S. 44
[113] Antony C. Sutton: *Der leise Selbstmord, Amerikas Militärhilfe an Moskau*
ders.: *The best enemy money can buy*
ders.: *Wallstreet and the Bolshevik Revolution*
[114] *Red Horizons*, S. 297
[115] *KGB*, S. 113
[116] Ebenda, S. 145
[117] *The Perestroika Deception*, S. 14
[118] *The New Image-Makers*, S. 162 f.
[119] *Convergence of Communism and Capitalism*, S. 44 f.
[120] *The New Image-Makers*, S. 53
[121] *Red Horizons*, S. 127
[122] Ebenda, S. 145
[123] *Der Pate des Kreml*, S. 85
[124] *KGB*, S. 126 f.
[125] *Unsichtbare Weltmacht KGB*, S. 150
[126] *Geheimimperium KGB – Totengräber der Sowjetunion*, S. 264
[127] *Pravda*, 2003-02-04: Mikhail Gorbachev Going To Genocide Trial?
[128] *Sowjetische Militärstrategie in Europa*, S. 35
[129] *New Lies For Old*, S. 129
[130] *Das internationale Terrornetz*, S.150
[131] *Geheimwaffe D*, S. 155
[132] *Das internationale Terrornetz*, S. 150
[133] *Betrayed*, S. 297 ff.
[134] *Das internationale Terrornetz*, S. 20 f.
[135] *Red Cocaine*, S. 48

[136] *We will bury you*, S. 114
[137] Ebenda, S. 116
[138] Ebenda, S. 116
[139] Ebenda, S. 117
[140] *Selbstmord einer Demokratie*, S. 20
[141] *We will bury you*, S. 117 f.
[142] Ebenda, S. 118
[143] Ebenda, S. 149 und S. 143
[144] *Liquidierung der Sozialdemokratie*, S. 20
[145] *New Lies For Old*, S. 211
[146] Ebenda, S. 217
[147] Ebenda, S. 210
[148] Ebenda, S. 219
[149] *Geheimwaffe D*, S. 183
[150] Ebenda, S. 189
[151] Ebenda, S. 156 f.
[152] *Reagan's War*, S. 106
[153] Ebenda, S. 105
[154] *Newsmax*, 5.11.2002: »KGB helped Mondale«
[155] *Reagan's War*, S. 131
[156] Ebenda, S. 283
[157] *We will bury you*, S. 107 f.
[158] *The Perestroika Deception*, S. 176
[159] *New Lies For Old*, S. 224 und S. 339
[160] Ebenda, S. 340 f.
[161] *We will bury you*, S. 106
[162] *Die Deutsche Karte*, S. 106
[163] *Das Komplott*, S. 8; *The Perestroika Deception*, S. 20
[164] *The Perestroika Deception*, S. 22
[165] *Die Deutsche Karte*, S. 74 f.
[166] *Decision making in Communist Countries*, S. 61
[167] *New Lies For Old*, S. 348; *KGB*, S. 403; *The Perestroika Deception*, S. 59
[168] *Umgestaltung und neues Denken für unser Land und für die ganze Welt*, S. 39
[169] *Oktober und Umgestaltung: Die Revolution geht weiter*, S. 3
[170] *Umgestaltung und neues Denken für unser Land und für die ganze Welt*, S. 44
[171] Ebenda, S. 45
[172] Ebenda, S. 59
[173] Ebenda, S. 69
[174] *Oktober und Umgestaltung: Die Revolution geht weiter*, S. 79
[175] Ebenda, S. 14 f.
[176] *Die Deutsche Karte*, S. 19
[177] Ebenda, S. 25
[178] Ebenda, S. 106
[179] *New Lies For Old*, S. 339
[180] *The European Union Collective*, S. 44
[181] *Soviet Analyst*, Vol. 27, Nr. 10
[182] *The European Union Collective*, S. 19
[183] *The Perestroika Deception*, S. 25
[184] *Der Pate des Kreml*, S. 85
[185] *Wladimir Putin*, S. 68 ff.
[186] *The Perestroika Deception*, S. 101
[187] *The Perestroika Deception*, S. 101, 122 f.; *The European Union Collective*, S. 80
[188] *Soviet Analyst*, Vol. 27, Nr. 5; *The European Union Collective*, S. 84
[189] *Soviet Analyst*, Vol. 27, Nr. 10
[190] *Pravda*, 2003-02-04: »Mikhail Gorbachev Going To Genocide Trial?«
[191] *New Lies For Old*, S. 340
[192] *Die Deutsche Karte*, S. 135 f.
[193] *Geheimimperium KGB*, S. 232
[194] *The KGB and Soviet Disinformation*, S. 29
[195] *Die Deutsche Karte*, S. 137
[196] Ebenda, S. 118
[197] Ebenda, S. 134
[198] *Diktatoren im Ruhestand*, S. 24 f.
[199] *The Perestroika Deception*, S. 89
[200] *Soviet Analyst*, Vol. 27, Nr. 5
[201] *The Perestroika Deception*, S. 34
[202] Ebenda, S. 89
[203] *Geheimimperium KGB*, S. 255 f.
[204] Ebenda, S. 231
[205] *Pravda*, 2002-08-17: »THERE IS NO OTHER WAY. WE MUST RESTORE THE SOVIET UNION!«
[206] *Soviet Analyst*, Vol. 27, Nr. 5
[207] *Geheimimperium KGB*, S. 222; *War Scare*, S. 79
[208] *War Scare*, S. 103
[209] *Die Deutsche Karte*, S. 27
[210] *Through the Eyes of the Enemy*, S. 156
[211] *Direktorium 15*, S. 96 ff.
[212] *The European Union Collective*, S. 24
[213] *Der Oligarch*, S. 279 ff.
[214] *Der Pate des Kreml*, S. 323
[215] Hanns Seidel Stiftung – Analyse 17: *Die heutige Spionage Rußlands*
[216] Ebenda
[217] *The Perestroika Deception*, S. 147
[218] Ebenda, S. 223
[219] *Der Pate des Kreml*, S. 372
[220] *The European Union Collective*, S. 118
[221] *Der Pate des Kreml*, S. 406
[222] Ebenda, S. 50
[223] *Die Roten Bosse*, S. 16
[224] Ebenda, S. 310
[225] Ebenda, S. 75
[226] *Der Oligarch*, S. 119 f.

[227] *Soviet Analyst*, Vol. 28, Nr. 9 (November 2003): »British and American Oil Firms cohabit with KGB-Mafiya crooks«
[228] *Die Roten Bosse*, S. 40
[229] *The New American*, 27. Mai 1996: »Dirty cops in the former Soviet Union run both sides of the law«
[230] *Die Welt*, 29. August 2002: »Russische Agenten unterstützen Kriminelle in Deutschland«
[231] *Die Roten Bosse*, S. 307 f.
[232] *Through the Eyes of the Enemy*, S. 12
[233] *Die Roten Bosse*, S. 318 f.
[234] *Wladimir Putin*, S. 84
[235] Ebenda, S. 91 f.
[236] *We will bury you*, S. 107 f.
[237] *The European Union Collective*, S. 69
[238] *The Perestroika Deception*, S. 127 f
[239] *Der Pate des Kreml*, S. 88
[240] *konservativ.de*, Bruno Bandulet: »Das Jahrzehnt 2000 bis 2010«
[241] *Wladimir Putin*, S. 72
[242] *Der Pate des Kreml*, S. 95
[243] Ebenda, S. 88
[244] *konservativ.de*, Bruno Bandulet: »Das Jahrzehnt 2000 bis 2010«
[245] *Die Roten Bosse*, S. 317 f.
[246] Die Roten Bosse, S. 223 f.
[247] *Collision and Collusion*, S. 134
[248] Ebenda, S. 126
[249] Ebenda, S. 129 f.
[250] Ebenda, S. 129 f.
[251] Ebenda, S. 135 f.
[252] Ebenda, S. 132
[253] *Der Pate des Kreml*, S. 112
[254] Ebenda, S. 142
[255] *Collision and Collusion*, S. 141
[256] *Der Pate des Kreml*, S. 144
[257] *Prawda*, 2003-02-20: »36 Million Russians Cannot Afford Eating Every Day«
[258] *Der Pate des Kreml*, S. 143
[259] Ebenda, S. 144
[260] *Die Welt*, 8. Juni 2002: »Rußland hat ein Potemkinsches Dorf errichtet«
[261] *The Perestroika Deception*, S. 17
[262] *New Lies For Old*, S. 349
[263] *We will bury you*, S. 107 f.
[264] Ebenda, S. 118
[265] *The Perestroika Deception*, S. 18
[266] *Why the Soviets violate Arms Control Treaties*, S.49 f.
[267] *Inside the Soviet Army*, S. 40 f.
[268] *synaptic.ch*, Gorbatschow-Interview mit Felizitas von Schönborn
[269] *Prawda*, 2002-12-02: »Russia and China to Counterbalance American Supremacy«
[270] *Die Roten Bosse*, S. 213
[271] *Red Cocaine*, S. 152
[272] *Die Deutsche Karte*, S. 68 f.
[273] *War Scare*, S. 156
[274] Ebenda, S. 193 f.
[275] Ebenda, S. 247
[276] Ebenda, S. 244
[277] Ebenda, S. 96
[278] J.R. Nyquist: »Chinese Paratroopers in California?«
[279] *Die Deutsche Karte*, S. 35
[280] *Geheimimperium KGB*, S. 154 f.
[281] *Diktatoren im Ruhestand*, S. 81
[282] *Die Deutsche Karte*, S. 33
[283] Ebenda, S. 32
[284] *Red Carpet*, S. 8
[285] *Through the Eyes of the Enemy*, S. 22 f.
[286] *Sowjetische Militärstrategie in Europa*, S. 38
[287] Ebenda, S. 39
[288] *Collision and Collusion*, S. 29 f.
[289] *Wladimir Putin*, S. 118
[290] *Der Oligarch*, S. 281
[291] *Die Roten Bosse*, S. 32
[292] *We will bury you*, S. 108 f.
[293] *Der Oligarch*, S. 24
[294] *The European Union Collective*, S. 63 f.
[295] *Focus online*, 26.10.2005: »Lüge als Sauerstoff«
[296] *Wladimir Putin*, S. 65
[297] *schweizerzeit.ch*, 14. April 2000, Hans Graf Huyn: »Auf dem Weg in eine Diktatur? Rußland nach der Wahl«; *Wladimir Putin*, S. 65
[298] *Soviet Analyst* ,Vol. 28, Nr. 1
[299] *Wladimir Putin*, S. 55 f.
[300] Ebenda
[301] *Wladimir Putin*, S. 59
[302] Ebenda, S. 61 ff.
[303] *Stratfor*, January, 2000: »The Spy Prime Minister«; *Collision and Collusion*, S. 165
[304] *schweizerzeit.ch*, 28. Januar 2000, Hans Graf Huyn: »Operation Putin«
[305] *Wladimir Putin*, S. 247 f.
[306] *moskau.ru*, 14-11-2002: »Droht jetzt auch der ARD die Beschneidung?«
[307] *schweizerzeit.ch*, 28. Januar 2000, Hans Graf Huyn: »Operation Putin«
[308] AFP, 27. November 2002: »Russischer Präsident Putin beliebt wie nie«
[309] *Wladimir Putin*, S. 247 f.

310 Hanns Seidel Stiftung – Analyse 17: *Die heutige Spionage Rußlands*
311 *Der Oligarch*, S. 81; *Yahoo Schlagzeilen*, 4.09.2002: »Putin bereut seine Arbeit als KGB-Agent nicht im geringsten«
312 *synaptic.ch*, Gorbatschow-Interview mit Felizitas von Schönborn
313 *Der Pate des Kreml*, S. 405
314 *staatsbriefe.de*, 9. Januar 2004: »Sergej Glasjew, ein zweiter Lebed?«
315 *schweizerzeit.ch*, 28. Januar 2000, Hans Graf Huyn: »Operation Putin«
316 *Pravda*, 2003-03-05: »Russians Still Refer to Each Other as Comrades«
317 dpa, 30.12.2002: »Mehrheit der Russen bedauert Auflösung der Sowjetunion«
318 dpa, 7.11.2002: »Rußlands Kommunisten feiern 85. Jahrestag der Oktober-Revolution«
319 *Soviet Analyst*, Vol. 28 Nr. 1
320 *Pravda*, 2003-03-05: »Russians Still Refer to Each Other as Comrades«
321 *Collision and Collusion*, S. 172
322 *War Scare*, S. 252 f.
323 *russland.ru*, 20.05.2002: »Rußlands letzter Gipfel als Supermacht?«
324 *War Scare*, S.137 ff.
325 *The Eurasian Politician*, April–September 2002: »The Roots of Islamic Terrorism«; *Yahoo Schlagzeilen*, 9. September 2002: »USA haben Terroranschläge nach Ansicht vieler Russen ›verdient‹«
326 *The Perestroika Deception*, S. 157
327 *gazeta.ru*, 16.11.2002: »Russia's Baltic enclave worried about German revanchists«
328 *Spiegel online*, 25.08.2003: »Wie Putins KGB-Connection die Macht übernimmt«
329 Ebenda
330 *Wer plant den 3. Weltkrieg?*, S. 144 f.
331 *moskau.ru*, 06-06-2002: »Kyrillische Buchstaben für alle«
332 NZZ, 13. März 2003: »Straffung der russischen Sicherheitsdienste«
333 *Wer plant den 3. Weltkrieg?*, S. 98; *The Guardian*, 6. February 2001: »Putin puts life into the KGB ghost«
334 *NZZ online*, 9.11.2003: »Die Schlüsselfigur ist Putin selbst«
335 *rUFO*, 11.06.2002: »Ein General für alle Fälle«
336 *schweizerzeit.ch*, 20. Oktober 2000, Hans Graf Huyn: »Putins Reich der Lüge«; AFP, 22.06.2003: »Letzter Kreml-unabhängiger TV-Sender Rußlands stellt Betrieb ein«
337 *Spiegel online*, 13. November 2002: »Moskau droht der ARD«
338 *rUFO*, 26.06.2002: »Ausländer besser unter Kontrolle«
339 *rUFO*, 08-05-2002: »Nordsibirien wird wieder zur verbotenen Zone«; *The Moscow Times*, 29. April 2002: »Two Cities Take Steps To Restrict Migrants«
340 *Soviet Analyst*, Vol. 27, Nr. 10
341 *Der Oligarch*, S. 286
342 *Soviet Analyst*, Vol. 28, Nr. 10, S. 4: »Up to 35 000 Soviet GRU officers said to be embedded in the US«
343 *The China Threat*, S. 12
344 *RIA Nowosti*, 14.12.2005: »Eilmeldung – Putin: Regierung gegen Tätigkeit der Filialen ausländischer Banken in Rußland«
345 *moskau.ru*, 16-09-2002: »Denkmal für KGB-Gründer soll wieder aufgebaut werden«
346 AP, 26. November 2002: »Putin Brings Back Soviet Red Star«
347 *Soviet Analyst*, Vol. 28, Nr. 5
348 Ebenda, Vol. 27, Nr. 10
349 AFP, 16.10.2003: »Renaissance der Marx- und Lenin-Denkmäler in Rußland«
350 *Pravda*, 2002-12-11: »Soviet fashion all the rage in Russia«; *Soviet Analyst*, Vol. 28, Nr. 10, S. 12: »Up to 35 000 Soviet GRU officers said to be embedded in the US«
351 *Yahoo Schlagzeilen*, 29. August 2002: »Wolgograder wollen lieber Stalingrader sein«; *russland.ru*:»Schulbücher in Rußland werden immer patriotischer«
352 *rUFO*, 16.07.2002: »Kaliningrad bleibt sowjetisch«
353 *nachrichten.at*, 2.12.2005: »Putin baute Rußland zur Diktatur um«; *Die Welt*, 18.11.2005: »Menschenrechtler in Rußland beklagen Verfolgung«
354 AP, 7.06.2003: »Rußland und Weißrußland wollen gemeinsame Währung«; dpa, 14.08.2002: »Putin dringt auf Union mit Weißrußland – Lukaschenko lehnt ab«
355 *The Perestroika Deception*, S. 166
356 *War Scare*, S. 214
357 *The New American*, 27. Mai 1996: »Dirty cops in the former Soviet Union run both sides of the law«
358 *War Scare*, S. 90

[359] AFP, 14. Mai 2002: »Rußland und fünf Ex-Sowjetrepubliken schließen Militärbündnis«; *russland.ru*, ca. 15. Mai 2002: »Putins Pakt: Eurasisches Gegengewicht zur Nato«

[360] *russland.ru*, ca. 15. Mai 2002: »Putins Pakt: Eurasisches Gegengewicht zur Nato«

[361] dpa, 28.04.2003: »GUS-Militärbündnis stellt schnelle Eingreiftruppe auf«; *Soviet Analyst*, Vol. 27, Nr. 8/9

[362] CNN, 15. Dezember 2002: »Russian spy chief accuses CIA«

[363] *Spiegel online*, 8.12.2004: »Ärzte bestätigen Giftanschlag auf Juschtschenko«

[364] AFP, 23.03.2005: »Presse: Kreml schafft neue Abteilung für ›Konterrevolution‹«

[365] *We will bury you*, S. 108 f.

[366] *War Scare*, S. 251

[367] *Die Welt*, 29. Juni 2002: »Moskau läßt größtes Atom-U-Boot vom Stapel laufen«

[368] dpa, 17.06.2003: »SIPRI: US-Aufrüstung treibt Militärausgaben weltweit in die Höhe«

[369] *schweizerzeit.ch*, 4.12.1998, Hans Graf Huyn: »Die zwei Gesichter der Kreml-Politik«; »Westliche Gelder für Moskaus Aufrüstung?«

[370] Wladimir Putin, S. 261 f.

[371] AFP, 12.08.2004: »Rußland erhöht Rüstungsausgaben um 40 Prozent im kommenden Jahr«

[372] *RZ-online*, 9.11.2005: »Präsident Putin kündigt umfassende Modernisierung der Armee an«

[373] *Die Welt*, 21.05.2004: »Rußland übt den Atomkrieg«

[374] *Die Roten Bosse*, S. 138 f.

[375] *Newsmax*, 30. Dezember 2001 und 4. Januar 2002: »KGB Incorporated 1&2«

[376] dpa, 12.06.2002: »SIPRI: Rüstungsspirale dreht sich nach 11. September wieder heftiger«

[377] *rogerkyoung.com*, 13. Januar 2001, J.R. Nyquist: »Is the Bear really asleep?«

[378] *Die Welt*, 29. Juni 2002: »Moskau läßt größtes Atom-U-Boot vom Stapel laufen«

[379] AP, 28. März 2003: »Iwanow: Kampffähigkeit der russischen Streitkräfte gesteigert«

[380] AFP, 16.05.2003. »Putin kündigt Aufrüstung der russischen Armee an«

[381] *War Scare*, S. 160

[382] *Pravda*, 2002-11-06: »Ivanov: Russia will act anywhere, any time

[383] *n-tv.de*, 13.09.2004: »Putins neue Staatspolitik«; dpa, 13.09.2004: »Putin erhebt Kampf gegen den Terror zum obersten Staatsziel«

[384] *russlandintern.de*: »Die Ausgaben für Zivilverteidigung steigen im Jahr 2005 auf das 6fache«

[385] *russland.ru*, 19.07.2005: »Russische Regierung verordnet Patriotismus«

[386] *New Lies For Old*, S. 361

[387] *We will bury you*, S. 154 f.

[388] Ebenda

[389] AFP, 14.08.2004: »Bush will offenbar 70 000 Soldaten aus Europa abziehen«

[390] *Der Spiegel*, 4.06.2004: »USA planen Abzug von zwei Divisionen«

[391] *The KGB and Soviet Disinformation*, S. 201

[392] *WorldnetDaily*, 6.11.2000: »Communist Party USA supporting Gore«

[393] *WorldnetDaily*, 2.10.2003: »U.S. Communists to support Dems«

[394] *WorldnetDaily*, 28.08.2004: »FBI docs say China funded Kerry«

[395] *War Scare*, S. ix; *rufo-service.de*, 11.03.2002: »USA planen weiter Atomkrieg gegen Rußland«

[396] *The Perestroika Deception*, S. 151

[397] Ebenda, S. 167

[398] *China Reform Monitor*, No. 479, 7. Januar 2003, American Foreign Policy Council, Washington, D.C.

[399] *Rosbalt.com*, 28.01.2002: »Russian-Chinese Friendship Treaty Signed by President Putin«

[400] dpa, 2.12.2002: »Alles im Lot – China und Rußland trumpfen als Mitspieler auf«

[401] *Newsmax*, 25.06.2002: »New Expansion of Chinese-Russian Alliance in May/June 2002«; AFP, 6.07.2004: »Russia seeks new military cooperation with China«

[402] *Newsmax*, 3. Juli 2002: »New Great Leap Forward in Chinese-Russian Military and Defense Technology Cooperation?«; CNN, 21. Juli 2002: »China-Russia Wargames confirmed«

[403] *The China Threat*, S. x

[404] *Red Dragon Rising*, S. 133

[405] *The Perestroika Deception*, S. xxiv

[406] *Reuters*, 7. Dezember 2002: »China Journalists Must All Take Ideology Tests«

[407] *RIA Novosti*, 14.10.2002: »Russia, China sign agreement on TV and radio broadcasting development«

[408] *WSWS.de*, 28. Juli 2001: »Chinesisch-russischer Vertrag: Eine Reaktion auf den aggressiven Unilaterialismus Washingtons«
[409] *The Moscow Times*, 6. Juni 2002: »Putin Insists China Ties Remain Strong«
[410] *The Techniques of Communism*, S. 250 f.
[411] dpa, 5.02.2003: »Rußland und Pakistan beenden alte Feindschaft«
[412] *Die Welt Online*, 23.6.2003: »China und Indien entdecken überraschend ihre neue Freundschaft«
[413] AP, 3. Dezember 2002: »Putin für engere Zusammenarbeit mit Nato«
[414] *We will bury you*, S. 107 f.
[415] Ebenda, S. 108 f.
[416] Ebenda, S. 154
[417] *New Lies For Old*, S. 342
[418] *The Perestroika Deception*, S. 68
[419] Ebenda, S. 33
[420] *Unrestricted Warfare*, S. 16
[421] Ebenda, S. 32
[422] Ebenda, S. 38 ff.
[423] Ebenda, S. xii
[424] Ebenda, S. 122
[425] *Faz.net*, 1.02.2005: »Rußland gilt erstmals als solider Schuldner«
[426] *Der Pate des Kreml*, S. 357
[427] *Unrestricted Warfare*, S. 120
[428] *Das internationale Terrornetz*, S. 164
[429] Siehe hierzu das Buch *Black Gold Stranglehold*
[430] *Newsweek*, 11.11.2002, S. 30
[431] *Bin Laden*, S. 6 f.
[432] *KGB*, S. 80; *Das internationale Terrornetz*, S. 244 f.
[433] *Black Gold Stranglehold*, S. 246
[434] Ebenda, S. 244 f.
[435] Ebenda, S. 239
[436] *AOL.de*, 7.12.2005: »Osama bin Laden ist am Leben«; AFP, 20.02.2005: »El Dschasira strahlt erneut Nachricht von Sawahiri aus«
[437] *Die Welt*, 7.08.2002: »Ein Krieg gegen Irak würde keine fünf Wochen dauern«
[438] AFP, 27.12.2005: »Moskau warnt Kiew vor Gebührenerhöhung für Schwarzmeerflotte«; *Bote der Urschweiz*, 2.01.2006: »Gasprom stoppt nach eigenen Angaben turkmenisches Transitgas«
[439] *rp-online.de*, 9.04.2002: »Putin fordert gleichberechtigten Platz für Rußland in Europa«
[440] *The best enemy money can buy*
[441] dpa, 4.07.2002: »Rußland erreicht Höchststand bei Ölförderung seit 16 Jahren«
[442] *Black Gold Stranglehold*, S. 151 f.
[443] Ebenda, S. 178
[444] *AOL.de*, 2.09.2005: »Schröder will Ölreserven anzapfen«; *Börsenkrach und Weltwirtschaftkrise*, S. 155
[445] *rp-online.de*, 9.04.2002: »Putin fordert gleichberechtigten Platz für Rußland in Europa«
[446] *Konservative Deutsche Zeitung*, 16/2005, S.13: »Die ›lupenreine Doppelmoral‹ des Gerhard Schröder«
[447] *Spiegel online*, 9.12.2005: »Empörung über Schröders neuen Posten«
[448] *ntv.de*, 10.12.2005: »Putin, Schröder und die Stasi«
[449] *ntv.de*, 10.12.2005: »Putin, Schröder und die Stasi«; *abendblatt.de*, 14.12.2005: »Putins Freund von der Dresdner Bank – die steile Karriere eines Stasi-Majors«
[450] *russlandintern.de*: »Rolle von Rußland als Großlieferant von Energieträgern wird zunehmen«
[451] AFP, 13.12.2005: »Russische Presse sieht Schröder als trojanisches Pferd in der EU«
[452] *Focus online*, 7.09.2005: »Putin-Schröder-Pakt«
[453] *The Perestroika Deception*, S. 46
[454] *Der Pate des Kreml*, S. 397
[455] *War Scare*, S. 143
[456] Ebenda, S. 293
[457] dpa, 13.11.2002: »Lukaschenko droht bei Nichteinladung mit ›Gegenmaßnahmen‹«
[458] dpa, 20.11.2002: »Russischer Abgeordneter droht Tschechien: Panzer kommen wieder«
[459] *New Lies For Old*, S. 359
[460] *JBS Bulletin*, März 1989: »Stop Premeditated Merger by Herb Joiner«
[461] *The New American*, 19. February 1996: »Russian Mafia: Organized Crime Is Big Business for the KGB«
[462] FSO Geopolitical Global Analysis with J. R. Nyquist for 07-01-2002: »How to bring down a Superpower«
[463] *Unrestricted Warfare*, S. 38 ff.
[464] *The European Union Collective*, S. 71
[465] *Soviet Analyst*, Vol. 27, Nr. 8/9
[466] *The New American*, 8. April 2002: »Putin: Prophet or Provocateur?«
[467] *Soviet Analyst*, Vol. 27, Nr. 8/9
[468] Ebenda

[469] *The New American*, Februar 25. 2002
[470] Bildquelle: NATO
[471] *The Perestroika Deception*, S. 158
[472] Ebenda, S. 45 f.
[473] Ebenda, S. 171 f.
[474] PHP: Archives: *Archives of of the Ground Forces*, Wroclaw, Collection Political Administration of the Military District of Silesia, File 152448/74/42.)
[475] *Die Liquidierung der Sozialdemokratie in Osteuropa*, S. 97
[476] *Die Insider I*, S. 177 f.
[477] *New Lies For Old*, S. 346 f.
[478] *Der Spiegel*, 30/44, 23.07.1990, S. 27–28
[479] *Stasi und kein Ende*, S. 229 ff.
[480] *The Perestroika Deception*, S. 34
[481] *Why the Soviets violate Arms Control Treaties*, S. 41 ff.
[482] *We will bury you*, S. 144
[483] *KGB*, S. 90
[484] Ebenda, S. 211
[485] *The KGB and Soviet Disinformation*, S. 1 f.
[486] *Geheimwaffe D*, S. 37 und S. 156
[487] *Auftrag: Irreführung*, S. 40 f.
[488] Ebenda, S. 40
[489] *Geheimwaffe D*, S. 156
[490] *Die Deutsche Karte*, S. 101
[491] *Geheimwaffe D*, S. 43 f.
[492] *The KGB and Soviet Disinformation*, S. 70
[493] *Mesmerized by the Bear*, S. 213 f.; *Geheimwaffe D*, S. 37
[494] Hanns Seidel Stiftung – Analyse 17: *Die heutige Spionage Rußlands*
[495] *Bin Laden*, S. 17
[496] *The Eurasian Politician*, April – September 2002: »The Roots of Islamic Terrorism«
[497] *The New Image-Makers*, S. 5 f.
[498] *The New American*, 21.04.2003, S. 19: »Our Enemy, Our Ally«
[499] dpa, 28.09.2002: »Günter Grass: Rot-Grün soll sich um Nord-Süd-Konflikt kümmern«
[500] *Das internationale Terrornetz*, S. 302
[501] *The New American*, 3. Dezember 2001: »Terrorism's True Roots«
[502] *Soviet Analyst*, Vol. 28, Nr. 6 und Vol. 27, Nr. 6–7
[503] *Der Spiegel*, 27/44, 2.07.1990 S. 126–128
[504] *GRU – Die Speerspitze*, S. 90; *Das internationale Terrornetz*, S. 20 f.
[505] *Die Deutsche Karte*, S. 91 f.
[506] *Das internationale Terrornetz*, S. 20 f.
[507] *Unsichtbare Weltmacht KGB*, S. 100 f.
[508] *Die Deutsche Karte*, S. 91 f.
[509] *Unsichtbare Weltmacht KGB*, S. 101 f.; *Soviet Analyst*, Vol. 28, Nr. 6
[510] *Das internationale Terrornetz*, S. 262 f.
[511] Ebenda, S. 259
[512] Ebenda, S. 262 f.
[513] Ebenda, S. 263
[514] Ebenda, S. 301
[515] Ebenda, S. 22
[516] Ebenda, S. 202
[517] Ebenda, S. 265 f.
[518] Ebenda, S. 264 und S. 294
[519] Ebenda, S. 294
[520] *Through the Eyes of the Enemy*, S. 32
[521] Ebenda, S. 80 f.
[522] Ebenda
[523] *Soviet Analyst*, Vol. 27, Nr. 8/9 und Vol. 28, Nr. 6
[524] *Das internationale Terrornetz*, S. 204 und S.149
[525] Ebenda, S. 293 f.
[526] *Red Horizons*, S. 102
[527] *Der Spiegel*, 25/44, 18.06.1990, S. 97–105 und 27/44, 2.07.1990, S. 126–128
[528] *Stasi und kein Ende*, S. 238
[529] Ebenda, S. 239
[530] Ebenda, S. 241
[531] Ebenda, S. 244
[532] *Red Cocaine*, S. 54 f.
[533] *Stasi und kein Ende*, S. 231
[534] *Stasi und kein Ende*, S. 238
[535] *Der Spiegel*, 27/44, 2.07.1990 S. 126–128
[536] *Unsichtbare Weltmacht KGB*, S. 103 f.
[537] *Das internationale Terrornetz*, S. 326
[538] *Pravda*, 2002-08-23: »RUMSFELD: RUSSIA DEALS WITH TERRORIST STATES«
[539] *Newsmax*, 8, 22. März 2002: »Drugs, Russia and Terrorism«
[540] *Das internationale Terrornetz*, S. 16
[541] *Soviet and Communist Quotations*, 1650
[542] *Speznas*, S. 81
[543] *Das internationale Terrornetz*, S. 28
[544] Ebenda, S. 252
[545] *Rheinischer Merkur*, 18.03.2004: »Nation im Schockzustand«
[546] *Netzeitung.de*, 19.07.2005: »Briten geben Blair Mitschuld an Anschlägen«
[547] *Der Spiegel*, 25/44, 18.06.1990, S. 97–105
[548] Ebenda
[549] Ebenda
[550] Ebenda
[551] Ebenda
[552] *Das internationale Terrornetz*, S. 103

[553] *Die Welt online*, 29. Januar 2003: »Macht-Artist und Macht-Autist: Das Kabinett des Gerhard Schröder«
[554] *Die Frankfurter Schule*, S. 62 f.
[555] *Der Spiegel*, 25/44,18.06.1990, S. 97–105
[556] *Das internationale Terrornetz*, S. 42
[557] Ebenda, S. 231 f. und S. 52
[558] *The KGB and Soviet Disinformation*, S. 180
[559] *Das internationale Terrornetz*, S. 232
[560] *The KGB and Soviet Disinformation*, S. 181
[561] *Das internationale Terrornetz*, S. 171
[562] *We will bury you*, S. 148
[563] *We will bury you*, S. 148 f.
[564] *Das internationale Terrornetz*, S. 311
[565] *KGB*, S. 325 f.
[566] *The Moscow Times*, 22. April 2002: »Report: Russians Arming the IRA«
[567] *Das internationale Terrornetz*, S. 201
[568] Ebenda, S. 200 f.
[569] Ebenda, S. 205
[570] Ebenda, S. 208
[571] Ebenda, S. 208
[572] *Red Horizons*, S. 23
[573] *The New American*, 11. Februar 2002: »PLO: Protected Lethal Organization«
[574] Ebenda
[575] *The KGB and Soviet Disinformation*, S. 176 f.
[576] *Das internationale Terrornetz*, S. 293
[577] *Die Deutsche Karte*, S. 54 f.
[578] *Red Cocaine*, S. 128
[579] *Das internationale Terrornetz*, S. 134 f.
[580] Ebenda,, S. 163 f.
[581] *The Eurasian Politician*, April–September 2002: »The Roots of Islamic Terrorism« zitiert: Andrew & Mitrokhin, *The sword and the shild*, S. 380
[582] *Wall Street Journal*, 12. Januar 2002: »The Arafat I Knew«
[583] *Wir sind die Wahnsinnigen*, S. 271 f.
[584] *Wall Street Journal*, 12. Januar 2002: »The Arafat I Knew«
[585] *The New American*, 11. Februar 2002: »PLO: Protected Lethal Organization«
[586] Ebenda
[587] *Das internationale Terrornetz*, S. 285
[588] Ebenda
[589] Ebenda, S. 293
[590] *The New American*, 11. Februar 2002: »PLO: Protected Lethal Organization«
[591] Ebenda
[592] *Red Horizons*, S. 28
[593] Ebenda, S. 19
[594] *Wall Street Journal*, 12. Januar 2002: »The Arafat I Knew«
[595] *The KGB and Soviet Disinformation*, S. 176
[596] *The New American*, 3. Dezember 2002: »Terrorism's True Roots«
[597] *Der Niedergang der CIA*, S. 208 f.
[598] *Das internationale Terrornetz*, S. 138
[599] *Bin Laden*, S. 21
[600] *The New American*, 3. Dezember 2002: »Terrorism's True Roots«
[601] *Soviet Analyst*, Vol. 27, Nr. 6/7
[602] *The Eurasian Politician*, April – September 2002: »The Roots of Islamic Terrorism«; *The KGB and Soviet Disinformation*, S. 176
[603] *The New American*, 25. Februar 2002
[604] *MosNews*, 18.07.2005: »Al Qaeda's Al-Zawahiri received terrorist training in Russia«
[605] *The New American*, 3. Dezember 2002: »Terrorism's True Roots«
[606] *Newsmax*, 20. Dezember 2001: »Cuba's Lourdes Radar Base, Terrorist Mohamed Atta and the Kremlin«
[607] *Soviet Analyst*, Vol. 27, Nr. 8/9
[608] *ScotlandOnSunday.com*, 11.05.2003: »Russia funding resurgent Taliban«
[609] *The Eurasian Politician*, April–September 2002: »The Roots of Islamic Terrorism«
[610] FSO Geopolitical Global Analysis with J. R. Nyquist for 07-01-2002: »How to bring down a Superpower«
[611] *Unrestricted Warfare*, S. xv
[612] *Der Niedergang der CIA*, S. 371 ff.
[613] *T-Online Nachrichten*, 22.01.2004: »Iran soll hinter den September-Anschlägen stecken«
[614] *Newsmax*, 20. Dezember 2001: » Cuba's Lourdes Radar Base, Terrorist Mohamed Atta and the Kremlin«
[615] *Newsmax*, 8, 22. März 2002: »Drugs, Russia and Terrorism«
[616] *The Eurasian Politician*, April–September 2002: » The Roots of Islamic Terrorism«
[617] *The Moscow Times*, 3. September 2002: »Russian Mogul's Planes Took al-Qaida, Taliban Gold To Sudan«
[618] *Newsmax*, 30. Dezember 2001; 4. Januar 2002: »KGB Incorporated 1 & 2«
[619] Unrestricted Warfare, S. viii
[620] *Soviet Analyst*, Vol. 28, Nr. 7/8
[621] Ebenda

622 *Newsmax*, 17. September 2001: »Expert: Russia Knew in Advance, Encouraged Citizens to Cash Out Dollars«
623 Ebenda
624 FSO Geopolitical Global Analysis with J. R. Nyquist for 24. Sept. 2001: »Russia and the Destabilization of the World Financial System«
625 *Newsmax*, 17. September 2001: »Expert: Russia Knew in Advance, Encouraged Citizens to Cash Out Dollars«
626 Cassiopaea-Artikel, *Pravda*, Dr. Tatyana Koryagina's warning …
627 *WorldnetDaily*, 14. Dezember 2002: »Bush, Blair warned of Bin Laden nukes«
628 *Newsmax*, 7. Oktober 2002: »Ukraine Abets Terrorism«
629 FSO Geopolitical Global Analysis with J. R. Nyquist for 07-09-2002: »The Chechen War and bin Laden's Nukes«
630 FSO Global Analysis, J. R. Nyquist, 18.09.2003: »Waiting for the Big One«
631 Ebenda
632 *San Antonio Express*, 25.04.2002: »SAC Chief Says Nuke Terror Strike On US Inevitable«
633 *The Perestroika Deception*, S. 46
634 *Speznas*, S. 153 ff.
635 FSO Geopolitical Global Analysis with J. R. Nyquist for 07-09-2002: »The Chechen War and bin Laden's Nukes«
636 *The New American*, 8. April 2002: »Putin: Prophet or Provocateur?«
637 *The Moscow Times*, 26. Juli 2002: »Ex-Agent Presents Pieces of a Puzzle«
638 *The New American*, 8. April 2002: »Putin: Prophet or Provocateur?«
639 *The Moscow Times*, 26. Juli 2002: »Ex-Agent Presents Pieces of a Puzzle«
640 *The Moscow Times*, 7. März 2002: »Putin Charged With Knowing Of FSB Role In Apartment Bombings«
641 *Der Pate des Kreml*, S. 378
642 Ebenda, S. 382
643 *Spiegel online*, 29.01.2004: »Ein elementarer politischer Schwindel«
644 *Der Pate des Kreml*, S. 383; FSO Geopolitical Global Analysis with J. R. Nyquist for 07-09-02: »The Chechen War and bin Laden's Nukes«
645 *The Moscow Times*, 7. März 2002: »Putin Charged With Knowing Of FSB Role In Apartment Bombings«; *Wiener Nachrichten*, 5. März 2002
646 *Yahoo Schlagzeilen*, 25. Juli 2002: »Russischer Geheimdienst soll Bomben gelegt haben«; *The Moscow Times*, 26. Juli 2002: »Ex-Agent Presents Pieces of a Puzzle«
647 AFP, 1.11.2002: »Tschetschenischer Kriegsherr Bassajew bekennt sich zu Geiselnahme«
648 AFP, 19. Dezember 2002: »Presse: Korrupte russische Beamte halfen Moskauer Geiselnehmern«; AFP, 19. Dezember 2002: »Moskauer Geiselnahme: Geheimdienst im Zwielicht«
649 *Die Welt*, 29.01.2005: »Mörder von Beslan hatten Helfer in Moskau«
650 *The New American*, 8. April 2002: »Putin: Prophet or Provocateur?«
651 *Soviet Analyst*, Vol. 27, Nr. 6/7
652 *Der Pate des Kreml*, S. 382 und S. 379
653 *The New American*, 8. April 2002: »Putin: Prophet or Provocateur?«
654 FSO Geopolitical Global Analysis with J. R. Nyquist for 07-09-2002: »The Chechen War and bin Laden's Nukes«
655 Ebenda
656 *Die Welt*, 29.01.2005: »Mörder von Beslan hatten Helfer in Moskau«
657 *Der Pate des Kreml*, S. 379
658 Ebenda, S. 383
659 *Börsenkrach und Weltwirtschaftkrise*, S. 224
660 *The New American*, 25. Februar 2002
661 *London Telegraph*, 12/11/2002: »West in mortal danger from Islam, says Putin«
662 AP, 27. August 2002: »USA bewerten Organisation der Uiguren als terroristisch«
663 *Wer regiert die Welt?*, S. 230
664 *Unsichtbare Weltmacht*, KGB, S. 16
665 Etwa 1971, unbekannte Ausgabe
666 *The London Times*, 28. Juli 1975: »Moscow's brutal reality«
dies.: 4. August 1975: »How Israel fits into the jigsaw of Soviet power«
dies.: 13. August 1975: »How Britain's economic difficulties help the Soviet grand strategy«
667 *Strategic Review Spring 1983*: »A Soviet Gameplan«
668 *Paris Match*, 14. August 1971, S. 58–70
669 Viktor Suworow: *Stalins verhinderter Erstschlag*
ders.: *Der Tag M*
ders.: *Der Eisbrecher*